Martin Haberer **Farbatlas Zierpflanzen**

Martin Haberer

Farbatlas Zierpflanzen

600 Farbfotos

VERLAG
EUGEN
ULMER

Sämtliche Fotos vom Verfasser
Einbandfotos: *Salpiglóssis sinuáta,* Trompetenzunge (Vorderseite)
Prímula obcónica, Becherprimel (Rückseite)

CIP-Titelaufnahme der Deutschen Bibliothek

Haberer, Martin:
Farbatlas Zierpflanzen / Martin Haberer. – Stuttgart: Ulmer, 1990
ISBN 3-8001-5279-7
NE: HST

Wollgrasweg 41, 7000 Stuttgart 70 (Hohenheim)
Printed in Germany
Lektorat: Dr. Steffen Volk
Herstellung: Uta Ohrt
Einbandgestaltung: Alfred Krugmann
Satz: Steffen Hahn Fotosatz, Kornwestheim.
Druck und Bindung: Georg Appl, Wemding

Inhaltsverzeichnis

Vorwort 6
Einführung 7

1 Pflanzen im Haus 9
1.1 Blühende Topfpflanzen 10
1.2 Grünpflanzen 22
1.3 Ampel- und Kletterpflanzen . . . 36
1.4 Kakteen und andere Sukkulenten 46
1.5 Farne und Gräser 56
1.6 Orchideen 62
1.7 Schnittblumen 68
1.8 Balkonpflanzen 78
1.9 Kübelpflanzen 86

2 Ein- und zweijährige Pflanzen 95
2.1 Einjahresblumen für den Vasenschnitt 96
2.2 Einjahresblumen für Beet und Rabatte 101
2.3 Zweijahresblumen 113
2.4 Trockenblumen für die Floristik 117
2.5 Nicht winterharte Zwiebel- und Knollengewächse 125

3 Stauden 129
3.1 Beetstauden 130
3.2 Wildstauden für sonnige Lagen 143
3.3 Wildstauden für Schattenlagen 155
3.4 Freilandfarne 167
3.5 Ziergräser 173
3.6 Sumpf- und Wasserpflanzen . . . 183
3.7 Zwiebel- und Knollengewächse . 191

4 Gehölze 203
4.1 Heimische Laubbäume 205
4.2 Fremdländische Laubbäume . . 219
4.3 Heimische Sträucher 231
4.4 Blütensträucher 239
4.5 Immergrüne Laubgehölze 253
4.6 Hohe Nadelgehölze 261
4.7 Niedere und mittelhohe Nadelgehölze 271
4.8 Flächendeckende Gehölze 281
4.9 Gehölze mit Herbstfärbung . . . 289
4.10 Gehölze mit zierenden Früchten 297
4.11 Schling- und Kletterpflanzen . . 303

Literaturverzeichnis 313
Register 315

Vorwort

Pflanzen aus aller Welt verschönern unser Heim, erfreuen uns im Garten und auf dem Balkon. Sie sind untrennbar mit unserem Leben verbunden. Richtige Behandlung danken sie uns mit kräftigem Wachstum und reicher Blüte. Der geübte Pfleger sieht aber auch, wenn es seinen Pflanzen nicht so gut geht. Er erkennt das an vielen Details. Die erforderlichen Pflege- und Hilfsmaßnahmen können dann unverzüglich eingeleitet werden. Dies setzt allerdings viel Wissen über die jeweilige Pflanzenart voraus.
Die Fülle der Pflanzenarten und -sorten ist kaum mehr überschaubar. Sie stammen aus fast allen Regionen, Höhenlagen und Klimabereichen unserer Erde. Jährlich kommen neue Arten hinzu.
Diesem Werk liegt die Einteilung nach Verwendungsbereichen der wichtigsten Zierpflanzen in Haus und Garten zugrunde. Jede Art wird mit einem Farbbild vorgestellt und beschrieben. Im Text werden Herkunft, die wichtigsten botanischen Merkmale, Hinweise zur Kultur, Verwendung, Pflege und Vermehrung zusätzlich erwähnt. Bemerkenswerte Sorten und ähnliche Arten sind aufgeführt. Jedes Kapitel umfaßt 8–28 besonders wichtige Gattungen und Arten, auf viele weitere, meist seltenere Arten, mußte verzichtet werden.

Vor allem ist dieses Buch als Hilfe für den Nachwuchs im Gartenbau und in der Floristik gedacht. Deshalb sind die wissenschaftlichen Namen wichtig; sie sind mit Akzenten für die richtige Betonung versehen. Auf die Angabe der Autoren wurde verzichtet.
Zu danken habe ich vielen Pflanzenfreunden, die mir erlaubten, ihre Gewächse zu fotografieren. Besonders sei dem Verleger Roland Ulmer und seinen Mitarbeitern für die gute Betreuung und Gestaltung dieses Buches gedankt. Meiner Frau Inge danke ich sehr für ihre Geduld und Mithilfe.

Nürtingen, Sommer 1990
Martin Haberer

Einführung

Das Buch ist in vier Hauptteile gegliedert. Zunächst werden die nicht winterharten Arten für die Zimmer- und Balkonkultur einschließlich Kübelpflanzen behandelt; dann folgen die wichtigsten Gartenpflanzen: die ein- und zweijährigen Kräuter, die Stauden und die Gehölze.
Jedes der vier Kapitel ist in Gruppen nach bestimmten Verwendungszwecken unterteilt, und zwar *in der alphabetischen Reihenfolge der Familien,* innerhalb der Familie alphabetisch nach Gattungen und Arten.

Systematische Übersicht
Das Pflanzenreich wird in 17 Abteilungen gegliedert. In diesem Farbatlas sind davon nur Pflanzen aus folgenden gärtnerischen wichtigen Abteilungen aufgeführt.
15. Abteilung: *Pteridóphyta,* Farnpflanzen
16. Abteilung: *Gymnospérmae,* Nacktsamer (dazu zählen die Koniferen)
17. Abteilung: *Angiospérmae,* Bedecktsamer

Jede Abteilung ist weiterhin gegliedert in Klassen, Ordnungen und Familien. Innerhalb der Familie erfolgt die Gliederung nach Gattungen, Arten, Unterarten und Sorten.

Beispiel: *Apheländra squarrósa,* das Glanzkölbchen:
17. Abteilung *Angiospérmae,* Bedecktsamer
1. Klasse *Dicotyledóneae,* Zweikeimblättrige
2. Unterklasse *Sympetálae*
8. Ordnung *Tubiflórae*
4. Unterordnung *Solaníneae*
Familie *Acantháceae*
Gattung *Apheländra*
Art A. *squarrósa*
Sorte 'Dania'

In der gärtnerischen Praxis ist der Gebrauch der wissenschaftlichen Namen üblich. Daneben sind die gebräuchlichen deutschen Namen aufgeführt.
Die wissenschaftliche Benennung der Pflanzen mit mindestens zwei Namen (binäre Nomenklatur) geht auf den schwedischen Naturforscher Carl von Linné zurück, der im Jahre 1753 sein wichtigstes Werk über die Klassifizierung des Pflanzenreiches veröffentlichte.
Die Sorten entstanden durch Züchtung oder Auslese in der Kultur. Sie werden in einfache Anführungszeichen gesetzt, z. B. 'Dania'.
Weitere in diesem Buch verwendete Abkürzungen und Zeichen:
ssp.: *Subspecies* = Unterart mit abweichenden Merkmalen
syn.: *Synonym* = überholter Nebenname
×: Kreuzung zweier nahe verwandter Gattungen oder Arten.

1 Pflanzen im Haus

Ohne Pflanzen kann man sich unsere Wohnungen heute nicht mehr vorstellen. Sie verbessern das Raumklima und schaffen eine gemütliche, lebenswerte Umgebung. Die Verwendungsmöglichkeiten sind unerschöpflich, sei es als Raumbildner, als Ampelpflanzen oder im einfachen Gefäß.

Die meisten Arten stammen aus den Tropen und Subtropen. Sie benötigen also Wärme und Licht, vertragen aber keinen Frost. Viele sind ideale Gewächse für das Fensterbrett oder das Blumenfenster. Einige fühlen sich nur in kühleren Räumen wohl, etwa das Alpenveilchen und die Zimmerazalee aus Indien. Bei trockener Luft erscheinen häufig Blattläuse und Spinnmilben. Daher ist das Befeuchten der Zimmerluft, regelmäßiges Gießen und Düngen besonders wichtig. Nach der Blüte ist ein kräftiger Rückschnitt bei vielen Pflanzen günstig, sie treiben dann wieder aus, bilden neue Triebe und später auch Blüten. Kurzlebige Arten wie Elatior-Begonien und Cinerarien lohnen keine Weiterkultur.

Blühende Topfpflanzen benötigen mehr Licht als Grünpflanzen. Im Zimmer kann man sie daher an hellen, aber selten an vollsonnigen Plätzen verwenden. Sie bringen bei richtiger Pflege schöne Blüten hervor.

Die **Grünpflanzen** sind mit weniger Licht zufrieden und daher für Schattenplätze geeignet. Nur selten kann man bei ihnen Blüten beobachten; sie zieren durch Laub und Wuchsform.

Buntblättrige Grünpflanzen haben auffällig gefärbte Blätter. Sie besitzen weniger Blattgrün, benötigen daher einen hellen Platz.

Pflanzen mit Klettereigenschaften kommen für Raumteiler oder Ampeln in Betracht. Meist können wir nur selten ihre Blüten bestaunen.

Besondere Ansprüche haben die **Kakteen und Sukkulenten**. Sie können in Blättern oder Sprossen Wasser speichern, bevorzugen einen besonders hellen Standort und meist ein lockeres, durchlässiges Erdsubstrat.

Schattige Plätze und einen humusreichen Boden benötigen die **Zimmerfarne und Gräser**. Im Gegensatz zu den Kakteen darf hier die Erde nie austrocknen.

Die meisten **Orchideen** sind dankbar für eine hohe Luftfeuchtigkeit, sie brauchen ein besonderes Pflanzensubstrat aus Torfmoos, Borke und Farnwurzeln. Orchideen sind salzempfindlich, sie dürfen daher nur mit geringen Konzentrationen gedüngt werden.

Schnittblumen sind besonders beliebt. Durch besondere Kulturmaßnahmen werden viele Arten ganzjährig angeboten. Die Haltbarkeit der Blumen in der Vase kann man verlängern, wenn das Wasser täglich erneuert und die Stielenden frisch angeschnitten werden.

Balkonpflanzen werden nach Mitte Mai an ihren Platz im Freien gebracht. Sie sollten vorher mit frischer Erde versorgt werden. Nach einigen Wochen ist der Düngervorrat der Erde verbraucht, eine Nachdüngung ist dann erforderlich. Manche Arten können in frostfreien Räumen überwintert werden.

Langlebiger sind die meisten **Kübelpflanzen**. Sie erfreuen uns den ganzen Sommer mit prächtigen Blüten, müssen aber vor den ersten Frösten in geeignete Räume gebracht werden.

Aphelándra squarrósa

Glanzkölbchen
Acantháceae, Akanthusgewächse

Man unterscheidet etwa 170 Arten der Gattung *Aphelándra*, alle heimisch in den Tropen Amerikas. *A. squarrósa* mit einigen Sorten stammt aus Südostbrasilien. Wuchs aufrecht, etwa 50 cm hoch. Blätter bis 30 cm lang, dunkelgrün mit weißen Adern. Blütenstand unverzweigt, eine bis zu 20 cm lange Ähre. Blüten weiß, erscheinen von Juni–Oktober zwischen gelben, glänzenden Deckblättern. Torfreiche Erdsubstrate, z. B. Einheitserde. Standort hell, aber nicht in der vollen Sonne. Gleichmäßig gießen und im Sommer alle 2 Wochen nachdüngen. Nach der Überwinterung (15 °C) im Frühjahr scharf zurückschneiden. Auf Blattläuse und Schildläuse achten, ebenso auf Wurzelfäule. Vermehrung durch Kopfstecklinge. Sorten: 'Dania', 'Fritz Prinsler' u. a., meist gedrungener als die Art.

Belopérone guttáta

Spornbüchschen, Zimmerhopfen
Acantháceae, Akanthusgewächse

Die Gattung *Belopérone* umfaßt rund 30 Arten, die vorwiegend aus den Tropen stammen. Der meterhohe buschförmige Zimmerhopfen aus Mexiko blüht das ganze Jahr hindurch. An den überhängenden Trieben zieren besonders die braunroten Deckblätter, während die weißen Blüten nur vereinzelt erscheinen. Blätter weichhaarig, breit-lanzettlich, gegenständig. Die Erde soll kräftig und humos sein, z. B. Einheitserde. Am schönsten entwickelt sich die Farbe der Blüten bei hellem Standort, jedoch nicht in der prallen Sonne. Im Sommer ist eine fortwährende Düngung und Bewässerung notwendig. Im Winter soll die ideale Temperatur zwischen 12 °C und 18 °C betragen. Ein Rückschnitt im Frühling ergibt buschigere Pflanzen. Man achte auf Blattläuse. Vermehrung durch Kopfstecklinge im Frühling, die nach dem Austrieb gestutzt werden sollen.

Crossándra infundibulifórmis

Crossandra
Acantháceae, Akanthusgewächse

Zur Gattung *Crossándra* zählt man 50 verschiedene Arten aus den Tropen. Dieser hübsche Halbstrauch stammt aus Indien und Ceylon, er wird dort meterhoch. In der Kultur erreichen die aufrechten Triebe kaum 50 cm. Blätter gegenständig, glänzend, dunkelgrün, breit-lanzettlich. Blüten orangefarben, im Sommer erscheinend, halten sehr lange. Ein Rückschnitt nach der Blüte ist zu empfehlen. Als Tropengewächs benötigt *Crossándra* viel Wärme und eine humose Erde. Im Sommer wöchentlich düngen und regelmäßig gießen. Der Erdballen darf nie ganz austrocknen. In der winterlichen Ruhezeit weniger gießen. Spinnmilben, Mottenschildläuse und Blattläuse bekämpfen. Vermehrung durch Stecklinge im Frühling. Die bekannteste Sorte ist 'Mona Wallhed' (Bild) mit kräftigen, lachsfarbenen Blüten und gedrungenem Wuchs.

Pachýstachys lútea

Gelbe Dickähre
Acantháceae, Akanthusgewächse

Die Gattung *Pachýstachys* umfaßt 6 Arten aus dem tropischen Amerika. Die Heimat der meterhohen *P. lútea* ist Peru. Dort bildet sie aufrechte, dichte Büsche mit weichen, breit-lanzettlichen Blättern. An den Triebenden bilden sich steife Ähren mit gelben Deckblättern und weißen, lang hervorragenden Blüten. In TKS 2 oder Einheitserde T gedeihen die Pflanzen gut. Der Standort sollte hell und luftig sein, auf hohe Luftfeuchtigkeit ist zu achten. Im Sommer wird alle 14 Tage flüssig nachgedüngt und häufig gegossen. Verblühtes wird zurückgeschnitten. Im Winter hält man die Pflanze trockener und etwas kühler. Ein scharfer Rückschnitt im Vorfrühling ergibt buschigere Pflanzen. Man achte auf Mottenschildläuse. Die Vermehrung erfolgt durch Kopfstecklinge im Frühling.

Clívia miniáta

Klivie, Riemenblatt
Amaryllidáceae, Amaryllisgewächse

Die allbekannte Klivie stammt aus Natal, wo sie an schattigen Felsen anzutreffen ist. Ihre Blätter sind bis zu 6 cm breit, 50 cm lang und glänzend. Sie entspringen kurzen, verdickten Rhizomen. Die orangeroten Trichterblüten bilden eine Dolde mit 12 bis 20 Einzelblüten. Die robuste Pflanze ist aber auch ohne Blüten auffällig. Dazu wird sie kaum von Krankheiten befallen. Kultur in Einheitserde T. Standort halbschattig. Ruhezeit ab Oktober erforderlich, denn nur bei kühlen Standort im Spätherbst werden die Blütenknospen angelegt. Die Blütenschäfte erscheinen im Winter. Dann muß kräftiger gegossen weden. Alle 2 bis 3 Jahre in lehmighumose Erde verpflanzen. Die fleischigen Wurzeln dürfen nicht verletzt werden. Auf Wolläuse achten. Vermehrung erfolgt durch Abtrennen der Seitentriebe im Frühling.

Anthúrium-Scherzeriánum-Hybr.

Kleine Flamingoblume
Aráceae, Aronstabgewächse

Von der neuweltlichen Gattung *Anthúrium* sind über 700 Arten bekannt. Die Kleine Flamingoblume stammt ursprünglich aus Guatemala und Costa Rica. Im Handel sind großblumige und vielfarbige Hybriden. Blätter groß, dunkelgrün, langstielig. Blütenkolben spiralig geformt, von einem auffällig gefärbten Hochblatt umgeben, dieses rot, orange oder weiß. Blüten erscheinen reich im Winter und Frühling. Erde humos und durchlässig. TKS 1 mit grobem Torf oder Styromull vermischen. Kein hartes Gießwasser verwenden, mäßig düngen und im Sommer leicht schattieren. Temperaturen im Sommer bei mindestens 20 °C, im Winter bei mindestens 15 °C halten. Verträgt hohe Luftfeuchtigkeit. Auf Blattläuse, Schildläuse, Spinnmilben und Nacktschnecken achten. Die Vermehrung durch Samen und über Gewebekultur ist langwierig.

Spathiphýllum wallísii
Einblatt
Aráceae, Aronstabgewächse

Man unterscheidet von der Gattung *Spathiphýllum* rund 40 Arten. Die meisten sind in den Tropen Amerikas anzutreffen. Aus Kolumbien und Venezuela stammt das hübsche Einblatt, das sich auch gut für die Hydrokultur eignet. Blätter dunkelgrün, schmal-lanzettlich, langstielig, bis zu 80 cm lang. Blütenstiele überragen die Blätter. Spatha reinweiß. Als Erde verwende man mit Styromull oder Sand vermischte Einheitserde. Das Einblatt kommt mit weniger Licht aus als die Flamingoblume. Hohe Luftfeuchtigkeit ist günstig für die Kultur. Man sollte mäßig gießen und düngen, aber viel Wärme geben. Gelegentlich erscheinen Schildläuse. Die Vermehrung erfolgt durch Teilung im Frühling, durch Aussaat und Gewebekultur. Im Handel sind meist Hybriden mit größeren Hochblättern.

Begónia-Elátior-Hybriden
Elatior-Begonie, Blütenbegonie
Begoniáceae, Schiefblattgewächse

Von der Gattung *Begónia* sind über 1000 Arten bekannt. Man unterscheidet Blatt- und Blütenbegonien. Die Elátior-Begonien haben viel Ähnlichkeit mit den Knollenbegonien. Sie werden 20 bis 30 cm hoch und blühen überreich, Blätter herzförmig, werden bald von den Blüten völlig verdeckt. Blühen rot, orange, rosa, gelb oder weiß, einfach, halbgefüllt oder gefüllt und 2 bis 5 cm groß. Der Gärtner bietet blühende Pflanzen zu jeder Jahreszeit an. Einheitserde mit Sand vermischen. Heller Standort und mäßige Wassergaben sowie flüssige Düngung alle 2 Wochen bringt gute Erfolge. Nach der Blüte Pflanze wegwerfen. Echten Mehltau und Blattläuse bekämpfen. Vermehrung durch Trieb- oder Blattstecklinge. Sorten: 'Nixe', karminrot, gefüllt; 'Riegers Schwabenland', rot (Bild).

Aechméa fasciáta

Lanzenrosette

Bromeliáceae, Ananasgewächse

Aus dem tropischen Amerika sind rund 180 Arten der Gattung *Aechméa* bekannt. Die Lanzenrosette ist als Epiphyt auf hohen Bäumen in Brasilien anzutreffen. Blätter graugrün bebändert, bilden einen 40 bis 50 cm hohen Trichter, der das Regenwasser auffängt. Blütenstand mit rosafarbenen, gezähnten, auffälligen Hochblättern. Blüten hellblau, erscheinen im Sommer. Kultur in durchlässiger Erde, TKS oder in einer Mischung aus *Sphagnum* (Torfmoos), Nadelstreu, Lauberde und Sand. *A. fasciáta* verträgt trockene Zimmerluft recht gut, dennoch ist sie für eine Übersprühung dankbar. Mäßig gießen, auch in den Trichter. Im Sommer alle 2 Wochen düngen. Schildläuse bekämpfen. Vermehrung durch Abtrennen der bewurzelten Kindel, durch Samen und Gewebekultur.

Vrīésea spléndens

Flammendes Schwert

Bromeliáceae, Ananasgewächse

Vorwiegend aus Brasilien stammen die rund 280 Arten der Gattung *Vrīésea*. Besonders beliebt ist *V. spléndens*. Diese dankbare Pflanze stammt ursprünglich aus den Regenwäldern Guayanas und Venezuelas, wo sie epiphytisch wächst. Im Handel findet man eine Fülle von prächtigen Hybriden. Alle bilden trichterförmige Blattrosetten. Blätter grün, mit rotbraunen Querstreifen. Blütenstände flammendrot, bringen röhrenförmige, gelbe Blüten hervor. Verlangt einen hellen Platz, viel Wärme und hohe Luftfeuchtigkeit, im Sommer mäßige Düngergaben. Gelegentlich Wasser in den Trichter füllen, aber Erde nie austrocknen lassen. Die Erde soll torfreich (TKS 1) sein, auch Mischungen aus *Sphagnum*, Styropor und Lauberde haben sich bewährt. Die Vermehrung erfolgt durch Abtrennen der Kindel und durch Samen.

Senécio-Cruéntus-Hybriden

Gartencinerarien, Aschenblumen
Compósitae, Korbblütler

Die vielfältige Gattung *Senécio* umfaßt 2000–3000 verschiedene Arten. Von den Kanarischen Inseln stammen die Vorfahren unserer beliebten Aschenblume. Die kultivierten Formen sind gedrungener und blühen viel reicher als die Arten. Die großen Blüten der Züchtungen erscheinen von September bis Mai; es sind viele Farbtöne im Sortiment. Die großen Blätter verdunsten viel Wasser, daher muß kräftig gegossen werden. Im Jugendstadium sind häufige Düngergaben notwendig, zur Blütezeit ist dies nicht mehr erforderlich, da sich eine Weiterkultur der abgeblühten Pflanzen nicht lohnt. Kultur in Einheitserde. Viel Licht, regelmäßige Wassergaben und gelegentliche Bekämpfung der Blattläuse sind die wichtigsten Pflegemaßnahmen. Die Vermehrung erfolgt durch Aussaat der feinen Samenkörner im Sommer.

Kalánchoe blossfeldiána

Flammendes Käthchen
Crassuláceae, Dickblattgewächse

Man unterscheidet rund 125 Arten der Gattung *Kalánchoe* aus Afrika und Asien. Besonders beliebt ist das Flammende Käthchen. Heimat dieser Sukkulenten ist Madagaskar. Sie sind an Trockenheit und Wärme angepaßt. Die heute angebotenen farbenprächtigen Hybriden wachsen gedrungener und blühen reicher als die Arten. Sie werden 20 bis 30 cm hoch und tragen eiförmige, dickfleischige Blätter. Blüten vierzählig, in allen Rottönen erhältlich. Kurztagpflanze. Blütenstände erscheinen an den Triebenden nach entsprechender Behandlung ganzjährig, sonst von Februar bis Mai. Substrat: Einheitserde mischt man mit Flußsand. Den Pflanzen möglichst viel Licht geben. Im Sommer sollen sie bei 18 bis 23 °C, im Winter etwas kühler gehalten werden. Man achte auf Läuse und Echten Mehltau. Vermehrung durch Triebstecklinge.

Rhododéndron-Símsii-Hybriden

Indische Azalee
Ericáceae, Heidekrautgewächse

Weltweit werden über 800 Arten der Gattung *Rhododéndron* unterschieden. Die Vorfahren der Indischen Azalee stammen aus China und Taiwan. Durch Züchtungen sind unzählige Sorten in vielen Farben entstanden. Der meterhohe, dichtbuschige Strauch ist nicht ganz winterhart. Blätter eiförmig, 3 bis 4 cm lang, immergrün. Blüten weiß, rosa oder rot, zwischen Dezember und Mai erscheinend. Pflanzung in reinem Weißtorf mit wenig Volldüngerzusatz. Nie darf die Erde völlig austrocknen. Als typische Kalthauspflanze benötigt sie nur 15 bis 20 °C, im Winter etwas weniger. Man stellt sie hell, aber nicht in die volle Sonne und gießt nur mit Regenwasser. Nach der Blüten sollen die Samenstände entfernt werden. Blattläuse und Larven des Dickmaulrüßlers bekämpfen. Die Vermehrung durch Kopfstecklinge überlasse man Spezialbetrieben.

Euphórbia pulchérrima

Weihnachtsstern, Poinsettie
Euphorbiáceae, Wolfsmilchgewächse

Die vielgestaltige Gattung *Euphórbia* umfaßt etwa 1600 Arten. Aus den Tropen Mittelamerikas stammt der strauchförmige Weihnachtsstern. Die Züchtungen sind gedrungener als die Art und in vielen Farben bekannt. Blätter groß, meist mit 5 Spitzen versehen und nicht immer grün. Die Blüten sind unscheinbar, gelb. Auffälliger sind die großen, sternförmig angeordneten Hochblätter (Brakteen) in rot, rosa, gelb oder weiß. Blütezeit ab November, Kultursteuerung möglich. Kultur in Einheitserde. Die Pflanzen brauchen viel Licht, mäßige Feuchtigkeit und viel Wärme. Bei Überwinterung Rückschnitt im Frühling; durch Verdunkeln ab September erneuter Blütenansatz. Blatt-, Woll- und Schildläuse bekämpfen. Vermehrung: Kopfstecklinge vor dem Stecken in lauwarmes Wasser tauchen. Sorten: 'Annette Hegg', rote Hochblätter; 'Annette Hegg White', weiße Hochblätter.

Achímenes-Hybriden

Schiefteller
Gesneriáceae, Gesneriengewächse

Aus Südamerika stammen die 50 bekannten Arten der Gattung *Achímenes*. Die Ausgangsarten dieser hübschen Topfpflanze sind von Mexiko bis Brasilien zu finden. Die Hybriden blühen reicher als die Arten. Triebe aufrecht, behaart, entwickeln sich aus zapfenartigen Erdsprossen. Blätter gegenständig, breit-lanzettlich, gesägt, unterseits rot gefärbt. Blüten weiß, blau oder rot, erscheinen von Juli bis September. Dann welkt die ganze Pflanze. Überwinterung der 1,5 cm langen Rhizomen erfolgt in der Erde. Im März in frische, humose Einheitserde oder TKS 2 cm tief eintopfen. Nach dem Austrieb wird mäßig gegossen und gedüngt. Die Blätter sollten nicht naß werden. Auf Blattläuse achten. Vermehrung durch Kopfstecklinge und Aussaat im Frühling. Sorten: 'Cupido', blau; 'Tango', rot.

Saintpáulia-ionántha-Hybriden

Usambaraveilchen
Gesneriáceae, Gesneriengewächse

Aus Ostafrika stammen die 21 bekannten Arten der Gattung *Saintpáulia*. Die Ausgangsart des beliebten Usambaraveilchens, *S. ionántha*, findet man an schattigen, humosen Berghängen in Tansania. Die unzähligen Hybriden brauchen ähnliche Ansprüche, also keine Sonne! Die immergrüne Pflanze mit den weichhaarigen, runden Blättern wird etwa 10 cm hoch und blüht fast das ganze Jahr in den Farben weiß, rot, rosa, blau oder violett, einfach oder gefüllt. Miniformen werden immer beliebter. Kultur in TKS oder Einheitserde. Wasser auf den Blättern führt zu unschönen Flecken. Mäßige Düngung und gleichmäßige Wasserversorgung, ideal an Ost- oder Westfenstern. Im Frühling umtopfen. Blattläuse bekämpfen. Einfache Vermehrung durch Blattstecklinge in TKS 1. Geschützte Sortengruppen: 'Ballett'; 'Diana'; 'Rhapsodie'.

Streptocárpus-Hybriden

Drehfrucht
Gesneriáceae, Gesneriengewächse

Man unterscheidet von der Gattung *Streptocárpus* über 130 Arten, vorwiegend aus den Tropengebieten von Südafrika, Madagaskar und Asien. Die in Kultur befindlichen Hybriden haben über 30 cm lange und bis zu 10 cm breite, rauhhaarige Blätter in Rosettenform. Blüten fünfzipfelig, am Ende der langen Stiele, erscheinen von März bis Oktober. Außer gelb kommen alle Farben vor. in Einheitserde oder TKS wachsen sie gut bei Temperaturen um 20 °C und gleichmäßiger Feuchtigkeit. Im Winter sollen sie kühl und trocken, aber an hellen Plätzen stehen. Blattläuse rechtzeitig bekämpfen. Langwierige Vermehrung durch Aussaat im Frühjahr. Gute Erfolge durch Teilung der großen Blätter entlang der Adern. Die Teilstücke steckt man dann in Vermehrungssubstrat. Sorten: 'Constant Nymph', blau; 'Gloria', rot.

Abutílon-Hybriden

Schönmalve, Zimmerahorn
Malváceae, Malvengewächse

Aus den Tropen und Subtropen Südamerikas ist die Gattung *Abutílon* mit 150 Arten vertreten. Die in Kultur entstandenen Hybriden sind aufrechte, bis zu 2 m hohe Sträucher mit weichen, gelappten Blättern. Große Malvenblüten erscheinen von Mai bis Oktober in den Farben gelb, orange oder rot. Kultur in dauergedüngter Einheitserde an hellem Platz. Im Sommer draußen als Kübelpflanze verwenden. Im Spätherbst an einen luftigen, frostfreien Überwinterungsplatz bringen. Während der Vegetation gleichmässig wässern und düngen. Starker Rückschnitt im März. Auf Spinnmilben, Mottenschildläuse und Blattläuse achten. Vermehrung durch Kopfstecklinge im Sommer. Durch Samen vermehrte Pflanzen können schon nach vier Monaten blühen. Sorten: 'Feuerglocke', rot; 'Goldglocke', gelb.

Hibíscus rósa-sinénsis

Chinesischer Roseneibisch
Malváceae, Malvengewächse

Von der Gattung *Hibíscus* sind über 250 Arten bekannt. Meist sind es prächtige Blütensträucher aus den Tropen Asiens, die mehrere Meter hoch werden können. Der Chinesische Roseneibisch hat 10 cm große, eiförmige, glänzende Blätter. Die bis zu 15 cm großen Trichterblüten erscheinen ganzjährig. Sorten mit gelben, weißen, orange- oder rosafarbenen Blüten im Handel. Die einfach blühenden Sorten sind viel schöner als die gefülltblühenden. Kultur in Einheitserde T an einem hellen, nicht so warmen Standort. Regelmäßig gießen und düngen. Grundsätzlich vermeide man Staunässe. Austrocknen des Wurzelballens und Standortänderungen können zum Abwurf der Blütenknospen führen. Blattläuse und Spinnmilben bekämpfen. Vermehrung durch Kopfstecklinge. Sorten: 'Cherie', gelb mit rotbrauner Mitte; 'Hamburg', rot.

Cýclamen pérsicum

Alpenveilchen
Primuláceae, Primelgewächse

Von der Gattung *Cýclamen* sind 15 Arten bekannt. Aus dem zierlichen *C. pérsicum* aus dem östlichen Mittelmeergebiet haben die Züchter eine unglaubliche Vielfalt an Blütenfarben und -formen geschaffen. Die reichblühenden, kleinblumigen Mini-*Cýclamen* ähneln der Art. Aus einer flach-kugeligen Knolle entwickeln sich im Frühling die langstieligen, herzförmigen Blätter. Die Blüten erscheinen in der Kultur etwa von September bis Februar in den Farben rot, rosa oder weiß. Substrat: Einheitserde. Standort dieser Kalthauspflanze hell, nicht zu warm. Regelmäßige Wasser- und Nährstoffgaben bis zum Juni. Danach beginnt die sommerliche Ruhezeit. Gefahr durch Blattläuse und Dickmaulrüßler. Vermehrung durch Aussaat. Dunkelkeimer, daher Samen 2 bis 3 cm tief säen. Viele Klassen und Sorten.

Prímula obcónica

Becherprimel
Primuláceae, Primelgewächse

Von der Gattung *Prímula* unterscheidet man rund 500 Arten. Die Heimat der krautigen Becherprimel ist Zentralchina. Blätter rund, langgestielt, grundständig angeordnet, enthalten in den Haaren Primin, das allergische Reaktionen auslösen kann. Priminarme Sorte: 'Mayers Nonprimina Bayernblut'. Blüten bis 3 cm im Durchmesser. Blütezeit ganzjährig in verschiedenen Rottönen. Kultur in Einheitserde P oder in anderen kalkarmen Substraten. Temperatur 10 bis 20 °C, reichlich gießen, aber Staunässe vermeiden. Düngung im Sommer alle 14 Tage, im Winter weniger. Verblühtes entfernen. Vermehrung durch Aussaat im Sommer, dann Blüte im Frühling. Sorten: 'Dondoglut', scharlachrot; 'Gmünder Gruß', lachsrosa; 'Königsee', dunkelblau; 'Schneelawine', weiß mit gelbem Auge.

Prímula vulgáris

Kissenprimel
Primuláceae, Primelgewächse

Die heimische *P. vulgáris* kommt an halbschattigen Waldrändern in Mittel-, Süd- und Westeuropa vor und blüht hellgelb. Die winterharte Staude bildet eine grundständige Blattrosette und blüht reich im Vorfrühling. Die Sorten haben größere (etwa 4 cm) Blüten in fast allen Farben. Blütezeit von Dezember bis April. Kultur in Einheitserde, Lehmzusatz ist günstig. Standort soll hell und kühl sein (10 bis 15 °C). Nach dem Verblühen kann man die bunten Primeln in den Garten pflanzen. Nur in humosen Böden im Halbschatten sind sie dauerhaft. Im Zimmer muß für gleichmäßige Wassergaben und mäßige Düngung gesorgt werden. Blattlausbefall möglich. Die Aussaat erfolgt im Mai und Juni, die Blüten erscheinen dann im Vorfrühling. Viele Rassen und Sorten, z. B. 'Ernst Benary', 'Joker'; alle in den verschiedensten Farben.

Hydrangéa macrophýlla

Hortensie
Saxifragáceae, Steinbrechgewächse

Die Art stammt aus Japan. Züchtungen mit riesigen Blütenbällen. Wuchs aufrecht, etwa 60 bis 80 cm hoch. Blätter eiförmig, zugespitzt, glänzend, gegenständig, einfach gesägt. Blüten unscheinbar, weiß, rosa, rot oder blau, auffällige Scheinblüten am Rand. Rosablühende Sorten können mit Aluminiumsulfat oder Alaun blau gefärbt werden (5 g je Liter Erdsubstrat). Blütezeit im Sommer. Einheitserde oder Mischung aus 2/3 Weißtorf und 1/3 Lehm. Standort absonnig bei 15 bis 18 °C, im Winter weniger. Im Sommer laufend düngen bis Ende August, nur mit Regenwasser gießen. Blütenbildung erfolgt im Herbst in Endknospen. Triebe nicht ganz winterhart, wenn nicht gut ausgereift. Überwinterung bei 5 °C, antreiben ab Februar bei 18 °C. Auf Spinnmilben und Blattläuse achten. Vermehrung durch Kopfstecklinge im Sommer. Sorten: 'Adria', blau; 'Merkur', rot; 'Schwan', weiß (Bild 'Rotkehlchen').

Calceolária-Hybriden

Pantoffelblume
Scrophulariáceae, Braunwurzgewächse

Etwa 500 *Calceolária*-Arten sind in Mittel- und Südamerika bekannt. Aus *C. arachnoídea, C. corymbósa* und *C. crenatiflóra* entstanden die heutigen Hybriden. Diese werden nur einjährig kultiviert. Die krautigen Pflanzen werden 25 bis 40 cm hoch und haben weiche, große, rundliche Blätter. Blüten mit schuhförmiger Unterlippe, gelb und kupferfarben, aber auch gefleckt und punktiert, 2 bis 4 cm groß, erscheinen in Mengen im April und Mai. Zur Anzucht TKS 1, später Einheitserde verwenden. Wenig düngen, weil salzempfindlich. Standort hell, Wintertemperatur nicht über 8 bis 10 °C, Staunässe vermeiden. Auf Mottenschildläuse (Weiße Fliege) achten, Bekämpfung im Zimmer lohnt nicht, Pflanze daher entfernen. Vermehrung durch Aussaat im Juli und August ist Gärtnersache. Sorte: 'Konfetti', Mischung vieler Farbtöne.

Mónstera deliciósa

Fensterblatt

Aráceae, Aronstabgewächse

Diese robuste Kletterpflanze ist bekannt und beliebt. Über 25 Arten der Gattung *Mónstera* sind aus Mittelamerika bekannt. Die lederigen, herzförmigen Blätter können über 50 cm groß werden. Im Alter weisen sie die typischen, unregelmäßigen Löcher oder Einschnitte auf. Auch im Zimmer groß werdende Kletterpflanze mit Luftwurzeln, die mit zur Ernährung dienen. Gelegentlich erscheinen die großen, weißen Blütenstände, seltener dafür die eßbaren Früchte. Kultur in nährstoffreicher Einheitserde an hellem Platz. Temperatur 18 bis 25 °C, im Winter 16 bis 21 °C. Alle 1 bis 2 Wochen muß gedüngt werden. Kletterhilfe notwendig. Blätter gelegentlich abwaschen. Auf Spinnmilben und Schildläuse achten. Vermehrung durch Kopf- und Stammstecklinge sowie Abmoosen. Sorte: 'Variegata', mit weißbunten Blättern.

Philodéndron erubéscens

Rotwerdender Baumfreund

Aráceae, Aronstabgewächse

Man unterscheidet rund 500 Baumfreund-Arten aus den amerikanischen Tropen. Nicht alle Arten klettern wie *P. erubéscens* aus Kolumbien, der besonders attraktiv ist. Am grünlichroten Stamm entspringen breitpfeilförmige, dunkelgrüne Blätter, die bis zu 35 cm lang und 18 cm breit werden können. Die langen Blattstiele und die jungen Blätter sind rötlich gefärbt. Kultur in nährstoffreicher Einheitserde T bei höheren Temperaturen an hellem Standort. Stellt hohe Ansprüche an die Luftfeuchtigkeit, regelmäßig gießen und düngen. Nach zwei Jahren umtopfen. Auf Schildläuse achten. Vermehrung durch Kopf- oder Triebstecklinge. Sorte: 'Red Emerald', rötlicher als die Art. Weitere interessante Arten: *P. élegans, P. rugósum, P. sagittifólium.*

Dizygothéca elegantíssima

Fingeraralie
Araliáceae, Araliengewächse

Von der Gattung *Dizygothéca* unterscheidet man 17 Arten aus Polynesien und Neukaledonien. In ihrer Heimat wachsen sie zu kleinen Bäumen heran. Im Zimmer werden sie 1 bis 2 m hoch. Die aufrechtwachsende Fingeraralie fällt durch ihre sieben- bis elfzählig gefingerten und zusätzlich feingeschlitzten Blätter auf. Kultur in üblicher Einheitserde oder TKS II, hellem Standort und höheren Temperaturen. Erde nie ganz austrocknen lassen. Auch sollte die Luftfeuchtigkeit immer hoch sein. Im Sommer wird gleichmäßig mit weichem Wasser gegossen und alle 2 Wochen gedüngt. Staunässe und zugige Standorte vermeiden. Nach 1 bis 2 Jahren umpflanzen. Besondere Gefahr droht durch Schildläuse und Spinnmilben. Vermehrung durch Stecklinge und Samen ist schwierig. Aussaat gelingt nur, wenn man frischen Samen erhält und diesen sofort aussät.

Fatshédera lízei

Efeuaralie
Araliáceae, Araliengewächse

Diese Kreuzung aus *Fátsia japónica* und *Hédera hélix* entstand 1912 in Frankreich. Seit vielen Jahren gehört die Efeuaralie zum Sortiment der immergrünen Zimmerpflanzen. Strauch aufrecht, kann bis zu 4 m hoch werden. Blätter drei- bis fünflappig, wesentlich kleiner als die der Zimmeraralie *(Fátsia japónica)*, die sieben- bis neunlappig und über 20 cm groß sind. Kultur in Einheitserde T an hellem Standort, bei Temperaturen um 18 °C, im Winter bei 5 bis 12 °C. Gleichmäßig gießen und alle 2 Wochen düngen. Auf Schildläuse achten. Vermehrung durch Kopf- und Triebstecklinge. Die bewurzelten Stecklinge müssen öfters gestutzt werden. Auch durch Abmoosen erhält man schöne, kräftige Pflanzen. Sorte: 'Variegata', mit weißbunten Blättern.

Schéfflera arborícola

Strahlenaralie

Araliáceae, Araliengewächse

Von den etwa 200 Arten der Gattung *Schéfflera* wachsen viele in ihrer Heimat zu Bäumen heran. Bei uns können sie mehrere Meter hoch und breit werden. Die attraktive Strahlenaralie stammt aus Taiwan. Blätter immergrün, neun- bis fünfzehnlappig, strahlig geteilt, Einzelblättchen 8 bis 15 cm lang. An älteren Pflanzen sind gelegentlich kleine, weiße Blüten zu finden. Kultur an hellen Plätzen in Einheitserde T, gleichmäßiges Gießen und Düngen im Sommer notwendig. Diese Warmhauspflanze im Winter nicht unter 12 °C halten, sonst werden die Blätter abgeworfen. Schildläuse bekämpfen. Vermehrung durch Stecklinge und Samen. Sorte: 'Trinette', mit gelbgrünen Blättern. Ähnlich ist *Brassáia actinophýlla* aus Nordaustralien und Neuguinea. Ihre Blätter sind sieben- bis sechzehnfach geteilt und lederig.

Cýcas revolúta

Palmfarn

Cycadáceae, Palmfarngewächse

Die Palmfarngewächse gehören mit zu den ältesten noch lebenden Pflanzen unserer Erde. Schon im Erdmittelalter vor 200 Millionen Jahren gab es diese eigenartigen Gewächse. Die Heimat von *Cýcas* ist Südostasien, wo er stammbildend vorkommt und bis zu 2 m lange Wedel hervorbringt. Fiederblättchen schmal, dunkelgrün, lederig, glänzend. Männliche Blüten erscheinen im Zentrum des Blatttrichters, die weiblichen in den Blattachseln. Kultur in Einheitserde mit Sandzusatz an hellem warmem Standort. Empfindlich gegen Ballentrockenheit und Staunässe, aber auch gegen Mineraldünger. Besser während der Vegetation wöchentlich mit flüssigem Guano düngen. Vermehrung durch Samen langwierig, bei männlichen Pflanzen werden Seitentriebe abgenommen und eingetopft.

Aspáragus setáceus

Zierspargel
Liliáceae, Liliengewächse

Von den wahrscheinlich nur 50–60 Arten der Gattung *Aspáragus* sind wenige in Kultur. Dazu zählt auch der eßbare Spargel. Die Heimat des in Kultur etwa 50 cm hohen, aufrechten Ziерspargels ist Südafrika. In der Heimat kann der Halbstrauch mehrere Meter hoch werden. Die schwach bedornten Triebe tragen noch feinere Scheinblättchen als *A. densiflórus*. Zierliche Wedel sind als Schnittgrün geschätzt. Kultur in Einheitserde P (geringer Nährstoffgehalt) bei hoher Luftfeuchtigkeit und Temperaturen um 20 °C. Nie ganz austrocknen lassen. Im Winter bei niedrigeren Temperaturen und mäßigen Wassergaben halten. Auf Blattläuse und Spinnmilben achten. Vermehrung durch Aussaat. Sorten: 'Nanus', niedriger als die Art; 'Plumosus' (Bild), als Schnittgrün; 'Pyramidalis', gedrungener Wuchs, gute Topfpflanze.

Fícus benjamína

Birkenfeige
Moráceae, Maulbeerbaumgewächse

Von den über 700 Feigen-Arten sind nur wenige in Kultur. Die Birkenfeige stammt aus Indien und Malaysia, sie kann dort ein sehr großer Baum werden. Im Zimmer wird diese elegante Pflanze mehrere Meter hoch. Zweige überhängend. Blätter immergrün, 6 bis 12 cm lang, eiförmig, zugespitzt, mit ausgeprägter Träufelspitze. Kultur in humoser Lehmerde (auch Einheitserde) oder in Hydrokultur an hellem Standort. Bei hoher Luftfeuchtigkeit, regelmäßigen Wasser- und Düngergaben dankbare Zimmerpflanze. Bei Standortwechsel können Blätter abgeworfen werden. Auf Schildläuse und Spinnmilben achten. Vermehrung durch Kopfstecklinge. Sorte: 'Golden King', mit gelbgrünen Blättern. Ähnlich in Habitus und Blattform ist *F. retúsa*. Die Sorte 'Hawaii' (Bild) besticht durch grün-weiße Blätter.

Fícus elástica
Gummibaum
Moráceae, Maulbeerbaumgewächse

Der altbekannte Gummibaum stammt aus Südostasien. Dort bildet er 20 bis 25 m hohe, breitkronige Bäume mit vielen Luftwurzeln. In Kultur wächst er in wenigen Jahren bis an die Zimmerdecke. Die immergrünen, glänzenden Blätter sind elliptisch und bis zu 40 cm lang. Kultur in Einheitserde oder Hydrokultur an einem hellen, warmen Platz. Regelmäßige Wasser- und Düngergaben notwendig. Werden viele Blätter abgeworfen, ist meist zu stark gegossen worden. Der Gummibaum verträgt sogar mäßige Lufttrockenheit. Auf Schildläuse, Spinnmilben und Blasenfüße achten. Vermehrung durch Kopf- und Triebstecklinge ist Gärtnersache. Ältere, unten kahlgewordene Pflanzen kann man abmoosen. Sorten: 'Decora' (Bild), breitere Blätter; 'Schryveriana', gelbgrün gefleckte Blätter.

Fícus lyráta
Geigenfeige
Moráceae, Maulbeerbaumgewächse

Die Geigenfeige aus dem tropischen Westafrika hat besonders auffällige, große, immergrüne Blätter, diese sind leierförmig, bis zu 50 cm lang und 25 cm breit. In der Heimat wird der mächtige Baum 25 m hoch, auch bei uns kann er mehrere Meter Höhe erreichen. Durch Rückschnitt wird die Bildung von Seitentrieben gefördert. Kultur in nährstoffreicher Einheitserde ED 73 (dauergedüngt) mit Sandzusatz an hellem und warmem Platz. Alle 2 Jahre im Frühling muß die Geigenfeige umgetopft werden. Die Luftfeuchtigkeit soll hoch sein, daher die Blätter immer wieder besprühen. Im Sommer mäßig gießen und düngen. Schildlausbefall möglich. Vermehrung durch Stecklinge schwierig, nur bei hoher Bodenwärme erfolgreich.

Mýrtus commúnis

Brautmyrte
Myrtáceae, Myrtengewächse

Feinverzweigter Strauch aus dem Mittelmeergebiet, Bestandteil der Macchie, wird dort 1 bis 5 m hoch und 3 m breit. Seit langer Zeit in Kultur. Im alten Griechenland war er das Symbol der Schönheit. Die Braut wurde mit dem Myrtenkranz geschmückt. Blätter gegenständig, 1,5 bis 5 cm lang, zugespitzt. Blüten weiß, 2 bis 3 cm groß, fünfzählig, erscheinen im Sommer. Beeren blauschwarz, 1 cm groß. Die duftende Pflanze enthält ätherische Öle (Gewürz, Arznei). Kultur in saurer, sandhaltiger Erde (TKS I mit Sandzusatz), im Winter bei 5 bis 10 °C, im Sommer auch im Freien in voller Sonne. Wassergaben im Winter einschränken (kalkfrei), bei Ballentrockenheit Blattfall. Rückschnitt ergibt buschigere Pflanzen, auch Formschnitt möglich. Auf Schildläuse achten. Vermehrung durch Aussaat und Kopfstecklinge im Sommer.

Chamaedórea élegans

Bergpalme
Pálmae, Palmen

Von der Gattung *Chamaedórea* sind etwa 130 Arten aus Mittel- und Südamerika bekannt. Eine wichtige Art ist die kleinbleibende Bergpalme aus Mexiko und Guatemala. Sie fällt durch ihre gefiederten Blätter auf. Schon bei jungen Pflanzen werden die gelben Blüten gebildet. Pflanzen sind aber zweihäusig, so daß keine Früchte angesetzt werden, wenn der Partner fehlt. Kultur in Einheitserde bei mittleren Temperaturen und hellem Stand. Gelegentliche Wasser- und Düngergaben nötig. Alle 2 bis 3 Jahre im Frühling umtopfen. Befall durch Schildläuse möglich, auch durch Spinnmilben bei zu trockener Luft. Vermehrung durch Teilung im Frühling und Aussaat, dabei Samen erst zwei Tage in Wasser quellen lassen.

Hóweia forsteriána

Kentie
Pálmae, Palmen

Die Heimat dieser anspruchslosen Palme sind die Lord-Howe-Inseln im Pazifik (östlich von Australien). Der eintriebige Stamm kann in der Heimat mehrere Meter hoch werden, bei Zimmerkultur kleiner. Die langen, gestielten Blätter sind gleichmäßig gefiedert. Als Erdsubstrat hat sich Einheitserde bewährt. Die Kentie verträgt viel Licht, ebenso trockene Luft, dadurch aber eher Befall von Schädlingen wie Spinnmilben und Schildläusen möglich. Erde gleichmäßig feucht halten, gelegentliche Düngegaben während der Vegetation. Im Winter kühler und trockener stellen. Umpflanzung im Frühling in geräumige Gefäße. Vermehrung durch Aussaat möglich. Ähnliche Art: *H. belmoreána*.

Microcoélum weddeliánum

Kokospälmchen
Pálmae, Palmen

Aus den Tropen Brasiliens stammt diese zierliche Art. Dort kann sie 2 bis 3 m hoch werden. In der Kultur bildet sie einen kurzen Stamm und stark gefiederte, immergrüne Blätter. Sie ist nicht so anspruchslos wie die Kentie, sondern braucht höhere Luftfeuchtigkeit. Die Fiederblättchen sind feiner und graziler. Als Erde nehme man ein lehmighumoses Substrat (Einheitserde) mit Sandbeimischung und wenig Düngerzusatz. Die Erde muß gleichmäßig feucht gehalten werden, eine monatliche Düngung ist erforderlich. Mit kalkfreiem Wasser gelegentlich besprühen. Der Standort muß warm und hell sein. Vor direkter Sonnenbestrahlung schützen. Auf Schildläuse achten. Vermehrung durch Aussaat der gequollenen Samen bei einer Bodenwärme von 25 bis 30 °C.

Phoénix canariénsis

Kanarische Dattelpalme
Pálmae, Palmen

Anspruchslose Zimmerpalme von den Kanarischen Inseln. Dort wird sie über 15 Meter hoch. Im Zimmer wächst sie im Laufe der Jahre ebenfalls zu einer stattlichen Erscheinung heran. Aus einem im Alter dicken Stamm entspringen 2 bis 3 m lange, grüne, gefiederte Wedel. Im Sommer bekommt die Pflanze einen Platz auf der sonnigen Terrasse. Dort braucht sie viel Wasser und eine wöchentliche Düngergabe. Im Winterquartier luftig, kühl und hell halten, Ballen nicht austrocknen lassen und spärlich düngen. Im Frühling in große Behälter umtopfen, die Einheitserde mit etwas Sand vermischen. Spinnmilben und Schildläuse bei Bedarf bekämpfen. Vermehrung durch Aussaat der eingeweichten Samen. Weitere Art: *P. dactylífera*, die Dattelpalme, kann man aus Dattelkernen heranziehen. Steifer Wuchs, graugrüne Blätter, anspruchsvoller, aber weniger schön.

Peperómia caperáta

Zwergpfeffer
Piperáceae, Pfeffergewächse

Die Zahl der *Peperómia*-Arten wird auf etwa 1000 geschätzt. Nur wenige Arten sind in Kultur. Der Zwergpfeffer ist eine niedrige Staude aus Brasilien. Blätter runzelig, dickfleischig, tiefgrün, eiförmig, zugespitzt mit 10 bis 15 cm langen Blattstielen. Von den vielen ähnlichen Arten ist diese besonders blühwillig. Der Blütenstand ist eine lange, weiße, rundliche Ähre mit vielen winzigen Einzelblütchen. Kultur: Einheitserde, vermischt mit grobfaserigem Torf ergibt ein bewährtes Substrat. Der Standort sollte halbschattig bis schattig sein. Bei Zimmertemperatur gefällt es diesem Zwerg am besten. Mäßig gießen und düngen. Vermehrung durch Blattstecklinge. Die Sorte 'Tricolor' hat weißgeränderte Blätter. Häufig kultiviert wird auch *P. obtusifólia* mit glatten, eiförmigen, gelbgrünen Blättern.

Cóffea arábica

Kaffeestrauch
Rubiáceae, Krappgewächse

Im östlichen Afrika, dem heutigen Äthiopien, liegt die Heimat des Kaffeestrauches. Der breitwachsende Großstrauch trägt gegenständige, immergrüne Blätter von etwa 10 bis 15 cm Länge. Erst bei älteren Pflanzen kann man die weißen, duftenden Blüten erwarten. Bestäubt man die sternförmigen Blüten mit einem Pinsel, entwickeln sich daraus die später roten Kaffeekirschen. Sie enthalten die eigentlichen Kaffeebohnen, die nun geröstet werden müssen, um das köstliche Getränk zubereiten zu können. Pflanzung in Einheitserde. Als Standort ist ein heller, aber mäßig warmer Platz ideal. Den Topfballen nicht austrocknen lassen, Düngergaben sind alle zwei Wochen im Sommer angebracht. Auf Woll- und Schildläuse achten. Die Vermehrung aus Samen ist möglich, wenn man frisches, keimfähiges Saatgut erhält. Das rote Fruchtfleisch muß vor der Saat entfernt werden.

Fittónia verschafféltii

Fittonie
Acantháceae, Akanthusgewächse

Aus nur 2 Arten besteht die Gattung *Fittónia*. Diese hübsche bodendeckende Pflanze stammt aus Kolumbien und Peru. Die behaarten Triebe kriechen über den Boden und tragen große, eiförmige Blätter in gegenständiger Anordnung. Je nach Sorte sind die Blätter mit weißen oder roten Adern durchzogen, was den besonderen Reiz dieser Pflanze ausmacht. Es ist eine ideale Pflanze für große Vitrinen, wo man sie am Boden im Halbschatten kriechen läßt. Im Topf wirkt sie lange nicht so schön. In humosem Boden (TKS oder Einheitserde) bei hoher Luftfeuchtigkeit im Warmhaus gedeiht die Fittónie am besten. Staunässe verträgt sie nicht, Fäulnis wäre die Folge. Vermehrung durch Kopfstecklinge im Frühling. Sorten: 'Argyroneura' (Bild), mit weißen, 'Pearcei' mit roten Blattadern.

Cordylíne fruticósa

Keulenlilie
Agaváceae, Agavengewächse

Die tropische Keulenlilie kommt in einem großen Gebiet vor, u. a. auf Hawaii, Neuseeland und Australien. Dort erreicht sie Höhen um 4 Meter. Bei uns kann dieser Halbstrauch immerhin 1 m hoch werden. Die knolligen Wurzeln sind weiß gefärbt. Dem Sproß entspringen zahlreiche, langstielige, bunte Blätter, die je nach Sorte bis zu 50 cm lang und 10 cm breit sind. Häufig sind sie rot-grün gestreift und daher sehr auffällig. Selten erscheinen die langen Blütenrispen mit rosa oder weißen Blütchen. Kultur in lehmhaltiger Einheitserde bei hoher Luftfeuchtigkeit an hellem Platz. Die Keulenlilie braucht ganzjährig gleichmäßige Wasser- und Düngergaben. Auf Schildläuse achten. Vermehrung durch Stammstücke und Kopfstecklinge möglich. Sorte: 'Red Edge', gedrungener Wuchs.

Dracǽna frágrans

Dracaene, Drachenbaum
Agaváceae, Agavengewächse

Aus den Tropen sind 40 Arten der Gattung *Dracǽna* bekannt. *D. frágrans* stammt aus dem tropischen Afrika und wird dort bis zu mehreren Metern hoch. Aus einem verholzten Stamm von etwa 5 cm im Durchmesser treiben an den Seiten und an der Spitze grüne Blattschöpfe. Stämme können zersägt und bewurzelt werden (im Handel als Ti-plant). Blätter 2 bis 4 cm breit, bis zu 90 cm lang, besonders schön sehen die bunten Sorten aus. Kultur in Einheitserde an hellem, warmem Platz, ebenso ideal in Hydrokultur. Blätter mit kalkfreiem Wasser öfter besprühen. Mäßig gießen und düngen. Schildläuse bekämpfen. Vermehrung durch Stammstücke und Stecklinge sowie durch Abmoosen. Sorte: 'Viktoria', gelb-grün gestreift. *D. margináta* 'Tricolor' hat schmalere, rot-weiß-grün gestreifte Blätter.

Aglaonéma commutátum

Kolbenfaden
Aráceae, Aronstabgewächse

Aus den Tropen Asiens sind rund 20 Arten der Gattung *Aglaonéma* bekannt. Die Heimat des Kolbenfadens sind die Philippinen, wo er im Schatten tropischer Bäume wächst. Die Sorten tragen meist bunte Blätter. Sie sind langgestielt, breit-lanzettlich, können über 30 cm lang werden. Die weißen, Aronstab-ähnlichen Blütenstände und die roten Früchte werden selten gebildet. Diese Warmhauspflanze hat sich sehr gut in der Hydrokultur bewährt. Als Erde ist ein humoses Substrat wie Einheitserde vorteilhaft. Standort hell, aber nie sonnig. Hohe Luftfeuchtigkeit ist durch Versprühen entkalkten Wassers zu erzielen. Alle 2 Wochen nachdüngen, bei Erdkultur mäßige Wassergaben. Auf Blattläuse achten. Vermehrung durch Kopfstecklinge und Aussaat. Sorten: 'Pseudobracteatum', gelb gesprenkelt; 'Silver Queen', weißbunt.

Caládium-Bícolor-Hybriden

Kaladie, Buntblatt
Aráceae, Aronstabgewächse

Die Heimat der Kaladie ist das tropische Amerika. Man unterscheidet 7 oder 8 Arten. In Kultur befinden sich nur die farbenprächtigen Hybriden. Aus den knolligen Speicherorganen entwickeln sich langgestielte, breitpfeilförmige Blätter in einer ungeheuren Farbenvielfalt. Die dem Aronstab ähnlichen Blütenstände erscheinen selten. Die Kultur ist anspruchsvoll: TKS 2 (gut gedüngtes Torfkultursubstrat), viel Wärme und Licht, aber keine volle Sonne sowie hohe Luftfeuchtigkeit. Beim Gießen dürfen die Blätter nicht benetzt werden. Ab September beginnt die Ruhezeit, die Knolle überwintert bei 18 °C im Topf. Erst im Frühling in frische Erde topfen und antreiben. Vermehrung durch Teilung der Knollen. Es gibt unzählige Farbvarianten im Sortiment.

Dieffenbáchia seguíne

Dieffenbachie
Aráceae, Aronstabgewächse

In den Tropen Amerikas sind etwa 30 Arten der Gattung *Dieffenbáchia* bekannt. Aus Brasilien hat die dekorative *D. seguíne* den Weg in unsere Wohnungen gefunden. Aus einem hohen Stamm entwickeln sich mächtige, bis zu 20 cm breite Blätter, die eiförmig-zugespitzt sind. Je nach Sorte sind sie 50 cm lang und weiß-grün gefleckt. Gelegentlich erscheint ein großer, weißer Blütenstand. Die ganze Pflanze enthält Oxalat-Kristalle, die beim Umgang Entzündungen hervorrufen können (Handschuhe!). Kultur in Einheitserde oder TKS II an einem hellen Platz und bei hohen Temperaturen. Mäßig düngen und wässern, im Winter Wassergaben herabsetzen. Auf Blattläuse und Spinnmilben achten. Vermehrung durch Kopf- und Stammstecklinge. Sorten: 'Exotica'; 'Rudolf Roehrs'.

Begónia-Rex-Hybriden

Königsbegonie
Begoniáceae, Begoniengewächse

Die Züchter brachten aus den über 1000 Begonien-Arten eine Fülle von Hybriden hervor. Zu den schönsten Blattbegonien zählt die Königsbegonie mit den großen, herzförmig-zugespitzten, farbintensiven Blättern. Diese sind entweder bunt gefleckt oder gebändert. Die Blüten erscheinen nicht regelmäßig. Kultur in fasertorfreicher Einheitserde an hellem Platz (keine volle Sonne) und bei Warmhaustemperaturen. Hohe Luftfeuchtigkeit, mäßige Wasser- und Düngergaben im Sommer. Im Winter Wassergaben reduzieren und an einen kühleren Platz bringen. Auf Blattläuse achten. Vermehrung durch Blattstecklinge und kleine Blattstücke (Blatteilstecklinge), die man flach auf ein Sand-Torf-Gemisch legt. Bei hoher Luftfeuchtigkeit und Wärme erfolgt die Wurzelbildung. Unzählige Sorten und Farbvarianten.

Ánanas comósus 'Variegatus'

Bunte Ananas

Bromeliáceae, Ananasgewächse

Die Botaniker unterscheiden 8 Arten der Gattung *Ánanas. A. comósus* stammt aus Brasilien, sie wird heute wegen ihrer Früchte überall in den Tropen kultiviert. Aus einer grundständigen Blattrosette entwickeln sich über 1 m lange, schmale, graue Blätter, die am Rand scharf gezähnt sind. Der kolbenartige Blütenstand entwickelt sich in der Mitte der Rosette und endet mit einem Blattschopf. Die Art wird für das Zimmer zu groß, die buntgestreifte Sorte bleibt etwas kleiner, sie hat gelb-grün gestreifte Blätter. Kultur in Hydrogefäßen oder Einheitserde an einem hellen Platz. Im Sommer kräftig gießen und düngen, im Winter weniger. Großer Platzbedarf. Auf Schild- und Wurzelläuse achten. Vermehrung durch Kindel und Blattschöpfe der Früchte.

Cryptánthus zonátus

Versteckblüte

Bromeliáceae, Ananasgewächse

Man unterscheidet 20 Arten der Gattung *Cryptánthus.* Diese niedrig bleibenden Rosettenpflanzen stammen aus den Trockenwäldern Brasiliens. Wegen ihrer geringen Größe eignen sie sich hervorragend für die Zimmerkultur. Die flachen Blattrosetten erreichen einen Durchmesser von 30 bis 40 cm. Blätter bis zu 20 cm lang und 4 cm breit, fein bestachelt, je nach Sorte sind die Querbänder silbrig oder goldgrün gefärbt. Ähnliche Arten besitzen auch rot-grüne Längsstreifen. Blüten weiß, unscheinbar in nistendem Blütenstand. Kultur in Einheitserde, der *Sphagnum* beigemischt wurde. Standort hell und warm, Luft gelegentlich befeuchten, wenig gießen und düngen. Vermehrung durch Abtrennen der Kindel. Gut als Unterpflanzung für Schalen und Vitrinen, als Epiphyten weniger geeignet.

Codiáeum variegátum var. píctum

Kroton, Wunderstrauch
Euphorbiáceae, Wolfsmilchgewächse

Nur sechs Arten sind von der Gattung *Codiáeum* bekannt. Nur eine Art wird kultiviert. Aus Ostindien stammt dieser immergrüne, bis 2,5 m hohe Strauch. In Kultur pflegt man vorwiegend buntblättrige Sorten, die in Farbe und Blattform sehr unterschiedlich sein können. Die Blattform zeigt von linealisch bis breit-lanzettlich viele Übergänge. Fast jedes Blatt weist rote, gelbe und grüne Farbtöne in den verschiedensten Kombinationen auf. Kultur in Einheitserde oder TKS an einem warmen, hellen Standort. Gleichmäßig gießen und düngen und für hohe Luftfeuchtigkeit sorgen. Auf Spinnmilben und Schildläuse achten. Vermehrung durch Kopfstecklinge (Bewurzelungshormone!) oder Abmoosen. Sorten: 'Norma'; 'Goldfinger' u. a.

Caláthea makoyána

Korbmarante
Marantáceae, Marantengewächse

Man unterscheidet von der Gattung *Caláthea* über 150 Arten, die alle aus dem tropischen Amerika stammen. Meist findet man *C. makoyána* in den Regenwäldern Brasiliens. Die Blätter sind etwa 30 cm lang, auffällig gezeichnet und gefärbt, langgestielt, eiförmig, mit rot-grün-weißer Musterung. Kultur in humosem Substrat an einem warmen, hellen Platz. TKS wird mit 25% Volumenanteil Styromull vermischt. Bei Bodenwärme fühlt sich die Pflanze besonders wohl. Regelmäßig gießen und düngen und für hohe Luftfeuchtigkeit sorgen. Auf Spinnmilben und Schildläuse achten. Umtopfen und Vermehrung durch Teilung im Vorfrühling. Viele weitere schöne Arten sind z. B. *C. crocáta*, orangefarbene Blüte; *C. ornáta; C. lancifólia*.

Maránta leuconeúra

Marante, Pfeilwurz
Marantáceae, Marantengewächse

Aus den Tropen Amerikas, vorwiegend aus Brasilien, sind 20 Arten der Gattung *Maránta* bekannt. Von diesen sind nur die buntblättrigen Sorten in Kultur. Es sind meist niederliegend wachsende Pflanzen mit breiten, eiförmigen Blättern. Beim Austrieb sind die jungen Blättchen tütenartig zusammengerollt. Die verschiedenen Sorten sind bunt gefärbt. Kultur im Warmhaus bei hoher Luftfeuchtigkeit in humoser Erde (TKS 1 mit geringem Salzgehalt). Standort hell, aber nie in voller Sonne (Blattflecken). Mäßig gießen und düngen. Verwendung als Bodendecker im Blumenfenster. Vermehrung durch Teilung und Kopfstecklinge. Sorten: 'Erythroneura' (Bild), rote Adern; 'Kerchoviana', smaragdgrün mit braunen Flekken, anspruchsloser als vorige.

Allamánda cathártica

Goldtrompete
Apocynáceae, Hundsgiftgewächse

Man unterscheidet in Südamerika 15 Arten der Gattung *Allamánda*. Die Goldtrompete ist ein kräftig wachsender Schlinger aus dem nördlichen Südamerika, wo er bis zu 10 m hoch werden kann. In Kultur wächst er leider auch sehr stark, so daß der Gärtner Wuchshemmstoffe einsetzt. Blätter glänzend, breit-lanzettlich, gegenständig oder zu dritt angeordnet. Trichterblüten 8 bis 12 cm groß, fünfzipfelig, entwickeln sich an den Triebenden von Mai bis November. Kultur in Einheitserde T mit Sandzusatz an hellem Ort bei 20 bis 22 °C, im Winter nicht unter 18 °C. Kräftig gießen und wöchentlich düngen. Umpflanzen jährlich im Frühling, dabei Pflanze kräftig zurückschneiden. Vermehrung durch Stecklinge im Frühjahr. Wuchshemmung mit Alar 85 (0,3%). Sorten: 'Grandiflora'; 'Hendersonii'.

Dipladénia sánderi

(syn. *Mandevílla sánderi*), Dipladenie
Apocynáceae, Hundsgiftgewächse

Aus den Tropen Amerikas sind über 100 Arten der Gattung *Dipladénia* bekannt. Der kräftige Schlinger aus Brasilien unterscheidet sich von der Goldtrompete durch die dunkelrosafarbenen Blüten. In der Heimat kann er über 10 m Höhe erreichen, im Zimmer wächst er ebenfalls recht kräftig. Der Gärtner setzt hier Wuchshemmstoffe ein, deren Wirkung etwa ein halbes Jahr hält. Blüten 6 bis 8 cm groß, fünfzipfelig, rosarot mit gelbem Schlund. Die Pflanze benötigt saures Erdsubstrat wie TKS 2, einen hellen Standort und höhere Temperaturen. Regelmäßige Wasser- und Nährstoffgaben sowie hohe Luftfeuchtigkeit sind für das gute Gedeihen erforderlich. Vermehrung durch Stecklinge im Frühling, Milchsaftausfluß (giftig) vor dem Stecken in handwarmem Wasser zum Stillstand bringen. Sorten: 'Rosea'; 'Rubiniana', mit größeren Blüten.

Epiprémum pinnátum 'Aureum'

(syn. *Scindápsus áureus*), Efeutute
Aráceae, Aronstabgewächse

Von den Salomon-Inseln im Pazifik stammt dieser wohlbekannte Kletterer, der in den letzten Jahren mehrere Namensänderungen erfuhr. Pflanze anspruchslos. Blätter gelbgrün gescheckt, eiförmig-zugespitzt, 8 bis 10 cm lang. Blüten erscheinen nur an der größerblättrigen Altersform, die aber selten zu sehen ist. Kultur in nährstoffreichem, humosem Substrat bei hoher Temperatur und viel Licht. Im Winter können die Blätter im Schatten vergrünen. Blattfall kann von zu wenig Dünger oder einem zu schattigen Standort herrühren. Man dünge alle zwei Wochen im Sommer und alle vier Wochen im Winter. Boden gleichmäßig feucht halten. Bei zu viel Nässe kann Wurzelfäule auftreten. Schildläuse sind zu bekämpfen. Vermehrung durch Trieb- und Kopfstecklinge. Sorte: 'Marble Queen' mit weiß-grün panaschierten Blättern.

Philodéndron scándens

Kletternder Baumfreund
Aráceae, Aronstabgewächse

Von den etwa 500 Arten der Gattung *Philodéndron* sind viele Lianen. *P. scándens* aus Mexiko erinnert in Wuchsform und Blatt an die Efeutute. Die Blätter sind aber glänzend, dunkelgrün, herzförmig, 8 bis 14 cm lang und 5 bis 9 cm breit. Ältere Pflanzen bilden gelegentlich noch größere Blätter aus. Die Triebe sind dünn, benötigen Kletterhilfe in Form von Stäben oder Schnüren, besser geeignet sind Moosstäbe und Gerüste. In Einheitserde und bei mäßigen Temperaturen wächst die Pflanze am besten. Standort hell bis schattig. Erde gleichmäßig feucht halten und alle zwei Wochen flüssig nachdüngen. Im Winter Wassergaben herabsetzen. Auf Schildläuse achten. Vermehrung durch Kopf- und Triebstecklinge.

Hédera hélix

Efeu
Araliáceae, Araliengewächse

Die schwächer wachsenden buntblättrigen Sorten des heimischen Efeu eignen sich für die Zimmerkultur. Viele davon können zwar kühl gehalten werden, vertragen aber keinen Frost. Am besten pflegt man sie daher als Ampelpflanze in kühlen Zimmern oder als Bodendecker in Pflanzvitrinen. Mit Haftwurzeln an den Trieben nutzt der Efeu jede Kletterhilfe. Blätter je nach Sorte fünflappig bis eiförmig-zugespitzt, glatt, gewellt oder gekräuselt. Blüten erscheinen nur an älteren Pflanzen im Herbst. Früchte schwarz, giftig. Kultur in Einheitserde bei mäßigen Temperaturen und wenig Licht. Bunte Sorten benötigen mehr Licht. Bei trockener Luft können Spinnmilben auftreten. Vermehrung durch Stecklinge. Viele Sorten, z. B.: 'Goldherz', goldgelbe Blattmitte. *H. h.* ssp. *canáriensis* 'Gloire de Marengo' mit weißbunten Blättern verträgt höhere Temperaturen um 18 bis 20 °C (Bild 'Tenerife').

Hóya carnósa

Wachsblume

Asclepiadáceae, Seidenpflanzengewächse

H. carnósa ist die bekannteste der über 200 *Hóya*-Arten. Sie kommt von China bis Australien vor und fällt durch starke, windende Triebe und gegenständige, sukkulente Blätter auf. Blüten wachsfarben, bilden sich an Kurztrieben, stehen in Scheindolden zusammen, duften angenehm, bilden klebrige Nektartropfen. Kultur in sandigem, kräftigem Lehm-Torf-Gemisch an sonniger, warmer Stelle. Im Sommer öfters gießen und düngen, im Winter Ruhezeit einhalten. Triebe um ein kräftiges Gerüst schlingen lassen. Blattläuse, Schild- und Wolläuse bei Befall bekämpfen. Vermehrung durch Stecklinge im Frühling. Sorte: 'Variegata', mit weißbunten Blättern. Weitere schöne Art: *H. bélla* ist kleiner und empfindlicher.

Stephanótis floribúnda

Kranzschlinge

Asclepiadáceae, Seidenpflanzengewächse

Man kennt 15 Arten der tropischen Gattung *Stephanótis.* Aus Madagaskar stammt die kräftig wachsende Kranzschlinge, die sich durch glänzende Blätter und reinweiße Blüten von der Wachsblume unterscheidet. Die duftenden Blüten erscheinen von Juni bis September in Scheindolden. In Einheitserde und an hellem, aber nicht zu sonnigem Platz fühlt sich die Kranzschlinge besonders wohl. Während der Wachstumszeit regelmäßig mit weichem Wasser gießen und alle 2 bis 3 Wochen düngen, im Winter trockener halten. Zu dieser Zeit sollte die Pflanze bei 12 bis 14 °C gehalten werden, dann setzt sie ihre Blütenknospen für das kommende Jahr an. Die langen Triebe sollten an einem Gerüst befestigt werden. Auf Blattläuse und Spinnmilben achten. Vermehrung durch Stecklinge unter Verwendung von Bewurzelungshormonen.

Tradescántia albiflóra

Dreimasterblume
Commelináceae, Commelinengewächse

Von den über 60 Arten der Gattung *Tradescántia* aus dem tropischen Amerika sind auch einige winterhart (Gartenkultur). Viele buntblättrige Sorten sind unverwüstliche Zimmerpflanzen. Blätter wechselständig, eiförmig-zugespitzt, grün. Blüten klein, weiß, dreiteilig, erscheinen am Triebende und in den Blattachseln. Kultur in sandiger Einheitserde an hellem Platz bei mäßiger Düngung und Wassergabe. Verwendung als Ampelpflanze oder Bodendecker. Auf Spinnmilben bei zu trockener Luft achten. Vermehrung durch Stecklinge sehr einfach, sie bewurzeln sich auch im Wasser. Arten und Sorten: *T. a.* 'Rochford Silver' (Bild), mit weißen Streifen; *T. cerinthoídes (T. blossfeldiána)*, mit roten Sprossen und Blättern; *T. zebrína* 'Quadricolor', mit vierfarbigen Blättern.

Sédum morganiánum

Ampel-Fetthenne
Crassuláceae, Dickblattgewächse

Von den über 600 *Sédum*-Arten sind die meisten anspruchslos und haben dickfleischige Blättchen. In Europa heimische Arten sind winterhart. Die hübschen Arten aus Mittelamerika wachsen meist aufrecht und benötigen mehr Wärme, vor allem im Winter. Das auffällige *S. morganiánum* ist eine ideale Ampelpflanze für helle, vollsonnige Plätze im Zimmer. Sprosse hängend, bis zu 50 cm lang. Blätter stielrund, 1 bis 1,5 cm lang und weißbereift. Kultur in durchlässiger, sandiger Lehmerde, auch Einheitserde mit Sandzusatz geeignet. Standort vollsonnig bei mäßiger Wärme, auch im Winter. Mit Wasser und Dünger sparen. Vermehrung durch Abtrennen der Blättchen oder Triebe, die aber erst einige Tage abtrocknen müssen, bevor man sie steckt.

Aeschynánthus radícans
Schamblume
Gesneriáceae, Gesneriengewächse

Man unterscheidet etwa 100 verschiedene Arten der Gattung *Aeschynánthus* in den Tropen Asiens. Die Schamblume ist eine besonders reizvolle Ampelpflanze aus Java. Die zur Verholzung neigenden Triebe hängen lang herab. Blätter eiförmig-zugespitzt, gegenständig. Blüten scharlachrot, fünfzipfelig, entwickeln sich in den Blattachseln und an den Triebenden von Mai bis August. Kelch röhrenförmig, behaart, fast schwarzrot gefärbt. Kultur in TKS mit Zusatz von *Sphagnum* oder Styromull, damit keine Staunässe auftritt. Erde gleichmäßig feucht halten, sonst können die Blüten abgeworfen werden. Vor praller Sonne schützen und für hohe Luftfeuchtigkeit sorgen. Temperaturen zwischen 20 und 25 °C, im Winter niedriger. Auf Blattläuse achten. Vermehrung durch Kopfstecklinge. Ähnliche Art: *A. speciósus* mit gelborangefarbenen Blüten.

Colúmnea gloriósa
Columnee
Gesneriáceae, Gesneriengewächse

Diese prächtige Art stammt aus Costa Rica. Sie hat kriechende oder hängende Triebe mit eirunden, gegenständigen Blättern. Blüten 3 bis 4 cm groß, scharlachrot gefärbt, besitzen am Grunde einen gelben Fleck, erscheinen in großer Zahl von September bis Mai. Kultur in luftdurchlässiger Einheitserde an hellem, aber nie vollsonnigem Standort. Luft und Erde immer gleichmäßig feucht halten, dabei möglichst weiches Wasser verwenden. Am besten gedeihen diese Pflanzen in einem geschlossenen Blumenfenster, wo Luftfeuchtigkeit und Temperaturen immer hoch sind. Im Sommer sind 25 bis 30 °C ideal, im Winter ist eine Ruhezeit von sechs Wochen bei 15 °C wichtig zur Anlage neuer Blütenknospen, danach etwas wärmer stellen. Blattläuse rechtzeitig bekämpfen. Vermehrung durch Stecklinge. Sorte: 'Purpurea', mit bronzeroten Blättern.

Chlorópbytum comósum

Grünlilie
Liliáceae, Liliengewächse

Diese anspruchslose Ampelpflanze aus Südafrika darf in keiner Wohnung fehlen, hat man doch erst kürzlich festgestellt, daß sie das schädliche Formaldehyd aufnehmen kann. Blätter lang, grün, rosettenförmig. Blütenstand bis zu 80 cm lang, trägt neben den kleinen weißen Blüten auch viele Jungpflanzen. Wurzeln knollenartig verdickt. Man pflanzt sie in Einheitserde und stellt oder hängt den Topf an einem hellen Platz auf. Wöchentliche Düngergaben und mäßiges Gießen fördern die Entwicklung. Braune Blattspitzen sind die Folge von zu trockener Luft. Gelegentlich können Schildläuse auftreten. Vermehrung durch Abtrennen der Kindel, die sofort in lockere Anzuchterde getopft werden. Sorte: 'Variegata' (Bild) mit grün-weiß gestreiften Blättern, weit verbreitet.

Fícus púmila

Kletterfeige
Moráceae, Maulbeerbaumgewächse

F. púmila weicht in seinem Wuchs wesentlich von den über 700 bekannten *Fícus*-Arten ab. Die dünnen Triebe liegen zunächst dem Boden auf, halten sich aber mit Haftwurzeln an jeder Unterlage fest und klettern mehrere Meter hoch. Mit der Zeit begrünen sie ganze Blumenfenster. Blätter wechselständig, eiförmig-zugespitzt, etwa 2 bis 3 cm groß. Erst im Alter kann man gelegentlich die 4 bis 5 cm langen Früchte erwarten. Vorher wird man feststellen, daß auch die Blätter wesentlich größer und dicker werden, dies ist die Altersform. Kultur in Einheitserde, die nie ganz austrocknen darf. Alle 2 Wochen soll gedüngt werden. Im Halbschatten wachsen die Pflanzen am besten. Auf Schildläuse achten. Vermehrung durch Kopf- und Triebstecklinge. Sorte: 'Sonny', mit weißen Flecken am Blattrand, gute Ampelpflanze.

Bougainvíllea spectábilis

Bougainvillie
Nyctagináceae, Wunderblumengewächse

Im gesamten Mittelmeergebiet trifft man diesen starkwachsenden Schlinger mit seinen prächtigen Blüten an. Doch die Heimat ist Brasilien. Auch die „Blüten" sind eine Täuschung. Es handelt sich nämlich um 3 meist rot gefärbte Hochblätter, während die Blüten unscheinbar und weiß sind. An den verholzenden Trieben sitzen gekrümmte Dornen. Die Blätter sind dick, behaart und glänzen nicht (glänzendes Laub hat *B. glábra*). Man sollte Bougainvillien bei uns nur in Gewächshäusern kultivieren. Im Sommer ist auch ein Platz auf der sonnigen Terrasse zu empfehlen, dann muß man viel gießen und alle 2 Wochen düngen. Ideale Temperaturen sind im Sommer bei 20 bis 22 °C und während der Ruhezeit im Winter bei 12 °C. Rückschnitt der Triebe im Frühling empfehlenswert. Auf Schildläuse achten. Vermehrung durch Kopfstecklinge im Frühling möglich. Viele Hybriden und Sorten sind in Mittelmeergärten zu finden.

Passiflóra caerúlea

Passionsblume
Passifloráceae, Passionsblumengewächse

Man unterscheidet etwa 400 *Passiflóra*-Arten. Die anspruchsloseste ist *P. caerúlea* aus Südbrasilien, Paraguay und Argentinien, die in Südfrankreich ganze Wände begrünen und sogar bei uns gelegentlich mit Winterschutz im Freien überdauern kann. Triebe dünn, halten sich mit Sproßranken fest, entwickeln fünf- bis siebenlappige Blätter. Blüten blau, tragen einen Strahlenkranz und eine dreiteilige Narbe. Bei Handbestäubung entwickelt sich eine 5 bis 6 cm große, eiförmige Beere. Kultur in humoser Lehmerde an hellem Platz im Zimmer oder an einer Südwand im Freien. Wöchentlich düngen und während des Wachstums reichlich gießen. Ruhezeit im Winter ist wichtig für die Blütenbildung. Rückschnitt im Frühling. Schäden durch Spinnmilben und Schildläuse. Vermehrung durch Stecklinge. Sorte: 'Kaiserin Eugenie', violette Blüten. Viele weitere Arten sind auf mehr Wärme angewiesen.

Cobǣa scándens

Glockenrebe
Polemoniáceae, Sperrkrautgewächse

Aus dem tropischen Amerika sind 18 Arten der Gattung *Cobǣa* bekannt. Aus Mexiko stammt die hochwachsende Glockenrebe, die bei uns meist als Einjahresblume gezogen wird. In heizbaren Kleingewächshäusern kann sie jedoch einige Jahre überdauern. Bei Rückschnitt im Vorfrühling blühen diese Pflanzen ab Mai. Triebe krautig, bilden lange Blattranken an der Spitze der gefiederten Blätter. Blüten groß, glockenförmig, violettblau oder grünlich, duften am Abend stark, werden in der Heimat durch Fledermäuse bestäubt. Kultur in humoser Lehmerde an sonniger Stelle bei reichlicher Bewässerung und wöchentlicher Düngung. Nach der Ruhezeit im Winter werden die Triebe stark zurückgeschnitten. Vermehrung durch Aussaat im Vorfrühling.

Saxífraga stolonífera

Hängender Steinbrech, Judenbart
Saxifragáceae, Steinbrechgewächse

Aus Japan und China ist dieser schöne Bodendecker in unsere Wohnräume gelangt. Am Ende der langen, fadenförmigen Ausläufer bilden sich kleine Jungpflanzen, die sich wieder bewurzeln. Besonders schöne Wirkung als Ampelpflanze. Blätter rund bis nierenförmig, langgestielt, unterseits rot gefärbt. Blüten weiß mit gelben Punkten, erscheinen im Sommer an den rotbehaarten Stengeln. Kultur in Einheitserde im Halbschatten an möglichst kühlem Platz. Sogar im Garten kann diese Art an geschützten Plätzen überwintern. Mehr Wärme sollte die mehrfarbige Sorte 'Tricolor' erhalten. Nie zu viel gießen, sonst Gefahr von Fäulnis. Während des Sommers alle 2 Wochen düngen. Auf Blattläuse achten. Vermehrung durch Abtrennen der Ausläufer. Sorte: 'Tricolor', mit weißem Blattrand.

Císsus antárctica

Känguruhklimme

Vitáceae, Weinrebengewächse

Von den über 350 Arten der Gattung *Císsus* sind nur wenige in Kultur. Die anspruchslose Känguruhklimme stammt aus Australien. An den Sprossen entwickeln sich Ranken, daher ist eine Kletterhilfe (Gitter o. a.) angebracht. Die Blätter sind eiförmig, bis zu 12 cm lang und gezähnt. Kultur in kühleren Räumen in Einheitserde oder TKS. Verwendung als Klettergehölz oder Ampelpflanze im Halbschatten. Bei mäßigen Wasser- und Düngergaben wächst sie am besten. Rückschnitt im Frühjahr möglich. Blattflecken können durch Gießen mit zu kaltem Wasser entstehen. Auf Spinnmilben und Blattläuse achten. Vermehrung durch Stecklinge. Weitere Art: *C. díscolor* aus Java hat schön gezeichnete Blätter, aber wesentlich höhere Ansprüche an Wärme und Luftfeuchtigkeit.

Císsus rhombifólia

Rautenblättrige Klimme

Vitáceae, Weinrebengewächse

Die aus den Tropen Amerikas stammende Pflanze ist eigentlich noch robuster als *C. antárctica*. Sie klettert stärker und besitzt dreizählige, rhombisch geformte Blätter. Stiele und Blattunterseiten sind rötlich behaart. Kultur in Einheitserde oder TKS an halbschattigen Plätzen bei mäßigen Temperaturen. Im Sommer wöchentlich düngen und regelmäßig gießen. Umpflanzen im Frühling, Rückschnitt möglich. Gelegentlich Befall von Schildläusen und Spinnmilben bei zu trockener Luft. Vermehrung durch Stecklinge. Die Sorte 'Ellen Danica' (Bild) fällt durch stärker gezähnte Blätter auf. Durch den gedrungeneren Wuchs ist sie eine ideale Ampelpflanze.

Tetrastígma voinieriánum

Kastanienwein
Vitáceae, Weinrebengewächse

Dieser mächtige Kletterer stammt aus Tongking, also aus Nordvietnam. Man benötigt schon größere Räume oder ein Gewächshaus, damit sich diese wunderschöne Pflanze ausbreiten kann. Jahrestriebe bis zu 5 m sind durchaus möglich. Die fünfzähligen, kastanienähnlichen Blätter sind unterseits braun behaart. Blüten sieht man selten, sie besitzen vierteilige Narben. Kultur in lehmig-humoser Erdmischung oder Einheitserde bei Zimmertemperaturen im Sommer, mindestens 10 °C im Winter. Standort hell, aber nicht prallsonnig. Gleichmäßig feucht halten, im Sommer alle 2 Wochen düngen. Am besten wird der Kastanienwein ins Grundbeet ausgepflanzt und bei zu starkem Wachstum gelegentlich zurückgeschnitten. Krankheits- und schädlingsfrei. Vermehrung durch Triebstecklinge.

Sansevíéria trifasciáta

Bogenhanf
Agaváceae, Agavengewächse

Rund 60 Arten der Gattung *Sanseviéria* sind aus Süd-, West- und Ostafrika, Arabien und Indien bekannt. Aus Westafrika stammt der bekannte, grünblättrige Bogenhanf. Die über 1 m langen, sukkulenten Blätter mit helleren Querbändern stehen steif aufrecht. Bekannter ist die Sorte 'Laurentii' mit gelben Längsstreifen (Bild). Bei älteren Pflanzen erscheinen duftende, grünlichweiße Blüten an langen Trauben. Kultur in Einheitserde mit Sandzusatz bei geringen Wasser- und Nährstoffgaben an hellem Standort. Überwinterung bei mindestens 15 °C. Schäden entstehen meist durch zu häufiges Gießen. Dann bilden sich Korkflecken auf den Blättern und Wurzelfäulnis ist die Folge. Vermehrung durch Teilung der Wurzelstöcke bei den bunten Sorten. Blattstecklinge möglich bei den grünen Formen. Niedrige Sorten: 'Golden Hahnii' mit gelbgestreiften Blättern; 'Hahnii', grün mit breiten Blättern.

Pachypódium lamérei

Dickfuß, Madagaskarpalme
Apocynáceae, Hundsgiftgewächse

Aus den Trockengebieten Süd- und Südwestafrikas und Madagaskars stammen die 18 Arten dieser Gattung. *P. lamérei* kommt in Madagaskar vor, wo man bis zu 5 m hohe Exemplare kennt. Der verdickte Stamm ist dicht mit Dornen bedeckt. Die grünen, linealischen Blätter stehen schopfartig am Triebende. Nur bei älteren Pflanzen erscheinen die weißen, oleanderähnlichen Blüten. Die Samen tragen nur ein Haarbüschel. Kultur in durchlässiger Kakteenerde mit Lehmzusatz in voller Sonne. Erde mäßig feucht halten und wenig düngen. Wenn im Herbst die Blätter abgeworfen werden, beginnt die Ruhezeit. Überwinterung bei mindestens 15 °C. Bei Triebbeginn wieder mit Gießen beginnen. Auf Schildläuse achten. Vermehrung aus Samen schwierig.

Aeónium tabulifórme

Teller-Aeonie
Crassuláceae, Dickblattgewächse

Mit der Hauswurz nahe verwandte Gattung, die rund 40 nicht winterharte Arten umfaßt. *A. tabulifórme* kommt an steilen Lavafelsen Teneriffas vor, denen sie sich ganz flach anschmiegt. Rosetten grün, tellerförmig, werden 20 bis 30 cm breit, entwickeln sich ausgepflanzt am besten. Blüten gelb, bilden sich an einem 20 bis 30 cm hohen Blütenstand aus der Rosettenmitte heraus. Nach der Samenreife stirbt die Pflanze ab. Kultur in sandreicher Einheitserde an hellem Platz. Mäßig gießen und düngen. Im Winter noch weniger gießen, aber nicht ganz austrocknen lassen. Auf Spinnmilben achten. Vermehrung nur durch Samen möglich. Besonders beliebt ist *A. arbóreum* 'Atropurpureum'. Der verzweigte, kniehohe Stamm trägt Rosetten mit dunkelroten Blättern.

Crássula perfoliáta var. falcáta

(syn. *Róchea falcáta*), Sicheldickblatt
Crassuláceae, Dickblattgewächse

Rund 300 Arten umfaßt die Gattung *Crássula*, die fast alle in Afrika zu finden sind. Aus Südafrika stammt das interessante Sicheldickblatt. Blätter grau, dick, sichelförmig gebogen und wechselständig. Im Sommer entwickeln sich an verzweigtem Blütenstand die vielen leuchtendroten Blüten. Kultur in lockerer Kakteenerde in voller Sonne und viel Wärme. Im Sommer Standort auch im Freien möglich. Ab Oktober beginnt die Ruhezeit. Gießen einstellen und bei mindestens 7 °C überwintern. Wolläuse können gelegentlich auftreten. Vermehrung durch Kopf- und Blattstecklinge. Eine weitere interessante Art ist *C. ováta*, der Geldbaum. Er kann bis zu 1 m groß werden und trägt kleine, weiße Blüten.

Euphórbia mílii

Christusdorn
Euphorbiáceae, Wolfsmilchgewächse

Aus Madagaskar stammt dieser reich verzweigte Strauch mit den dornigen, fingerstarken Trieben. Von den fast 2000 Arten der Gattung *Euphórbia* sind etwa 500 sukkulent. Fast alle Arten enthalten einen giftigen Milchsaft. Besonders verbreitet ist der Christusdorn, der in Kultur über 60 cm hoch wird. Blätter spatelig. Blütenstände (Cyathien) klein und unscheinbar, jeweils von 2 kleinen Hochblättern in rot, gelb oder weiß umgeben. Hauptblütezeit im Winter. Kultur in durchlässiger Kakteenerde in voller Sonne, im Sommer auch im Freien möglich. Zur Wachstumszeit mäßig gießen und düngen. Ab September im Zimmer halten, aber dann nicht völlig austrocknen lassen. Sonst Blattfall möglich. Vermehrung durch Stecklinge im Vorfrühling, Schnittstellen in lauwarmes Wasser tauchen. Eine Art ohne Dornen: *E. tirucálli*.

Áloë férox

Aloe
Liliáceae, Liliengewächse

Von den etwa 275 Arten der Gattung *Áloë* sind alle sukkulent. Sie kommen in Trockengebieten Afrikas vor und können in ihren dickfleischigen Blättern Wasser speichern. Aus Südafrika stammt die interessante *A. férox*, die dort bis zu 4 m hoch wird und Stämme ausbildet. Blätter dunkelgrün, rosettenförmig angeordnet, mit braunen, hornigen Zähnen versehen. Typische nikkende Áloë-Blüten, leuchtendrot gefärbt, erscheinen im Vorfrühling. Kultur in sandiger Einheitserde in voller Sonne. Mäßig gießen und düngen, im Winter ganz trocken halten. Staunässe immer vermeiden. Vermehrung am einfachsten durch Aussaat. Häufig findet man *A. arboréscens* in Kultur, deren Saft Brandwunden heilt. Sie vermehrt man leicht durch Stecklinge. *A. variegáta* mit grün-weißen Blättern ist weit verbreitet.

Cephalocéreus senílis

Greisenhaupt
Cactáceae, Kakteen

In seiner Heimat Mexiko kann dieser Säulenkaktus bis zu 15 m Höhe erreichen, bei uns wird er höchstens 1,50 m hoch. Weil die Blütenbildung erst bei alten Pflanzen einsetzt, wird man in Kultur kaum die weißrosafarbenen Blüten sehen können, die mit ihrem Duft Fledermäuse anlocken. Die Hauptzierde sind daher die vielen, bis zu 10 cm langen, weißen Haare, die meist nur im oberen Teil der unverzweigten Säulen ausgebildet sind. Kultur in mineralienreicher Kakteenerde an sonnigen Plätzen. Gelegentlich gießen und düngen, im Winter bei mindestens 15 °C trocken halten. Jedes Jahr im Frühling umpflanzen. Auf Wurzel- und Wolläuse achten. Vermehrung durch Samen ist langwierig.

Céreus peruviánus 'Monstrosus'

Felsenkaktus
Cactáceae, Kakteen

Man unterscheidet etwa 50 Arten der Gattung *Céreus*, die alle aus Südamerika stammen. Während *C. peruviánus* in seiner Heimat bis zu 4 m hohe, blaugrüne Säulen bildet, ist die unregelmäßig wachsende Form 'Monstrosus' durch ihren Zwergwuchs in der Kultur beliebter. Exemplare über 1 m Höhe sind selten. Sie wachsen zwar säulenförmig, aber völlig ungleichmäßig und sind schwach bedornt. Kultur in mineralreicher Kakteenerde an vollsonnigen Plätzen. Mäßig gießen und nur bis Juli düngen. In der Ruhezeit von Oktober bis März darf keinesfalls gegossen werden. Die Wintertemperatur darf 8 bis 10 °C nicht unterschreiten. Auf Spinnmilben und Wolläuse achten. Vermehrung durch Stecklinge, deren Schnittfläche vor dem Stecken abtrocknen muß.

Echinocáctus grusónii

Goldkugelkaktus
Cactáceae, Kakteen

Nur 9 Arten umfaßt die Gattung *Echinocáctus*. Der besonders gut bekannte Goldkugelkaktus aus Mexiko wird im Volksmund auch als „Schwiegermutterstuhl" bezeichnet. In der Heimat kann er über 1,50 m hoch und 1 m breit werden. Er ist aber kaum mehr wild anzutreffen. Die 20 bis 30 scharfen Rippen sind mit vielen, bis zu 5 cm langen, gelben Dornen bewehrt. Erst bei einer Größe von 60 cm sind die gelben Blüten zu erwarten. Kultur in Kakteenerde in voller Sonne und hohen Temperaturen. Er verträgt auch im Winter höhere Temperaturen. Während der Vegetationszeit kräftig gießen und monatlich düngen. Im Winter Erde nicht ganz austrocknen lassen. Befall von Wolläusen und Spinnmilben möglich. Vermehrung durch Aussaat bei hohen Temperaturen problemlos.

Echinocéreus fítchii

Igelsäulenkaktus
Cactáceae, Kakteen

Die Botaniker unterscheiden 44 Arten der Gattung *Echinocéreus* und viele Varietäten. Aus Texas stammt diese schöne Art, die durch ihre weiße Bedornung auffällt. Der Igelsäulenkaktus wird kaum über 20 cm hoch. Besonders attraktiv sind seine karminroten, großen Blüten mit grüner Narbe. Kultur in üblicher Kakteenerde mit Sandzusatz in voller Sonne. Von Mai bis September ins Freie bringen, in dieser Zeit mäßig gießen und düngen. Ab September trockener halten und bei ca. 10 °C überwintern. Auf Wolläuse achten. Vermehrung durch abgetrocknete Seitentriebe und Aussaat. Unter den weiteren Arten der Gattung sind auch einige, die in unseren Breiten an günstigen Standorten winterhart sind.

Gymnocalýcium baldiánum

Spinnenkaktus
Cactáceae, Kakteen

Die Gattung *Gymnocalýcium* umfaßt etwa 50 Arten aus Brasilien, Paraguay, Bolivien, Uruguay und Argentinien. *G. baldiánum* stammt aus Argentinien. Wuchsform kugelig, etwa 6 bis 7 cm im Durchmesser. Epidermis blaugrün gefärbt. Areolen tragen 5 bis 7 anliegende Randdornen, die an eine Spinne erinnern. Eigentlich müßte der deutsche Name Nacktkelch heißen, denn die Blüten haben außen unbehaarte Schuppen. Blüten hell- bis dunkelrot, erscheinen reichlich. Kultur in Kakteenerde an sonnigem bis halbschattigen Platz. Im Sommer reichlich gießen und gelegentlich düngen, Ruhepause im Winter einhalten. Auf Wurzelläuse achten. Vermehrung durch Aussaat und Ableger. Interessant ist der Erdbeerkaktus; *G. mihanovíchii* var. *friedríchii* 'Rubra', der auf *Hylocéreus* oder *Trichocéreus* veredelt werden muß. Auch gelbe und braune Formen sind bekannt.

Lobívia famatiménsis

Lobivie

Cactáceae, Kakteen

Die Gattung *Lobívia* kommt in Bolivien, Peru und Nordargentinien vor. Man unterscheidet 35 Arten, die alle kugelige bis langgestreckte Körper bilden. *L. famatiménsis* aus Nordwestargentinien wird nur 3 bis 4 cm groß und hat kurzröhrige, große, gelbe Blüten. Kultur in mineralreicher Kakteenerde an vollsonnigem Platz, im Sommer am besten im Freien (Regenschutz!). Die Temperaturunterschiede zwischen Tag und Nacht sind wichtig für gutes Gedeihen. Mäßig gießen und düngen während des Wachstums. Ruhezeit im Winter erforderlich. Die idealen Temperaturen liegen dann bei 5 °C. Vermehrung durch Aussaat im Frühling. Andere Arten bilden viele Seitensprosse, die sich zur Nachzucht eignen.

Mamillária zeilmanniána

Warzenkaktus

Cactáceae, Kakteen

Zu den artenreichsten und beliebtesten Kakteen gehört die Gattung *Mammillária*, von der man über 150 Arten kennt. Verbreitungsschwerpunkt ist Mexiko, aber auch in den USA und in Venezuela kommen einige Arten vor. Ihren Namen haben sie von den vielen schraubenförmig angeordneten Warzen. Die Blüten bilden sich zwischen den Warzen und sind häufig in einem Kranz angeordnet. Bei Verletzungen tritt Milchsaft aus. *M. zeilmanniána* stammt aus Mexiko, wächst kugelig und blüht regelmäßig reich zum Muttertag. Die Blüten sind 2 cm groß und violettrot oder weiß gefärbt. Die Areolen tragen einen gekrümmten und 19 bis 23 meist weiße, gerade Dornen. Kultur in mineralischer Kakteenerde an sonnigem Platz bei mäßigen Wasser- und Düngergaben. Trockenruhe im Winter beachten. Wurzelläuse und Spinnmilben bekämpfen. Vermehrung durch Abtrennen der Ableger oder Aussaat.

Nopalxóchia-Hybriden

(syn. *Phyllocáctus*), Blattkakteen
Cactáceae, Kakteen

Aus Kreuzungen mit *Nopalxóchia, Heliocéreus* und *Selenicéreus* entstanden über 1000 verschiedene Sorten, die besonders beliebt sind. Der Wuchs dieser epiphytischen Kakteen ist aufrecht bis leicht überhängend, die vielen grundständigen Triebe sind blattartig flach und wenig bedornt. Die sehr großen Blüten erscheinen bei richtiger Kultur in großer Anzahl. Der Boden soll humos und sauer sein (Einheitserde mit Sand), Kultur an halbschattigem Platz bei hoher Luftfeuchtigkeit. Erde immer feucht halten, auch im Winter nicht ganz trocken werden lassen. Düngung von März bis September alle zwei Wochen. Befall von Pilzen und Wolläusen möglich. Vermehrung durch Samen oder Stecklinge.

Notocáctus ottónis

Buckelkaktus
Cactáceae, Kakteen

Man unterscheidet rund 80 Arten der Gattung *Notocáctus*. Die stark gerippten Kugelkakteen bilden auch kleine Säulen. Sie kommen in Südbrasilien, Uruguay und Argentinien vor. Am meisten verbreitet ist *N. ottónis* mit 6 bis 13 Rippen, wolligem Scheitel und 11 bis 19 Dornen auf jeder Areole. Die Blüten sind 4 bis 6 cm groß und dunkelgelb gefärbt. Kultur in Kakteenerde bei voller Sonne, weniger stark bedornte Arten sollten geschützter stehen. Mäßige Wasser- und Nährstoffversorgung im Sommer. Im Winter nicht ganz austrocknen lassen und bei 10 bis 12 °C halten. Auf Spinnmilben und Wurzelläuse achten. Vermehrung durch Samen nicht schwierig, Sämlinge können schon im 2. Jahr blühen. *N. haselbérgii* hat schöne blutrote Blüten.

Opúntia microdásys

Hasenohr-Feigenkaktus
Cactáceae, Kakteen

Die Gattung *Opúntia* ist mit 470 Arten besonders umfangreich und weit verbreitet. Manche Arten bilden undurchdringliche Hecken. Zusätzlich zu den oft langen Dornen sind noch kleine, mit Widerhaken besetzte Stachel, die sog. Glochidien vorhanden, die bei Berührung leicht abbrechen und sehr lästig werden können. Die großen, fleischigen, aber bedornten Früchte können meist gegessen werden. *O. microdásys* stammt aus Nordmexiko und wird etwa meterhoch. Die kleinen Blattglieder tragen keine Dornen, dafür aber eine Fülle gelber oder weißer Glochidien. Blaßgelbe Blüten nur bei älteren Pflanzen. Kultur in üblicher Kakteenerde mit einem Zusatz von Lehm und Sand in voller Sonne. Mäßig gießen und düngen, Ruhezeit im Winter einhalten. Auf Spinnmilben, Woll- und Wurzelläuse achten. Vermehrung durch Abtrennen der Blattglieder, die man mehrere Tage eintrocknen läßt. Manche Arten sind winterhart.

Rebútia minúscula

Rebutie
Cactáceae, Kakteen

Aus Argentinien und Bolivien, wo sie zwischen 1500 und 4000 m Höhe zu finden sind, stammen die rund 50 Arten der Gattung *Rebútia*. Meist sind es flachkugelige Pflanzen, die reichlich sprossen und oft blühen. Für den Anfänger sicherlich ideale Gewächse. *R. minúscula* stammt aus Nordargentinien und wird etwa 6 cm groß. Die orangeroten oder hellvioletten Blüten (ssp. *violaciflóra*) erscheinen an der Basis und sind 4 cm groß. Kultur in lockerer Kakteenerde an hellem Standort, ab Mitte Mai auch im Freien. Im Sommer gelegentlich gießen und düngen. Ruhezeit im Winter bei 5 °C einhalten. Auch leichte Fröste können vertragen werden. Vermehrung durch Samen im Frühling, schon einjährige Sämlinge können Blüten bilden. Einfacher ist die Vermehrung durch Abtrennen der Seitensprosse.

Rhipsalidópsis gaértneri

Osterkaktus

Cactáceae, Kakteen

Aus den Bergwäldern Südostbrasiliens stammt dieser epiphytisch wachsende Kaktus. Seine Sproßglieder sind abgerundet und mit kleinen Borsten besetzt, hängend, daher gut als Ampelpflanze verwendbar. Blüten scharlachrot, radiär, kurzkronig, 4 bis 5 cm lang, blühen reich zur Osterzeit. Kultur in einer Mischung aus grobfaserigem Torf und Einheitserde. Standort halbschattig, nicht so warm. Im Winter bei 10 °C halten, dann werden Blütenknospen gebildet. Die Erde soll immer gleichmäßig feucht, aber nicht naß sein, sonst besteht Gefahr durch Wurzelfäule. Auf Wolläuse achten. Vermehrung durch Abtrennen der Sproßglieder nach der Blüte im Mai. Weitere Art: *R. rósea*, rosa, und die Kreuzung aus beiden Arten *R.* × *graéseri* (Bild 'Rosea').

Schlumbérgera-Hybriden

Weihnachtskaktus

Cactáceae, Kakteen

Ebenfalls aus den Bergwäldern Brasiliens stammen die Ahnen unserer heutigen Weihnachtskakteen. Sie fallen meist durch stark gezähnte Glieder auf, ein Erbmerkmal von *S. truncáta*. Der Wuchs ist bei diesen Epiphyten hängend. Blüten langröhrig und zygomorph, nicht radiär, in den Farben weiß, rosa bis zu violettrot. Hauptblütezeit ist zu Weihnachten, aber auch zu anderen Jahreszeiten. Damit Blüten angesetzt werden können, müssen die Pflanzen etwa 3 Monate vorher eine Kurztagskultur (8 bis 9 Stunden Licht bei 15 °C nachts) erhalten. Nach Bildung der Knospen darf langsam gegossen werden. Nach der Blüte erfolgt eine weitere kurze Ruhezeit von 4 bis 6 Wochen. Ab Mai auch im Freien an halbschattigem Platz gleichmäßig feucht halten und alle 4 Wochen düngen. Auf Wolläuse achten. Vermehrung durch Abtrennen der Sproßglieder im Frühling.

Selenicéreus grandiflórus

Königin der Nacht
Cactáceae, Kakteen

Man unterscheidet bei der Gattung *Selenicéreus* 25 Arten aus Texas, Kolumbien und Mittelamerika, die mit langen, dünnen Trieben klettern können und riesige Blüten bilden. Die Königin der Nacht stammt von den Westindischen Inseln, wo sie an hohen Bäumen hinaufklettert. Triebe 2 cm dick, mit 5 bis 7 Rippen und gelblichen Dornen. Pflanzen brauchen viel Platz und vor allem ein stabiles Gerüst. Blüten 25 bis 30 cm im Durchmesser, weiß, mit gelbbraunen Hüllblättern. Wer einmal das Aufblühen dieser Art verfolgt hat, der wird dies nie mehr vergessen. Im Sommer öffnen sich die Blüten gegen Abend, sind um Mitternacht voll erblüht und 3 Stunden später schon verblüht. Kultur hell in sandreicher Einheitserde, im Winter bei mindestens 15 °C, im Sommer wärmer. Mäßig gießen und düngen und auf Wolläuse achten. Vermehrung durch 20 bis 30 cm lange Stecklinge.

Ptéris crética

Kretischer Saumfarn
Acrostichàceae, Mangrovefarngewächse

Die Gattung *Ptéris* umfaßt rund 250 verschiedene Arten in Tropen und Subtropen. Viele davon eignen sich für die Zimmerkultur. Besonders anspruchslos ist der Kretische Saumfarn, der im Mittelmeergebiet vorkommt und auch in wärmeren Ländern weit verbreitet ist. Die gefiederten Wedel haben randständige Sporenhäufchen (Sori), die wie ein dunkler Saum wirken. Manche Sorten fallen durch einen silbrigen Mittelstreifen auf. Besonders gut gedeiht der Saumfarn bei hoher Luftfeuchtigkeit im Halbschatten. Kultur in Einheitserde oder einem anderen torfreichen Substrat. Gleichmäßig mit enthärtetem Wasser gießen und wenig düngen, buntlaubige Sorten können mehr Wärme vertragen. Auf Schildläuse achten. Vermehrung durch Sporen, ältere Pflanzen auch durch Teilung. Sorten: 'Albolineata' (Bild); 'Wimsettii' u. a.

Adiántum raddiánum

Frauenhaarfarn

Adiantáceae, Frauenhaarfarngewächse

Aus den Tropen sind über 200 Arten der Gattung *Adiántum* bekannt. Besonders häufig in Kultur sieht man *A. raddiánum*, das aus den Tropen Mittel- und Südamerikas stammt. Es sind zierlich wirkende Pflanzen mit mehrfach gefiederten Wedeln mit schwarzen Stielen, die 40 bis 50 cm hoch werden. Standort hell, aber nie in der Sonne. Auf hohe Luftfeuchtigkeit achten. Die meisten Wohnungen sind für diesen Farn zu trocken, daher gedeiht er in geschlossenen Blumenfenstern am besten. In Einheitserde P mit Torfzusatz bei geringen Düngergaben und viel Wärme kultivieren. Nur mit weichem Wasser gießen. Ballen darf nie austrocknen, sonst vertrocknen die Wedel. Schäden durch Schildläuse und Blattläuse. Vermehrung durch Teilung im Frühling. Arten und Sorten: 'Fragrantissimum'; *A. ténerum* 'Fritz Lüthi'.

Cyrtómium falcátum

Sichelfarn

Aspidiáceae, Schildfarngewächse

In vielen Tropenländern sind die wenigen Arten der Gattung *Cyrtómium* weit verbreitet. Aus Japan, China und Südafrika stammt dieser robuste Farn, dessen lange Wedel einfach gefiedert sind. Die einzelnen Blättchen sind lederartig, dunkelgrün, 5 bis 7 cm lang und zugespitzt. Kultur an kühlen und schattigen Plätzen in Einheitserde oder TKS. Winterliche Temperaturen sollten nur 10 bis 15 °C betragen. In milden Gebieten ist auch eine Überwinterung im Freien möglich, wenn man für Winterschutz sorgt. Mäßige Wasser- und Nährstoffversorgung, immer wieder für hohe Luftfeuchtigkeit sorgen und die Blätter besprühen. Auf Schildläuse achten. Vermehrung durch Teilung und Sporenaussaat. Sorte: 'Rochfordianum', hat tief eingeschnittene Fiederblättchen.

Asplénium nídus

Nestfarn

Aspleniáceae, Streifenfarngewächse

Man kennt von der Gattung *Asplénium* rund 650 Arten, manche davon sind winterhart und bei uns als zierliche Mauerfarne weit verbreitet. Ganz anders im Habitus ist der Nestfarn aus den Tropen der alten Welt. Als Epiphyt wächst er in Astgabeln großer Bäume und bildet mächtige Trichter. Seine ungeteilten Blätter können bei idealen Bedingungen über einen Meter lang werden. Die strichförmigen Sori auf der Wedelunterseite sind beidseitig der Mittelnerven angeordnet. Im Zimmer wird er nicht so groß. Meist fehlt es hier an genügend Luftfeuchtigkeit, die Folge sind braune Blattränder. Kultur in sauren Substraten wie Einheitserde, der man *Sphagnum* und groben Torf beimischt. Mit weichem Wasser gleichmäßig gießen und wenig düngen und nicht in die Sonne stellen. Schildläuse bekämpfen. Vermehrung durch Sporen.

Bléchnum gíbbum

Rippenfarn

Blechnáceae, Rippenfarngewächse

Von den rund 200 Arten der Gattung *Bléchnum* sind einige heimisch und daher für den Garten geeignet. Von den nicht winterharten Arten muß *B. gíbbum* erwähnt werden. Er stammt aus Neukaledonien und bildet dort meterhohe Stämme. An der Spitze bilden sich aus den gefiederten, langen Wedeln mächtige Trichter. Bei älteren Pflanzen erscheinen in der Mitte gelegentlich aufrechte Stengel mit besonders schmalen Fiederchen, das sind die Sporenträger. In der Zimmerkultur bleibt er kleiner, braucht aber viel Wärme und Halbschatten. Ideale Bedingungen findet er in geschlossenen Blumenfenstern bei hoher Luftfeuchtigkeit und immer feuchter Erde. Als Substrat hat sich TKS 1 bewährt. Nur wenig düngen und auf Schildläuse achten. Vermehrung durch Sporen.

Nephrólepis exaltáta

Schwertfarn, Nierenschuppenfarn
Nephrolepidáceae, Schwertfarngewächse

Von der Gattung *Nephrólepis* sind etwa 30 Arten bekannt, die in den Tropen und Subtropen vorkommen. Der Schwertfarn ist anspruchslos und daher sehr beliebt. Die meterlangen, einfach gefiederten, dunkelgrünen Wedel sind aufrecht bis schwach überhängend. Da die Pflanzen viele Ausläufer bilden, entstehen rasch größere Horste. Wegen ihrer Anspruchslosigkeit eignen sie sich für größere Blumenfenster und Raumteiler, auch in Hydrokultur. In Einheitserde im Halbschatten bei etwa 20 °C wachen sie gut, wenn die Erde gleichmäßig feuchtgehalten wird. Mäßige Nährstoffgaben im Sommer und feuchte Luft sind günstig. Auf Schildläuse achten. Vermehrung durch Teilung, Abtrennen der Ausläufer und Sporenaussaat. Vom Schwertfarn sind viele Sorten bekannt, z. B. 'Roseveltii', groß; 'Teddy Junior', klein.

Platycérium bifurcátum

Geweihfarn
Polypodiáceae, Tüpfelfarngewächse

Man kennt etwa 12 Arten der tropischen Gattung *Platycérium*. Aus Australien und Neuguinea stammt *P. bifurcátum*. Der auffällige Farn kommt als Epiphyt auf Bäumen vor. Die zuerst gebildeten Wedel werden bald braun, sie liegen flach dem Substrat auf. Sie werden Mantel- oder Nischenblätter genannt, weil sich dazwischen Wasser und Humus sammelt. Die später gebildeten Wedel sind graugrün und geweihförmig geteilt, auf der Unterseite werden die Sporen gebildet. Verwendung an Epiphytenstämmen oder als Ampelpflanze. Als Substrat nehme man eine Mischung aus grober Lauberde und Torf. Luft und Boden gleichmäßig feucht halten, Wedel aber nicht benetzen, daher zwischen die Nischenblätter gießen und gelegentlich düngen. Schildläuse bekämpfen. Vermehrung durch Sporen und Abtrennen von Jungpflanzen möglich.

Phlebódium áureum

(syn. *Polypódium áureum*), Tüpfelfarn
Polypodiáceae, Tüpfelfarngewächse

Aus den Tropen Amerikas sind 10 Arten der Gattung *Phlebódium* bekannt. In den tropischen Regenwäldern Südamerikas kommt dieser mächtige Farn vor, dessen meterlange, fiederspaltige Wedel 30 bis 50 cm breit werden können. Auf der Unterseite der blaugrünen Wedel sitzen die leuchtendgelben, punktförmigen Sori (Sporenhäufchen). Trockene Zimmerluft wird recht gut vertragen, dennoch sollten die Blätter immer wieder übersprüht werden. Kultur an Einheitserde an halbschattigem Standort bei Zimmertemperaturen. Erde gleichmäßig feucht halten, gelegentlich düngen. Jedes Jahr im Frühling umpflanzen. Vermehrung durch Teilung oder Aussaat der Sporen. Kleiner bleibende Sorte: 'Mandaianum', krause Blattspitzen.

Pelláea rotundifólia

Rundblättriger Zwergfarn
Sinopteridáceae, Sinopterisgewächse

Die Gattung *Pelláea* kommt mit rund 80 Arten in kühlen und trockenen Gebieten von Südamerika, Südafrika und Neuseeland vor. Aus Neuseeland und den Norfolkinseln stammt der hübsche, Rundblättrige Zwergfarn, der 20 bis 30 cm lange Wedel hat. An den braunen Stielen sitzen kreisrunde, dunkelgrüne Fiederblättchen. Diese Art ist nicht so empfindlich gegen trockene Zimmerluft wie die meisten anderen Vertreter der Gattung. Sie sollte an hellem Standort bei Zimmertemperaturen gehalten werden. Kultur in Einheitserde oder TKS bei gleichmäßiger Feuchtigkeit der Erde. Zu nasses oder auch zu trockenes Substrat ist ungünstig. Zur Wachstumszeit alle 4 Wochen mit einer schwachen Düngerlösung gießen. Vermehrung durch Sporen und Teilung. Weitere Arten: *P. falcáta, P. víridis.*

Cypérus alternifólius

Zypergras
Cyperáceae, Riedgräser

Von der Gattung *Cypérus* sind 500 bis 600 Arten bekannt. Madagaskar und Südafrika ist die Heimat von *C. alternifólius*. Er wird an feuchten Plätzen immerhin 1 m hoch. Wegen seiner einfachen Kulturansprüche ist er weit verbreitet. Am Ende der runden Halme entwickelt sich ein Blattkranz. Die einzelnen schmalen Blätter können bis zu 25 cm lang werden. Während des ganzen Jahres erscheinen kleine, gelbliche Blütchen. Man hält diese Art am besten in kleinen Sumpfgärtchen oder in einem wasserdichten Übertopf. Sie muß dauernd feucht gehalten werden. Als Substrat hat sich eine lehmig-humose Erde oder Einheitserde bewährt. In der prallen Sonne trocknen die Blattspitzen ein. Hell bei 15 bis 25 °C kultivieren. Spinnmilbenbefall möglich. Vermehrung durch Teilung und Blattschopf-Stecklinge. Ähnliche Art: *C. diffúsus*, hat breitere Blätter und will trockener stehen.

Scírpus cérnuus

Frauenhaar
Cyperáceae, Riedgräser

Von der Gattung *Scírpus* sind weltweit über 300 Arten bekannt. Nur das Frauenhaar hat als Zimmerpflanze Bedeutung. Dieses zierliche Gras ist in den Tropen und Subtropen weit verbreitet. Am Naturstandort kann man es an sumpfigen Plätzen antreffen. Es bildet fadendünne, grüne Halme, die etwa 20 cm hoch werden. Gelegentlich kann man die unscheinbaren Blütchen beobachten. Durch den schwach überhängenden Wuchs eignet sich das Frauenhaar hervorragend als Ampelpflanze. Im kühlen Schatten und feuchter Erde, z. B. Einheitserde, gedeiht es am besten. Immer sollte Wasser im Untersetzer stehen. Im Sommer wird alle 2 Wochen gedüngt. Auf Blattläuse achten. Vermehrung durch jährliche Teilung im Frühling.

Cattléya-Hybriden

Cattleya
Orchidáceae, Orchideengewächse

Von den über 40 Arten der Gattung *Cattléya* aus den Tropen Südamerikas sind eine unübersehbare Fülle von Hybriden entstanden. In ihrer Heimat leben sie meist als Epiphyten auf hohen Bäumen, wo sie mehr Licht erhalten können. Man unterscheidet Arten mit einem oder zwei Blättern, die sich aus Pseudobulben entwickeln. Die Blüten der Hybriden sind weitaus größer als die der Arten. Blütezeit von Herbst bis Frühjahr. Kultur in einer Mischung aus Rindenstükken, Farnwurzeln und *Sphagnum* bei hoher Luftfeuchtigkeit an hellem Standort. Von April bis September monatliche Düngergaben erforderlich. Gießen nur mit Regenwasser. In der Ruhezeit möglichst trocken halten. Schäden durch Spinnmilben, Schildläuse und Thripse möglich. Vermehrung durch Teilung. Viele Sorten und Hybriden.

Cymbídium-Hybriden

Cymbidie
Orchidáceae, Orchideengewächse

Der Botaniker unterscheidet etwa 50 Arten der Gattung *Cymbídium*, die in Ostasien und Australien vorkommen. Meist sind es Erdorchideen, die über einen Meter hohe Büsche bilden. Blätter breit-lanzettlich. Blütentraube ragt oft über die Blätter hinaus. Einzelblüten 3 bis 5 cm groß, lange haltbar. Wichtige Schnittblumen. Man kennt eine Fülle Hybriden mit vielen schönen Farben, aber erst durch die Züchtung von Mini-Formen sind die Cymbidien für die Topfkultur beliebter geworden. Kultur in TKS 1 und Zusatz aus Styromull oder Kiefernborke. An einem hellen Platz im Zimmer bei hoher Luftfeuchtigkeit fühlen sie sich wohl. Von Juni bis September nach draußen stellen. In dieser Zeit gleichmäßig feucht halten und alle 3 bis 4 Wochen düngen. Auf Spinnmilben und Schildläuse achten. Vermehrung durch Teilung.

Dendróbium densiflórum

Dendrobie
Orchidáceae, Orchideengewächse

Von den über 900 Arten der Gattung *Dendróbium* ist dieser Epiphyt aus Nepal besonders attraktiv. Er kommt in den feuchtwarmen Tälern bis 1500 m Höhe vor. Triebe 30 bis 50 cm lang, aufrecht stehend. Blätter eiförmig-lanzettlich. Blütentrauben dicht, bis 25 cm lang, hängen stark über. Einzelblüten gelb, 4 bis 5 cm breit, entfalten sich von März bis Juni. Kultur in lockerem, durchlässigen Orchideen-Substrat (Farnwurzeln, Borke etc.) an hellem Platz bei hoher Luftfeuchtigkeit im Warmhaus. Im Sommer mit Regenwasser gießen und wöchentlich düngen. Ruhezeit ab September beachten, ebenso Schildläuse und Spinnmilben bekämpfen. Vermehrung durch Teilung. Das ähnliche *D. thyrsiflórum* blüht gelbweiß. Viele weitere Arten und Sorten mit unterschiedlichen Ansprüchen im Handel.

Lǽlia púmila

Zwergige Laelie
Orchidáceae, Orchideengewächse

Man unterscheidet etwa 50 Arten der Gattung *Lǽlia*, die meist epiphytisch wachsen. Von Mittelamerika und Westindien bis Peru und Brasilien ist diese mit *Cattlēya* nahe verwandte Gattung verbreitet. *L. púmila* kommt in Höhen von 600 bis 900 m vor, wo sie auf hohen Bäumen zu finden ist. Pflanzen nur 15 cm hoch mit sehr kleinen Pseudobulben. Blüte groß, rosafarben, 8 bis 11 cm breit, erscheint von August bis Oktober vor der Ruhezeit. Kultur in leichtem, lockerem Orchideensubstrat an hellem Stand bei 14 bis 18 °C und hoher Luftfeuchtigkeit. Mit weichem Wasser gießen und mäßig düngen. Im Winter eine Ruhezeit einhalten. Vermehrung erfolgt durch Teilung im Frühling. Die Teilstücke sollten aus mindestens 3 Bulben bestehen.

Masdevállia coccínea

Scharlachrote Masdevallie
Orchidáceae, Orchideengewächse

Von der Gattung *Masdevállia* sind rund 300 Arten bekannt. Aus den Bergwäldern Kolumbiens und Perus stammt diese auffällige Art, wo sie zwischen 2400 m und 3000 m Höhe vorkommt. Dort herrscht ein feuchtes und kühles Klima; diese Bedingungen sind auch Voraussetzung für eine erfolgreiche Kultur. Blätter 16 bis 23 cm lang, Blätter entspringen büschelweise einem fleischigen, kriechenden Wurzelstock. Blüten dreizipfelig, leuchtendrot, 4 bis 8 cm lang. Blütezeit von April bis August. Kultur in durchlässiger Mischung aus Rinde und Torf, so daß das Wasser immer rasch abfließen kann. Dennoch soll das Substrat nicht austrocknen. Der Standort soll immer beschattet, kühl und luftfeucht sein. Pflanzen benötigen keine Ruhezeit, doch weniger Wassergaben im Winter. Alle 3 bis 4 Wochen im Sommer mit schwacher Düngerlösung gießen. Vermehrung durch Teilung im Frühling.

Miltónia-Hybriden

Miltonie
Orchidáceae, Orchideengewächse

Man unterscheidet rund 20 epiphytische Arten der Gattung *Miltónia*, die in Mittel- und Südamerika in lichten Bergwäldern um 1000 m Höhe zu finden sind. Die daraus entstandenen Hybriden haben wesentlich größere Blüten, die man als tellerförmig bezeichnen kann. Die Pflanzen entwickeln flache Pseudobulben, benötigen aber keine strenge Ruhezeit. Kultur in üblichem Orchideensubstrat an halbschattigen, nicht zu warmen Plätzen. Die Erde darf das ganze Jahr über nie ganz austrocknen. Nur weiches Gießwasser verwenden und auf hohe Luftfeuchtigkeit achten. Im Winter ist weniger Feuchtigkeit notwendig. Alle zwei Wochen ist eine leichte Düngung angebracht. Vermehrung durch Teilung im Frühling.

Odontoglóssum triúmphans

Odontoglossum
Orchidáceae, Orchideengewächse

Man unterscheidet über 200 verschiedene Arten der Gattung *Odontoglóssum*. In den höheren Bergwaldregionen Kolumbiens und Venezuelas zwischen 1500 m und 3200 m kommt *O. triúmphans* vor. Den fast 10 cm langen Pseudobulben entspringen 30 bis 45 cm lange, breite Blätter. Blütenstand 60 bis 90 cm lang, bringt viele 7 bis 8 cm große Blüten hervor. Einzelblüten gelb-braun gefleckt. Kultur in Orchideensubstrat mit viel Rindenanteil an hellem Standort, aber nicht in voller Sonne. Die Temperaturen sollten im Sommer tagsüber um 20 °C betragen, nachts aber deutlich kühler sein. In den Wintermonaten sollen die Temperaturen nicht unter 12 °C fallen. Bei hoher Luftfeuchtigkeit, gleichmäßig feuchtem Substrat (Regenwasser) und mäßiger Düngung in den Sommermonaten gedeihen sie am besten. Auf Schild- und Blattläuse achten. Vermehrung durch Abtrennen der Bulben (Bild Od. 'Paradiese').

Oncídium ornithorhýnchum

Vogelschnabel-Oncidie
Orchidáceae, Orchideengewächse

In den Tropen und Subtropen Amerikas unterscheidet man über 400 Arten der Gattung *Oncídium*, die vom Flachland bis in 2500 m Höhe vorkommen und daher sehr unterschiedliche Ansprüche haben. Entsprechend verschieden sind auch die Pflegemaßnahmen. Alle Arten leben epiphytisch und benötigen viel Luftfeuchtigkeit. Die Vogelschnabel-Oncidie aus Mittelamerika findet man in einer Höhe von 1500 m in feuchten Wäldern. Sie hat 6 cm lange Pseudobulben und 25 cm lange Blätter. Blüten 2 cm groß, rosafarben, an einem langen, verzweigten Blütenstand sitzend, von November bis März blühend. Kultur in üblichem Orchideensubstrat an kühlem, hellem Platz. Im Sommer reichlich mit Regenwasser versorgen, ab und zu düngen, nach der Blüte eine Ruhezeit einlegen. Blattläuse bekämpfen. Vermehrung durch Teilung der Pseudobulben.

Paphiopedílum-Hybriden

Venusschuh
Orchidáceae, Orchideengewächse

Etwa 60 Venusschuh-Arten werden in Südostasien unterschieden. Sie leben terrestrisch und kommen von Meereshöhe bis 2000 m Höhe vor. Entsprechend unterschiedlich sind die Ansprüche der einzelnen Arten. Blattrosette grün oder gefleckt, meist zweizeilig beblättert. Blüten endständig an etwa 20 cm langen Stielen, die Mittellippe stets als „Schuh" ausgebildet. Die vielfarbigen, großblumigen Hybriden (Blüten bis 20 cm im Durchmesser!) kann man im warmen Blumenfenster bei hoher Luftfeuchtigkeit pflegen. Sie haben keine Speicherorgane, benötigen daher auch keine ausgesprochene Ruhezeit. Kultur in *Sphagnum*, Farnwurzeln und Rindenmaterial, wobei das Substrat nie austrocknen darf (Regenwasser). Nur schwach düngen, Pflanzen sind salzempfindlich. Auf Spinnmilben und Schildläuse achten. Vermehrung durch Teilung. Große Sortenvielfalt.

Phalaenópsis-Hybriden

Nachtfalterorchidee, Phalaenopsis
Orchidáceae, Orchideengewächse

Rund 55 Arten der Gattung *Phalaenópsis* sind aus dem tropischen Asien und Nordaustralien als Epiphyten bekannt. In Kultur sind meist Hybriden. Blätter groß, überhängend. Blütenrispen langstielig, vielblumig, abgeschnitten meist lange haltbar. Einzelblüten spornlos, bis zu 10 cm breit. Die Farbskala reicht von weiß über rosa bis rot. Keine strenge Ruhezeit erforderlich. Temperatur bei 18 bis 25 °C, zur Blütenbildung sollte die Nachttemperatur über 3 Wochen auf 13 bis 15 °C abgesenkt werden. 3 Monate später setzt die Blüte ein. Verblühte Stengel nicht ganz abschneiden, daran können sich Kindel entwickeln. Kultur in rindenreichem Orchideensubstrat bei hoher Luftfeuchtigkeit an hellem Platz. Erde nicht völlig austrocknen lassen und mit Regenwasser gießen. Alle zwei Wochen während des Wachstums düngen. Auf Schildläuse und Spinnmilben achten. Vermehrung durch Kindel.

Vánda coerúlea

Blaue Vanda
Orchidáceae, Orchideengewächse

Von den 60 Arten der Gattung *Vánda* aus Südostasien ist sicher die Blaue Vanda ein besonderes Juwel. Sie fällt durch ihre außergewöhnliche blaue Blütenfarbe auf. Meist sind jedoch mehr rosafarbene Hybriden (Bild) in Kultur. Die Pflanzen leben auf hohen Bäumen, bilden keine Pseudobulben, aber oft lange Luftwurzeln aus. Triebe beblättert, meterlang. Blütenstand vielblumig, 30 bis 60 cm lang, trägt von August bis Dezember bis zu 15 tiefblaue Blüten von 5 bis 10 cm Durchmesser. Kultur in durchlässigem Rinden- und Farnmaterial an hellem Platz bei mäßiger Wärme und hoher Luftfeuchtigkeit. Im Sommer regelmäßig mit Regenwasser gießen und sehr wenig düngen. Im Winter bei Temperaturen um 15 °C weniger gießen. Vermehrung durch Abtrennen der bewurzelten Seitentriebe. Viele Hybriden mit anderen Gattungen.

Vuylstekeára-Hybriden

Vuylstekeara
Orchidáceae, Orchideengewächse

Diese Orchideen sind Dreifach-Gattungskreuzungen aus dem Jahre 1912. Die Gattungen *Cochlióda, Miltónia* und *Odontoglóssum* waren daran beteiligt. Die bekannteste Sorte ist 'Cambria Plush' (Bild) mit roten Blüten und weiß gesprenkelter Lippe. Blütenrispe 60 bis 80 cm lang. Blüten erscheinen während des ganzen Jahres. Bei hoher Luftfeuchtigkeit fühlt sie sich besonders wohl. Kultur in Orchideensubstrat an hellem bis halbschattigem Platz. Hohe Temperaturen sind nicht so günstig, daher luftige Standorte wählen. Im Sommer gleichmäßig mit Regenwasser gießen und alle 2 bis 3 Wochen schwach düngen. Im Winter nie ganz austrocknen lassen. Vermehrung durch Teilung beim Umtopfen im Frühling. Sorte: 'Edna Stamperland' mit roten Blüten bleibt niedriger. Viele weitere Sorten.

Hippeástrum-Hybriden

Ritterstern, Amaryllis
Amaryllidáceae, Amaryllisgewächse

Aus einigen der etwa 80 bekannten Arten der Gattung *Hippeástrum* aus den Tropen und Subtropen Mittel- und Südamerikas sind die heutigen Hybriden entstanden. Aus bis zu 15 cm großen, fast runden Zwiebeln entwickeln sich breite, dunkelgrüne, riemenförmige Blätter. Vor oder mit dem Blattaustrieb bildet sich der 30 bis 60 cm hohe Blütenschaft. Er trägt 2 bis 6 große, trichterförmige Blüten bis zu 25 cm im Durchmesser in den Farben rot, rosa, weiß oder gefleckt. Blütezeit Januar bis April. Kultur an hellem Standort bei etwa 18 °C in Einheitserde. Vor der Blüte ist eine Ruhezeit erforderlich. Im November–Dezember soll die Temperatur etwa 10 Wochen lang 16 °C betragen. Nach Erscheinen des Blütenschaftes wärmer und feuchter halten, später alle 2 Wochen düngen. Schäden durch Wolläuse, Roter Brenner (Pilzkrankheit). Vermehrung durch Aussaat und Brutzwiebeln. Sorte: 'Fire Dance', dunkelrot (Bild).

Anthúrium-Andreánum-Hybriden

Große Flamingoblume
Aráceae, Aronstabgewächse

A. andreánum ist in Kolumbien beheimatet. Über 700 weitere Anthurien-Arten sind von den Tropen Amerikas bekannt. In Kultur sind vorwiegend Hybriden mit verschiedenen Blütenfarben. Wuchs aufrecht, bis 1 m hoch. Blätter länglich-herzförmig, lang gestielt. Blütenkolben gelblich, gerade. Hochblatt (Spatha) auffällig, groß, breitherzförmig, rot, rosa oder weiß. Blütezeit vorwiegend Februar bis Juli. Kultur in TKS oder Einheitserde an feucht-warmen, hellen Plätzen. Während des Wachstums häufig mit Regenwasser gießen und alle 2 Wochen düngen. Auf hohe Luftfeuchtigkeit achten. Im Winter trockener und etwas kühler halten. Schildläuse und Blattläuse rechtzeitig bekämpfen. Vermehrung durch Teilung und Aussaat. Für Topfkultur eignet sich u. a. die Sorte 'Guatemala'.

Zantedéschia aethiópica

Zimmerkalla
Aráceae, Aronstabgewächse

Die 8 Arten der Gattung *Zantedéschia* stammen aus Südafrika. Die auffällige, weißblühende Zimmerkalla *Z. aethiópica* ist allgemein bekannt. Sie wächst in ihrer Heimat auf Sumpfwiesen. Wuchs aufrecht, aus einem knolligen Erdstamm entwickeln sich langstielige, pfeilförmige Blätter. Bei der Ruhezeit von Juni–Juli ziehen die Blätter ein. Blütenstände mit weißem, trichterförmigem Hochblatt und gelbem Kolben erscheinen von Januar bis Mai an fast meterlangen Stielen. Kultur in humosen, lehmreichen Erden oder Einheitserde. Standort hell und kühl, im Sommer auch im Freien. Während des Wachstums gleichmäßig feucht, in der Ruhezeit trockener halten. Schäden durch Blattläuse und Spinnmilben. Vermehrung durch Teilung der Wurzelstöcke. Ähnliche Arten: *Z. elliotiána*, gelb; *Z. rehmánnii*, weiß-purpur.

Diánthus caryophýllus

Edelnelke
Caryophylláceae, Nelkengewächse

Aus dem Mittelmeergebiet stammen viele der 300 bekannten Nelken-Arten. Die heute so beliebten Schnittnelken haben gefüllte Blüten in vielen Farben. Der Wuchs ist aufrecht bis überhängend, bei mehrjähriger Kultur bis 1,50 m hoch. Triebe mit gegenständig angeordneten, schmalen, blaugrünen Blättern. Blüten an langen Stielen, werden meist eintriebig gezogen. Seitenknospen werden rechtzeitig ausgebrochen. Kultur auf desinfizierten Grundbeeten auf lehmig-humosen, tief gelockerten Böden in voller Sonne. Zur Wachstumszeit hoher Wasserbedarf. Pflanzzeit von Januar bis Juli, die ersten Blüten erscheinen nach 5 bis 6 Monaten. Kultursteuerung möglich. Viele Pilzkrankheiten, bakterielle Welken und Spinnmilben gefährden die Kultur. Vermehrung durch Stecklinge.

Chrysánthemum-Índicum-Hybr.

Gärtnerchrysantheme, Winteraster
Compósitae, Korbblütler

Diese Hybriden sind für den Schnittblumengärtner besonders wichtig. Sie wurden schon vor über 2000 Jahren in Japan und China kultiviert. Inzwischen sind unzählige Sorten entstanden, die alle zwischen 40 cm und 100 cm hoch werden. Aus den ursprünglichen Herbstblühern sind durch Kultursteuerung (Verdunkeln) zu jeder Zeit blühende Pflanzen zu erhalten. Die aufrechten, reich verzweigten Stengel tragen fiederteilige Blätter und viele, meist gefüllte Blüten in allen möglichen Farben und Formen. Kultur in Einheitserde, TKS 2 oder auf entseuchten Grundbeeten im kühlen Gewächshaus bei viel Licht, ausreichender Bewässerung und Düngung. Schäden durch verschiedene Pilzkrankheiten, Blattläuse und Minierfliegen möglich. Vermehrung durch Stecklinge und Teilung. Unzählige Sorten, einige sind im Freien bedingt winterhart. (Bild zeigt 'Yellow Mandalay'.)

Gérbera-Hybriden

Gerbera
Compósitae, Korbblütler

Von den etwa 45 Arten der Gattung *Gérbera* kommt für die Züchtung besonders *G. jamesónii* aus Südafrika in Betracht. Daraus sind prachtvolle Hybriden entstanden. Aus einer grundständigen Blattrosette mit langen, gebuchteten Blättern entwickeln sich einfache oder gefüllte Blüten in verschiedenen Farbtönen am Ende der langen Stiele. Kurzstielige Sorten sind als Topfpflanzen im Handel. Kultur dieser wichtigen Schnittblume bei viel Helligkeit und Temperaturen von 16 bis 25 °C im Sommer und 12 bis 15 °C im Winter. Einheitserde mit Sand vermischen, mäßig gießen und düngen. Blattläuse, Weiße Fliege, Minierfliegen und Mehltau bekämpfen. Vermehrung durch Teilung und Aussaat im Vorfrühling. Viele Rassen und Sorten im Handel. (Bild zeigt 'Rotelli'.)

Matthíola incána

Levkoje

Crucíferae, Kreuzblütler

Von den über 50 Arten der Gattung *Matthíola*, die vom Mittelmeergebiet bis nach Asien verbreitet sind, ist *M. incána* in der Kultur besonders beliebt. Pflanze einjährig, graulaubig, kann 30 bis 90 cm hoch werden. Blätter länglich, graufilzig behaart. Blüten duftend, in lockeren Trauben angeordnet, in den Farben weiß, gelb, rosa, rot oder violett in Kultur. Bei der Aussaat entstehen einfache und gefüllte Formen. Letztere sind beliebter. Blütezeit von Mai bis August. Kultur in kräftigen, durchlässigen Böden bei viel Sonne. Gleichmäßige Bewässerung und gelegentliche Düngung notwendig. Blätter möglichst nicht benetzen, sonst Gefahr von Pilzbefall. Vermehrung durch Aussaat (1 g enthält ca. 400 Korn) von Dezember bisFebruar. Sorte: 'Excelsior-Riesen', vielfarbig.

Euphórbia fúlgens

Korallenranke

Euphorbiáceae, Wolfsmilchgewächse

Von den etwa 1600 Arten der Gattung *Euphórbia* kommen nur wenige als Schnittblumen in Betracht. *E. fúlgens* stammt aus Mexiko. Sie bildet meterlange, überhängende Triebe mit dunkelgrünen Blättchen. Fast an der gesamten Länge der Triebe bilden sich von Dezember bis Januar kleine Blüten mit roten, gelben oder weißen Brakteen. Kultur bei viel Helligkeit auf wasserdurchlässigem humosem Boden (Einheitserde bei Topfkultur) mit einem pH-Wert zwischen 6 und 6,5. Mäßiges Gießen und Düngen, weil die Pflanze salzempfindlich ist. Kultursteuerung durch Verdunkeln (Kurztagbehandlung) und Stauchen möglich. Die Temperatur sollte 20 bis 25 °C, im Winter um 16 °C betragen. Nach dem Verblühen Triebe zurückschneiden. Auf Schildläuse achten. Vermehrung durch Stecklinge in Spezialbetrieben im Frühling.

Freésia-Hybriden

Freesie

Iridáceae, Schwertliliengewächse

Aus Südafrika sind 19 Arten der Gattung *Freésia* bekannt, davon stammen unsere heute kultivierten Hybriden ab. Die Pflanzen entwickeln sich aus kleinen Knollen und werden bis zu 100 cm hoch. Triebe aufrecht, dünn, schmale, schwertförmige Blätter tragend. Blüten trichterförmig, 5 bis 7 cm lang, duftend, erscheinen in einseitswendigen Wickeln von Juli bis Oktober im Freiland, ganzjährig bei Gewächshauskultur. In humosen, leichten Böden werden die Knollen ab Mitte Mai ins Freiland gesteckt, warme und sonnige Plätze sind dafür notwendig. Während des Wachstums gleichmäßig gießen und düngen. Im Herbst Knollen frostfrei überwintern. Schäden durch verschiedene Pilze und Spinnmilben möglich. Vermehrung durch Brutknöllchen und Aussaat. Fast alle Farben sind in vielen Sorten erhältlich. 'Apollo', weiß; 'Aurora', gelb; 'Carmen', rot (Bild 'Oberon').

Gladíolus-Hybriden

Gladiole

Iridáceae, Schwertliliengewächse

Etwa 180 Arten der Gattung *Gladíolus* sind bekannt, die vorwiegend aus Afrika stammen. Durch Kreuzung mehrerer Arten sind die heutigen Hybriden entstanden. Die Pflanzen bilden große, flache Sproßknollen, die frostfrei überwintert werden müssen. Triebe 60 bis 120 cm hoch, mit schmalen, schwertförmigen Blättern. Blüten der Hybriden sehr groß, in allen möglichen Farben und Formen. Blütezeit im Freien von Juni bis September, im Gewächshaus auch früher. Kultur in nährstoffreichen, durchlässigen Böden in voller Sonne. Knollen im Freiland ab April stecken, nach dem Austrieb anstäben, gießen und nachdüngen. Nach der Blüte Laub einziehen lassen, im Herbst ausgraben und frostfrei lagern. Schäden durch Blasenfuß und verschiedene Pilzkrankheiten möglich. Vermehrung durch Brutknöllchen. Große Sortenvielfalt aus folgenden Gruppen: 'Butterfly', 'Colvillei', 'Großblumige Hybriden'; 'Nanus', 'Primulinus'.

Íris-Holländica-Hybriden

Holländische Iris
Iridáceae, Schwertliliengewächse

Von den etwa 250 Iris-Arten Eurasiens sind die Hybriden der Sektion *Xíphium* als Schnittblumen am wichtigsten. Aus einer länglichen Zwiebel entwickeln sich 50 bis 80 cm hohe, straffe Stengel mit schmalen Blättern. Die großen, endständigen Blüten erscheinen im Freiland von Juni bis Juli, unter Glas durch Präparation ganzjährig. Blütenfarbe blau, gelb oder weiß. Kultur an sonnigen Plätzen in humosem, durchlässigen Boden. Unbehandelte Zwiebeln blühen bei Herbstpflanzung 6 bis 7 Monate später, behandelte schon nach 3 bis 4 Monaten. Nach Erscheinen der Blätter wird gleichmäßig gegossen aber kaum gedüngt, Pflanzen sind salzempfindlich. Im Juli die Pflanzen wieder ausgraben und bis zur Herbstpflanzung in trockenem Sand aufbewahren. Schäden durch Pilzkrankheiten möglich. Vermehrung durch Brutzwiebelchen. Sorten: 'Golden Harvest', gelb; 'Prof. Blaauw', blau; 'White Excelsior', weiß.

Láthyrus odorátus

Duftwicke
Leguminósae, Hülsenfrüchtler

Die Heimat unserer Duftwicke ist Süditalien und Sizilien. Die 160 bekannten Wicken-Arten haben unterschiedliche Wuchsformen und Vorkommen. Zu den einjährigen Kletterpflanzen gehört die Duftwicke mit einer Wuchshöhe bis zu 2 m. Triebe geflügelt. Blätter klein, oval. Blüten duftend, in allen Farbtönen außer gelb, erscheinen von Juni–September. Kultur: Aussaat im April an sonnigem Platz im Freiland, unter Glas ab Oktober. Boden soll humusreich und durchlässig sein. Nach dem Keimen an Drahtgittern ranken lassen. Blüten nicht zur Samenreife kommen lassen, sonst erschöpft sich die Pflanze zu rasch. Im Herbst stirbt die Pflanze ab. Schäden durch Mehltau, Grauschimmel und Spinnmilben möglich. Rassen: 'Mammut', 'Royal', in verschiedenen Farbsorten.

Túlipa-Hybriden
Gartentulpe
Liliáceae, Liliengewächse

Aus den rund 100 in Asien und Südeuropa bekannten Arten der Gattung *Túlipa* sind über 6000 Sorten entstanden. Für Schnitt und Treiberei sind Sorten aus folgenden Gruppen besonders wichtig: Einfache Frühe, Triumph, Darwin und Lilienblütige Tulpen. Aus einer sich jährlich neu bildenden Zwiebel entwickeln sich breit-lanzettliche Blätter und ein bis zu 60 cm langer Stengel mit meist einer großen Blüte. Viele Formen und Farben im Sortiment. Blütezeit von April bis Juni im Freien, vorbehandelte Sorten ab Dezember im Gewächshaus. Pflanzung der Zwiebeln im Herbst an sonnigen Stellen. Pflanzen sind meist winterhart. Laub nach der Blüte einziehen lassen, Fruchtstand vorher entfernen. Ausgraben der Zwiebeln ist nicht notwendig. Schäden durch Pilze und Viren. Vermehrung durch Brutzwiebeln langwierig (Bild 'Apeldoorn').

Lílium longiflórum
Langblütige Lilie, Osterlilie
Liliáceae, Liliengewächse

Von den rund 100 Lilien-Arten sind die meisten winterhart. Sie stammen aus Europa, Asien und Nordamerika. Viele davon sind züchterisch bearbeitet worden, unzählige Sorten sind im Handel. Als Schnittblume hat *L. longiflórum* aus Südjapan (Riu-kiu-Inseln) eine große Bedeutung. Sie wächst dort an meernahen Standorten im Humus zwischen Korallenfelsen. Aus der 6 cm großen Zwiebel wächst ein 30 bis 90 cm hoher, dicht beblätterter Stengel. Die bis zu 18 cm langen, reinweißen Trichterblüten stehen waagrecht ab und erscheinen von August bis September. In den USA wird diese Art im Topf gezogen und zu Ostern verkauft. Im Freiland hat diese Lilie bei uns wenig Bedeutung, sie wird zum Schnitt in humusreichen Böden im Gewächshaus kühl kultiviert. Schäden durch Stengelfäule möglich. Vermehrung durch Brutzwiebeln. Sorten: 'White Nellie', offene weiße Blüte; 'White Queen', weiß.

Lílium tigrínum

Tigerlilie

Liliáceae, Liliengewächse

Die Tigerlilie stammt aus Japan, China und den angrenzenden Ländern. Die Zwiebeln gelten dort als stärkereiche Nahrung. Aus der weißen Zwiebel entwickelt sich ein gleichmäßig beblätterter, 100 bis 200 cm hoher Stengel, der viele Achselbulben ausbildet. Die orange- bis zinnoberroten Blüten sind braun gesprenkelt und blühen von August bis September. Vermehrung durch Achselbulben und Zwiebelschuppen. Neben Pilzkrankheiten ist bei allen Lilien besonders auf die roten Lilienhähnchen und ihre Larven zu achten. Aus Kreuzungen mit anderen Arten, z. B. mit *L.* × *holländicum* sind wichtige Schnittsorten entstanden. Dazu zählt die Midcentury-Hybride 'Enchantment' (orangerot, wichtigste Treibsorte), die bei einer Pflanzung im März 12 Wochen später blüht. Durch verschiedene Anbautechniken ist es möglich, Schnittlilien fast ganzjährig zur Blüte zu bringen.

Strelítzia regínae

Paradiesvogelblume

Musáceae, Bananengewächse

Von den 4 Arten der Gattung *Strelítzia* aus Südafrika hat die Paradiesvogelblume als Schnittblume die größte Bedeutung. Die immergrüne, mehrjährige Pflanze ist nicht winterhart. Aus einem verdickten Wurzelstock entfalten sich langstielige, blaugrüne Blätter, die über 30 cm breit sind. Die ebenfalls meterlangen Blütenstiele tragen besonders auffällige, himmelblau gefärbte Blüten mit orangefarbenen Hüllblättern. Im Gewächshaus ausgepflanzte Kulturen bringen Blüten fast ganzjährig hervor, die Hauptblütezeit ist von Februar bis August. Kübelpflanzen werden ab Juni bis September auf die warme und sonnige Terrasse gebracht, wo sie viel Wasser und Dünger benötigen. Substrat: nährstoffreiche Einheitserde ED 73 mit Sandzusatz. Überwinterung bei mäßigen Temperaturen und Wassergaben. Auf Schildläuse achten. Vermehrung durch Aussaat und Teilung.

Anemóne coronária

Kronenanemone, Gartenanemone
Ranunculáceae, Hahnenfußgewächse

Von den 120 bekannten Anemonen-Arten sind die meisten in wärmeren Gebieten zu finden. Die Kronenanemone ist im Mittelmeerraum und Westasien weit verbreitet. Aus einer dunklen, unregelmäßig geformten Knolle entwickeln sich 15 bis 40 cm hohe Blätter, die an Petersilie erinnern. Grundblätter dreiteilig, gestielt, doppelt geteilt. Stengelblätter geschlitzt. Blüten 3 bis 8 cm groß, einzeln, mit 6 breiten Perigonblättern in blau, violett, rot oder weiß. Blütezeit von April bis Mai im Freien, im Anbau unter Glas ab Februar. Knollenpflanzung im Herbst in humosen, gut dränierten Boden im Kalthaus oder mit Winterschutz im Freien. Schäden durch Pilzkrankheiten und Blattläuse möglich. Vermehrung durch Knollenteilung nach der Blüte. Sortengruppen: 'De Caen', einfachblühende Prachtmischung; 'Mona Lisa'-F_1-Hybriden, riesenblumige Mischung (Bild), Jungpflanzen im Sommer setzen.

Ranúnculus asiáticus

Ranunkel, Hahnenfuß
Ranunculáceae, Hahnenfußgewächse

Man kennt weltweit über 400 Hahnenfuß-Arten. Die einfachblühende Ranunkel ist auf Kreta und in Südwestasien weit verbreitet. Aus einer klauenartigen Knolle entwickeln sich dreizählige, gestielte Blätter. Blüten 5 cm groß, schalenförmig, mit 5 einzelnen in den Farben roten, rosa, gelben oder weißen Blütenblättern und abstehenden Kelchblättern. Blütenstiel bis 30 cm lang. Blütezeit Februar bis Mai. Sorten sind meist gefüllt, 5 bis 10 cm groß und bis zu 45 cm hoch, sie blühen bei uns von Mai bis Juni. Pflanzung im Herbst im Gewächshaus oder im April ins Freie, Knollen vorher im Wasser quellen lassen. Boden humos, nährstoffreich und durchlässig. Vermehrung durch Knollenteilung und Aussaat im Oktober. Sortengruppe: 'Bloomingdale'-F_1-Hybriden, in vielen Farben.

Rósa-Hybriden

Gartenrosen
Rosáceae, Rosengewächse

Aus den über 100 Rosen-Arten, die auf der nördlichen Halbkugel verbreitet sind, entstanden mehrere tausend Sorten in verschiedenen Gruppen. Für den Schnitt sind vor allem wichtig: Teehybriden, Floribunda-Rosen, Polyantha-Hybriden. Diese Rosen sind Halbsträucher mit aufrechtem Wuchs und bestachelten Trieben, die nicht ganz winterhart sind. Blätter fünf- bis siebenteilig. Blüten einzeln oder in Büscheln an 30 bis 150 cm langen Trieben. Blütezeit im Freien von Juni bis Oktober, im Gewächshaus ganzjährig je nach Kulturmaßnahmen. Günstig sind lehmig-humose, kräftige Böden und heller Standort bei mäßiger Bewässerung und Düngung. Schäden durch Mehltau, Botrytis und Blattläuse möglich. Vermehrung durch Okulation der Edelsorten auf *R. canína*. Das Sortiment umfaßt viele Formen und Farben (Bild 'Träumerei').

Antirrhínum május

Gartenlöwenmaul
Scrophulariáceae, Braunwurzgewächse

Die meisten der 40 bekannten Arten der Gattung *Antirrhínum* stammen aus dem Mittelmeergebiet. Wuchsform aufrecht, ein- bis mehrjährig, 20 bis 100 cm hoch. Blätter länglich-spitz, ganzrandig, meist gegenständig angeordnet. Blüten in achsel- oder endständigen Trauben von Juni bis September. Blütenfarben rot, rosa, gelb, weiß oder mehrfarbig. Einzelblüte röhrig, 4 bis 6 cm lang. In Kultur auch gefüllte und radiärblütige Sorten. Pflanzung in kräftige, gut mit Nährstoffen versorgte Böden in sonniger Lage. Bei Bedarf wässern und nachdüngen. Verschiedene Pilzkrankheiten wie Rost und Mehltau sowie Spinnmilben bekämpfen. Im Gewächshaus werden vorwiegend F_1-Hybriden angebaut, die Aussaat kann ab November erfolgen, Kulturdauer 5 bis 6 Monate. 1 g Saatgut enthält etwa 5500 Korn. Sorten: F_1-Hybriden in vielen Farben.

Begónia-Knollenbegonien-Hybr.

Knollenbegonie
Begoniáceae, Schiefblattgewächse

Aus südamerikanischen Arten gingen unsere heutigen Züchtungen hervor. Aus einer flachen Knolle entwickelt sich ein fleischiger, bis zu 50 cm hoher Trieb. Blätter asymmetrisch, grün oder rötlich, bis 25 cm lang. Blüten einfach oder gefüllt, 5 bis 20 cm groß, in vielen Farben von Juni bis Oktober. Kultur in Einheitserde mit Sandzusatz im Halbschatten. Knollen im März eintopfen und antreiben, ab Mitte Mai auf Balkon und Beet pflanzen. Substrat gleichmäßig feucht halten und alle 2 Wochen flüssig düngen. Ab Oktober Triebe abwelken lassen und Knollen frostfrei und trocken überwintern. Auf Echten Mehltau und Blattläuse achten. Vermehrung durch Knollenteilung und Aussaat. Mehrere Gruppen mit jeweils vielen Farben: 'Gigantea': Blüten 10 bis 16 cm; 'Grandiflora-Compacta': 8 bis 10 cm, gedrungener Wuchs; 'Multiflora': reichblühend, 6 cm; 'Multiflora-Maxima': 6 bis 10 cm, mehrblütig; 'Pendula'; Wuchs hängend.

Lobélia erínus

Blaue Lobelie, Männertreu
Campanuláceae, Glockenblumengewächse

Etwa 380 Arten der Gattung *Lobélia* in den Tropen und Subtropen, vor allem Amerikas. Heimat der einjährigen *L. erínus* ist Südafrika (Kapland). Wuchs zierlich, vieltriebig, aufrecht oder hängend, 10 bis 30 cm hoch. Blätter wechselständig, grün oder dunkel. Blüten hell- oder dunkelblau und weiß, reichblühend von Juni bis September. Boden humos, durchlässig, gleichmäßig feucht halten und flüssig nachdüngen. Rückschnitt nach der Hauptblüte verlängert den Flor. Aussaaten gegen Umfallkrankheiten vorbeugend behandeln. Vermehrung durch Aussaat ab März, 4 bis 5 Keimlinge zusammen in nährstoffarme Einheitserde P pikieren. Sorten: 'Kaiser Wilhelm', blau; 'Kristallpalast', blau mit dunklem Laub; 'Saphir', hängend, tiefblau mit weißem Auge; 'Schneeball', weiß (Bild 'Blaue Perle').

Diánthus caryophýllus

Gebirgshängenelke, Gartennelke
Caryophylláceae, Nelkengewächse

Von den fast 300 Nelken-Arten, die in Europa, Asien und Afrika vorkommen, ist *D. caryophýllus* besonders wichtig. Mit diesem Sammelnamen werden Land-, Edel-, Chabaud- und Hängenelken bezeichnet. Für den Balkon eignen sich besonders die Hängenelken. Sie sind nicht winterhart. Wuchsform hängend, langstielig, reichblühend von Mai bis zum Frost. Stengel grün oder blaugrün. Blätter schmal, gegenständig. Blüten duftend, meist gefüllt, je nach Sorte und Rasse. Kultur in Einheitserde mit Sandzusatz, hell und gleichmäßig feucht. Besonders schön in den sonnenreichen Voralpengebieten (Licht mit höherem UV-Anteil). Verwendung für Balkone und Ampeln. Vor Mittagssonne und Regen schützen. Schäden durch Blattläuse und Rostpilze. Vermehrung durch Stecklinge ab Oktober. Sorten: 'Balkonfeuer', rot, gefüllt; 'Engadiner Hängenelke', in 6 Farben; 'Feuerkönig', rot.

Brachýscome multífida

Blaues Gänseblümchen
Compósitae, Korbblütler

Über 50 *Brachýscome*-Arten sind aus Australien bekannt, bei uns wurden sie erst vor wenigen Jahren eingeführt. Triebe aufrecht, zierlich, bis zu 30 cm lang, aber nicht standfest, daher überhängend. Blätter schmal, fiederig, wechselständig. Blüten hellblau mit gelber Scheibe, 3 bis 4 cm groß, erscheinen reich von Juni bis September. Kultur in TKS oder Einheitserde mit geringem Nährstoffgehalt an sonnigen Standorten. Gleichmäßig gießen und flüssig nachdüngen. Erde darf aber nie austrocknen oder überdüngt werden, sonst welkt die Pflanze sofort. Verwendung als Ampel- und Balkonpflanze, aber auch für Beete geeignet. Auf Weiße Fliege und Blattläuse achten. Vermehrung durch Stecklinge ab Januar. Sorte: 'Blue Daisy', blau. Ähnlich ist *B. iberidifólia* mit rosa, weißen oder blauen Farbtönen sowie *Thymóphylla tenuíloba* aus USA mit goldgelben Blüten.

Chrysánthemum frutéscens

Strauchmargerite
Compósitae, Korbblütler

Von den Kanarischen Inseln stammt die auffällige Strauchmargerite. Sie wächst dort in vollsonnigen Lagen zwischen Lava und Asche. Wuchs aufrecht, breitbuschig, bis zu 100 cm hoch. Triebe verholzen, aber Überwinterung nur im Kalthaus möglich. Blättchen silbergrau, schmal, fein gefiedert. Blütenköpfchen 3 bis 5 cm groß, weiß, erscheinen von Juni bis September in Mengen. Kultur in Einheitserde in sonniger Lage. Gleichmäßig gießen und düngen. Als Balkonpflanzen sind besonders die niedrigen oder gestutzten Sorten verwendbar, höhere Sorten für Beete. Außerdem Formierung als Stämmchen möglich. Minierfliegen und Blattläuse bekämpfen. Vermehrung durch Stecklinge von Dezember bis März. Sorten: 'Maja Bofinger', weiß, hoch; 'Sonnenstrahl', schwefelgelb, mittelhoch; 'Weißer Zwerg', weiß, niedrig.

Sanvitália procúmbens

Husarenknopf, Zwergsonnenblume
Compósitae, Korbblütler

Von den 8 mittelamerikanischen *Sanvitália*-Arten ist der einjährig wachsende Husarenknopf aus Guatemala und Mexiko besonders beliebt. Wuchs niederliegend, 10 bis 25 cm hoch. Die dünnen, verzweigten Stengel tragen gegenständig angeordnete, ei-längliche Blätter. Blütenköpfchen 2 bis 3 cm groß, goldgelb mit schwarzbrauner Mitte. Massenblüher von Juni bis Oktober. Kultur hell und sonnig in durchlässigen, humusreichen Substraten. Gleichmäßig gießen und düngen. Standort sonnig bis halbschattig. Geeignet für Beete, Gräber und Balkonkästen. Aussaat im März unter Glas, ab April auch direkt ins Freie. Sorten: 'Goldteppich', früh, kompakt; 'Plena', goldgelb, gefüllt.

Eríca grácilis

Topfheide, Glockenheide
Ericáceae, Heidekrautgewächse

Von den über 600 bekannten *Eríca*-Arten kommen die meisten aus Südafrika und sind bei uns nicht winterhart. Dazu zählt auch diese 30 bis 40 cm hohe, aufrecht wachsende Topfheide, die vielverzweigte Sträucher bildet. Blätter nadelförmig, 2 bis 3 mm lang. Blüten 4 bis 5 mm groß, erscheinen von September bis November in den Farben rot, rosa oder weiß. Kultur in ausgesprochen sauren Substraten wie TKS mit Sandzusatz oder einer Mischung aus Nadelerde, Torf und Sand. Nur mit Regenwasser gießen und wenig düngen. Verwendung für Balkon-, Schalen- und Grabbepflanzung. Weiterkultur ist nur im Kalthaus möglich. Vermehrung in Spezialbetrieben durch Stecklinge im Februar.

Pelargónium-Peltátum-Hybriden

Efeupelargonien, Hängegeranien
Geraniáceae, Storchschnabelgewächse

Unsere beliebten Balkonpflanzen gehören zu der meist in Südafrika vorkommenden Gattung *Pelargónium*, die 250 Arten umfaßt. Die hängenden, aber leicht brüchigen Triebe können meterlang werden. Efeuartige, fünflappige Blätter sind fleischig und glänzend grün. Blüten weiß, rosa, rot oder violett, einfach oder gefüllt. Sie blühen überreich von Mai bis Oktober. Kultur in humosen, nährstoffreichen Substraten wie Einheitserde ED 73 an sonnigen oder halbschattigen Plätzen. Gelegentliches Austrocknen der Erde schadet nicht. Läßt die Blüte nach, wird flüssig nachgedüngt. Da die Blüten sich meist selbst reinigen, ist die Pflege einfach. Auf verschiedene Pilzkrankheiten achten. Vermehrung durch Stecklinge. Sorten: 'Balcon Imperial', rot; 'Lachskönigin', lachsrosa; 'Mexikanerin', weiß mit rotem Rand; 'Ville de Paris', rosa (Bild 'Cocorico').

Pelargónium-Zonále-Hybriden

Aufrechte oder Zonalpelargonien
Geraniáceae, Storchschnabelgewächse

Ebenfalls aus Südafrika stammen die Ahnen unserer wichtigsten Balkonpflanzen, der aufrecht wachsenden Pelargonien, „Geranien" genannt. Die fleischigen, später verholzenden Stengel werden bei uns bis zu 60 cm hoch. Blätter flaumig behaart, rundherzförmig, mit gewelltem Rand und brauner Zone. Blüten in langstieligen Dolden, einfach, halb oder ganz gefüllt, in den Farben weiß, rosa, rot oder lila. Blütezeit von Mai bis Oktober. Pflanzung in lehmig-humose Erde (Einheitserde ED 73) in sonniger Lage. Immer gut wässern und düngen. Ideale, reichblühende Pflanze für Balkon-, Schalen-, Beet- und Grabbepflanzung. Verblühtes regelmäßig entfernen. Im Herbst Rückschnitt und frostfreie Überwinterung. Auf Bakteriose, Rost und andere Pilzkrankheiten achten. Vermehrung durch Stecklinge und Samen. Sorten: 'Bundeskanzler', rot; 'Hönnefrühling', rosa; 'Verbesserte Rubin', rot, halbgefüllt (Bild 'Wiener Blut').

Cóleus-Blúmei-Hybriden

Buntnessel
Labiátae, Lippenblütler

Mit 120 Arten in den Tropen Afrikas und Asiens beheimatete Gattung. Die vielfarbigen Sorten sind aus Züchtungen verschiedener Arten entstanden. Wuchs aufrecht, krautig, am Grunde verholzend, aber nicht winterhart, bis 1 m hoch. Blätter behaart, nesselförmig, gegenständig, in vielen prächtigen Farben. Alle möglichen Variationen zwischen rot, gelb, weiß und grün sind anzutreffen. Im Sommer erscheinen an endständiger Traube die blauweißen Blüten. Kultur in Einheitserde an hellem Standort und reichlichen Wasser- und Düngergaben. In Schalen, Balkonkästen, Beeten oder im Zimmer auffälliger Blickfang. Blattläuse bekämpfen. Vermehrung durch Kopfstecklinge und Samen. Sorten: 'Britannia', weinrot mit gelb; 'Heidegruß', gelb-braun-grün.

Fúchsia-Hybriden

Gartenfuchsie

Onagráceae, Nachtkerzengewächse

Aus Mittel-, Südamerika und Neuseeland stammen die Vorfahren der Gartenfuchsien, die heute über 1000 Sorten umfassen. Wuchsform aufrecht oder hängend. Triebe 40 bis 80 cm hoch, verholzen am Grunde, nicht winterhart. Manche Sorten werden auch als Stämmchen gezogen. Blätter eiförmig, zugespitzt, meist gegenständig. Blüten hängend, vierteilig, in den Blattachseln. Kelch und Blütenkrone oft verschiedenfarbig in weiß, rot, rosa und lila. Kultur in Einheitserde an halbschattigem Platz bei mäßigen Wasser- und Düngergaben. Verwendung auf Balkon, Beet, Schale, die hängenden Sorten in Ampeln. Im Herbst kühl überwintern, Rückschnitt im Frühling. Blattläuse, Mottenschildläuse, Spinnmilben, Grauschimmel und Rost bekämpfen. Vermehrung durch Stecklinge im Frühling. Sorten: 'Beacon', rot-blauviolett; 'Deutsche Perle', weißhellrot; 'Swingtime', rot-weiß, halbhängend (Bild 'Schwabenland').

Fúchsia-Triphylla-Hybriden

Traubenblütige Fuchsie

Onagráceae, Nachtkerzengewächse

Aus Haiti und der Dominikanischen Republik stammen die Fuchsien mit den röhrenförmigen Blüten. Daraus sind inzwischen einige schöne Hybriden entstanden. Sie wachsen aufrecht, 50 bis 60 cm hoch, sind aber nicht winterhart. Blätter zu dritt im Quirl, auf der Unterseite rot gefärbt. Blüten meist rot, röhrenförmig und in einer endständigen Traube vereinigt, daher der Name Traubenblütige Fuchsie. Sie können an sonnigeren Plätzen stehen, sind aber empfindlicher gegen Spätfröste. Verwendung zur Balkon- und Beetbepflanzung. Regelmäßig gießen und düngen bis zum Oktober. Bei 6 bis 10 °C überwintern. Welke und kranke Blätter entfernen. Rückschnitt im März um 1/3. Sorten: 'Andenken an Heinrich Henkel' (Bild); 'Koralle', alle rotorange.

Calceolária integrifólia

Balkonpantoffelblume
Scrophulariáceae, Braunwurzgewächse

Dieser auffällige Halbstrauch stammt aus Chile, wächst aufrecht und kann bei uns bis zu 50 cm hoch werden. Im Alter etwas überhängender Wuchs. Blätter rauh, 6 bis 8 cm lang, breit-lanzettlich, gegenständig. Blüten klein, gelb, pantoffelförmig, in Mengen von Juni bis Oktober in traubigen Blütenständen. Kultur in torfhaltigem, nicht zu nährstoffreichem Substrat. Gleichmäßig feucht halten und flüssig nachdüngen, wenn die Blüte nachläßt. Standort sonnig bis halbschattig. Verwendung auf Balkon und Beet sowie für Grabbepflanzung. Verblühtes ausschneiden und Blattläuse bekämpfen. Vermehrung durch Stecklinge im Herbst. Überwinterung in kühlen, hellen Räumen, Rückschnitt unbedingt notwendig. Sorten: 'Goldbukett' (Bild), reichblühend und kompakt wachsend, wird durch Aussaat vermehrt; 'Triumph des Nordens', goldgelb.

Petúnia-Hybriden

Petunie
Solanáceae, Nachtschattengewächse

Von den 35 Arten der Gattung *Petúnia* aus Brasilien und Argentinien kommen *P. axilláris* und *P. violácea* als Eltern unserer heutigen Gartenpetunien in Betracht. Die Fülle der Züchtungen wird in mehrere Gruppen eingeteilt: Pendula, Multiflora, Grandiflora, Superbissima, Plena und Fimbriata. Wuchs aufrecht bis hängend. Stiele und Blätter mit weichen, klebrigen Haaren. Große, trichterförmige Blüten in allen möglichen Farbtönen erscheinen von Juni bis zum Herbst. Reichblühende, nicht winterharte Balkon- und Schalenpflanzen. Samenkapseln bald auskneifen, um damit den Neutrieb anzuregen. Kultur zunächst in TKS 1, dann in tonhaltigen Einheitserden an sonnigen, aber vor Regen geschützten Plätzen. Gleichmäßig gießen und nachdüngen mit N-armen Düngern. Auf Blattläuse und Pilzkrankheiten achten. Vermehrung durch Aussaat ab Januar. Neuere Sorten: 'Astro', rot und weiß (Bild); 'Express' und 'Joy' in allen Farbtönen.

Lantána-Cámara-Hybriden

Wandelröschen
Verbenáceae, Eisenkrautgewächse

Die Gattung *Lantána* ist mit 150 Arten in den Tropen anzutreffen. Unser Wandelröschen stammt aus Amerika, wächst strauchartig bis zu 50 cm hoch, ist aber bei uns nicht winterhart. Blätter eiförmig, rauh und gegenständig. Blüten röhrenförmig in dichten Köpfchen. Sie blühen in Mengen von Juni bis zum Oktober. Blütenfarben ändern sich im Laufe der Blütezeit. Farben: rot, gelb, weiß, weiß-rosa, gelb-rot. Grüne, später schwarze Beerenfrüchte. Kultur in voller Sonne in Einheitserde. Substrat nicht austrocknen lassen und alle 2 Wochen düngen. Bei mehrjähriger Kultur im Kalthaus frostfrei überwintern, Rückschnitt im Frühling notwendig. Auch Formierung als Stämmchen möglich. Mottenschildläuse bekämpfen. Vermehrung durch Stecklinge im März. Sorten: 'Arlequin', blauviolett mit gelb (Bild); 'Prof. Raoux', rot-orange.

Verbéna-Hybriden

Gartenverbenen, Eisenkraut
Verbenáceae, Eisenkrautgewächse

Die meisten Eisenkräuter stammen aus den Tropen. 230 Arten sind davon bekannt. Die bei uns einjährigen Gartenverbenen wachsen aufrecht bis zu 40 cm hoch und haben gegenständig angeordnete, rauhe und gelappte Blätter. Die Blüten sind kurzröhrig, in vielblumigen, doldenähnlichen Ähren und erscheinen von Juli bis Oktober, sie sind blau, rot, rosa, gelb, viele auch mit weißem Auge. Kultur in Einheitserde in voller Sonne bei gleichmäßigen Wasser- und Düngergaben. Fruchtansatz auskneifen. Verwendung der reichblühenden Pflanzen für Balkon, Schalen, Beete und Gräber. Mottenschildläuse und Mehltau rechtzeitig bekämpfen. Vermehrung durch Stecklinge im Winter und Aussaat ab Anfang Februar im Gewächshaus. Sorten: 'Blaze', rot; 'Derby', viele Farbtöne; *V. ténera* 'Kleopatra', rosa, reichblühend (Bild).

Nérium oleánder

Oleander
Apocynáceae, Hundsgiftgewächse

Diese Art ist im tropischen Asien und im ganzen Mittelmeerraum weit verbreitet. Vom immergrünen Strauch bis zum 6 m hohen Straßenbaum gibt es alle möglichen Zwischenformen. Die in allen Teilen giftige Pflanze hat aufrechte Triebe. Blätter schmal, lederig, 10 bis 25 cm lang, quirlständig. Wildform mit rosafarbenen Blüten an endständigen Doldentrauben. Blüten trichterförmig, duftend, 3 bis 5 cm breit und fünfzipfelig. In den bis 15 cm langen, braunen Balgfrüchten sind viele behaarte Samen. Kultur in kräftigen, durchlässigen Substraten wie Einheitserde in voller Sonne. Hoher Wasser- und Nährstoffbedarf. Diese Kübelpflanze muß im Sommer viel Wärme erhalten, wenn ihre Blüten erscheinen sollen. Im Winter kühl und hell, aber nicht trocken halten. Rückschnitt möglich. Auf Schildläuse und Pilze achten. Vermehrung durch Stecklinge im Sommer. Im Sortiment sind viele Sorten in Weiß, Gelb, Rosa, Rot, einfach und gefüllt.

Aucúba japónica

Aukube
Cornáceae, Hartriegelgewächse

Von den 3 bekannten *Aucúba*-Arten aus Ostasien ist die japanische Aukube am weitesten verbreitet. Sie ist besonders anspruchslos und kann in milden Wintern auch bei uns überdauern. Wuchs aufrecht, 2 bis 3 m hoch, mit gegenständigen, bis 20 cm langen und 8 cm breiten, immergrünen Blättern. Blüten grünbraun, unscheinbar, im Spätwinter erscheinend. Pflanze zweihäusig; weibliche Pflanzen tragen auffällige, 2 cm große, lang ausdauernde, rote Früchte. Kultur in kräftigem Lehm-Humusgemisch oder Einheitserde in sonniger bis halbschattiger Lage bei mäßigen Temperaturen. Gelegentlich gießen und düngen, im Winter nicht ganz austrocknen lassen. Auf Schildläuse und Spinnmilben achten. Rückschnitt im Frühjahr möglich. Vermehrung durch Samen und Stecklinge. Sorte: 'Crotonifolia', Blätter gelb gepunktet, einhäusige Pflanze.

Rosmarínus officinális

Rosmarin
Labiátae, Lippenblütler

Dies ist eine der ältesten Nutzpflanzen. Sie wird seit vielen Jahrhunderten in den Bauerngärten und Stuben gepflegt. Der sparrig wachsende, immergrüne Strauch wird etwa meterhoch. Blätter schmal, graugrün, nadelartig, 1 bis 4 cm lang und aromatisch duftend. Blüten hellblau oder weiß, in achsel- und endständigen Trauben vorwiegend im Frühling, aber auch wieder im Herbst, 1 bis 2 cm groß, mit breiter Unterlippe. Pflanzung in Einheitserde mit Sandzusatz an sonnigen Standorten. Mäßige Wasser- und Düngergaben. Überwinterung kühl und hell, nicht ganz austrocknen lassen. Wichtige Gewürz- und Heilpflanze. Blattläuse an Jungtrieben bekämpfen. Vermehrung durch Sommerstecklinge.

Laúrus nóbilis

Lorbeerbaum
Lauráceae, Lorbeergewächse

Man unterscheidet den Kanarischen Lorbeer *(L. azórica)*, der mächtige Bäume bildet, und die uns besser bekannte Art *L. nóbilis* aus den Mittelmeerländern. Diese kann als großer Strauch oder Kleinbaum 10 bis 12 m Höhe erreichen. Er verträgt auch gelegentlich Fröste, sollte aber doch frostfrei überwintert werden. Blätter immergrün, breitlanzettlich, bis 10 cm lang, derb, aromatisch duftend, als Gewürz verwendet. Blüten 1 cm groß, gelb, in achselständigen Büscheln von März bis April erscheinend. Kultur in Einheitserde mit Sandzusatz an sonnigen bis schattigen Plätzen. Gelegentlich gießen und düngen, im Winter nicht ganz austrocknen lassen. Überwinterung auch an schattigen Stellen möglich. Wird gerne zu Kugeln und Pyramiden geformt, die als Dekorationspflanzen Verwendung finden. Auf Schildläuse achten. Vermehrung durch Stecklinge von September bis März.

Cássia didymobótrya

Kassie, Gewürzrinde
Laguminósae, Hülsenfrüchtler

Von der Gattung *Cássia* sind etwa 600 Arten aus den Tropen bekannt. *C. didymobótrya* stammt aus Afrika und kann bis zu 3 m hohe, aufrechte Sträucher bilden. Blätter paarig gefiedert, bis zu 35 cm lang. Blüten 4 cm groß, goldgelb, an 15 bis 30 cm langen, kerzenartigen Blütentrauben. Blütezeit vom Frühling bis zum Herbst. In dieser Zeit braucht die Pflanze einen warmen, sonnigen Platz, viel Wasser und Nährstoffe. Man pflanzt sie in TKS 2 oder Einheitserde T. Die im Sommer reichblühende Kübelpflanze muß man hell und trocken bei 5 bis 10 °C überwintern. Anfang März starker Rückschnitt notwendig. Auf Grauschimmel und Blattläuse achten, besonders im Winter. Vermehrung durch Samen und Kopfstecklinge. Weitere Art: *C. corymbósa*, 3 m hoch, gelb, noch robuster als vorige Art.

Erýthrina crísta-gálli

Korallenstrauch
Leguminósae, Hülsenfrüchtler

Von den etwa 100 Arten der tropischen Gattung *Erýthrína* ist der Korallenstrauch aus Brasilien bei uns am besten bekannt. Wuchs in der Heimat bis 8 m, bei uns kaum höher als 1,5 m. Als Kübelpflanze bildet er dichte, mehrtriebige Büsche. Die krautigen, oft bedornten Triebe entspringen einem dicken, verholzten Stamm und tragen dreiteilig gefiederte, dunkelgrüne Blätter. Blüten über 5 cm groß, rot, erscheinen in endständigen Trauben von Juni bis September. Kultur in kräftig-humosen Erden an sonnigem Standort. Während der Vegetationszeit reichlich wässern und wöchentlich düngen. Im Herbst Triebe dicht am Stamm abschneiden und bei 5 bis 8 °C trocken und dunkel überwintern. Auf Blattläuse und Weiße Fliege achten. Vermehrung durch Kopfstecklinge mit Stammansatz im Frühling und Aussaat. Sorte: 'Compacta', wächst gedrungener.

Agapánthus praécox
Schmucklilie
Liliáceae, Liliengewächse

Aus Südafrika sind 10 *Agapánthus*-Arten bekannt. Die beliebten Kübelpflanzen sind meist Hybriden und Auslesen. Aus einem verdickten Wurzelstock bilden sich fast meterlange, riemenförmige Blätter, die weit überhängen. Blüten blau oder weiß, auf hohem Schaft in einer bis zu 30 cm großen, bis 100blütigen Enddolde, im Juli und August erscheinend. Kultur in voller Sonne in Einheitserde. Im Sommer viel Wasser und wöchentliche N-arme Düngergaben. Alle 3 bis 4 Jahre im Frühling umpflanzen. Staunässe vermeiden, sonst Gefahr von Pilzbefall. Ab Oktober kühl überwintern, immergrüne Arten nicht austrocknen lassen. Vermehrung durch Teilung im Frühling. Die Headbourne-Hybriden sind in milden Lagen sogar winterhart.

Pittósporum tobíra
Klebsame
Pittosporáceae, Klebsamengewächse

In den Tropen und Subtropen kennt man etwa 200 Arten der Gattung *Pittósporum*. Der immergrüne Strauch *P. tobíra* stammt aus China, Japan und Südkorea und wird dort bis zu 5 m hoch und breit. Im Kübel wird er bei uns kaum über einen Meter hoch. Durch Schnitt kann man ihn auch niedrig halten. Blätter dunkelgrün, lederig, verkehrt-eiförmig und bis zu 10 cm lang. Die Blüten sind süß duftend, cremeweiß und erscheinen von März bis Mai in endständigen Doldenrispen. In den dreiteiligen Kapselfrüchten liegen die schwarzen Samen in klebriges Fruchtfleisch eingebettet, daher der Name. Kultur in Einheitserde an sonnigem Stand im Sommer. Mäßig gießen und düngen. Im Winter hell und kühl stellen, dabei nicht austrocknen lassen. Auf Schildläuse achten. Vermehrung durch Samen und Kopfstecklinge im Sommer.

Plumbágo auriculáta
Bleiwurz
Plumbagináceae, Bleiwurzgewächse

Man unterscheidet 10 Bleiwurz-Arten aus den Tropen und Subtropen. *P. auriculáta* stammt aus Südafrika und bildet dort dichte, bis zu 2 m hohe, 3 m breite, halbimmergrüne Sträucher. Diese Maße erreicht er bei uns nur in geschützten Lagen. Die langen Triebe hängen über, man kann sie an einem Drahtbügel befestigen. Blätter wechselständig, elliptisch, bis zu 5 cm lang. Blüten himmelblau, 1,5 cm groß, fünfzipfelig. Sie bilden sich an den Triebenden von Juni bis September in großer Zahl. Die Fruchtkelche sind mit klebrigen Häkchen bedeckt. Abgeblühtes sollte entfernt werden. Kultur in TKS 2 oder Einheitserde an sonnigem Platz. Gleichmäßig gießen und düngen im Sommer. Ab Herbst vor dem Einräumen ins Winterquartier kräftig zurückschneiden und das trockene Laub öfters entfernen. Vermehrung durch Stecklinge. Sorte: ‘Alba’, weiß.

Púnica granátum
Granatapfel
Punicáceae, Granatapfelgewächse

Von den beiden bekannten Arten ist schon seit vielen Jahrhunderten *P. granátum* in Kultur. Die Heimat des bis 6 m hohen, laubwerfenden Baumes ist Südosteuropa bis Vorderasien. Bei uns ist es mehr ein vieltriebiger, breiter, etwas dorniger Strauch, der im Frühling durch seinen rotorangenen Austrieb auffällt. Blätter gegenständig, elliptisch, 2 bis 8 cm lang. Blüten orangerot, 3 bis 4 cm groß, meist am Ende der Zweige, im Sommer erscheinend. Auffällig ist der fleischige, rote Kelch. Früchte bis zu 8 cm große Beeren (Granatapfel), die eckigen Samen von eßbarem Fruchtfleisch umgeben. Kultur in Einheitserde an sonnigem Platz. Im Sommer mit häufigen Wasser- und Düngergaben, im Winter trocken bei 5 °C halten. Rückschnitt vor dem Austrieb möglich. Spinnmilben und Schildläuse bekämpfen. Vermehrung durch krautige Stecklinge. Sorte: ‘Nanum’, nur 70 cm hoch.

Choísya ternáta

Orangenblume
Rutáceae, Rautengewächse

Sieben Arten der Gattung *Choísya* aus dem Süden der USA und Mexiko sind bekannt. Die Orangenblume stammt aus Mexiko und wird dort ein kugeliger, bis zu 2,50 m hoher, immergrüner Strauch. Als Kübelpflanze wird sie kaum über 1 m hoch. Blätter dreizählig, glänzend, 8 cm lang, gegenständig. Blüten weiß, duftend, bis 3 cm groß, meist in endständigen Trugdolden, erscheinen von März bis Juni, Nachblüte im Herbst möglich. Kultur in durchlässigem und saurem Substrat wie Einheitserde in sonniger bis halbschattiger Lage. Mäßig gießen und düngen. Obwohl die Pflanze geringe Fröste verträgt, muß sie im Spätherbst ins Kalthaus, wo sie hell überwintert wird und nicht ganz austrocknen darf. Spinnmilben bekämpfen. Vermehrung durch Stecklinge.

Cítrus sinénsis

Apfelsine, Orange
Rutáceae, Rautengewächse

China wird als Heimat der Apfelsine angesehen – „Apfel aus China"! Wuchs baumartig, 6 bis 13 m hoch. Im Mittelmeerraum werden die Pflanzen als breite, bis 5 m hohe Büsche gezogen. Blätter dunkelgrün, eiförmig, kurz gestielt. Die weißen, duftenden Blüten erscheinen fast ganzjährig, oft sieht man sie zusammen mit den orangeroten Früchten am Baum. Kultur in saurem Substrat wie TKS oder Einheitserde in voller Sonne. Mäßig gießen und düngen. Eisen- und Stickstoffmangel zeigt sich durch gelbe, chlorotische Blätter. Überwinterung kühl, hell und luftig, Erde nur mässig feucht halten. Pilzkrankheiten entstehen durch zu viel Wasser, auf Spinnmilben und Schildläuse achten. Vermehrung durch Aussaat, Stecklinge und Veredlungen auf Bitterorange oder Pomeranze. Für das Zimmer empfiehlt sich die Zwergorange × *Citrofortunélla mítis.*

Céstrum élegans

(syn. *C. purpúreum*), Hammerstrauch
Solanáceae, Nachtschattengewächse

Von den 200 Arten der Gattung *Céstrum* aus den Tropen und Subtropen Amerikas ist *C. élegans* aus Mexiko bei uns am weitesten verbreitet. Der nicht winterharte, immergrüne Strauch wächst aufrecht bis zu 3 m hoch. Im Alter neigen sich die Triebe nach außen. Blätter dunkelgrün, breit-lanzettlich, bis zu 12 cm lang. Blüten langröhrig, purpurrot, in endständigen Doldentrauben vom Frühling bis zum Herbst erscheinend. Beerenfrüchte erbsengroß und schwarzrot. Kultur in nährstoffreichen Böden in voller Sonne. Im Sommer auch ausgepflanzt im Freien bei guter Bewässerung und Düngung. Starker Rückschnitt im Herbst, dann Überwinterung an frostfreiem aber kühlem und hellem Platz. Von Pilzen befallene Blätter vernichten, Blattläuse bekämpfen. Vermehrung durch Stecklinge im Frühling. Weitere Arten und Hybriden wie *C. aurantíacum* und *C.* *× *newéllii* im Angebot.

Datúra × cándida

(syn. *Brugmánsia)*, Engelstrompete
Solanáceae, Nachtschattengewächse

Wenige der 25 *Datúra*-Arten sind bei uns winterhart. Die holzigen Arten stammen überwiegend aus dem tropischen Südamerika; alle enthalten giftige Alkaloide. Hybriden mit breitem Wuchs, die starken Triebe verholzen. Blätter rauh, 20 bis 30 cm lang und bis 10 cm breit. Blüten weiß, 20 bis 30 cm lang, trompetenförmig und hängend. Kultur in nährstoffreichem, durchlässigem Substrat wie Einheitserde ED 73 in voller Sonne von Juni bis September. Viel Wasser und Volldüngergaben in dieser Zeit notwendig. Ab August sollen die Triebe ausreifen, die Düngergaben werden reduziert. Rückschnitt vor dem Austrieb im Vorfrühling. Überwinterung bei 6 bis 8 °C an hellem und luftigem Standort. Auf Pilzbefall und Rote Spinne ist regelmäßig zu achten. Vermehrung durch Stecklinge im Frühling. Sorte: 'Plena', gefüllte Blüten. Weitere Arten: *D. sanguínea*, gelborange; *D. suavéolens* 'Rosea' rosarot.

Sparmánnia africána

Zimmerlinde
Tiliáceae, Lindengewächse

Von den 3 bekannten Arten der Gattung *Sparmánnia* ist keine winterhart. Die Zimmerlinde stammt aus Südafrika und kann dort über 6 m hoch werden. Sie ist zwar immergrün, wirft aber gelegentlich ihre Blätter ab. Als Kübelpflanze wird sie bei uns bis 3 m hoch. Blätter hellgrün, herzförmig, bis zu 35 cm lang, weich behaart. Blüten weiß, in Trugdolden von Januar bis April erscheinend. Die vielen gelben Staubblätter spreizen sich bei Berührung auseinander. Kultur in hellen und luftigen Räumen in Einheitserde. Im Sommer reichlich gießen und düngen, im Winter stark reduzieren. Auch starker Rückschnitt wird vertragen. Auf Weiße Fliege achten. Vermehrung durch Stecklinge im Frühling.

Hedýchium gardneriánum

Kranzblume
Zingiberáceae, Ingwergewächse

Von den 45 *Hedýchium*-Arten aus dem tropischen Asien ist nur *H. gardneriánum* vom Himalaja in Kultur. In wärmeren Gebieten entwickeln sich aus kräftigen Speicherwurzeln krautige Triebe bis zu 2 m Länge. Blätter 45 cm lang und 15 cm breit. Im August und September erscheinen an den Triebenden die bis 50 cm langen Blütenähren. Auffällig sind die roten Staubblätter, die aus den duftenden gelben Blüten herausragen. Kultur in nährstoffreicher, durchlässiger Erde in voller Sonne. Mäßig gießen und düngen, im Winter trockener halten. Keine Schädlinge bekannt. Vermehrung im Frühling durch Teilung der Erdsprosse.

2 Ein- und zweijährige Pflanzen

Aus warmen Gegenden stammen die **einjährigen Gewächse**. Sie werden meist im Vorfrühling unter Glas ausgesät, nach dem Keimen pikiert, später getopft und sind dann Mitte Mai verkaufsfertig. Erst dann dürfen sie ins Freie, wo sie auf Beeten, Gräbern und in vielen Gefäßen während des ganzen Sommers blühen. Nach den ersten Frösten im Herbst sterben sie ab. Viele sind hervorragende Schnittblumen, die niederen Gattungen und Arten wichtige Farbenbringer für Beete. Die meisten sind für kräftige Nährstoffgaben während des Sommers dankbar, ihre größte Pracht entfalten sie an sonnigen Plätzen.

Die **Zweijahresblumen**, die aus gemäßigten Zonen stammen, werden im Sommer ausgesät. Sie entwickeln im gleichen Jahr eine kräftige Blattrosette, im folgenden Jahr erscheint dann der Blütenstand. Nach der Samenreife stirbt die Pflanze ab. Viele Arten sind wichtige Gewächse für Beete und Rabatten, weil sie den ganzen Frühling über blühen.

Viele kurzlebige Arten eignen sich gut als **Trockenblumen**. Die Pflanzen werden zur Zeit der Vollblüte oder Fruchtreife geschnitten und im Schatten getrocknet. Dann sind sie jahrelang haltbar. Man fertigt daraus prächtige Trockengebinde.
Aus warmen Ländern kommen die vielen **sommerblühenden Zwiebel- und Knollengewächse** in unsere Gärten. Ihre Speicherorgane müssen im Spätherbst ausgegraben und frostfrei überwintert werden. Im kommenden Frühling gehören sie wieder ins Freiland.

Gypsóphila élegans

Schleierkraut

Caryophylláceae, Nelkengewächse

Man kennt über 120 Schleierkraut-Arten, die in Europa und Asien verbreitet sind. Die kurzlebige *G. élegans* stammt aus Kleinasien und dem Kaukasus. Sie bildet lockere Büsche von 30 bis 50 cm Höhe. Triebe dünn, reich verzweigt, tragen gegenständige, linealische Blätter. Blüten über 1 cm groß, erscheinen an den verzweigten Rispen von Juni bis August in großer Zahl. Blütenfarben weiß, rosa oder rot. Kultur in durchlässigen, kalkhaltigen und nährstoffarmen Böden in sonniger Lage. Aussaat von März bis Mai in mehreren Sätzen direkt ins Freiland, auch Vorkultur möglich. Für 1000 Pflanzen benötigt man 2 g Saatgut. Die Kulturzeit beträgt 2 Monate. Für Schnitt und Beete gleichermaßen geeignet. Sorten: 'Kermesina', kleinblumig, rot; 'Weißer Riese', großblumig, weiß.

Caléndula officinális

Gartenringelblume

Compósitae, Korbblütler

Aus dem Mittelmeergebiet bekannte Gattung mit 15 Arten. Die Züchtungen haben nicht mehr viel Ähnlichkeit mit den kleinen Blüten der Wildarten. Wuchs aufrecht, 30 bis 60 cm hoch, Stiele fleischig. Blätter schmal, rauh, ganzrandig, ungestielt. Blütenköpfchen gelb, orange bis braun, je nach Sorte einfach oder gefüllt, können 5 bis 10 cm im Durchmesser groß sein, erscheinen von Juni bis Oktober. Kultur in lockerem Gartenboden in sonniger Lage. Verblühtes abschneiden, dann verlängert sich die Blütezeit. Auf Mehltau und Minierfliegen besonders achten. Aussaat ab April an Ort und Stelle, in Reihen oder breitwürfig. Unter Glas ist Anzucht schon ab November möglich. Für 1000 Pflanzen benötigt man 15 g Saatgut. Kulturzeit 6 bis 8 Wochen. Sorten: 'Kablouna', röhrenförmige Blüten in gelb und orange; 'Pacific', halbgefüllte Blumen für Schnittzwecke in vielen Farben.

Callístephus chinénsis
Sommeraster
Compósitae, Korbblütler

Man kennt nur eine aus China stammende Art. Daraus hat Züchterfleiß unzählige Sorten in verschiedenen Gruppen geschaffen. Wuchs aufrecht, 15 bis 100 cm hoch. Blätter oval, langgestielt. Blumen einfach, halb oder ganz gefüllt, in fast allen Farben, 4 bis 12 cm im Durchmesser. Blütezeit von Juli bis Oktober. Kultur in durchlässigen, nährstoffreichen Böden in sonniger Lage. Man erhält meist Rassen und Sorten, die gegen Welkekrankheiten resistent sind. Auf Insekten wie Blattwanzen und Raupen achten. Aussaat unter Glas ab Februar, im Freien erst ab Mai. Für 1000 Pflanzen braucht man 5 g Samen. Niedrige Sorten eignen sich für Beet und Balkon, z. B. Zwerg-Aster 'Mylady', 25 cm hoch; für den Schnitt folgende Rassen in vielen Farben: Germania-Astern, 100 cm; Prinzeß-Astern, 75 cm, röhrenblütig; Riesen-Strahlen-Astern, 60 cm, feinstrahlig.

Chrysánthemum carinátum
Kiel-Wucherblume
Compósitae, Korbblütler

Von der 200 Arten umfassenden Gattung *Chrysánthemum* sind einige Arten als einjährige Schnittblumen wichtig. Alle wachsen aufrecht und bilden verzweigte Büsche. Blütezeit von Juni bis September. *C. carinátum* aus Nordwestafrika hat doppelt fiederteilige, graugrüne Blätter. Röhrenblüten braunrot, Zungenblüten (außen) mit vielfarbigen Ringen. Auf Mehltau und Blattläuse achten. Aussaat ab April ins Freiland oder ab Februar unter Glas. Für 1000 Pflanzen werden 10 g Saatgut benötigt. Sorte: 'Frohe Mischung', bunt. Ähnlich: *C. coronárium*, Kronenwucherblume, aus dem Mittelmeergebiet. 1 m hoch, Blätter doppelt fiederteilig. Röhrenblüten gelb, Zungenblüten gelb oder weiß. Sorte: 'Komet', langstielig, gelb, großblumig. *C. ségetum*, Saatwucherblume, aus der Ägäis. 60 cm hoch, Blätter einfach, gezähnt. Blüten gelb, meist einfarbig. Sorten: 'Helios', goldgelb, 50 cm; 'Stern des Orients', gelb mit brauner Mitte.

Cósmos bipinnátus

Schmuckkörbchen, Kosmee
Compósitae, Korbblütler

Man kennt etwa 25 *Cósmos*-Arten in den amerikanischen Subtropen. *C. bipinnátus* stammt aus Mexiko und bildet aufrechte, starke und verzweigte einjährige Triebe bis 1,20 m Höhe. Blätter doppelt fiederschnittig, gegenständig. Köpfchen 7 bis 10 cm im Durchmesser, weiß, rosa oder rot mit gelber Mitte. Kultur in durchlässigen Gartenböden, viel Wasser und Nährstoffe notwendig. Als Schnittblume sehr lange haltbar. Schnitt erfolgt, wenn die inneren Röhrenblüten noch geschlossen sind. Auf Schnecken achten. Erfolgt die Anzucht aus Samen im März unter Glas (Kurztagreiz), dann Blüte im Juli bis August. Bei Aussaat Ende April im Freiland erscheinen die Blüten erst im Spätsommer und Herbst. Für 1000 Pflanzen sind 10 g Saatgut erforderlich. Sorten: 'Gloria', rosa; 'Sensation', 120 cm, Farbmischung; 'Unschuld', weiß. *C. sulphúreus* 'Sunset', Mexiko, Blüten orange, 60 cm.

Heliánthus ánnuus

Gemeine Sonnenblume
Compósitae, Korbblütler

Alle 100 Sonnenblumen-Arten stammen aus Nordamerika. In vielen Ländern baut man *H. ánnuus* zur Ölgewinnung und als Gründünger an. Sonnenblumen werden innerhalb eines Sommers bis zu 4 m hoch, sie brauchen daher viel Wasser und Nährstoffe. Wuchs aufrecht, je nach Sorte 40 bis 400 cm. Blätter wechselständig, herzförmig, bis 50 cm breit, rauhhaarig. Blütenköpfchen endständig, einfach oder gefüllt, bis zu 35 cm im Durchmesser. Röhrenblüten braunschwarz, Kranzblüten gelb, weiß oder braun. Blütezeit von Juli bis Oktober. Kultur in kräftigen Gartenböden in voller Sonne. Gute Schnittblume und Beetpflanze, vor allem die niedrigen Sorten. Auf Mehltau und Grauschimmel achten. Aussaat ab April unter Glas oder ab Mai ins Freiland. Für 1000 Pflanzen sind 100 g Samen erforderlich. Sorten: 'Goldener Neger', goldgelb mit brauner Scheibe, 200 cm; 'Nanus Plenus', 100 cm; 'Schnittgold', 160 cm.

Rudbéckia hírta

Sonnenhut
Compósitae, Korbblütler

Man unterscheidet 25 Sonnenhut-Arten aus Nordamerika. Die ein- bis zweijährige *R. hírta* wächst aufrecht und bildet breite, bis zu 100 cm hohe Büsche. Ganze Pflanze rauh behaart. Blätter wechselständig, ganzrandig, breit-lanzettlich. Blütenköpfchen langstielig, mit schwarzbraunem, gewölbtem Zentrum und meist gelben Randblüten, 8 bis 15 cm im Durchmesser, auch gefüllte Blüten im Sortiment. Blütezeit von Juli bis September. Gutes Wachstum in kräftigen Böden in voller Sonne. Als Beet- und Schnittblume geeignet. Gute Haltbarkeit, wenn der Schnitt erst bei voller Blütenentwicklung erfolgt. Auf Blattälchen achten. Aussaat im März bis April unter Glas, Kulturzeit 2 Monate. Für 1000 Pflanzen sind 2 g Samen erforderlich. Sorten: 'Goldilocks', gelb, gefüllt, mit schwarzer Mitte, 60 cm; 'Meine Freude', gelb mit schwarz, 80 cm (Bild 'Marmalade').

Tagétes-Erécta-Hybriden

Hohe Sammetblume
Compósitae, Korbblütler

Die Gattung *Tagétes* umfaßt 30 Arten aus Amerika. Die daraus gezüchteten Hybriden können bis zu 100 cm hoch werden. Wuchs aufrecht. Blätter fein gefiedert, meist gegenständig. Der typische strenge Duft ist bei den neuen hohen Sorten fast verschwunden. Blüten gelb oder orange, meist gefüllt, Blütenköpfchen 6 bis 10 cm im Durchmesser. Blütezeit von Juli bis September. Ab Mitte Mai auf guten Gartenböden ins Freie bringen, sonnige bis halbschattige Standorte sind geeignet. Niedere Sorten ideal für Beete und Gräber, die hohen ergeben gute Schnittblumen. Auf Schnecken, Blattläuse und verschiedene Pilzkrankheiten achten. Aussaat von Februar bis April unter Glas oder im Frühbeet. Für 1000 Pflanzen sind etwa 10 g Saatgut erforderlich. Sorten: American F_1-Hybride 'Doubloon', gelb, 80 cm; Perfection-F_1-Hybride 'Orange', orangerot, 50 cm (Bild).

Zínnia élegans
Zinnie
Compósitae, Korbblütler

Die 15 bekannten Zinnien-Arten stammen fast alle aus Mexiko. Die hohen Zinnien haben einen steifen, aufrechten Wuchs. Blätter gegenständig, eiförmig-zugespitzt, bis 6 cm lang, rauh. An den Triebenden erscheinen die Blütenköpfchen von Juli bis September in vielen verschiedenen Farben. Die bis zu 15 cm großen Blütenscheiben sind einfach, halbgefüllt oder gefüllt. Geeignete Standorte für Zinnien sind durchlässige, nährstoffreiche Böden in voller Sonne. Verwendung ist vielseitig, sie sind für Beete und Gefäße geeignet sowie als haltbare Schnittblumen geschätzt. Auf Schnecken, Spinnmilben und Pilzkrankheiten achten. Aussaaten von März–April unter Glas werden Ende Mai ausgepflanzt und bringen die ersten Blüten nach etwa 10 Wochen. Von diesen Dunkelkeimern benötigt man 20 g Saatgut für 1000 Pflanzen. Rassen: Dahlienblütige Riesen, Ruffles F_1-Hybriden in vielen Sorten.

Penstémon-Hybriden
Bartfaden
Scrophulariáceae, Braunwurzgewächse

Die Gattung *Penstémon* umfaßt rund 250 Arten in Nordamerika und Nordostasien. Es sind meist Stauden oder Halbsträucher mit buschigem Wuchs. Von einigen Arten aus Mexiko (u. a. *P. hartwégii*) stammen die bei uns einjährig gezogenen Hybriden ab. Sie wachsen buschig, aufrecht und können 90 cm hoch werden. Grundständige Blattrosette. Die langen Triebe sind gegenständig beblättert. Blüten 5 cm im Durchmesser, glockenförmig, rot, rosa oder lila, oft mit weißem Schlund. Blütezeit von Juni bis September. Pflanzung möglichst an sonnigen und warmen Plätzen bei durchlässigem, nährstoffreichem Boden. Aussaat im Februar unter Glas, ab Mai ins Freie pflanzen. Für 1000 Pflanzen sind 2 g Saatgut notwendig. Gute Schnitt- und Rabattenpflanze. Bei Winterschutz mehrjährig. Auf Blattläuse achten. Sorten: 'Scharlachkönigin', leuchtendrot, 75 cm hoch; 'Skyline-F_1-Prachtmischung', 60 cm hoch, großblumig (Bild).

Amaránthus caudátus

Gartenfuchsschwanz
*Amaranthácea*e, Fuchsschwanz

Man unterscheidet 50 *Amaránthus*-Arten aus Tropen und Subtropen, viele sind weltweit verbreitet. Der Gartenfuchsschwanz stammt aus Südamerika. Er wird etwa 75 cm hoch, die aufrechten, rötlichen Triebe bilden breite Büsche. Blätter sind breit-eiförmig, zugespitzt, wechselständig. Die dunkelroten Blütenähren sind verzweigt und hängen von den Triebenden lang herab. Blüten unscheinbar. Blütezeit von Juli bis September. Standort sonnig und warm, Boden durchlässig und reich an Nährstoffen. Auffällige Beetpflanze für Einzelstellung, aber auch zum Schnitt geeignet. Blattläuse bekämpfen. Aussaat im März–April unter Glas oder im Mai im Freien. 2 g für 1000 Pflanzen. Sorten: 'Feuer', bronzefarbene, rot gezeichnete Blätter; 'Viridis', grüne Blütenstände. Weitere Art: *A. cruéntus* besitzt aufrechtstehende Blütenähren in verschiedenen Farbsorten.

Celósia argéntea

Federbusch, Hahnenkamm
*Amaranthácea*e, Fuchsschwanzgewächse

Die Subtropen Afrikas und Amerikas sind die Heimat der 50 *Celósia*-Arten, die heute überall verbreitet sind. Wuchs aufrecht, mit wechselständigen, schmalen Blättern. Blütenstände kammähnlich oder buschig in weiß, gelb, rosa oder rot, 25 bis 80 cm hoch. Kultur in sonniger Lage in durchlässigen, nährstoffreichen Böden. Anzucht aus Samen in mehreren Sätzen von Februar bis April unter Glas. Für 1000 Pflanzen sind 2 g Samen notwendig. Auf Keimlingskrankheiten achten. Für den Schnitt und die Sommerblumenrabatte sind zu unterscheiden: *C. argéntea* var. *cristáta*, die Hahnenkammcelosie und *C. argéntea* var. *plumósa*, die Federbuschcelosie. Von beiden Varietäten gibt es hohe und niedere Sorten: var. *cristata*: 'Feuerball', orangerot, 20 cm; 'Kurume Gold', goldgelb, 80 cm; var. *plumosa*: 'Forest Fire', rot mit dunklem Laub, 60 bis 80 cm; 'Geisha-Scharlach', rot, früh, 20 cm (Bild 'Red Kewpie').

Impátiens walleriána

Fleißiges Lieschen, Springkraut
Balsamináceae, Balsaminengewächse

Die vorwiegend in den Tropen vorkommende Gattung *Impátiens* umfaßt etwa 850 Arten. Die Heimat des Fleißigen Lieschens sind die Gebirge Ostafrikas. Die heutigen Züchtungen sind weitaus üppiger und blühfreudiger als die Art. Wuchs aufrecht bis liegend, breite Büsche oder Flächen bildend. Fleischige, stark verästelte, knotige Triebe, 20 bis 60 cm hoch. Blätter hellgrün, eiförmig, zugespitzt, fein gezähnt. Blüten tellerförmig, mit dünnem Sporn, 3 bis 4 cm groß, in den Farben Weiß, Rosa, Orange, Rot oder Violett, auch mehrfarbig. Blütezeit von Juni bis September. In halbschattigen Lagen und humusreichem Boden besonders guter Wuchs. Ideale Pflanze für Beete, Gräber und Freiflächen. Auf Schnecken und Weiße Fliege achten. Aussaat im März unter Glas, aber erst nach den Eisheiligen ins Freie bringen. Für 1000 Pflanzen reicht 1 g Samen. Sorte u. a.: 'Fortuna Compacta', in vielen Farben, 15 bis 20 cm.

Begónia-Semperflórens-Hybriden

Immerblühende Begonie, Eisbegonie
Begoniáceae, Schiefblattgewächse

Die Gattung *Begónia* umfaßt weltweit über 1000 Arten. Sie sind bei uns nicht winterhart. Die Hybriden entstanden aus Kreuzungen zwischen *B. grácilis* × *B. cucculláta* var. *hookeri*, die aus Mexiko und Brasilien stammen. Wuchs aufrecht und buschig, 12 bis 20 cm hoch, Triebe fleischig. Blätter grün oder rotbraun, glänzen wie lackiert, 5 bis 6 cm groß. Blüten in großer Zahl von Mai bis Oktober in den Farben Weiß, Rosa oder Rot. Kultur in humoser Erde an sonnigen bis halbschattigen Plätzen. Erst nach den Spätfrösten ins Freie bringen. Ideale Beet- und Gruppenpflanze. Auf Mehltau und Älchen achten. Die Aussaat (Spezialbetriebe) erfolgt von Dezember bis Februar. 1 g Samen enthält 60 000 bis 70 000 Korn. F_1-Hybrid-Sorten: 'Gin', rosa; 'Whisky', weiß; 'Wodka', rot; ferner 'Juwel Diable' (dunkles Laub), beide in verschiedenen Farbtönen.

Heliotrópium arboréscens

Heliotrop, Sonnenwende
Boragináceae, Rauhblattgewächse

Man unterscheidet in den Tropen und Subtropen etwa 250 Arten der Gattung *Heliotrópium*. Das Heliotrop ist ein breitwachsender Halbstrauch aus Peru, der bei uns kaum 50 cm hoch wird. Blätter runzelig, oval, bis zu 12 cm lang. Blüten nach Vanille duftend, 6 mm groß, dunkelviolett, erscheinen von Mai bis September. Diese reichblühende Art wird auf Beeten in voller Sonne gepflanzt, kann aber auch als Topfpflanze gezogen werden. Benötigt nährstoffreiche Erde, z. B. Einheitserde T, regelmäßig düngen und wässern. Kühl bei etwa 10 °C überwintern und im Vorfrühling zurückschneiden. Vermehrung durch Kopfstecklinge in Torf-Sand-Gemisch im Herbst.

Cleóme spinósa

Spinnenpflanze
Capparáceae, Kaperngewächse

Von den über 150 *Cleóme*-Arten aus Subtropen und Tropen, wo sie in Steppen zu finden sind, ist nur *C. spinósa* bei uns verbreitet. Einjährig, straff-aufrecht, 80 bis 120 cm hoch und stark verzweigt. Blätter langstielig, handförmig geteilt, drüsig behaart, mit Nebenblattdornen am Blattgrund. Blüten rot, weiß oder rosa, in endständigen Trauben, die stets weiterwachsen. Dadurch ist *Cleóme* ein wichtiger Dauerblüher von Juni bis Oktober. Die einzelnen Blütenblätter sind gestielt und werden vom Griffel überragt. Auch die 8 bis 10 cm langen Samenkapseln sind gestielt. Ab Mai auf sonnige Rabatten einzeln oder in Gruppen pflanzen. Hoher Nährstoffbedarf. Für 1000 Pflanzen sind 5 g Saatgut erforderlich. Aussaat im März unter Glas in Vermehrungserde. Sorten: 'Helene Campbell', weiß; 'Kirschkönigin', karminrosa.

Diánthus chinénsis

Kaiser-Nelke, Heddewigs-Nelke
Caryophylláceae, Nelkengewächse

Die aus China stammende Art *D. chinénsis* ist züchterisch stark verbessert worden. Schon lange gibt es großblumige, einfache und gefüllte Sorten. Wuchs aufrecht, stark verzweigt, 15 bis 40 cm hoch. Eigentlich sind sie ausdauernd, doch werden sie bei uns nur einjährig kultiviert. Blätter graugrün, schmal. Blüten in den Farben Weiß, Rosa, Rot oder mehrfarbig. Blütezeit von Juli bis September. Verwendung als dauerblühende Beet- und Balkonpflanze, wenn ein Rückschnitt nach der Blüte erfolgt. Kultur in durchlässigen, nährstoffreichen Böden. Auf Nelkenrost und Blattläuse achten. Aussaat unter Glas von Januar bis April. Für 1000 Pflanzen sind 2 g Saatgut notwendig. Klassen und Sorten: 'Magic-Charms', 'Prinzess', 'Telstar' (alles F_1-Hybriden in verschiedenen Farbsorten); 'Feuersturm', hellscharlachrot.

Kóchia scopária

Besenkraut, Sommerzypresse, Feuerbusch
Chenopodiáceae, Gänsefußgewächse

Die 70 Arten der Gattung *Kóchia* sind mit Ausnahme Amerikas weltweit verbreitet. Die für uns wichtige *K. scopária* stammt aus den Steppen Südostrußlands und kommt bis Zentralasien vor. Wuchs aufrecht, dicht und regelmäßig verzweigt, 60 bis 100 cm hoch. Blätter hellgrün, schmal, 5 bis 7 cm lang. Die völlig unscheinbaren Blüten erscheinen im Sommer. Boden durchlässig und nährstoffarm. Nach den Eisheiligen ins Freie an sonnige, warme Plätze bringen. Verwendung einzeln, in Gruppen oder sogar als geschnittene Hecken. Man sät im März bis April unter Glas aus. Für 1000 Pflanzen sind 5 g Saatgut erforderlich. Sorten: 'Childsii', gleichmäßig grün; 'Trichophylla', hellgrün mit feurigroter Herbstfärbung.

Agératum houstoniánum

Leberbalsam

Compósitae, Korbblütler

In Mittel- und Südamerika unterscheidet man etwa 40 *Agératum*-Arten. Der Leberbalsam stammt aus Mexiko und Guatemala. Wuchs aufrecht und breitbuschig. Die Beetsorten werden 15 bis 25 cm, Schnittsorten auch bis zu 70 cm hoch. Blätter gegenständig, flaumhaarig, herzförmig, mit gesägtem Blattrand. Blüten am Triebende in dichten Doldentrauben. Blütenfarben blau in allen möglichen Variationen, rosa oder weiß. Die einzelnen Blütenköpfchen sind nur 1 bis 1,5 cm groß, erscheinen aber von Mai bis Oktober in großer Zahl. Ab Mitte Mai auf Beete ins Freie bringen. In sonnigen Lagen und schweren Lehmböden beste Erfolge. Gut wässern und düngen. Blattläuse, Weiße Fliege und Spinnmilben bekämpfen. Aussaat der F_1-Hybriden unter Glas von Januar bis März, manche Sorten auch durch Stecklinge im März. Sorten: 'Blaue Donau', 15 bis 20 cm; 'Schneeball', weiß, 15 bis 20 cm; 'Schnittwunder', mittelblau, 50 bis 60 cm.

Dimorphothéca sinuáta

Kapkörbchen, Kapringelblume

Compósitae, Korbblütler

Von den 7 *Dimorphothéca*-Arten aus Südafrika sind nur wenige bei uns in Kultur. Sie wachsen alle breitbuschig und aufrecht, 30 bis 40 cm hoch. Blätter lang, lanzettlich. Von Juli bis September erscheinen in Massen die 5 bis 8 cm großen Blütenköpfchen an bis zu 50 cm langen Stielen in den Farben Orange, Gelb oder Weiß. Bei trübem Wetter schließen sie sich. Gute Beetpflanze in sonniger Lage und kräftigen, durchlässigen Böden. Auch gut als Schnittblume geeignet. Auf Blattläuse achten. Anzucht unter Glas im März bis April durch Aussaat, mindestens 5 g Samen sind für 1000 Pflanzen notwendig. Ab Mai wird ins Freie gepflanzt. Sorten: 'Orange Glory', 30 cm hoch, orange, kleinblumig; 'Tetra Goliath', 40 bis 50 cm, orange mit brauner Mitte, großblumig. Weitere Art: *D. pluviális* 'Polarstern', 30 bis 40 cm, weiß mit blauschwarzer Mitte. Ähnlich, aber mit löffelförmigen Blütenblättern ist *Osteospérmum eclónis.*

Gazánia-Hybriden

Mittagsgold, Gazanie
Compósitae, Korbblütler

Ebenfalls aus Südafrika stammen die über 20 verschiedenen Arten der Gattung *Gazánia*. Es sind ein- bis mehrjährige Kräuter, die bei uns frostfrei überwintert werden müssen. Blattrosetten mit langen, dunkelgrünen, unterseits weißen Blättern. Blütenköpfchen bis zu 10 cm groß in Gelb, Orange oder Weiß sowie schönen Farbmischungen, erscheinen von Juni bis Oktober. Nachts und bei trübem Wetter schließen sich die Blüten. Standort vollsonnig, warm, in durchlässigen Böden. Sehr gute Pflanzen für Beete, Balkonkästen und Steingärten. Auf Blattläuse, Schnecken und Eulenraupen achten. Im September durch Triebstecklinge vermehrte Pflanzen blühen ab Mai, Märzaussaaten frühestens ab Juni. Für 1000 Pflanzen sind 5 g Saatgut erforderlich. Sorten: 'Kupferglut', kupferfarben, 20 cm; 'Ministar Goldgelb', 25 cm, goldgelb; 'Morgensonne', frühblühend, 20 cm hoch, orange.

Senécio bícolor

(syn. *Cinerária marítima)*, Kreuzkraut
Compósitae, Korbblütler

Von der Gattung *Senécio* sind weltweit mehr als 1300 Arten bekannt. Die durch ihr silbriges Laub auffallende Art stammt aus dem Mittelmeergebiet. Dort ist sie ein aufrechter, bis zu 60 cm hoher Halbstrauch. Die Züchtungen sind dagegen nur 30 cm hoch und nicht winterhart. Blätter fiederteilig, silbrig, filzig behaart, sehr dekorativ. Die kleinen gelben Blütenköpfchen erscheinen sehr selten, sie entwickeln sich bei frostfreier Überwinterung erst im folgenden Jahr. Gutes Gedeihen in durchlässigen Böden in voller Sonne. Bildet sehr schöne Kontraste zu den buntfarbigen Beet- und Balkonpflanzen. Auf Mehltau, Rostpilze und Blattläuse achten. Vermehrung durch Aussaat im Februar unter Glas. Für 1000 Pflanzen benötigt man 2 g Samen. Ab Mitte Mai ins Freie bringen. Sorten: 'Cirrus', rundliches, silbriges Laub, 25 cm hoch; 'Silberzwerg', fein geschlitzte Blätter, 15 bis 20 cm hoch.

Tagétes-Pátula-Hybriden

Niedrige Sammetblume
Compósitae, Korbblütler

30 Arten sind von der Gattung *Tagétes* in Amerika bekannt. Daraus sind die vielen Sorten der Niedrigen Sammet- oder Studentenblume entstanden. Wuchs breitbuschig, aufrecht, 20 bis 30 cm hoch. Blätter meist gegenständig, stark gefiedert, streng duftend. Blüten einfach oder gefüllt, Köpfchen 3 bis 5 cm breit, erscheinen in Mengen an den Triebenden von Juni bis Oktober. Farben: gelb, braun oder rot. *Tagétes* sind anspruchslos, sie gedeihen in jedem guten Gartenboden in möglichst sonniger Lage. Verwendung für Beet, Rabatte, Einfassung, Balkon. Auch zur Bekämpfung von Nematoden sind sie geeignet. Die abgeblühten Köpfe entfernen. Auf Schnecken und Blattläuse achten. Aussaat im Februar oder März unter Glas nach den Eisheiligen ins Freie bringen. Serien und Sorten: 'Anita-Serie'; 'Bonanza-Serie'; 'Queen-Sophia-Serie'; 'Königin Sophia', gelb-rotbraun (Bild).

Zínnia angustifólia

Schmalblättrige Zinnie
Compósitae, Korbblütler

Aus Mexiko stammt diese zierliche Einfassungspflanze. Sie wird 30 bis 40 cm hoch und hat aufrechte, verzweigte Triebe. Blätter gegenständig, breit-lanzettlich. Blütenköpfe endständig, 4 bis 5 cm groß. Blüten einfach oder gefüllt, blühen von Juli bis Oktober in gelb, orange oder roten Farbtönen. Meist ist die Blütenmitte dunkler gefärbt. In durchlässigen, aber kräftigen Böden an warmen Standorten gedeihen sie am besten. Sie eignen sich für Rabatten, Beete, Balkonkästen, aber auch zum Schnitt. Auf verschiedene Pilzkrankheiten, Blattläuse und Schnecken achten. Aussaat unter Glas von März bis April, man benötigt 10 g Samen für 1000 Pflanzen. Erst ab Mitte Mai ins Freie pflanzen. Sorten: 'Classic', goldorange, kleinblumig, einfachblühend, 30 cm hoch; 'Old Mexiko', braunrot mit gelben Spitzen, gefüllt, 40 cm hoch (Bild 'Perserteppich').

Lobulária marítima

(syn. *Alýssum marítimum),* Duftsteinrich
Crucíferae, Kreuzblütler

Von der Gattung *Lobulária* sind 5 Arten bekannt, die alle im Mittelmeergebiet und auf den Kanarischen Inseln in Meeresnähe anzutreffen sind. Wuchs niederliegend, 6 bis 25 cm hoch. Die dünnen Stengel verzweigen sich und bilden dadurch große Polster. Blätter kurz und spatelig, von den vielen Blüten ganz verdeckt. Diese erscheinen in duftenden Trauben von April bis September. Wichtig ist der starke Rückschnitt nach dem ersten Flor. Blütenfarben rosa, dunkelviolett oder weiß. Bester Wuchs in durchlässigen Böden in voller Sonne. Verwendung als Bodendecker, für Einfassungen und Gefäßbepflanzung; gute Bienenweide. Auf Mehltau achten. Aussaat ab März unter Glas, ab April auch direkt ins Freie. Mehrere Sämlinge zusammen pikieren. 5 g Saatgut sind für 1000 Tuffs erforderlich. Sorten: 'Königsteppich', purpurviolett, 6 bis 8 cm; 'Schneeteppich', weiß, 8 bis 10 cm.

Rícinus commúnis

Wunderbaum, Palma Christi
Euphorbiáceae, Wolfsmilchgewächse

Diese mächtige und dekorative Blattpflanze stammt aus den Tropen und wird in Indien ein bis zu 8 m hoher Baum. Bei uns wird der Wunderbaum in 6 Monaten bis zu 2,5 m hoch. Wuchs aufrecht, verzweigte Triebe wechselständig angeordnet. Blätter lang gestielt, handförmig gelappt, über 60 cm breit, je nach Sorte dunkelgrün oder rot gefärbt. Die gelben männlichen und die roten weiblichen Blüten erscheinen am Triebende von August bis Oktober. Früchte rot, bestachelt, enthalten schön gemaserte, bohnengroße Samenkörner, die stark giftig sind (Toxalbumine). Sie enthalten das wertvolle Rizinusöl. Pflanzung ab Mai in gut gedüngte Erde in voller Sonne, einzeln auf Beete oder in großen Kübeln. Aussaat ab März, man steckt je ein Korn in einen Topf. Sorten: 'Gibsonii Impala', rotblättrig, frühblühend; 'Sanguineus', grüne Blätter sind rot gestielt.

Sálvia spléndens
Feuersalbei
Labiátae, Lippenblütler

Von den über 900 Salbei-Arten fällt die brasilianische *S. spléndens* besonders auf. Wuchs steif-aufrecht, bis zu 50 cm hoch, Triebe vierkantig. Blätter gegenständig, oval bis herzförmig, gekerbt. Endständige Blütentrauben mit vielen, meist scharlachroten Einzelblüten. Blütezeit von Mai bis September. Die 4 bis 6 cm großen Blütenkelche sind gleich auffällig gefärbt und halten viele Wochen. Sie sind der eigentliche Schmuck der Pflanze. Kultur in nährstoffreichem, humosem Boden in voller Sonne. Ideale Beet-, Balkon- und Schalenpflanze. Immer die braunwerdenden Triebe auskneifen, dadurch wird der Neutrieb angeregt. Auf Schnecken, Spinnmilben und Blattläuse achten. Aussaat unter Glas von Januar bis März. Für 1000 Pflanzen sind 10 g Samen erforderlich. Sorten: 'Fury', früh, scharlachrot, 20 cm; 'Red Kardinal', scharlachrot, 25 cm; 'Red River', feuerrot, 20 cm hoch (Bild).

Lavátera triméstris
Bechermalve
Malváceae, Malvengewächse

Man unterscheidet 20 Arten der Gattung *Lavátera*. Diese Art stammt aus Südeuropa und Syrien. Die aufrecht und durch viele Verzweigungen breit wachsenden Pflanzen werden 50 bis 120 cm groß. Man hat vorwiegend niedere Sorten gezüchtet. Blätter lang gestielt, wechselständig, herzförmig bis gelappt. Malvenartige, bis zu 10 cm große Trichterblüten erscheinen in Mengen von Juli bis Oktober. Blütenfarben meist rosa, aber auch weiße Sorten bekannt. Kultur in durchlässigen Gartenböden in voller Sonne. Verwendung als Schnittblume, in Rabatten, aber auch als Ergänzung zu ausdauernden Schwertlilien *(Íris germánica)*. In nassen Sommern auf Malvenrost achten. Aussaat im April an Ort und Stelle. Sorten: 'Montblanc', reinweiß, 50 cm; 'Silver Cup', rosa, reichblühend, 60 cm. Ähnlich ist *Malópe trífida,* die Trichtermalve, mit dunkel geaderten Blüten.

Phlox drummóndii

Flammenblume, Sommerphlox
Polemoniáceae, Sperrkrautgewächse

Die 60 bekannten *Phlox*-Arten kommen meist in Amerika vor. Der einjährige Sommerphlox ist eine dankbare, niedrige Beetpflanze, die nur 10 bis 50 cm hoch wird. Wuchs buschig, aufrecht, mit zierlichen Stengeln und gegenständigen, lanzettlichen Blättern. Blüten in vielen Farbtönen erscheinend, am Ende der Triebe von Juli bis September. Blütenfarben weiß, rosa, rot, lila, gelb oder mehrfarbig. Blüten bis zu 2 cm groß. Gedeiht am besten in nährstoffreichen, durchlässigen Gartenböden in voller Sonne. Verwendung als immerblühende Beet- und Balkonpflanze. Verblühte Triebe laufend entfernen. Auf Mehltau achten. Aussaat ab März unter Glas oder Anfang Mai im Freien. Für 1000 Pflanzen sind 5 g Samen erforderlich. Sorten: 'Beauty', 20 cm hoch, in vielen Farben einzeln oder gemischt; 'Sternenzauber', 20 cm, gezackte Blüten.

Portuláca grandiflóra

Portulakröschen
Portulacáceae, Portulakgewächse

In den Tropen und Subtropen findet man über 100 Arten. Das Portulakröschen stammt aus Argentinien und Brasilien. Die niederliegenden Triebe werden nur 12 bis 15 cm hoch. Blätter stielrund, fleischig. Blüten 3 bis 4 cm groß, seidig glänzend, erscheinen an den Triebenden von Juni bis zum Frost. Einfache oder gefüllte Blüten in Weiß, Gelb, Rosa, Rot oder Orange, nur bei Sonnenschein geöffnet. Kultur in mageren, durchlässigen Böden in vollsonniger Lage, etwa an der Südwand des Hauses oder in Balkonkästen. Bei der Anzucht nur vorsichtig gießen, sonst Fäulnisgefahr. Aussaat im März unter Glas oder ab Mai an Ort und Stelle. Für 1000 Pflanzen ist 1 g Saatgut nötig. Sorte: 'Sundance', halbgefüllte Blüten in vielen Farben, 15 cm.

Mímulus-Hybriden

Gauklerblume
Scrophulariáceae, Braunwurzgewächse

Aus einigen der über 120 *Mímulus*-Arten sind die heutigen Hybriden entstanden. Daran beteiligt waren vorwiegend *M. lúteus* aus Nordamerika und *M. guttátus* aus Chile. Die mehrtriebigen Pflanzen werden je nach Sorte zwischen 30 cm und 100 cm hoch. Blätter ungeteilt, gezähnt, gegenständig. Blüten trichterförmig bis zu 5 cm groß, gelb oder lachsfarben mit braunroten Flecken, erscheinen an den Enden oder in den Achseln der Triebe. Kultur in humosen Böden an sonnigen bis halbschattigen Plätzen mit genügender Feuchtigkeit. Verwendung als Beet- und Rabattenpflanze sowie in der Nähe von Teichen. Staunässe wird aber nicht vertragen. Auf Mehltau und Blattläuse achten. Aussaat von März bis April unter Glas, ab Mitte Mai dann ins Freie pflanzen. Sorten: Malibu-F_1-Hybride, orange oder gelb, 15 cm (Bild); 'Red Emperor', 20 cm kupferscharlachrot.

Nicotiána × sánderae

(N. aláta × N. forgetiána), Ziertabak
Solanáceae, Nachtschattengewächse

Die etwa 70 Tabak-Arten stammen vorwiegend aus Amerika. Die für uns wichtigsten Züchtungen sind niedriger und blühwilliger als die Ausgangsarten. Wuchs aufrecht, mehrtriebig, bis zu 60 cm hoch. Die Triebe und die großen, ganzrandigen Blätter sind drüsig behaart, Trichterblüten fünfzipfelig, weiß, gelb oder rot, bis zu 5 cm groß, erscheinen an endständigen Rispen von Juli bis September in großer Fülle und duften intensiv. An sonnigen Plätze in humosem Lehmboden oder in mit Einheitserde gefüllten Gefäßen gedeihen sie prächtig. Verwendung als Balkonpflanze oder für Rabatten und Beete. Auf Blattläuse achten. Aussaat unter Glas im Februar und März. Für 1000 Pflanzen genügt 1/4 g Saatgut. Sorten: 'Idol', dunkelrot, 30 cm hoch; Nico-F_1-Hybriden, rot und weiß, 30 cm hoch; Nicki-F_1-Hybriden in vielen Farben, 40 cm.

Salpiglóssis sinuáta

Trompetenzunge
Solanáceae, Nachtschattengewächse

Von der Gattung *Salpiglóssis* sind nur 5 Arten aus Chile bekannt. *S. sinuáta* wird 50 bis 80 cm hoch und bildet lockere Büsche. Blätter gestielt, flaumig behaart, länglich-elliptisch. Blüten trompetenförmig, petunienähnlich, mehrfarbig. Sie blühen vorwiegend in Gelb, Rosa, Rot oder Violett von Juni bis August. Die neueren Sorten sind niedrig und haben bis zu 7 cm große Blüten. Kultur in durchlässigen Böden in voller Sonne. Eignung als Schnittblume sowie als Beet- und Rabattenpflanze. Aussaat unter Glas im März, dann im Mai ins Freie pflanzen. Sorte: Bolero-F_2-Hybride, kompakte, frühblühende Mischung aus schönen Farben, 50 cm hoch (Bild 'Diabolo').

Verbéna rígida

(syn. *V. venósa),* Verbene, Eisenkraut
Verbenáceae, Eisenkrautgewächse

Außer den bekannten Gartenverbenen gibt es weitere interessante und reichblühende Arten. *V. rígida* aus Südbrasilien und Argentinien fällt durch den straffen Wuchs und die steif-abstehenden Seitentriebe auf. Die ganze Pflanze ist rauh behaart und wird 30 bis 40 cm hoch. Blätter gegenständig, keilförmig, mit tief eingesägten Blatträndern. Blüten klein, lilafarben, an endständigen Ähren in großer Zahl von Juni bis Oktober. Die unterirdisch gebildeten Knollen können bei frostfreier Überwinterung im nächsten Frühjahr wieder gepflanzt werden. Verwendung als reichblühende Beetpflanze. Kultur in voller Sonne auf nährstoffreichen Gartenböden. Aussaat ab Januar unter Glas. 5 bis 10 g Saatgut sind für 1000 Pflanzen erforderlich. Ähnlich, aber 50 bis 110 cm hoch, ist *V. bonariénsis* aus Argentinien (Bild V. rigida 'Polaris').

Myosótis-Hybriden

Vergißmeinnicht
Boragináceae, Rauhblattgewächse

Man unterscheidet weltweit 50 *Myosótis*-Arten. Die heute verbreiteten Hybriden gingen meist aus *M. sylvática* hervor, die von Europa bis Sibirien vorkommt. Wuchs aufrecht, breitbuschig und verzweigt, 10 bis 40 cm hoch. Triebe und Blätter rauhhaarig. Blätter länglich-lanzettlich, wechselständig. Blaue Blüten mit gelbem Auge an endständigen, traubigen Wickeln. Blütezeit von März bis Mai. Kultur in humosen Gartenböden an sonnigen bis halbschattigen Plätzen. Geeignet für Beete und Rabatten, Gräber, Schalen, höhere Sorten auch zum Blumenschnitt. Auf Mehltau, Grauschimmel und Blattläuse achten. Aussaat von Juni bis Juli in lehmig-humose Freilanderde unter Abdeckung. Für 1000 Pflanzen sind 2 bis 4 g Samen erforderlich. Im Winter leicht abdekken. Sorten: 'Amethyst', indigoblau, 15 cm; 'Blaues Wunder', tiefblau, für Schnitt, 30 cm; 'Viktoria', weiß, 20 cm (Bild 'Compindi').

Campánula médium

Marienglockenblume
Campanuláceae, Glockenblumengewächse

Die meisten der über 300 Glockenblumen-Arten sind mehrjährig. Die großblumige *C. médium* stammt aus Südeuropa und ist zweijährig. Wuchs aufrecht, 50 bis 90 cm hoch, bildet verzweigte Büsche. Rauhfilzige Blätter am Grund in Rosetten, am Stengel sitzend. Blüten in endständigen Trauben, glockig, 5 bis 6 cm groß, einfach oder gefüllt, weiß, rosa oder blau. Kultur in nährstoffreichen, durchlässigen Böden in voller Sonne. Verwendung für Rabatte und Vasenschnitt. Auf Blattläuse und Grauschimmel achten. Aussaat von Mai bis Juli im Freiland, ab August verpflanzen, leichter Winterschutz mit Fichtenreisig günstig. Sorten: 'Calycanthema', Mischung gefüllter Blüten; 'Einfache Mischung', 90 cm, viele Farben; auch einzeln erhältlich.

Diánthus barbátus

Bartnelke
Caryophylláceae, Nelkengewächse

Weltweit sind über 300 Nelken-Arten bekannt. Die Bartnelke stammt aus Südeuropa und kommt auch in den Pyrenäen vor. Sie wird zweijährig angebaut, kann aber auch ausdauernd sein. Wuchs aufrecht, bis zu 60 cm hoch. Blätter lanzettlich, 10 bis 12 cm lang. Blüten endständig in dichten Trugdolden in den Farben Rot, Rosa, Weiß, ein- oder mehrfarbig. Blütezeit von Juni bis August. Gutes Wachstum in kalkhaltigen, durchlässigen Lehmböden in voller Sonne. Winterschutz in strengen Wintern erforderlich. Verwendung für Schnitt und Beetbepflanzung. Auf Nelkenrost und Blattälchen achten. Aussaat von April bis Juli im Freien, Verpflanzung ab Anfang August. Für 1000 Pflanzen sind 2 g Samen erforderlich. Sorten: 'Heimatland', dunkelrot, weißes Auge, 50 cm; 'Einfache Prachtmischung'; 'Gefüllte Prachtmischung', 50 cm hoch.

Béllis perénnis

Gänseblümchen, Tausendschön, Maßliebchen; *Compósitae,* Korbblütler

In Europa kennt man 7 *Béllis*-Arten, meist aus dem Mittelmeerraum. Die Art ist nicht in Kultur, sie kommt auf unseren Wiesen und Weiden vor. Die großblumigen Züchtungen erinnern kaum noch an dieses liebenswerte Blümchen. Blattrosette flach, 10 bis 15 cm hoch, Blätter länglich-spatelig, ganzrandig. Dicht gefüllte, bis 7 cm große Blütenköpfchen an 15 bis 20 cm langen Stielen erscheinen von April bis Juni. Blütenfarbe weiß, rosa oder rot. Gutes Wachstum in lehmig-humosen Gartenböden in voller Sonne. Verwendung für Rabatten, Beete und Einfassungen. Vor Mehltau, Grauschimmel und Blattläusen schützen. Aussaat von Juni bis Juli im Freiland, bis zur Keimung schattieren. Für 1000 Pflanzen ist höchstens 1 g Samen erforderlich. Nach 6 Wochen vereinzeln, Winterschutz durch Reisigdecke notwendig. Sorten: 'Aetna', dunkelrot, gefüllt, großblumig; 'Pomponette', dicht gefüllte Röhrenblüten in Rot, Rosa, Weiß.

Cheiránthus chéiri

Goldlack
Cruciferae, Kreuzblütler

Man unterscheidet 10 *Cheiránthus*-Arten mit weitem Verbreitungsgebiet. Der Goldlack stammt aus Südosteuropa und ist ein aufrechter, vieltriebiger Busch von 25 bis 70 cm Höhe. Die steifen Triebe verholzen am Grunde, sind aber nicht ganz winterhart. Blätter schmal, bis zu 10 cm lang. Blütentrauben am Ende der Triebe von April bis Juni. Blüten duftend 2 bis 3 cm groß, gelb, rot, orange oder braun, einfach-vierzählig oder gefüllt. Guter Wuchs in kalkhaltigen und nährstoffreichen Böden in voller Sonne. Gute Beet- und Balkonpflanze, auch für den Schnitt geeignet. Falschen Mehltau und Grauschimmel bekämpfen. Aussaat von Mai bis Juli im Freiland. Auspflanzen ab August, Winterschutz erforderlich. Samen enthalten Herzglykoside, sind also giftig. Sorten: 'Goliath', dunkelbraunrot, 25 bis 60 cm, einfach; 'Vulkan', blutrot, 50 cm.

Erýsimum × alliónii

(syn. *Cheiránthus × alliónii),* Schöterich
Cruciferae, Kreuzblütler

Rund 80 Schöterich-Arten sind in der nördlichen gemäßigten Zone bekannt. *E. × allióni* entstand wahrscheinlich aus *E. húmile × E. perovskiánum*, die im Mittelmeerraum beheimatet sind. Wuchs aufrecht, reich verzweigt, bis zu 45 cm hoch, ähnlich dem Goldlack. Blätter schmal-lanzettlich, dunkelgrün. Blüten in endständigen Trauben, erscheinen von April bis Juni, duftend, goldgelb oder orange, 2 bis 3 cm groß. Liebt nährstoffreiche, kräftige Gartenböden in voller Sonne. Verwendung als Beet- und Balkonpflanze, gut auch als Schnittblume. Auf Falschen Mehltau, Grauschimmel und Kohlhernie achten. Aussaat von April bis Juli im Freiland, später vereinzeln und im Winter mit Reisig abdecken. Sorten: 'Gruppengold', goldgelb, 40 cm; 'Orangekönigin', orangegelb, 45 cm.

Verbáscum bombycíferum

Königskerze

Scrophulariáceae, Braunwurzgewächse

Königskerzen sind mit 320 Arten im Mittelmeergebiet, Europa, Nordafrika und Indien verbreitet. *V. bombycíferum* stammt aus dem westlichen Kleinasien und fällt durch ihre stattliche Erscheinung auf. Wuchs aufrecht, verzweigt, überall weißwollig behaart. Aus einer grundständigen Blattrosette entwickelt sich im folgenden Jahr eine bis 160 cm hohe Blütenkerze. Die gelben Blüten erscheinen von Juni bis August. Bei rechtzeitigem Rückschnitt bestocken sich die Pflanzen und überdauern. Kultur in trockenen, durchlässigen Böden in voller Sonne. Aussaat im Januar unter Glas oder Mai bis Juni an Ort und Stelle im Freien. Für 1000 Pflanzen genügt 1 g Saatgut. Verwendung als Solitärpflanze auf Beeten und zum Schnitt. Sorte: 'Polarsommer', hellgelb, 160 cm hoch, bei rechtzeitiger Einkürzung buschig und mehrtriebig, 50 cm hoch.

Víola-Wittrockiána-Hybriden

Gartenstiefmütterchen

Violáceae, Veilchengewächse

Weltweit sind über 400 Veilchen-Arten bekannt. Das Gartenstiefmütterchen ist eine alte Kulturpflanze, die aus mehreren Arten gezüchtet worden ist. Die heutigen Hybriden erinnern kaum mehr an ihre unscheinbaren Vorfahren. Wuchs buschig, krautige Triebe 10 bis 30 cm hoch. Blätter breit-oval, bis 5 cm lang. In den Blattachseln entwickeln sich die 5 bis 10 cm großen Blüten in vielen Farben. Blütezeit, je nach Aussaat und Sorte, schon ab Herbst, sonst von März bis Juni. Kultur in desinfizierten, kräftigen Gartenböden in sonniger bis halbschattiger Lage. Im Winter Reisigabdekkung. Ideale Beet-, Grab- und Balkonpflanze. Gefahr durch Schadpilze, Schnekken und Blattläuse. Aussaat im Freien ab Juni–Juli; Beete bis zur Keimung abdecken. Für 1000 Pflanzen sind 3 bis 5 g Samen erforderlich. Viele Rassen und Sorten: Europa-F_1-Hybriden; Rogglis Riesen: 'Alpenglühen', kardinalrot; 'Mönch', gelb; 'Thuner See', blau.

Gomphréna globósa

Kugelamarant

Amaranthàceae, Fuchsschwanzgewächse

In den Tropen und Subtropen Amerikas sind die meisten der über 100 *Gomphréna*-Arten beheimatet. Dazu gehört auch der einjährige Kugelamarant. Wuchs steif-aufrecht, stark verzweigt, weich behaarte Triebe bis zu 40 cm hoch. Blätter breit-lanzettlich, zugespitzt, 5 bis 7 cm lang. Die kugeligen Blütenköpfchen sind 2 bis 3 cm groß und meist rot oder rosa gefärbt. Blüten weißgelb, unscheinbar, erscheinen zwischen den farbigen Hüllblättern im Juli und August. Kultur in durchlässigen Gartenböden in voller Sonne. Schöne Einfassungs- und Rabattenpflanze, vorwiegend für Trockengestecke geeignet. Echten Mehltau frühzeitig bekämpfen. Aussaat von März bis Mai unter Glas, ab Mitte Mai ins Freie pflanzen. Für 1000 Pflanzen genügen 15 g Saatgut. Sorte: 'Buddy', weinrot, 15 cm; Farbsorten: 'Dunkelrosa', 'Orange', 'Weiß' u. a., 40 cm hoch (Bild 'Aurea Superbum').

Ammóbium alátum

Papierknöpfchen, Sandimmortelle

Compósitae, Korbblütler

Von den beiden *Ammóbium*-Arten aus Australien wird nur *A. alátum* kultiviert. Die geflügelten Stengel sind reich verzweigt und 40 bis 70 cm hoch. Blätter filzig behaart. Blütenköpfchen 2 bis 4 cm groß, am Triebende, erscheinen von Juli bis September und erinnern an Strohblumen. Röhrenblüten gelb, papierartige Hüllblätter weiß. Einjährige Kultur in durchlässigen Böden in voller Sonne. Als Trockenblume knospig schneiden und kopfüber im Schatten aufhängen. Aussaat im April direkt auf Freilandbeete, später vereinzeln oder verpflanzen. Für 1000 Pflanzen sind 2 g Samen erforderlich. Sorte: 'Grandiflorum', 50 bis 60 cm hoch.

Carlína vulgáris

Golddistel, Eberwurz
Compósitae, Korbblütler

Von den 20 *Carlína*-Arten aus dem Mittelmeergebiet, Europa und Vorderasien sind einige für die Trockenbinderei verwendbar. Die heimische Golddistel ist zweijährig, sie kommt bis Sibirien vor. Aus einer grundständigen, distelähnlich gezähnten Blattrosette entwickelt sich im folgenden Jahr der steif-aufrechte, verzweigte und bis zu 40 cm hohe, beblätterte Stengel. Blätter lanzettlich, am Rande hartstachelig gezähnt. Goldene Blütenköpfchen von 3 bis 5 cm Durchmesser erscheinen an den Triebenden von Juli bis September. Innere Röhrenblütten gelbbraun. Samen mit steifborstigem Pappus, werden vom Wind weit verbreitet. Schnitt muß vorher erfolgen. Dankbare Trockenblume, jedoch sehr stachelig. Kultur in ärmeren, durchlässigen Kalkböden in voller Sonne. Aussaat im August bis September im Freien. Weitere Art: *C. acaúlis*, Silberdistel, kalkliebende Staude, Blütenköpfe weiß, 12 cm Durchmesser.

Cárthamus tinctórius

Färberdistel, Saflor
Compósitae, Korbblütler

Das Verbreitungsgebiet der auffälligen einjährigen Färberdistel erstreckt sich von Kleinasien bis nach Vorderindien. Distelartige, bis zu 100 cm hohe, aufrechte Pflanze mit verzweigten Trieben und langen Pfahlwurzeln. Blätter breit-lanzettlich, gegenständig, ungestielt, am gesamten Trieb entwickelt. Blütenköpfchen endständig, von wenig bestachelten Hüllblättern umgeben, 3 bis 4 cm im Durchmesser, Röhrenblüten gelborange. Blütezeit von Juli bis August, bei Vorkultur Blüte ab Mai. Kultur in durchlässigen, nährstoffreichen Böden in sonniger Lage. Dankbare Sommerschnittblume, verblühte Exemplare gut als Trockenblume zu verwenden. Aussaat im März in Töpfe als Vorkultur unter Glas, im April direkt ins Freie. Für 1000 Pflanzen sind 50 bis 70 g Samen erforderlich. Sorten: 'Goldschnitt', 80 cm hoch (Bild); 'Goldschopf', 110 cm; 'Orangefeuer', 60 bis 80 cm, frühblühend.

Centauréa cýanus

Kornblume

Compósitae, Korbblütler

Weltweit sind etwa 450 Arten der Gattung *Centauréa* bekannt. Die einjährige Kornblume kommt in Getreidefeldern vor. Aufrechte, bis zu 80 cm hohe, filzig behaarte Triebe. Blätter lanzettlich, wechselständig, fiederschnittig. Blüten einfach oder gefüllt in den Farben Blau, Rosa, Rot, Weiß, Blütenköpfchen endständig und meist einzeln an langen Stielen. Blütezeit von Mai bis August. Gedeiht in normalen, kalkhaltigen Gartenböden in sonniger Lage. Verwendung als haltbare Schnittblume und Beetpflanze, verblühte Köpfchen als Trockenblumen. Auf Echten Mehltau achten. Aussaat im September oder Februar unter Glas, ab April direkt ins Freiland. Für 1000 Pflanzen sind 10 g Samen erforderlich. Sorten: 'Blauer Junge' und 'Diadem', leuchtend blau, 90 cm; 'Rosa Ball', rosa gefüllt. Ähnlich, aber mehrjährig und violett ist *C. jácea*, die Wiesenflockenblume Europas.

Helichrýsum bracteátum

Gartenstrohblume

Compósitae, Korbblütler

Man unterscheidet über 500 *Helichrýsum*-Arten in Südeuropa, Asien, Afrika und Australien. Die Vorfahren unserer bekannten Strohblume stammen aus Australien. Durch Züchtung entstanden viele Sorten mit unterschiedlicher Größe und in vielen Farben. Wuchs aufrecht, 30 bis 110 cm, beblätterte Triebe verzweigt. Blätter wechselständig, lanzettlich, bis 10 cm lang. Blütenköpfchen 3 bis 10 cm groß, Blüten einfach oder gefüllt. Röhrenblüten gelb, Hüllblätter rot, gelb, rosa oder weiß. Blütezeit von Juli bis Oktober. Kultur in trockenen, nährstoffreichen Böden in voller Sonne. Verwendung: Blütenköpfchen knospig schneiden und trocknen, mit Stiel geschnitten nach unten aufhängen. Niedrige Sorten ergeben gute Beetpflanzen. Auf Mehltau achten. Aussaat ab März unter Glas, ab April ins Freie, später vereinzeln. Einjährige Kultur. Für 1000 Pflanzen genügen 3 bis 5 g Samen. Farbsorten: 'Album', weiß, 60 bis 80 cm; 'Bikini', nur 30 cm hoch.

Helípterum róseum

Sonnenflügel
Compósitae, Korbblütler

Mit 60 Arten in Australien und Südafrika verbreitete Gattung. Aus Westaustralien stammt der Sonnenflügel, eine zarte Einjahresblume. Wuchs aufrecht, 30 bis 50 cm hoch. Stengel beblättert und verzweigt. Blätter wechselständig, schmal. Blütenköpfchen endständig, 5 bis 6 cm im Durchmesser, mit gelber Scheibe und weißen, rosafarbenen oder roten, trockenen Hüllblättern. Blütezeit von Juli bis August. Kultur in durchlässigen, mehr sauren Böden in vollsonniger Lage. Sehr gute Trockenblume und wichtige Schnittblume. Aussaat von März bis April im Haus, später auch direkt ins Freiland. Für 1000 Pflanzen sind je nach Sorte 1 bis 10 g Saatgut erforderlich. Sorten: 'Double White', weiß gefüllt, 30 cm; 'Goliath', karminrosa, 50 cm, großblumig. Ähnliche Arten: *H. humboldtiánum*, gelb, 30 cm; *H. manglésii*, rosa, 30 cm.

Lónas ánnua

Gelber Leberbalsam
Compósitae, Korbblütler

Aus Sizilien und Nordwestafrika stammt diese dankbare Einjahrespflanze. Sie wächst aufrecht, ist reich verzweigt und 30 bis 40 cm hoch. Blätter fiederteilig, schmal. Blütenköpfchen in dichten gelben Trugdolden, etwa 1 cm groß, besteht nur aus Röhrenblüten. Blütezeit von August bis Oktober. Kultur in durchlässigen, armen Böden in vollsonniger Lage. Sehr gute Schnittblume und Beetpflanze, ideal für Trockensträuße. Aussaat im März–April unter Glas. Für 1000 Pflanzen genügt 1 g Samen. Im Mai ins Freie pflanzen.

Lunária ánnua

Judas-Silberling
Crucíferae, Kreuzblütler

Man unterscheidet 3 *Lunária*-Arten in Mittel- und Südeuropa. Die zweijährige *L. ánnua* stammt aus Südosteuropa, sie wird schon seit vielen Jahrhunderten angebaut. Wuchs steif-aufrecht, verzweigte, rauhhaarige Triebe, 60 bis 100 cm hoch. Aus einer grundständigen Rosette mit herzförmigen, gezähnten Blättern entwickelt sich im folgenden Jahr der Blütenstand. Blüten duftend, purpurviolett oder weiß, in endständiger Traube, erscheinen von Mai bis Juni. Scheidewände der Schotenfrüchte pergamentartig, eiförmig, bis zu 5 cm lang. Verwendung in fruchtendem Zustand vor allem für dauerhafte Trockengestecke, blühend auch als Beetpflanze geeignet. Kultur in durchlässigen Gartenböden in Sonne und Halbschatten. Aussaat im April ins Freiland. Ähnliche Art: *L. redivíva*, Silberblatt, ist in schattigen Kalkbuchenwäldern Europas zu finden. Diese Staude hat breit-zugespitzte Schoten.

Bríza máxima

Riesenzittergras
Gramíneae, Süßgräser

Von den 30 *Bríza*-Arten in Europa, Asien und Amerika ist das in den Mittelmeerländern heimische Riesenzittergras besonders eindrucksvoll. Diese einjährige Art wird 30 bis 40 cm hoch und wächst aufrecht, doch die 2 bis 3 cm großen Blütenähren hängen über. Blätter linealisch. Blütenähren zapfenähnlich, erst grün, dann gelbbraun. Blütezeit von Juni bis Juli. In tiefgründigen, kalkhaltigen, aber durchlässigen Böden in voller Sonne gutes Gedeihen. Eignet sich gut für Trockensträuße, wenn es vor der Vollreife geschnitten und schattig aufgehängt wird. Aussaat März–April unter Glas, ab Mitte April auch direkt ins Freiland.

Hórdeum jubátum

Mähnengerste
Gramíneae, Süßgräser

Von den 25 *Hórdeum*-Arten hat nur die dekorative Mähnengerste aus Amerika den Weg in unsere Gärten gefunden. Sie entwickelt in einem Sommer 50 bis 70 cm hohe Horste und große, überhängende Blütenähren. Blätter weich, linealisch. Ähren lang begrannt, 5 bis 12 cm lang, erst grün, später gelb mit rötlichem Schimmer, erscheinen von Juni bis August. Bei frühzeitigem Schnitt gute Trockenblume. Kultur in armen, durchlässigen Böden in voller Sonne. Verwendung als schöne Einjahresblume für Beete, zusammen mit dem kalifornischen Goldmohn und ähnlichen Sommerblumen. Aussaat unter Glas ab Ende März, ab Mitte April auch direkt ins Freiland.

Lagúrus ovátus

Hasenschwanzgras, Sammetgras
Gramíneae, Süßgräser

Nur eine Art bekannt, die in Westeuropa, dem Mittelmeergebiet und Kleinasien anzutreffen ist. Das einjährige Gras wächst straff-aufrecht und wird 15 bis 60 cm hoch. Blätter schmal, weich behaart. Am Ende der Stengel erscheinen von Juni bis August die eiförmigen Blütenähren, die von seidenweichen, langen Haaren umgeben sind. Gutes Gedeihen in durchlässigen Gartenböden an sonnigen Standorten. Verwendung als hübsche Beetpflanze und als schöne Trockenblume. Aussaat im März unter Glas oder ab Mitte April direkt ins Freiland. Ab Mai können die Pflanzen an den endgültigen Platz gebracht werden.

Zéa máys var. japónica

Ziermais, Japanischer Mais
Gramíneae, Süßgräser

Der als wichtige Nutzpflanze bekannte Mais stammt aus Mittelamerika. Von den vielen Züchtungen ist die einjährige Form nur als Zierpflanze verwendbar. Wuchs aufrecht, bis zu 150 cm hoch. Blätter gewellt, breit, überhängend, zum Teil auch weiß oder rosa gestreift. Männliche Blütenstände am Triebende, darunter sitzen die weiblichen Blüten. Blütezeit von Juni bis Juli. Die Fruchtkolben mit ihren vielfarbigen Samenkörnern haben nur Zierwert, sie dürfen nicht verzehrt werden. Kultur in nährstoffreichen Böden in sonniger, warmer Lage. Verwendung als Einzelpflanze im Beet, die Fruchtstände für die Trockenbinderei. Aussaat in Töpfen im April unter Glas, ab Mai auch direkt ins Freie. Sorten: 'Amero-Hybriden', 200 cm; 'Symphonie', 150 cm hoch, beide mit bunten Samenkörnern.

Moluccélla lǣvis

Muschelblume
Labiátae, Lippenblütler

Von der Gattung *Moluccélla* sind nur 4 Arten aus dem Mittelmeergebiet bekannt. Eingeführt ist seit einigen Jahren die einjährige Muschelblume aus Westasien. *M. lǣvis* wächst aufrecht, die 60 bis 100 cm hohen Stengel sind verzweigt und beblättert. Blätter 2 bis 3 cm groß, rund, lang gestielt. Blüten weißrosa, erscheinen von Juli bis August. Sie sind weniger auffällig als die grünen, trichterförmigen, bis zu 3 cm großen Kelche, dicht an den langen Stengeln sitzen und für Trockensträuße begehrt sind. Kultur in nährstoffreichen Gartenböden in sonniger Lage. Zum Trocknen werden die Blätter entfernt, gelbe Farbe durch Schwefeln. Aussaat von Februar bis April unter Glas oder im Freiland ab April. Für 1000 Pflanzen benötigt man 15 g Samen. Sorte: 'Irlandglocke', 60 cm.

Limónium sinuátum

Meerlavendel, Strandflieder
Plumbagináceae, Bleiwurzgewächse

Man unterscheidet über 150 verschiedene *Limónium*-Arten in aller Welt. *L. sinuátum* stammt aus dem Mittelmeerraum. Wuchs aufrecht. Stengel geflügelt, rauh behaart, reich verzweigt, 50 bis 90 cm hoch. Grundständige Blattrosette mit 3 bis 15 cm langen, fiederspaltigen Blättern. Blütenstand doldentraubig, mit dichten, endständigen Ähren. Blüht von Juli bis September. Einzelblüten und papierartiger Kelch trichterförmig, oft zweifarbig. Blütenfarben weiß, gelb, rot oder violett. Wird als einjährige Pflanze behandelt, ist aber in milden Gebieten ausdauernd. Kultur in leichten, auch salzhaltigen Böden in sonniger Lage. Ideale Pflanze für Trockensträuße, aber auch für Beete. Auf verschiedene Pilzkrankheiten und Blattläuse achten. Aussaat im März–April unter Glas, ab Mitte Mai auch im Freiland. Sorten: 'Kampfs Verbesserte', dunkelblau, 90 cm hoch für Trockensträuße; 'Rosenschimmer', dunkelrosa, 60 bis 70 cm.

Nigélla damascéna

Schwarzkümmel, Jungfer im Grünen
Ranunculáceae, Hahnenfußgewächse

Die 20 bekannten *Nigélla*-Arten sind vorwiegend im Mittelmeergebiet zu finden. Alle sind typische Einjahresblumen. Die wichtigste Art, *N. damascéna*, heißt auch Braut in Haaren oder Gretel im Busch. Sie ist in Südfrankreich und Nordafrika beheimatet. Wuchs aufrecht, stark verzweigt, bis zu 50 cm hoch. Blätter mehrfach fiederteilig, erscheinen dadurch haarfein. Blüten am Triebende, 4 cm groß, himmelblau, auch Sorten mit weißen und rosafarbenen Blüten im Handel. Blütezeit von Juni bis September. Die eiförmigen, bis zu 5 cm großen, aufgeblasenen Früchte sind dekorativ gehörnt und von den feinen Blättern umgeben. Sie enthalten schwarze Samenkörner. Kultur in durchlässigen Gartenböden in vorwiegend sonniger Lage. Schöne Beetpflanze, Früchte für Trockenbinderei. Aussaat von März bis April im Freiland in mehreren Sätzen. Sorte: 'Miss Jekyll', himmelblau.

Crínum × powéllii

Hakenlilie
Amaryllidáceae, Amaryllisgewächse

Die Gattung *Crínum* ist mit über 100 Arten in den Tropen vertreten. Die Eltern der Hakenlilie stammen aus Südafrika. *(C. bulbispérmum × C. móorei).* Aus großen, länglichen Zwiebeln entwickeln sich im Sommer meterlange, riemenförmige und überhängende Blätter. Blütenschäfte aufrecht, bis 1 m hoch. Von Juli bis September erscheinen am Triebende die bis 15 cm großen, trichterförmigen Blüten. Bei guter Entwicklung bildet jeder Stengel 5 bis 15 rosafarbene Blüten. Kultur in durchlässigen, nährstoffreichen Gartenböden oder Blumenkübeln in voller Sonne. Während der Vegetation öfters gießen und düngen. Schutz vor Schnecken! Kübel im Herbst frostfrei und hell stellen. Bei Freilandkultur Horste mit Laub und Reisig schützen. Vermehrung durch Abtrennen der Brutzwiebeln im Frühling. Sorte: 'Alba', weiß.

Cánna-Índica-Hybriden

Blumenrohr
Cannáceae, Blumenrohrgewächse

Im tropischen und subtropischen Amerika sind 60 *Cánna*-Arten verbreitet. Vorkommen an feuchten, sumpfigen Stellen. Die bei uns verbreiteten Hybriden sind aus mehreren Arten entstanden. Krautige Pflanzen mit kriechendem, meist knolligem Wurzelstock. Aufrechte Stengel bis zu 150 cm hoch. Blätter bananenähnlich, lang, bis zu 15 cm breit, fiedernervig, grün oder rot gefärbt. Blüten 10 bis 12 cm groß, gelb, rosa, orange, rot oder zweifarbig, erscheinen am Triebende von Juli bis September. Kultur in nährstoffreichen, tiefgründigen Böden in voller Sonne. Ab März Rhizome eintopfen und antreiben, ab Mitte Mai ins Freie setzen, auch als Kübelpflanze. Hoher Wasser- und Nährstoffbedarf im Sommer. Ab Oktober frostfrei überwintern. Blattläuse und Spinnmilben bekämpfen. Vermehrung durch Teilung im Frühling. Grünlaubige Sorten: 'Felix Ragout', gelb, 120 cm; 'Feuerzwerg', scharlachrot, 60 cm. Rotes Laub: 'Mauritius', rot. (130 cm.)

Dáhlia-Hybriden

Dahlie, Georgine
Compósitae, Korbblütler

Dahlien sind mit 15 Arten in Mexiko verbreitet. Die Hybriden werden in viele Klassen und Sorten eingeteilt. Aus knolligem Wurzelstock wachsen meist aufrechte, krautige, nicht winterharte Triebe von 30 cm bis zu 200 cm Höhe. Blätter gegenständig, meist dreiteilig. Blüten in allen Farben und Formen von 3 bis 20 cm Durchmesser erscheinen von Juli bis Oktober. Kultur in nährstoffreichen, durchlässigen Böden in voller Sonne. Pflanzung ab Mai ins Freie. Im Sommer wässern und düngen. Nach dem ersten Frost Triebe abschneiden, Knollen ausgraben und frostfrei überwintern. Gute Beet- und Schnittblumen. Blattläuse, Schnecken und Raupen bekämpfen. Vermehrung durch Stecklinge und Teilung der Knollen im Frühling. Klassen und Sorten: Anemonenblütigen, Ball-Dahlien, Duplex-Dahlie 'Bishop of Llandaff', dunkelrot, dunkles Laub; Kaktus-, Mignon-, Pompon-, Schmuckdahlien (Bild 'Figaro').

Acidanthéra bícolor var. murÍelae

Abessinische Sterngladiole
Iridáceae, Schwertliliengewächse

Etwa 25 *Acidanthéra*-Arten in Afrika bekannt. In Kultur ist die Sterngladiole aus Äthiopien, dem früheren Abessinien. Aufrechte, krautige Stengel bis zu 100 cm hoch, entwickeln sich aus flacher, 3 bis 5 cm großer Knolle. Blätter schwertförmig, 40 bis 50 cm lang. Blüten sternförmig, weiß mit rotem Fleck, 5 cm groß, duftend, erblühen nacheinander in lockerer Ähre. Blütezeit Juli bis August. Kultur in lockerem, durchlässigem Boden in voller Sonne. Pflanzung im April 6 bis 8 cm tief, im Herbst abschneiden und Knollen ausgraben, in trockenem Torf frostfrei überwintern. Verwendung als Schnittblume und Beetpflanze, auch zwischen Stauden. Vermehrung durch Brutknöllchen.

Crocósmia masoniórum

Montbretie
Iridáceae, Schwertliliengewächse

Man unterscheidet 5 *Crocósmia*-Arten aus Südafrika. *C. masoniórum* stammt aus Natal und wird 70 bis 80 cm hoch. Aus kleinen braunen Knollen entwickeln sich krautige Stengel. Wuchs aufrecht bis überhängend. Blätter schwertförmig, schmal, gerippt. Bis zu 20 einzelne, trichterförmige Blüten in ährigem Blütenstand erscheinen von Juli bis August, 4 bis 5 cm groß, gelborange. Kultur in lockerem Gartenboden in voller Sonne. Pflanzung im April, während des Sommers gut wässern und düngen. Im Herbst ausgraben und frostfrei überwintern oder im Freien unter Laubschicht schützen. Verwendung als Schnittblume und Beetpflanze. Vermehrung durch Brutknöllchen. Ähnlich: *C.* × *crocosmiiflóra*, Sorten: 'Aurora', orange; 'Red King', scharlachrot, kleinblumig.

Tigrídia pavónia

Tigerblume
Iridáceae, Schwertliliengewächse

Man unterscheidet 23 *Tigrídia*-Arten in Mexiko und Guatemala. Aus einer länglichen Zwiebel entwickeln sich grundständige, schwertförmige Blätter. Am Ende der 30 bis 60 cm langen Triebe erscheinen von Juli bis September die auffälligen, bis zu 15 cm großen Blüten. Diese erscheinen einzeln und sind nur einen Tag geöffnet, doch erscheinen immer wieder neue Knospen. Die schalenförmigen, dreiteiligen Blüten sind weiß, gelb, rot oder mehrfarbig, im Inneren meist tigerartig gefleckt. Kultur in durchlässigem Gartenboden in warmer, sonniger Lage. Pflanzung ab April, im Laufe des Sommers wenig Pflege erforderlich. Im Herbst Zwiebeln ausgraben und frostfrei überwintern. Verwendung auf Beeten zwischen niederen Sommerblumen. Auf Älchen achten. Vermehrung durch Samen oder Brutknöllchen. Im Handel sind meistens Farbmischungen.

Sprekélia formosíssima
Jakobslilie
Liliáceae, Liliengewächse

Es ist nur diese Art bekannt, die aus Mexiko und Guatemala stammt. Aus einer 5 cm großen Zwiebel entwickeln sich bis zu 40 cm lange, riemenförmige Blätter. Der Blütenschaft ist 30 bis 50 cm hoch und trägt eine bis mehrere 12 cm große, dunkelrote Blüten im April und Mai. Diese sind ungewöhnlich kreuzartig geformt. Kultur in gut dränierten Plätzen vor einer warmen, sonnigen Wand oder ganzjährig im Topf. Erde nährstoffreich, durchlässig. Nach der Blütezeit bis Mitte August gießen und alle 2 Wochen düngen. Vor dem ersten Frost ins Zimmer bringen. Nur gut entwickelte Pflanzen blühen wieder im nächsten Jahr. Vermehrung durch Aussaat und Tochterzwiebeln.

Óxalis déppei
Glücksklee
Oxalidáceae, Sauerkleegewächse

Weltweit sind über 800 *Óxalis*-Arten bekannt, zumeist in Afrika, Mittel- und Südamerika verbreitet. Viele davon sind in wärmeren Gebieten zum Unkraut geworden, man denke nur an das gelbe *O. pes-cáprae* in den Mittelmeerländern. Der Glücksklee stammt aus Mexiko. Aus kleinen, kugeligen Knollen, die eßbar sind, entwickeln sich bis zu 25 cm lange Stiele. Blätter grün, vierzählig, mit brauner Mitte, falten sich abends zusammen. Sie gelten als Glücksbringer und werden in Töpfen kultiviert und zu Neujahr angeboten. Blüten dunkelrosa, erscheinen von August bis Oktober am Ende der Stiele. Kultur in kalkarmen, sandigen Böden in warmen Lagen. Ab Herbst frostfrei überwintern. Vermehrung durch Brutknöllchen.

3 Stauden

Unter Stauden versteht man krautige, winterharte Pflanzen. Viele überwintern oberirdisch, andere besitzen unterirdische Speicherorgane wie Rhizome (Erdsprosse), Zwiebeln oder Knollen. Die Artenfülle macht eine Einteilung in verschiedene Lebensbereiche notwendig.

Beetstauden sind besonders anspruchsvoll an den Standort. Sie benötigen offene Böden in meist sonniger Lage und einen hohen Pflegeaufwand. Sie blühen meist im Sommer und fallen durch prächtige Blüten auf, die sich zum Vasenschnitt eignen. Durch Züchtungsarbeit sind viele Sorten entstanden.

Wildstauden gibt es dagegen für alle möglichen Pflanzplätze. Sie sind züchterisch wenig bearbeitet und am geeigneten Standort anspruchslos. Manche niederen Arten können sich stark ausbreiten.

Wildstauden für Sonnenlagen haben verschiedene Einrichtungen zum Verdunstungsschutz entwickelt. Dazu zählen Dornen, Stacheln, Behaarung, Reduzierung und Blaufärbung der Blätter.

Schattenstauden fallen dagegen meist durch große, dunkelgrüne Blätter auf. Unter Gehölzen oder im Schatten von Gebäuden können sie noch gut wachsen und blühen.

Farne gedeihen in humosen Böden des Gartens am besten in Schattenlagen. Sie besitzen keine Blüten, sind aber durch ihre Gestalt außerordentlich reizvoll.

Gräser sind vielfältig verwendbar. Die meisten Arten bevorzugen sonnige und warme Standorte. Ihre Blüten- und Fruchtstände sind herrlich, im Garten und auch in der Vase. Viele eignen sich als Trockenblumen.

Sumpf- und Wasserpflanzen benötigen einen besonderen Standort. Sie gedeihen an Stellen, die für viele andere Gewächse ungeeignet sind. Ein Feuchtbiotop im Garten kann viel Freude bereiten. Man sollte es an einem sonnigen Platz anlegen. Bald stellen sich auch Tiere ein, die sich hier wohl fühlen. Viele Pflanzen dieser Gruppe begeistern durch ihre schönen Blüten.

Zwiebel- und Knollengewächse haben unterirdische Speicherorgane, mit denen sie ungünstige Jahreszeiten überdauern können. Die Blüten erscheinen je nach Art im Frühling oder Herbst vor den Blättern. Viele Arten sind als Schnittblumen unentbehrlich, andere gehören auf Rabatten und Beete, die zierlichen Arten in den Steingarten.

Achilléa filipendulína

Hohe Schafgarbe
Compósitae, Korbblütler

Es sind etwa 100 *Achilléa*-Arten in Europa und Asien bekannt. Die kräftige Horste bildende *A. filipendulína* stammt aus dem Kaukasus und kommt noch bis Kleinasien vor. Die steifen, aufrechten Blütenstiele erreichen 1,20 m Höhe. Blätter graugrün, gefiedert, bis 15 cm lang, stark behaart, aromatisch duftend. Blütenköpfchen zahlreich goldgelb, in flachen Scheindolden am Triebende zusammengefaßt, blühen von Juni bis September. Wächst in nährstoffreichen, humosen, auch trockenen Böden in voller Sonne. Verwendung für Rabatten und vor allem zum Vasenschnitt. Bei Rückschnitt Nachblüte im Herbst. Keine Krankheiten und Schädlinge. Vermehrung durch Teilung. Sorten: 'Coronation Gold', Hybride mit *A. clypeoláta*, goldgelb, graulaubig, 0,70 m (Bild); 'Parker', goldgelb, 1,20 m; beide zum Schnitt.

Áster nóvae-ángliae

Rauhblattaster
Compósitae, Korbblütler

Die Gattung *Áster* umfaßt etwa 500 bis 600 Arten, heimisch in Europa, Asien und Amerika. Die Eltern unserer Gartensorten stammen aus dem östlichen und südlichen Nordamerika, wo sie meist an offenen Stellen und feuchten Niederungen anzutreffen sind. Die Sorten blühen reicher und wachsen kompakter. Wuchs horstig, mit kurzen Ausläufern und steifen, bis zu 1,80 m hohen, beblätterten Stielen. Blätter rauh behaart, lanzettlich, bis zu 5 cm lang. Blütenköpfe 2,5 bis 4 cm groß, Scheibenblüten gelb, Zungenblüten weiß, rot, rosa oder blau, die sich abends einrollen. Blütezeit September bis Oktober. Wächst gut auf tiefgründigen, frischen, nährstoffreichen Böden in voller Sonne. Verwendung als Leitstaude in Rabatten, weniger zum Schnitt. Wenig krankheitsanfällig. Vermehrung durch Teilung. Sorten: 'Alma Pötschke', 1 m, lachsrosa; 'Herbstschnee', weiß; 'Rubinschatz', 1,3 m, rot; 'Rudelsburg', 1,2 m, lachsrosa (Bild).

Áster nóvi-bélgii

Glattblattaster
Compósitae, Korbblütler

A. nóvi-bélgii kommt im östlichen Nordamerika an feuchten, küstennahen Plätzen vor. Die Gartensorten sind gedrungener im Wuchs und blühen reicher in vielen Farben. Wuchs durch kurze Ausläufer breit, bis zu 1,40 m hoch. Triebe rund, kahl, beblättert. Blätter dunkelgrün, glatt, lineal-lanzettlich. Blütenköpfchen in lockeren Doldenrispen erblühen am Triebende von September bis Oktober. Scheibenblüten gelb, Zungenblüten in Blau, Rosa, Rot oder Weiß, 2 bis 3 cm groß. Wächst in genügend feuchten, kräftigen Gartenböden in Sonne und Halbschatten. In trockenen Sommern öfters wässern und düngen. Verwendung für Rabatten, einzeln oder in Gruppen. Auf Mehltau und Älchen achten. Pflanzen im Frühling teilen. Sorten: 'Crimson Brocade', 1 m, rot; 'Dauerblau', 1,4 m, dunkelblau (Bild); 'Fellowship', 1 m, rosa; 'Weißes Wunder', 1,20 m, weiß.

Chrysánthemum coccíneum

Bunte Margerite, Pyrethrum
Compósitae, Korbblütler

Man unterscheidet rund 200 Margeriten-Arten auf der nördlichen Halbkugel. *C. coccíneum* stammt von den Bergwiesen des Kaukasus, Armeniens und des Iran. Horstbildende Wurzelstöcke, zur Blütezeit bis zu 60 cm hohe, wenig beblätterte Stiele bildend. Blätter dunkelgrün, doppelt fiederschnittig, aromatisch duftend. Blütenköpfe groß, bis 8 cm, an unverzweigten Stielen, erscheinen von Mai bis Juni. Einfache Sorten mit gelben Scheibenblüten, Zungenblüten rosa oder rot. Wächst besonders gut in lehmig-humosen, leicht sauren Böden in sonniger Lage. Sehr gute Schnitt- und Rabattenstaude. Auf Schnecken, Kaninchen und Älchen achten. Vermehrung durch Teilung nach der Blüte, vorher starker Rückschnitt. Sorten: 'Alfred', 0,6 m rot gefüllt; 'Eileen May Robinson', 0,7 m, rosa; 'James Kelway', 0,6 m, samtrot; 'Montblanc', 0,5 m, weiß gefüllt; 'Regent', 0,8 m, rot (Bild 'Hamlet').

Chrysánthemum-Máximum-Hybr.

Sommermargerite
Compósitae, Korbblütler

Die Art stammt aus den Pyrenäen. Gartensorten sind weitaus großblumiger und standfester. Wuchs horstartig, mit bis zu 80 cm langen, wenig verzweigten und beblätterten Stengeln. Blätter dunkelgrün, lanzettlich, bis über 12 cm lang, am Rand gezähnt. Blütenköpfe weiß, bis zu 16 cm im Durchmesser, mit gelben Scheibenblüten, erscheinen von Juni bis September. Je nach Sorte auch mit halb- oder ganz gefüllten Blüten. Wächst in nährstoffreichen, tiefgründigen Böden in voller Sonne, verträgt keine Staunässe. Gute Schnitt- und Rabattenstaude. Rückschnitt nach der Blüte vor der Samenbildung. Auf Blattläuse und Grauschimmel achten. Vermehrung durch Teilung und Stecklinge. Sorten: 'Christine Hagemann', 0,8 m, weiß, halb gefüllt; 'Harry Pötschke', 1 m, weiß; 'Wirral Supreme', 0,8 m, weiß, gefüllt (Bild).

Coreópsis grandiflóra

Großblütiges Mädchenauge
Compósitae, Korbblütler

Unter den 120 *Coreópsis*-Arten sind einjährige und ausdauernde Vertreter in Amerika und Afrika zu finden. Aus dem mittleren und südlichen Nordamerika stammt das Großblütige Mädchenauge, das aus dichten Horsten 60 bis 80 cm hohe Blütenstiele hervorbringt. Blätter frischgrün, lanzettlich, fiederschnittig, bis 15 cm lang. Blütenköpfchen bilden sich einzeln an den Enden der glatten, dünnen Stiele von Juni bis September. Sie sind goldgelb, bis zu 10 cm groß, halten geschnitten bis zu 2 Wochen. Wächst besonders gut in humosen, nährstoffreichen Böden in voller Sonne. Wichtige Schnittblume, aber auch begehrte, reich und lange blühende Beetstaude. Auf Mehltau und Läuse achten. Scharfer Rückschnitt im Herbst und Teilung alle 2 bis 3 Jahre beugen der Auswinterung vor. Auch Samenvermehrung möglich. Goldgelbe Schnittsorten: 'Badengold', 0,8 m; 'Early Sunrise', 0,6 m, halbgefüllt (Bild); 'Tetragold', 0,8 m.

Erígeron-Hybriden

Berufkraut, Feinstrahl
Compósitae, Korbblütler

Man kennt etwa 200 *Erígeron*-Arten, die meist aus Amerika stammen. Bei den heutigen Sorten ist die Abstammung kaum noch festzustellen. Es sind buschig wachsende Stauden mit 70 cm langen, verzweigten und beblätterten Blütenstielen. Blätter lanzettlich, kahl. Blütenköpfchen in lockeren Büscheln von Juni bis Juli, bei Rückschnitt auch noch im September. Scheibenblüten gelb, feinstrahlige Zungenblüten weiß, rosa, blau oder rot bis zu 4 cm groß. Wächst in nährstoffreichen, lehmig-humosen Gartenböden in voller Sonne. Wichtig für Beete, Rabatten und Schnitt. Auf Mehltau achten. Vermehrung durch Teilung. Sorten: 'Adria', 0,7 m, violett; 'Dunkelste Aller', 0,6 m, dunkelviolett; 'Foersters Liebling', 0,5 m, karminrosa (Bild); 'Sommerneuschnee', 0,6 m, weiß.

Helénium-Hybriden

Sonnenbraut
Compósitae, Korbblütler

Die rund 40 Sonnenbraut-Arten sind überwiegend in Nordamerika anzutreffen. Aus dem in feuchten Wiesen vorkommenden *H. autumnále* sind die heutigen Sorten entstanden. Horstartig wachsende, bis 1,5 m hohe, aufrechte Blütentriebe. Stengel erst im oberen Teil verzweigt. Blätter lanzettlich, ganzrandig bis schwach gezähnt, am Stengel herablaufend. Blütenköpfchen in Doldentrauben von Juli bis September, je nach Sorte in gelben, braunen oder roten Farbtönen, 3 bis 4 cm im Durchmesser. Benötigt nährstoffreiche, humose und frische Böden in sonnigen Lagen. Gute Schnitt- und Rabattenstaude. Ab Frühsommer kräftig wässern und düngen. Auf Mehltau und Rost achten. Vermehrung durch Teilung im Frühling. Sorten: 'Baudirektor Linné', rot mit brauner Mitte, 1,2 m, spät; 'Kupfersprudel', kupferbraun, 1,1 m, mittelfrüh (Bild); 'Moerheim Beauty', kupferrot, 0,8 m, früh; 'Waltraud', goldbraun, 0,9 m, früh.

Heliópsis helianthoídes var. scábra

Sonnenauge; *Compósitae,* Korbblütler

Man unterscheidet 12 Arten der Gattung *Heliópsis* aus den Prärien Nordamerikas. Sie können Trockenheit vertragen. Horstartiger, aufrechter Wuchs bis zu einer Höhe von 1,3 m. Triebe stark verzweigt. Blätter gegenständig, eiförmig-zugespitzt, rauhhaarig, bis 15 cm, gesägt. Blütenköpfe einfach oder gefüllt, bis zu 10 cm groß, goldgelb. Blütezeit von Juli bis September. Besonders lang haltbare Schnittblume. Wächst in nährstoffreichen, auch trockeneren Gartenböden in voller Sonne. Im Vorsommer düngen und bei Trockenheit wässern. Rückschnitt nach der Blüte. Frei von Krankheiten und Schädlingen. Vermehrung durch Teilung. Sorten: 'Jupiter', 1,7 m, orangegelb; 'Karat', 1,3 m, goldgelb; 'Sirius', 1,2 m, goldgelb (Bild); 'Sonnenschild', 1,2 m, goldgelb, gefüllt; 'Spitzentänzerin', 1,3 m, gelb, halb gefüllt.

Rudbéckia fúlgida var. sullivántii 'Goldsturm'

Sonnenhut; *Compósitae,* Korbblütler

Man kennt 30 *Rudbéckia*-Arten aus Nordamerika. Aus den Prärien der USA stammt diese Art. Die Sorte 'Goldsturm' ist eine besonders wichtige, langblühende Rabattenstaude. Horstartiger, lockerer Wuchs mit bis zu 70 cm hohen Blütenstielen im Sommer. Triebe breit-verzweigt, behaart und schwach beblättert. Grundblätter dunkelgrün, bis 20 cm lang, herzförmig-zugespitzt, Stengelblätter schmaler. Blütenstände bis zu 12 cm groß, mit schwarzbraunen Köpfchen und goldgelben Zungenblüten, von August bis Oktober blühend. Kegelförmige Köpfchen nach der Blüte für Trockengestecke geeignet. Wächst in nährstoffreichen und frischen Böden in voller Sonne. Hervorragende, robuste Staude für Beete und Rabatten, auch für größere Flächen. Vermehrung durch Teilung. Ähnlich, aber als Schnittblume haltbarer ist *R. f.* var. *speciósa* mit schmalerem Laub.

Rudbéckia nítida

Sonnenhut, Fallschirm-Rudbeckie
Compósitae, Korbblütler

Aus dem mittleren Nordamerika stammt diese Staude, die dort bis zu 1 m hoch werden kann und an feuchten Stellen vorkommt. In Kultur ist meist die bis zu 2 m hohe Sorte 'Herbstsonne' (Bild). Wuchs straff-aufrecht, lockerbuschig, mit grünen, beblätterten Stengeln. Blätter hellgrün, glänzend, nicht geschlitzt, sondern breit-lanzettlich, ganzrandig, gezähnt. Am Ende der verzweigten Triebe erscheinen von August bis September die einfachblühenden gelben, bis 12 cm großen Blütenköpfchen. Zungenblätter hängend. Gedeiht in nährstoffreichen, frischen Gartenböden in voller Sonne. Gut zur Einzelstellung in Rabatten, Blütenköpfchen auch zum Schnitt. Während des Sommers öfters wässern und düngen. Auf Schnecken und Blattläuse achten. Vermehrung durch Teilung. Ähnlich: *R. laciniáta* mit geschlitzten Blättern und meist gefüllten Blütenköpfchen.

Solidágo-Hybriden

Goldrute
Compósitae, Korbblütler

Von den meist in Nordamerika vorkommenden 130 *Solidágo*-Arten sind einige bei uns auf Brachflächen verwildert, so *S. canadénsis* und *S. gigantéa*. Die Gartenhybriden sind wesentlich wertvoller als diese Wucherer. Sie wachsen horstartig und bilden aufrechte, dichte Büsche bis zu 80 cm Höhe. Triebe dicht besetzt mit wechselständig angeordneten, dunkelgrünen und lanzettlichen Blättern. Blütenköpfchen klein, gelb, in reichblühenden, traubigen Rispen am Triebende von Juli bis September. Wächst gut in nährstoffreichen, frischen Gartenböden in voller Sonne. Gute Bienenweide und Schnittstaude, ebenfalls guter Partner zu anderen Beetstauden. Rückschnitt nach der ersten Blüte fördert die Bildung von weiteren Blüten im Herbst. Auf Mehltau achten. Vermehrung durch Teilung. Sorten: 'Goldenmosa', 0,6 m; 'Strahlenkrone', 0,6 m.

Scabiósa caucásica

Skabiose

Dipsacáceae, Kardengewächse

Die meisten der 80 *Scabiósa*-Arten stammen aus dem Mittelmeergebiet. Die wichtige Schnittblume *S. caucásica* kommt im Kaukasus vor. Lockerer, horstartiger Wuchs mit bis zu 80 cm hohen, wenig verzweigten Blütenstielen. Blätter graugrün, gegenständig, breit-lanzettlich oder fiederspaltig. Blütenköpfchen bis zu 5 cm groß, erscheinen in großer Zahl am Ende der Stiele von Juli bis September. Hüllblätter schalenförmig, Köpfchen flach, und je nach Sorte mit hell-, dunkel-, violettblauen oder weißen Randblüten. Guter Wuchs in nährstoffreichen, kalkhaltigen Gartenböden in voller Sonne. Gegen Staunässe empfindlich. Gute Rabatten- und Schnittstaude. Rückschnitt nach der Blüte wichtig. Auf Echten Mehltau und Spinnmilben achten. Vermehrung durch Teilung im Frühling oder Stecklinge im Sommer. Sorten: 'Blauer Atlas', violettblau, 0,7 m; 'Clive Greaves', hellblau, 0,8 m; 'Miss Willmott', weiß, 0,8 m (Bild 'Nachtfalter').

Iris germánica Barbata-Elatior

Hohe Bart-Schwertlilie

Iridáceae, Schwertliliengewächse

In den nördlichen gemäßigten Zonen kommen etwa 250 *Iris*-Arten vor. Vorfahren der Bartiris stammen aus dem Mittelmeergebiet und Südwestasien. Kriechende Rhizome mit schwertförmigen Blättern, Blütenstiele bis 0,8 m hoch. Triebe kaum verzweigt. Blätter blaugrün, schmal und spitz, bis 50 cm lang. Blüten im Juni zu mehreren in scheidigen Hüllblättern, end- und achselständig. Blütenblätter in 2 Kreisen, je 3 Dom- und Hängeblätter, letztere mit Bart, Blütengröße 10 bis 15 cm. Großblumige Hybriden in vielen Farbkombinationen, wesentlich empfindlicher als die Arten. Guter Wuchs in lockeren, kräftigen Böden in sonniger Lage. Gute Schnitt- und Rabattenstaude. Rhizome sollen sichtbar sein. Verträgt keine Winternässe. Auf Naßfäule achten, Wunden mit Kohlepulver desinfizieren, Mist- und Stickstoff-Überdüngung vermeiden. Vermehrung durch Teilung und Samen. Jährlich neue Sorten, siehe Spezialkataloge.

Iris sibírica

Sibirische Wieseniris
Iridáceae, Schwertliliengewächse

Aus Mittel- und Osteuropa, Sibirien und dem Kaukasus stammt diese schöne Art. Wuchs horstig, straff-aufrechte Blütenstiele bis 1 m hoch, hohl und wenig verzweigt. Blätter dunkelgrün, grasartig, schmal und lang, aufrecht bis gebogen. Zierliche blaue Blüten end- und achselständig in trockenen Hüllblättern, 6 bis 8 cm groß, im Juni erscheinend. Hängeblätter breit, blauviolett mit dunkler Aderung, dunkelblaue Domblätter schmal und aufrecht. Braune, schmale Fruchtkapseln 3 bis 5 cm lang, zur Trockenbinderei geeignet. Wächst auf frischen bis feuchten, tiefgründigen und nährstoffreichen Böden in voller Sonne. Geeignet für Rabatte und den Rand von Gewässern. Anspruchslos auf feuchteren Plätzen. Auf Blattläuse achten. Vermehrung durch Teilung. Sorten: 'Caesars Brother', nachtblau; 'Cambridge', hellblau und großblumig; 'Schwan', weiß (Bild 'D. K. Williamson').

Monárda-Hybriden

Indianernessel
Labiátae, Lippenblütler

Aus Nordamerika sind 12 *Monárda*-Arten bekannt. Die Hybriden sind meist aus der feuchtigkeitsliebenden *M. dídyma* und der trockenheitsverträglichen *M. fistulósa* entstanden. Durch Ausläufer flache Polster mit den Blütenstielen bis zu 1 m hohe, aufrechte Büsche bildend. Stengel vierkantig, behaart. Blätter gegenständig, eiförmig-zugespitzt, mit gezähntem Rand. Blüten in endständigen, in 2 bis 3 Etagen übereinander stehenden Quirlen von Juli bis September. Einzelblüte 2 bis 3 cm groß, typische Lippenblüte, je nach Sorte in den Farben Rot, Rosa, Lila oder Weiß. Viele borstige Kelchblätter bilden einen kugeligen Fruchtstand, abgeblühte Stengel daher für Trockenbinderei geeignet. Wächst auf guten Gartenböden in voller Sonne. Verwendung als Rabatten- und Schnittstaude. Vermehrung durch Teilung. Sorten: 'Adam', karminrot; 'Donnerwolke', weinrot; 'Morgenröte', lachsrot; 'Präriebrand', karminrot.

Physostégia virginiána

Gelenkblume

Labiátae, Lippenblütler

Aus Nordamerika sind 5 Arten der Gattung *(Physostégia)* bekannt. Die wichtigste Art, *P. virginiána*, kommt in den mittleren USA an feuchten Plätzen vor. Aus einem kriechenden Wurzelstock entwickeln sich vierkantige, steif-aufrechte und verzweigte Stengel bis zu 1 m Höhe. Blätter hellgrün, quirlständig, lanzettlich-zugespitzt, scharf gesägt. Die Blütenrispen erscheinen an den Triebenden von Juli bis September in großer Zahl, jeweils aus 4 Blütenreihen bestehend. Einzelne Blüten 2 cm groß, rosa oder weiß, sind nach allen Richtungen drehbar. Wächst in kräftigen, humosen und frischen Gartenböden in Sonne und Halbschatten. Wichtige Schnitt- und Rabattenstaude. Bei Nachlassen der Blüte ist Teilung erforderlich. Vermehrung auch durch Rhizome. Sorten: 'Bouquet Rose', violettrot, 0,8 m (Bild); 'Summer Snow', weiß, 0,9 m; 'Vivid', weinrot, 0,6 m.

Lupínus-Polyphýllus-Hybriden

Staudenlupine

Leguminósae, Hülsenfrüchtler

Die meisten der rund 200 Lupinen-Arten stammen aus dem westlichen Nordamerika. Unsere heutigen farbigen Staudenlupinen sind aus mehreren Arten gezüchtet worden. Aus verzweigten, fleischigen Wurzeln (Knöllchenbakterien als Stickstoffsammler) entwickeln sich aufrechte Blütentriebe bis über 1 m Höhe. Triebe dick, hohl, verzweigt und beblättert. Blätter dunkelgrün, im Umriß rund, handförmig geteilt, lang gestielt. Einzelblättchen ganzrandig, lanzettlich, behaart. Blütentrauben bis zu 50 cm lang, end- oder achselständig von Juni bis August. Einzelblüte über 2 cm groß. Grüne bis braune Hülsenfrüchte 4 bis 6 cm lang, enthalten 3 mm große Samen. Wächst in nährstoffreichen, humosen Gartenböden in voller Sonne. Gut für Rabatten und zum Schnitt, Rückschnitt nach der Blüte fördert Nachblüte. Auf Mehltau, Raupen und Blattläuse achten. Vermehrung durch Samen und Stecklinge.

Hemerocállis-Hybriden

Taglilie
Liliáceae, Liliengewächse

Die 15 Taglilien-Arten stammen aus Ostasien. Daraus entstanden Züchtungen in vielen Farben und Formen. Besonders aus den USA kommen zahlreiche Sorten. Europäische Züchtungen sind härter. Aus fleischigem Wurzelstock entwickeln sich mächtige Büsche mit linealischen Blättern und 1 m langen Blütenstielen. Stengel straff-aufrecht, im oberen Bereich verzweigt. Blätter gekielt, über 50 cm lang und überhängend. Blüten kurzlebig, meist einzeln am Stielende. Von Juni bis September erscheinen laufend neue, lilienartige, trichter-, trompeten- oder schalenförmige, kleine oder große Blüten. Guter Wuchs in frischen bis feuchten, lehmig-humosen Böden in voller Sonne. Für Beete und Schnitt. Vermehrung durch Teilung. Kleinblumige Sorten wie 'Corky', gelb, oder 'Brunette', braunrot, blühen früh ab Mai, großblumige ab Juli: 'Atlas', gelb; 'Frans Hals', gelb mit braunrotem Schlund; 'War Eagle', blutrot (Bild 'Crimson Glory').

Kniphófia-Hybriden

Fackellilie
Liliáceae, Liliengewächse

Man unterscheidet 70 Arten der Gattung *Kniphófia* aus dem tropischen und südlichen Afrika und aus Madagaskar. Meist sind in den Gärten Hybriden angepflanzt. Breitwachsende, nicht ganz winterharte Büsche mit dunkelgrünen Blättern und bis zu 1 m hohen Blütenstielen. Blätter schmal, wintergrün, gekielt, bis zu 50 cm lang. Ein runder, blattloser Schaft endet in 15 bis 30 cm langen Ähren mit gelben und roten Blüten von Juli bis September. Einzelblüte röhrig, 2 bis 4 cm lang. Benötigt nährstoffreiche, lehmig-humose, frische Böden in warmer und geschützter Lage. Winterschutz durch Laub und Reisig. Prächtige Schnitt- und Rabattenstaude. Auf Schnecken achten. Vermehrung durch Teilung. Sorten: 'Canary', goldgelb; 'Express', orange; 'Prince Igor', orange (Bild); 'Royal Standard', gelb mit orangerot, beste Schnittsorte.

Paeónia-Lactiflóra-Hybriden

Edelpäonie, Chinesische Pfingstrose
Paeoniáceae, Pfingstrosengewächse

Man unterscheidet 33 Pfingstrosen-Arten aus Europa und Asien. Das heutige Sortiment umfaßt über 3000 Sorten. Wuchs breitbuschig, mit straff-aufrechten Trieben. Braune Wurzelknollen spindelförmig. Stengel wechselständig beblättert, bis zu 1 m hoch. Blätter groß, dunkelgrün, glänzend, doppelt dreizählig, mit glattem Blattrand. Rotes Herbstlaub. Blüten am Triebende meist einzeln im Juni, bis zu 20 cm im Durchmesser. Je nach Sorte einfach mit vielen gelben Staubgefäßen, halbgefüllt oder gefüllt blühend. Farben von weiß über rosa und rot in allen Schattierungen. Balgfrüchte mit schwarzen Samen. Wächst gut in kräftigen, lehmig-humosen Böden in voller Sonne. Verwendung zum Schnitt und in der Rabatte. Auf Grauschimmel achten. Vermehrung durch Teilung im Herbst. Sorten: 'Festiva Maxima', weiß, gefüllt; 'Sarah Bernhard', rosa, gefüllt, beste Schnittsorte (Bild 'Bowl of Beauty').

Paeónia officinális ssp. officinális

Bauernpfingstrose
Paeoniáceae, Pfingstrosengewächse

Die Art kommt in Europa von Südfrankreich über die Schweiz bis nach Ungarn und Albanien vor. Der breite Busch entwickelt sich aus knolligem Wurzelstock und wird bis zu 60 cm hoch. Blätter mattgrün, doppelt dreizählig, unterseits weichhaarig. Einfache Blüten am Triebende, rosa bis rot, mit gelben Staubblättern und 2 bis 3 Fruchtblättern. Blütezeit im Mai und Juni. Balgfrucht mit schwarzen, giftigen Samen. Gedeiht auf kräftigen, durchlässigen Böden in voller Sonne. Wichtige Beetstaude, zum Schnitt besonders die gefüllten Sorten geeignet. Auf Grauschimmel achten. Vermehrung durch vorsichtige Knollenteilung im Herbst. Gefüllte Sorten: 'Alba Plena', weiß; 'Rosea Plena', rosa; 'Rubra Plena', rot, bis 80 cm.

Papáver orientále

Türkischer Mohn
Papaveráceae, Mohngewächse

Man kennt rund 50 Mohn-Arten, meist aus Europa und Asien. Vom Nordiran, Armenien und dem Kaukasus stammt diese prächtige Art, deren Blütenstiele bis zu 80 cm hoch werden. Wuchs horstartig, mit langen, fleischigen Wurzeln. Blätter borstig behaart, fiederteilig, 50 cm lang, Milchsaft führend, nach der Blüte einziehend. Große, bis zu 18 cm breite Blütenschalen am Ende der langen Blütenschäfte, rot, rosa oder lachsfarben. Blütezeit Mai und Juni. Fruchtkapseln mit vielen feinen Samen. Benötigt kräftige, aber durchlässige Böden in voller Sonne. Geeignet als Schnittblume und Rabattenstaude mit niederen Herbstblühern als Vorpflanzung. Auf Mehltau und Blattläuse achten und vor Winternässe schützen. Vermehrung durch Teilung und Wurzelschnittlinge nach der Blüte. Sorten: 'Catharina', lachs, 0,8 m; 'Sturmfackel', feuerrot (Bild).

Phlox-Paniculáta-Hybriden

Hohe Flammenblume, Staudenphlox
Polemoniáceae, Sperrkrautgewächse

In Amerika kennt man 60 verschiedene *Phlox*-Arten. Neben den niedrigen Arten für den Steingarten sind die hohen Phlox-Züchtungen besonders wichtig für Beete. Aus dem Wurzelstock entwickeln sich steife, beblätterte Triebe bis zu 1 m Höhe. Blätter gegenständig, dunkelgrün, breit-lanzettlich, 8 bis 10 cm lang, mit glattem Rand. Blüten in end- und achselständigen Doldentrauben in vielen Farbtönen von weiß über rosa und rot von Juni bis August. Duftende Einzelblüte 2 bis 3 cm groß, radiär mit langer Blütenröhre, lockt Nachtschmetterlinge an. Gedeiht auf nährstoffreichen, tiefgründigen, lehmig-humosen Gartenböden in voller Sonne. Für Rabatten ein ausdauernder Blütenschmuck. Im Frühsommer wässern und düngen und auf Älchen und Mehltau achten. Vermehrung durch Teilung und Wurzelschnittlinge. Sorten: 'Aida', rotviolett; 'Landhochzeit', rosa; 'Orange', orangerot; 'Württembergia', rosa mit weiß (Bild).

Delphínium-Hybriden

Gartenrittersporn
Ranunculáceae, Hahnenfußgewächse

Vom Rittersporn sind 300 Arten auf der nördlichen Halbkugel bekannt. Die beliebten hochwüchsigen Gartenrittersporne werden in 3 Gruppen eingeteilt: Belladonna-, Cultorum- und Pacific-Hybriden. Wuchs straff-aufrecht, bis 1,8 m hoch. Aus verdicktem Wurzelstock erscheinen dicht beblätterte, im oberen Teil verzweigte Triebe mit kerzenförmigen Blütenrispen. Blütezeit im Juni und Juli, Nachblüte im September bei scharfem Rückschnitt im Juli. Einzelblüte 3 bis 4 cm groß, mit auffälligem Sporn, in allen Blautönen sowie weiß und rosa. Wächst in nährstoffreichen, frischen Gartenböden in voller Sonne. Besonders wichtige Schnittblume und Rabattenstaude. Ende April und im Juli Volldünger verabreichen und wässern. Auf Mehltau und Schnecken achten. Vermehrung durch Teilung, Stecklinge, Samen. Sorten: 'Berghimmel', hellblau; 'Sommernachtstraum', enzianblau; 'Völkerfrieden', 1 m, locker, blau.

Tróllius-Hybriden

Trollblume
Ranunculáceae, Hahnenfußgewächse

Die meisten der 29 *Tróllius*-Arten sind in Europa und Ostasien zu finden, auch in kälteren Regionen. Die Gartenhybriden entstanden aus Kreuzungen des heimischen *T. europáeus* mit *T. asiáticus* (Rußland), *T. chinénsis* (China) und anderen Arten. Wuchs buschig, breite Horste bildend, Höhe bis 60 cm. Blätter grundständig und am Stengel handförmig geteilt und fiederartig eingeschnitten. Blüten kugelig, einzeln am Ende der wenig verzweigten Stengel, 3 bis 5 cm groß, je nach Sorte hell-, dunkelgelb- oder orange. Blütezeit im Mai und Juni. Vielsamige Balgfrüchte, zum Trocknen geeignet. Benötigt tiefgründige, lehmige, möglichst frische Böden in sonniger Lage. Verwendung in Wassernähe, auf Rabatten und zum Schnitt. Pflanzen sind giftig! Auf Blattläuse und Älchen achten. Vermehrung durch Teilung. Samen sind Schwerkeimer, daher sofort nach der Ernte aussäen. Sorten: 'Goldquelle', goldgelb; 'Orange Globe', orange.

Saponária ocymoídes

Rotes Seifenkraut
Caryophylláceae, Nelkengewächse

Aus dem Mittelmeergebiet stammen die meisten der 30 bekannten *Saponária*-Arten. Das Rote Seifenkraut kommt vorwiegend in den südwesteuropäischen Gebirgen auf Kalk vor. Mit den liegenden bis aufstrebenden Trieben werden große Polster bis 20 cm Höhe, aber 60 cm Breite gebildet. Stengel dünn, gabelig verzweigt, mit gegenständigen, spateligen, weich behaarten Blättern. Blüten klein, karminrot, zahlreich, in lockeren Trugdolden. Einzelblüte fünfzählig, bis 1 cm groß. Blütezeit von Mai bis Juli. Wächst in trockenen, steinigen Kalkböden in voller Sonne. Prächtige, anspruchslose Staude für Steingärten, Tröge, Trockenmauern und Böschungen. Vermehrung durch Aussaat, Sorten durch Stecklinge. Sorten: 'Alba', weiß; 'Rubra Compacta', rot; 'Splendens', rosa.

Antennária dioíca

Katzenpfötchen
Compósitae, Korbblütler

Die meisten der 15 Arten der Gattung *Antennária* stammen aus den gemäßigten Zonen. Dazu zählt auch dieser hübsche Flächendecker, der auch noch weit im Norden vorkommt. Ausgebreitetete, flache Ausläufer, bis zu 5 cm hoch, zur Blütezeit 10 cm hohe Triebe bildend. Blätter grau, unterseits weißfilzig, spatelförmig, bis zu 4 cm lang, dicht rosettenförmig angeordnet. Blütenköpfchen in kleinen Trugdolden dicht zusammen. Blüten weiß bis rot, von Mai bis Juli erscheinend. Kleine Samen mit Haarkranz. Gedeiht in durchlässigen, sandigen und mehr trockenen Böden in voller Sonne. Sehr guter Flächendecker für Böschungen, Steingärten, Dachgärten und Tröge. Vermehrung durch Teilung. Sorte: 'Rubra', dunkelrot.

Sédum floríferum
Fetthenne
Crassuláceae, Dickblattgewächse

Nordostchina ist die Heimat dieses besonders wertvollen Flächendeckers. Aus einem verholzenden Wurzelstock entwickeln sich bis zu 20 cm lange, liegende bis kriechende, am Ende aufstrebende Triebe bis zu 10 cm Höhe. Bildet dadurch einen dichten Teppich. Triebe rötlich, mit vielen grünen, spatelig-lanzettlichen Blättern besetzt. Orange- bis purpurfarbenes Herbstlaub. Blütensterne gelb, in verzweigten, flachen Trugdolden in großen Mengen im Juli. Benötigt kräftige, lehmig-humose Böden in sonniger Lage. Sehr guter Bodendecker, daher für größere Flächen, Böschungen und Tröge geeignet. Vermehrung durch Teilung und Stecklinge. Dichter und noch wertvoller ist die Sorte: 'Weihenstephaner Gold', goldgelbe Blüten im Juli, rote Fruchtkapseln, ganzjährig schön (Bild).

Sédum spúrium
Teppichsedum
Crassuláceae, Dickblattgewächse

Im Nordiran, Kaukasus, in Armenien und Kurdistan ist diese besonders anspruchslose Art verbreitet. Sie bildet dichte Teppiche bis zu 10 cm Höhe. Triebe kriechend bis aufstrebend, besonders am Triebende dicht beblättert. Blätter wintergrün, fleischig, oval, gegenständig angeordnet, bis 1,5 cm lang, am Rand gekerbt. Blüten weiß, trichterförmig, 1 cm groß, erscheinen spärlich an den Triebenden in flachen Trugdolden im Juli und August. Braune, sternförmige Fruchtkapseln mit feinen Samen. Wächst vor allem in mageren, sandigen und trockenen Böden in voller Sonne und Halbschatten. Hervorragender Flächendecker für Böschungen, Dächer, Gräber und Gefäße. Vermehrung durch Stecklinge und Teilung. Sorten: 'Album Superbum', weiß; 'Fuldaglut', Blätter und Blüten rot; 'Roseum Superbum', rosa; 'Tricolor', rot-weiß-grünes Laub.

Sédum teléphium ssp. teléphium

Hohe Fetthenne
Crassuláceae, Dickblattgewächse

Von Europa bis Sibirien kommt die Hohe Fetthenne in verschiedenen Rassen vor. Aus einem verdickten Wurzelstock entwickeln sich steif-aufrechte, reich beblätterte Triebe bis zu 40 cm Höhe. Blätter bläulichgrau, dickfleischig, oval, 6 bis 8 cm lang, unregelmäßig gezähnt. Am Triebende erscheinen von August bis September die purpurroten Blüten in dichten Trugdolden. Einzelblüte sternförmig, 6 bis 8 mm groß. Gute Bienenweide. Braunrote Fruchtstände auch im Winter schmückend, für Trockengestecke gut geeignet. Wächst in kräftigen, auch durchlässigen Böden in voller Sonne. Für Rabatten, Böschungen und Sukkulentengärten. Vermehrung durch Teilung. Beste Sorte: 'Herbstfreude', 50 cm, rostrote und späte Blüte (Bild).

Sempervívum-Hybriden

Hauswurz
Crassuláceae, Dickblattgewächse

Von den rund 30 Hauswurz-Arten aus den Gebirgen Nordafrikas, Europas und Westasiens sind unzählige Hybriden entstanden. Aus einer Rosette mit dickfleischigen, spiralig angeordneten Blättern bilden sich verschieden lange Ausläufer mit Tochterrosetten. Einzelrosette, je nach Sorte, 2 bis 15 cm im Durchmesser. Färbung und Behaarung der Blätter reicht von hellgrün bis zu schwarzrot. Der Blütenstand entwickelt sich im Sommer aus der Rosette. Fleischige, beblätterte Stengel tragen gabelästige Trugdolden mit rosa, roten, gelben oder weißen Blüten. Einzelblüte 2 bis 4 cm groß, sternförmig, mit 7 bis 18 Strahlen. Wächst in durchlässigen, mageren Böden in voller Sonne. Für Tröge, Steingärten, Dächer und Trockenmauern. Vermehrung durch Abtrennen der Rosetten. Neuere Sorten: 'Feuerteufel', leuchtendrot; 'Fuji', rotbraun (Bild); 'Othello', purpur; 'Paricutin', dunkelrot; 'Reinhard', grün mit braunen Spitzen.

Sempervívum tectórum

Dachwurz
Crassuláceae, Dickblattgewächse

Diese am weitesten verbreitete Art kommt von den Pyrenäen über Mitteleuropa bis zum Balkan vor. Sie ist stets in höheren Berglagen zwischen Felsen und anderen mageren Plätzen zu finden. Rosetten dunkelgrün, bis zu 12 cm breit, je nach Standort auch rötlich oder bräunlich gefärbt. Bildet durch Tochterrosetten dichte, unregelmäßige Polster. Rosettenblätter dickfleischig, spiralig angeordnet. Blütentrieb bis zu 30 cm hoch, fleischig, beblättert, stirbt nach der Samenreife ab. Sternblüten rosarot, bis 3 cm groß, dreizehnstrahlig, erscheinen in gabelästigen Trugdolden am Triebende von Juni bis August. Sternförmige Fruchtkapseln mit feinsten Samen, etwa 60 000 Korn je Gramm. Für ärmste, trockene Böden in voller Sonne, geeignet für Mauern, Dächer, Einfassungen. Vermehrung durch Tochterrosetten einfach. Viele schöne Sorten: 'Atropurpureum', blaurot; 'Triste', hechtblau; 'Nigrum', grün mit braunroten Spitzen.

Alýssum saxátile

Felsensteinkraut
Crucíferae, Kreuzblütler

Die Gattung *Alýssum* ist mit 150 Arten in Europa, dem Mittelmeerraum und Zentralasien verbreitet. *A. saxátile* ist in Europa bis Kleinasien zu finden, meist in Felsritzen basenreicher Gesteine. Wuchs breit aufrecht, stark verzweigte, am Grunde verholzte Triebe bilden ein bis 30 cm hohes Kissen. Blätter graugrün, in Rosetten, Grundblätter breit-lanzettlich, bis zu 10 cm lang. Traubige Blütenstände am Triebende von April bis Mai verdecken die Blätter völlig. Einzelblüte gelb, je nach Sorte auch heller oder gefüllt, nur 5 mm groß, vierteilig, duftend. Frucht ein rundes Schötchen mit breiter Scheidewand und braunen Samen, die leicht keimen. Wächst in mageren Böden in voller Sonne. Gute Felsfugenpflanze für Mauern, Einfassungen und Steingärten. Vermehrung durch Saat und Stecklinge. Sorten: 'Citrinum', hellgelb; 'Compactum', niedrig, gelb; 'Plenum', goldgelb, gefüllt.

Árabis caucásica

Gänsekresse
Crucíferae, Kreuzblütler

Die Gattung *Árabis* ist mit 100 Arten in den Gebirgen der Nordhalbkugel verbreitet. Die Art kommt auf den Kanaren, ferner von Südosteuropa bis Mittelasien vor. Wuchs breit gelagert, üppige Polster bildend. Blätter stengelumfassend, graufilzig, 4 bis 6 cm lang, breit-lanzettlich, gezähnt. Blüten weiß an den Triebenden in langen Trauben von März bis April. Schmale, 3 bis 4 cm lange Schötchenfrüchte mit kleinen Samen. Gedeiht in durchlässigen, frischen bis trokkenen Böden in voller Sonne. Gut geeignet für Trockenmauern, Steingärten, Einfassungen. Steinnähe wichtig. Vermehrung durch Samen oder Stecklinge. Die gefüllte Sorte 'Plena' eignet sich gut für den Vasenschnitt (Bild). Weitere Sorten: 'Hedi', rosarot; 'Rubin', weinrot; 'Schneehaube', reichblühend.

Aubriéta-Hybriden

Blaukissen
Crucíferae, Kreuzblütler

Etwa 12 Blaukissen-Arten aus den Bergen des Mittelmeergebietes bis zum Iran bekannt. Besonders wichtiger Elternpartner der heutigen Hybriden ist *A. deltoídea* aus Sizilien, dem Balkan und Kleinasien. Wuchs durch weit kriechende Triebe polsterförmig, feine Rhizome können in kleinste Ritzen eindringen. Blattrosetten immergrün, Blätter spatelförmig, am Ende gezähnt, 2 bis 3 cm lang, fein behaart. Blüten an den Triebenden in allen möglichen Blau- und Rottönen von April bis Mai in großen Mengen. Blüte vierzählig, auch gefüllt, bis 1,5 cm groß. Benötigt durchlässige, auch trockene Standorte in der Sonne mit Bindung an den Stein. Daher ideale Fugenpflanze für Kalksteinmauern, Geröllhänge und Tröge. Vorsichtiger Rückschnitt möglich. Vermehrung durch Herbst-Stecklinge. Sorten: 'Dr. Mules', blauviolett (Bild); 'Red Carpet', rot; 'Schloß Eckberg', blauviolett; 'Tauricola', blau, 5 cm hoch.

Ibéris sempérvirens

Schleifenblume
Crucíferae, Kreuzblütler

Man kennt rund 30 *Ibéris*-Arten in Mittel- und Südeuropa. Aus dem Mittelmeergebiet stammt die bekannte Art *I. sempérvirens*. Die niederliegenden, verholzten und stark verzweigten Triebe richten sich am Ende auf und werden bis zu 30 cm hoch. Sie bilden ein über 50 cm breites Polster. Blätter immergrün, spatelig, bis zu 3 cm lang, dunkelgrün, stehen besonders dicht an den Triebenden. Im Mai, oft auch schon früher, erscheinen die zahlreichen weißen Blüten in flachen, endständigen Trugdolden. Blüte besteht aus 2 kürzeren und 2 längeren Blütenblättern und bildet somit eine Schleife. Gedeiht in durchlässigen, sandig-humosen Böden in voller Sonne. Wichtig für Einfassungen, Steingärten und Trockenmauern. Vermehrung durch Stecklinge. Sorten: 'Nana', 15 cm; 'Schneeflocke', 25 cm; 'Zwergschneeflocke', 15 cm. Ähnliche Art: *I. saxátilis*, nur 10 cm hoch, ganz flach und früher blühend, kalkliebend.

Euphórbia myrsinítes

Walzen-Wolfsmilch
Euphorbiáceae, Wolfsmilchgewächse

Man kennt rund 1800 Wolfsmilch-Arten, die meist aus den Tropen stammen. Auf mageren, trockenen Plätzen im Mittelmeergebiet ist diese Art anzutreffen. Aus einer langen Pfahlwurzel entwickeln sich die liegenden, dichtbeblätterten Triebe, die sich übereinander schieben und daher bis zu 20 cm hoch werden. Sie erinnern an Fichtenzapfen. Milchsaft ist giftig! Blätter blaugrün bereift, wintergrün, eiförmig-zugespitzt, 2 bis 3 cm lang, fleischig. Blüten gelb, in dichten, endständigen Trugdolden von Mai bis Juni. Auffälliger sind die gelbgrünen Hochblätter. Erbsengroße Kugelfrüchte mit wenigen Samen. Gedeiht an trockenen, durchlässigen Stellen in voller Sonne, eignet sich daher für Mauern, Steingärten und Tröge, ebenso für Kalkschotterflächen. Besonders anspruchslos. Vermehrung durch Samen.

Íris germánica Barbata-Nana

Zwergschwertlilie
Iridáceae, Schwertliliengewächse

Die niederen Gartenschwertlilien sind vorwiegend aus *I. púmila* und *I. chamaeíris* gezüchtet worden, die vom südlichen Mitteleuropa bis Sibirien vorkommen. Mit den Blüten erreichen sie 20 bis 30 cm Höhe. Kriechende Rhizome mit kurzen, schwertförmigen, steif-aufrechten Blättern. Blüten über den Blättern bis 10 cm groß, von April bis Mai erscheinend. Je 3 Dom- und Hängeblätter in vielen Farben. Jährlich kommen neue Züchtungen dazu. Frucht eine eiförmige, dreifächerige Kapsel mit vielen kantigen Samen. Besonders guter Wuchs in durchlässigen, kalkhaltigen Böden in voller Sonne. Geeignet für Steingärten, trockene Böschungen und Einfassungen. Staunässe, vor allem im Winter, vermeiden. Vermehrung durch Teilung der Rhizome nach der Blüte. Sorten: 'Blue Denim', hellblau, 30 cm; 'Coerulea', hellblau, 15 cm; 'Jerry Rubin', rubinrot, 30 cm; 'Parinita', braunrot mit gelb, 30 cm; 'Tonya', blau-rosa, 25 cm.

Népeta × faassénii

Blauminze
Labiátae, Lippenblütler

Etwa 250 Arten der Gattung *Népeta* aus Europa und Asien bekannt. Eine der besten Kreuzungen ist die Blauminze mit buschigem Wuchs und duftenden Blättern. Höhe bis 30 cm, Triebe aufrecht, an der Basis verzweigt und dicht beblättert. Blätter silbergrau, eiförmig, gekerbt, gegenständig. Blüten lavendelblau, in 15 cm langen Quirlen von Mai bis Juli, nach Rückschnitt Nachblüte im September. Gedeiht am besten auf durchlässigen, trockenen Böden in Steinnähe und in voller Sonne. Verwendung auf Mauern, Böschungen, in mageren Kiesflächen und als Einfassung zu Rosen. Gute Bienenfutterpflanze. Vermehrung durch Stecklinge und Teilung. Sorten: 'Blauknirps', 20 cm; 'Six Hills Giant', große Katzenminze, 60 cm.

Sálvia × supérba
Sommersalbei
Labiátae, Lippenblütler

Die Gattung *Sálvia* ist mit rund 900 Arten sehr umfangreich. Eine wichtige Art ist *S. nemorósa* aus Südosteuropa. Sorten sind viel blühwilliger als die Art. Buschiger Wuchs mit aufrechten, vierkantigen Trieben, bis zu 50 cm hoch, manche Sorten auch höher. Blätter runzelig, eiförmig, bis zu 10 cm lang, gegenständig angeordnet, aromatisch duftend. Vorwiegend dunkelblaue Blüten in lockeren Scheinähren von Juni bis August, bei Rückschnitt Nachblüte. Benötigt trockene, durchlässige, auch nährstoffreiche Böden in voller Sonne. Gut als Partner zu Rosen, für freie Flächen, Böschungen und Rabatten. Gute Bienenfutterpflanze. Auf Schnecken achten. Vermehrung durch Teilung und Stecklinge. Sorten: 'Blauhügel', lavendelblau, 60 cm; 'Ostfriesland', dunkelviolett, 50 cm; 'Primavera', violett, 60 cm (Bild 'Rügen').

Thýmus serpýllum
Feldthymian, Quendel
Labiátae, Lippenblütler

Der von Europa bis Sibirien vorkommende immergrüne Feldthymian hat ein weites Verbreitungsgebiet. Die dicht auf dem Boden kriechenden feinen Triebe verholzen am Grunde und bilden an den Knoten Wurzeln. Dadurch entsteht ein dichter, 5 bis 10 cm hoher Teppich. Blätter winzig, elliptisch, gegenständig angeordnet, bis 5 mm lang, duftend. Blüten rosafarben, in mehrblütigen Scheinquirlen am Triebende von Juni bis September. Benötigt magere, sandige Böden in voller Sonne. Verwendung als Bodendekker für Böschungen, Dach- und Steingärten. Verträgt keine Staunässe. Vermehrung durch Teilung. Sorten: 'Albus', weiß; 'Coccineus', rot. Ähnliche Arten: *T. praécox*, kalkhold, 10 cm, rosa; *T. pseudolanuginósus*, graue Blätter, dazu die niedere Sorte 'Pygmaeus', 5 cm, rosa.

Asphodelíne lútea

Junkerlilie
Liliáceae, Liliengewächse

Man unterscheidet 20 Arten der Gattung *Asphodelíne* im Mittelmeergebiet. Daher stammt auch die gärtnerisch wichtigste Art *A. lútea*. In großen Mengen trifft man sie in Südkreta an. Dort steht sie auf magersten, steinigen Böden in praller Sonne. Buschige, durch kurze Ausläufer sich ausbreitende, graulaubige Pflanze mit grasartigen Blättern, die immergrün, überhängend und bis zu 30 cm lang sind. Von Mai bis Juni und Juli entwickeln sich bis über 80 cm lange, dicke, reichbeblätterte Blütentriebe. Blüten gelb, rund um den Schaft angeordnet, 3 bis 4 cm groß, blühen unregelmäßig in bis zu 40 cm langer Traube auf. Später erscheinen 1,5 cm große, runde Früchte mit schwarzen, dreikantigen Samen. Kultur in durchlässigen, steinigen Böden in voller Sonne, kalkliebend. Gut geeignet für sonnige Böschungen, Kiesbeete und Steinterrassen. Vor Nässe und starken Frösten schützen. Vermehrung durch Teilung und Aussaat.

Oenothéra missouriénsis

Missouri-Nachtkerze
Onagráceae, Nachtkerzengewächse

Die etwa 80 bekannten Nachtkerzen-Arten stammen alle aus Amerika, zwei Arten sind seit langem bei uns eingebürgert. Besonders für Steingärten eignet sich die Missouri-Nachtkerze durch ihren niederliegenden Wuchs; sie wird nur 10 bis 20 cm hoch. Aus einer rübenförmigen Wurzel entwickeln sich bis zu 30 cm lange beblätterte Triebe. Blätter hellgrün, glänzend, breit-lanzettlich, 10 bis 12 cm lang, ganzrandig, wechselständig. Von Mai bis September erscheinen in den Blattachseln ständig die bis zu 10 cm großen hellgelben Trichterblüten; Nachtblüher. Hellbraune Fruchtkapseln geflügelt, bis 10 cm lang mit zahlreichen, 3 mm großen Samenkörnern. Wächst in durchlässigen, guten, auch trockeneren Böden in voller Sonne. Gut geeignet für Mauerkronen, Steingärten. Vermehrung durch Samen und Stecklinge. Ähnlich: *O. tetragóna*, 60 cm, aufrecht, die Blüten 3 cm.

Arméria marítima

Grasnelke

Plumbagináceae, Bleiwurzgewächse

Man unterscheidet etwa 50 *Arméria*-Arten, meist in den nördlichen gemäßigten bis arktischen Zonen, aber auch in den Anden beheimatet. *A. marítima* ist sehr formenreich, die ssp. *alpína* stammt aus den Gebirgen Europas, die ssp. *marítima* ist in Nordeuropa in Strandnähe zu finden. Die Sorten stammen meist von letzterer ab. Aus einer Pfahlwurzel entwickelt sich ein dichttriebiges Polster bis 10 cm Höhe. Blätter dunkelgrün, grasartig, bis 5 cm lang. Blütenköpfchen kugelig, an bis zu 20 cm langen, kahlen Stielen von Mai bis Juni, Nachblüte bis September. Einzelblüte bis 1 cm groß, trichterförmig, rosa, rot oder weiß, mit trockenhäutigem Hochblatt. Wächst gut auf durchlässigen, sandigen oder vermagerten Boden in voller Sonne, salzresistent. Gut für Böschungen, Stein- und Dachgärten, Gefäße. Vermehrung durch Samen und Rißlinge. Sorten: 'Alba', weiß; 'Düsseldorfer Stolz', rot (Bild); 'Frühlingszauber', rosa.

Phlox subuláta

Moosphlox, Teppichphlox

Polemoniáceae, Sperrkrautgewächse

Von den rund 60 *Phlox*-Arten aus Amerika sind eine Reihe niederer Formen bekannt. Für den Garten haben sich die Abkömmlinge von *P. subuláta* aus den östlichen USA am besten bewährt. Die reich beblätterten Triebe kriechen über den Boden und bewurzeln sich, so daß bald ein dichtes Polster von 10 cm Höhe entsteht. Blätter immergrün, steif-abstehend, nadelförmig, spitz, bis 2 cm lang, graugrün. Blüten 1 bis 2 cm groß, fünfzählig, in kurzstieligen Doldentrauben angeordnet, bilden reichblühende Blütenkissen im April und Mai. Blütenfarbe je nach Sorte weiß, rosa, schieferblau oder rot. Wächst in durchlässigen, trockenen Kalkböden in voller Sonne, daher gut geeignet für Mauern, Stein- und Dachgärten, Böschungen und Tröge. Vermehrung durch Stecklinge. Sorten: 'Atropurpurea', rot; 'Lindental', karminrosa; 'Temiscaming', rot; 'White Delight', weiß. Ähnlich aber dichter: *P. douglásii* 'Crackerjack', karminrot.

Polýgonum affíne

Scheckenknöterich
Polygonáceae, Knöterichgewächse

Man unterscheidet weltweit rund 150 Arten der Gattung *Polýgonum*. Aus Nepal stammt das flächendeckende *P. affíne*, das 5 bis 10 cm, während der Blüte bis zu 30 cm hoch wird. Dicht beblätterte Triebe kriechend und sich bewurzelnd, dadurch dichte Matten bildend. Blätter dunkelgrün, 8 bis 10 cm lang, breit-lanzettlich, zugespitzt, im Winter bronzefarben. Blütenähren aufrecht und dicht, bunt gescheckt in den Farben Weiß, Rosa und Rot. Einzelblüte nur 5 mm groß. Blütezeit von Juli bis September. Wächst besonders gut in lehmig-humosen und durchlässigen Böden in voller Sonne und Halbschatten. Daher gut geeignet für Mauerkronen, Böschungen und Freiflächen. Kann von innen heraus kahl werden. Vermehrung durch Teilung. Sorten: 'Darjeeling Red', kompakt; 'Superbum', üppiger als die Art.

Pulsatílla vulgáris

(syn. *Anemóne pulsatílla),* Küchenschelle
Ranunculáceae, Hahnenfußgewächse

Rund 30 *Pulsatílla*-Arten sind auf der Nordhalbkugel bekannt. Die heimische Küchenschelle kommt von England über Westfrankreich, Deutschland und Schweden bis zur Ukraine auf trockenen, kalkhaltigen Heidewiesen vor. Aus einem verdickten Wurzelstock treiben viele, dicht zusammenstehende bis zu 20 cm hohe Blüten, nach dem Abblühen bis 40 cm Höhe erreichend (postflorales Wachstum). Blätter behaart, grundständig, fiederschnittig, erscheinen erst nach der Blüte. Blüten glockenförmig, ohne Kelch, einzeln, aufrecht bis überhängend, violett, auch rot, rosa oder weiß mit vielen gelben Staubgefäßen. Blütezeit März bis April. Fruchtstände mit federigen Griffeln sehr zierend. Giftig! Gedeiht auf trockenen, durchlässigen Kalkböden in voller Sonne. Verwendung für Stein- und Geröllgärten, Böschungen, Gefäße. Vermehrung durch Samen, Sorten durch Wurzelschnittlinge. Sorten: 'Röde Klokke', tiefrot.

Acǣna buchanánii

Stachelnüßchen
Rosáceae, Rosengewächse

Meist in den kühleren Gebirgslagen der Südhalbkugel sind die über 100 Arten der Gattung *Acǣna* zu finden. *A. buchanánii* stammt aus Neuseeland und bildet dichte Teppiche von nur 5 cm Höhe. Triebe bis zu 50 cm lang, kriechend, sich rasch bewurzelnd und dadurch größere Flächen bildend. Blätter wechselständig, beiderseits silbergrau, unpaarig elf- bis dreizehnzählig gefiedert. Wintergrüne Einzelblätter eiförmig und gezähnt. Blüten unscheinbar, in gestielten Köpfchen, im Mai erscheinend. Erst die Früchte sind im Sommer durch ihre 1,5 cm langen, braunen Kelchstacheln, die mit Widerhaken überall haften, interessant. Benötigt warme, durchlässige, auch trokkene Böden in voller Sonne. Guter Flächendecker für Böschungen, Steingärten, Gräber, benötigt aber in rauhen Lagen Winterschutz durch Reisig. Ähnlich, doch mit rotbraunen Blättchen und Früchten: *A. microphýlla* 'Kupferteppich' (Bild A. novae-zelandiae).

Centránthus rúber

Rote Spornblume
Valerianáceae, Baldriangewächse

Von den 8 *Centránthus*-Arten aus dem Mittelmeergebiet und den Südalpen ist nur *C. rúber* verbreitet. Er besiedelt trockene und warmen Plätze in alten Gemäuern und Felsen. Aufrechter, horstartiger Wuchs bis zu 80 cm Höhe. Ganze Pflanze blaugrün, Triebe mit gegenständigen, breit-eiförmig-zugespitzten Blättern. Blüten dunkelrosa, mit über 1 cm langem Sporn, end- und achselständig in Trugdolden, unentwegt von Mai bis Oktober blühend. Dafür ist aber Rückschnitt der verblühten Triebe erforderlich. Früchte mit fallschirmartigem Pappus. Gedeiht in nährstoffreichen, aber auch trokkenen, mageren Standorten in voller Sonne. Gut für Beete, Böschungen, Mauerkronen und Kiesflächen, möglichst auf Kalk. Vermehrung durch Samen. Sorten: 'Albiflorus', weiß; 'Coccineus', rot.

Vínca mínor
Immergrün
Apocynáceae, Hundsgiftgewächse

Dieser besonders wertvolle Flächenbegrüner stammt aus Mitteleuropa und ist noch in Kleinasien und im Kaukasus anzutreffen. Die kriechenden, an den Knoten wurzelnden Triebe werden bis zu 50 cm lang, aber nur 15 cm hoch. Blütentriebe aufgerichtet. Blätter dunkelgrün, glatt, gegenständig, immergrün, 3 bis 4 cm lang, lanzettlich, mit glattem Rand. Trichterblüten dunkelblau, achselständig, 2 bis 3 cm breit, erscheinen zahlreich von April bis Mai. Wächst in unseren Wäldern, benötigt Kalkhumusböden und gedeiht im Halbschatten und im tiefen Schatten von Gehölzen und Bauten. Verträgt Trockenheit sehr gut. Wichtiger Bodendekker für größere Flächen, auch für Gräber. Vermehrung durch Teilung und Stecklinge. Sorten: 'Bowles', tiefblau, groß; 'Gertrude Jekyll', weiß; 'Rubra', rot; 'Variegata', blaue Blüten, weißgrünes Laub. Größer in Blatt und Blüte ist *V. májor*.

Ásarum europaéum
Haselwurz
Aristolochiáceae, Osterluzeigewächse

Man kennt etwa 75 Haselwurz-Arten in Europa, Ostasien und Nordamerika. Die heimische Art kommt in Kalkbuchenwäldern von Europa bis Sibirien vor und liebt den Humus der Laubblätter. Durch kriechende Triebe sich weit ausbreitende Pflanze mit immergrünen Blättern, oft größere Flächen bildend. Blätter nierenförmig, glänzend grün, im Winter auch rötlich getönt, 6 bis 8 cm breit, lang gestielt. Blüten grünbraun, nur 1,5 cm groß, achselständig, unter dem Laub versteckt. Blütezeit April bis Mai. Gedeiht in Laubhumusböden im Halbschatten und Schatten. Verwendung als verträglicher Bodendecker unter Gehölzen. Vermehrung durch Teilung. Andere Art: *A. caudátum*, größere Blüten und wintergrüne, große Blätter; Heimat Nordamerika.

Epimédium pinnátum

Elfenblume
Berberidáceae, Berberitzengewächse

Aus Asien, Europa und Nordafrika sind etwa 21 Arten der Gattung *Epimédium* bekannt. Hinzu kommt eine Fülle von Züchtungen. Elfenblumen sind zierliche Gewächse mit kriechendem Wurzelstock, langgestielten Blättern und bis 40 cm hoch. Alle sind wertvolle Schattenstauden für humose Böden. Aus Georgien und dem Transkaukasus stammt *E. pinnátum* ssp. *cólchicum*. Blätter glänzend, dunkelgrün, herz-eiförmig, drei- bis fünfteilig, meist immergrün, wenig gezähnt. Nur bei Frost unter –15 °C leiden die Blätter. Blüten gelb, mit gelbem oder braunem Sporn, 1,5 cm groß, in lockeren, etwa 30 cm hohen Rispen von April bis Mai. Wächst in humusreichen Böden im Halbschatten. Verwendung für Flächenbepflanzung unter Bäumen und Sträuchern. Vermehrung durch Teilung. Weitere Arten und Hybriden: *E. grandiflórum*, weiß, großblumig; *E.* × *versícolor* 'Sulphureum', schwefelgelb (Bild); *E.* × *warleyénse*, orange.

Omphalódes vérna

Gedenkemein
Boragináceae, Rauhblattgewächse

Die Gattung *Omphalódes* ist mit 24 Arten in Südeuropa, dem Mittelmeergebiet bis nach Asien verbreitet. Besonders hübsch ist *O. vérna* aus den Südostalpen und dem Apennin. Mit den oberirdischen, langen Ausläufern bildet sie dichte, grüne Teppiche bis zu 10 cm Höhe. Blätter herz-eiförmig, zugespitzt, langgestielt, wechselständig, bis 8 cm lang. Blüten 1 cm breit, himmelblau mit weißem Auge, in lockeren Trauben über dem Laub, von April bis Mai erscheinend. Wächst in humusreichen, frischen Böden im Schatten von Gehölzen. Verwendung als dichter Bodendecker. Vermehrung durch Teilung. Sorten: 'Alba', weiß; 'Grandiflora', blau, groß. Für Steingärten die horstbildende *O. cappadócica* aus Kleinasien, 15 cm.

Brúnnera macrophýlla

Kaukasusvergißmeinnicht
Boragináceae, Rauhblattgewächse

Nur 3 Arten der Gattung *Brúnnera* sind in Westasien bekannt. Besonders beliebt ist die horstbildende Art *B. macrophýlla* aus dem westlichen Kaukasus. Sie wird 25 cm, mit den Blütentrauben bis zu 40 cm hoch. Blätter gestielt, dunkelgrün, breit-herzförmig, rauhhaarig, bis zu 25 cm lang und 15 cm breit. Wurzeln auffällig schwarz, fleischig. Blüten lichtblau, in lockeren Trauben über dem Laub von April bis Juni. Breitet sich durch kleine, grüne Samen leicht aus. Gedeiht an lehmig-humosen, auch feuchteren Plätzen im Halbschatten und Schatten. Verwendung in größeren Mengen unter Gehölzen, als Flächendecker aber nicht ideal, da nur sommergrün. Vermehrung durch Samen oder Wurzelschnittlinge. Sorte: 'Blaukuppel', dicht.

Pachysándra terminális

Ysander, Dickanthere
Buxáceae, Buchsbaumgewächse

Vom Zwergstrauch *Pachysándra* sind 4 Arten in Ostasien und Nordamerika bekannt. Die wichtigste, *P. terminális*, stammt aus Japan. Mit ihren fleischigen Trieben und unterirdischen Ausläufern wirkt sie wie eine immergrüne Staude von 25 cm Höhe. Besonders wichtiger Flächendecker. Triebe überliegend bis aufrecht, mit endständig gehäuften, grob gezähnten, rhombischen Blättern von 5 bis 6 cm Länge. Blütenähren weiß, über dem Laub, wenig auffällig, bis 5 cm lang. Blütezeit April. Pflanze enthält Alkaloide, ist aber kaum giftig. Gedeiht in humusreichen, leicht sauren Böden im Halbschatten. Verwendung für größere Flächen unter Bäumen, gut zu *Rhododéndron*. Rhizome flach pflanzen. Vermehrung durch Stecklinge, Wurzelschnittlinge und Teilung. Sorten: 'Green Carpet', 15 cm; 'Variegata', weißbuntes Laub, 20 cm (Bild).

Ájuga réptans
Kriechender Günsel
Labiátae, Lippenblütler

Man unterscheidet rund 45 Günsel-Arten in den gemäßigten Gebieten der Erde. Der Kriechende Günsel ist einheimisch. Er kommt von Nordafrika über Europa bis zum Iran vor, vorwiegend auf Wiesen und an feuchteren Waldrändern. Mit oberirdischen Ausläufern lockere Flächen bildend, 5 cm, zur Blütezeit um 15 cm hoch. Ausläufer 10 bis 30 cm lang, an deren Ende Blätter in Rosetten vereinigt. Blätter dunkelgrün, eiförmig, gestielt, gegenständig angeordnet, 5 bis 8 cm lang. Blütentriebe aufrecht und vierkantig, tragen blaue Blüten in achselständigen Quirlen im Mai und Juni. Verlangt nährstoffreiche, lehmig-humose, feuchtere Standorte im Halbschatten. Verwendung als Bodendecker unter Sträuchern oder großflächig im wechselnden Baumschatten. Vermehrung durch Teilung. Sorten: 'Atropurpurea', der Purpurgünsel, rotlaubig (Bild); 'Rosea', Blüten rosa, Laub grün.

Convallária majális
Maiglöckchen
Liliáceae, Liliengewächse

Nur diese eine Art aus Europa, Westasien und dem Kaukasus bekannt. Die ausläuferbildende Staude kann große Flächen besiedeln. Pflanze ist in allen Teilen stark giftig (Glykoside). Höhe bis 20 cm. Aus den unterirdischen, weißen Rhizomen bilden sich im Frühling die grundständigen, dunkelgrünen, breit-lanzettlichen, bis 15 cm langen Blätter. Herbstfärbung gelbbraun. Blütenglöckchen weiß, in aufrechten Trauben, duftend, Einzelblüte bis 1 cm groß. Blütezeit im Mai. Rote, erbsengroße Beerenfrüchte im Herbst sind selten. Gedeiht in laubhumusreichen, kräftigen Böden im Halbschatten, daher gut unter höheren, eingewurzelten Gehölzen. Vermehrung durch Rhizomteilung. Kann durch Wuchern lästig werden. Sorte: 'Grandiflora', größerblütig, wird auch für den Vasenschnitt kultiviert.

Hósta fortúnei

Graublattfunkie
Liliáceae, Liliengewächse

Man unterscheidet rund 40 Funkien-Arten aus Ostasien. Sie stammen meist aus Japan, China und Korea. Hinzu kommt eine Fülle von Gartensorten. *H. fortúnei* stammt aus Japan und bildet dichte Horste von 30 cm, zur Blütezeit bis zu 50 cm Höhe. Aus einem dichten Wurzelstock entwickeln sich im Mai breit-herzförmige, langgestielte Blätter bis über 30 cm Länge. Stiele stets geflügelt, Blatt mit 8 bis 10 Nervenpaaren. Hellviolette Blütentrauben erscheinen im Juli und August über dem Laub. Die trichterförmige Einzelblüte wird über 5 cm lang. Die Pflanze bildet selten Früchte aus. Gedeiht in kräftigen Böden im Halbschatten, läßt sich also gut unter höheren Bäumen und im Mauerschatten verwenden. Vermehrung durch Teilung im Frühling. Sorten: 'Aurea', gelbgrün; 'Stenantha', graugrüne, runzelige Blätter (Bild). *H. unduláta* 'Albomarginata', Laub gewellt mit weißem Rand.

Corýdalis lútea

Gelber Lerchensporn
Papaveráceae, Mohngewächse

Von der Gattung *Corýdalis* sind etwa 280 Arten in den gemäßigten Zonen von Europa, Asien und Nordamerika bekannt. Von den Südalpen bis zum Mittelmeer erstreckt sich das Verbreitungsgebiet dieser dankbaren, horstbildenden, zierlich wachsenden Art. Stengel gelbfleischig, tragen das wintergrüne und bis zu 30 cm lange Laub. Blätter hellgrün, dreifach gefiedert, wechselständig. Blüten gelb, in Trauben über dem Laub. Blütezeit Mai bis September. Blüte 2 cm lang, mit Sporn. Früchte schleudern kleine schwarze Samen heraus, die von Ameisen verbreitet werden. Gedeiht in humosen, aber auch in steinigen Böden in sonnigen bis schattigen Lagen. Wächst noch in Mauerritzen. Verwendung für Trockenmauern und pflegearme Rabatten. Vermehrung durch Samen, versamt sich reichlich. Ähnliche Art: *C. ochroléuca*, weiß, schwacher Wuchs.

Dicéntra spectábilis

Tränendes Herz

Papaveráceae, Mohngewächse

Die meisten der 17 *Dicéntra*-Arten sind in Ostasien und Amerika zu finden. Besonders beliebt ist das Tränende Herz aus China, Korea und der Mandschurei. Aus einem fleischigen, aber brüchigen Wurzelstock entwickelt sich die horstige Pflanze, die bis zu 80 cm Höhe erreicht. Rötlichgrüne Stengel sind hohl, graugrüne Blätter doppelt 3teilig gefiedert und wechselständig am Stiel angeordnet. Herzförmige, rosafarbene Blüten in waagrechten bis überhängenden Trauben von April bis Mai. Einzelblüte 2 bis 3 cm groß mit weißer Träne. Setzt keine Samen an. Wächst in tiefgründigen, humosen Böden im Halbschatten und in der Sonne. Verwendung für Rabatten, im Schutz von höheren Gehölzen auch zum Schnitt. Vermehrung durch Teilung. Sorte: 'Alba', reinweiße Blüten.

Lysimáchia nummulária

Pfennigkraut

Primuláceae, Primelgewächse

Man unterscheidet rund 150 *Lysimáchia*-Arten im gemäßigten Europa und Asien. Das heimische Pfennigkraut kommt von Europa bis zum Kaukasus vor. Es kann sich durch oberirdische Ausläufer weit ausbreiten und wird nur 5 cm hoch. Triebe wurzeln an den Knoten. Blätter hellgrün, kreisrund, gegenständig, 1,5 cm groß, dem Boden aufliegend. Blüten gelb, einzeln in den Blattachseln, 1,5 cm groß, gestielt. Blütezeit Mai bis Juli. Wächst gut auf frischen bis feuchten, nährstoffreichen Böden im Halbschatten. Gut geeignet als Flächendecker in Bach- oder Teichnähe, kann selbst Beckenränder überdecken. Bei trockenem Standort auf Läuse achten. Vermehrung durch Teilung. Sorte: 'Aurea' gelbes Laub, empfindlich.

Prímula japónica

Japanische Etagenprimel
Primuláceae, Primelgewächse

Innerhalb der Gattung *Prímula* nehmen die Etagenprimeln eine besondere Stellung ein (Sektion *Candelabra*). Sie kommen in 30 Arten in den Gebirgen Ostasiens vor. Besonders auffällig ist *P. japónica* aus Japan und Taiwan. Horstartiger Wuchs mit bis zu 60 cm hohen, unbemehlten Blütenstielen. Rosettenblätter bis 30 cm lang, sehr breit und am Rand unregelmäßig gelappt oder gezähnt. Blüten purpurrot, erscheinen von Mai bis Juni in zwei- bis sechsblütigen Quirlen, die in mehreren Etagen übereinander stehen. Einzelblüte radiär, bis 3 cm groß. Früchte kugelig, 5 mm groß, enthalten viele feine Samen. Selbstaussaat an günstigen Plätzen wie feuchten, lehmig-humosen Böden im Halbschatten. Gut in Teichnähe und auf feuchteren Rabatten. Vermehrung durch Samen. Sorten: 'Alba', weiß mit rotem Auge; 'Firy Red', rot. Ähnliche Art: *P. burmánica*, karminrot.

Aquilégia vulgáris

Gemeine Akelei
Ranunculáceae, Hahnenfußgewächse

Man unterscheidet etwa 70 Akelei-Arten auf der nördlichen Halbkugel. Die heimische *A. vulgáris* kommt von Nordafrika über Europa bis zum Kaukasus vor. Wuchs aufrecht, bis zu 40 cm, hoch. Blütenstengel bis 80 cm Höhe. Aus braunen, rübenförmigen Wurzeln entwickeln sich zunächst doppelt dreizählige, blaugrüne Blätter, später die verzweigten Blütenstengel. Blüten dunkelblau, in endständigen Rispen, 3 bis 10 nikkende Blüten je Stengel. Blüte 3 bis 4 cm groß, aus 5 äußeren, breiten Hüllblättern und 5 sporntragenden Kronblättern bestehend. Blütezeit Mai und Juni. Schwarze Samen in braunen Balgfrüchten. Wächst in nährstoffreichen und kalkhaltigen Böden im Halbschatten. Gut auf Rabatten und unter Gehölzen. Ganze Pflanze giftig. Vermehrung durch Samen. Langspornige Hybriden für Schnitt.

Cimicifúga ramósa

September-Silberkerze
Ranunculáceae, Hahnenfußgewächse

Die Silberkerzen kommen in 12 Arten vorwiegend in Ostasien und Nordamerika vor. *C. ramósa* stammt aus Kamtschatka und bildet bis zu 2 m hohe Horste. Blätter dreiteilig gefiedert, Blättchen kurz gestielt, länglichoval, mit doppelt gesägtem Blattrand. Zwischen den Nerven auffällig gewölbte Felder. Blütentrauben bis zu 40 cm lang, cremeweiß, erscheinen im September am Ende der bis zu 2 m hohen Stengel. Sie sind aufrecht bis überneigend. Wertvolle, weil langblühende Art. Gedeiht in humusreichen Böden im Halbschatten. Verwendung im Einzelstand auf nicht vollsonnigen Rabatten. Vermehrung durch Teilung. Weitere wertvolle Sorte, z. B. *C. símplex* 'Armleuchter'.

Hepática nóbilis

(syn. *Anemóne hepática),* Leberblümchen
Ranunculáceae, Hahnenfußgewächse

Von den reizenden Vorfrühlingsblühern der Gattung *Hepática* kennt man 10 Arten aus Europa, Nordamerika und Ostasien. Das heimische Leberblümchen kommt von Europa bis Ostasien auf Kalkböden in lichten Wäldern vor und bildet kleine Büsche von 10 cm Höhe. Aus einem horstigen Wurzelstock entfalten sich auffällig dreilappige Blätter, die oft wintergrün sind. Neue Blätter erscheinen erst nach der Blüte. Im März und April entwickeln sich die einblütigen Stiele. Die Blütenfarbe ist hellblau, variiert aber von dunkelblau über rosa und weiß. Auch gefüllte Sorten im Angebot. Blüte 2 cm groß, radiär, mit 3 grünen Kelchblättchen (Unterschied zu *Anemóne*). Wächst in Kalkhumusböden im Halbschatten unter Laubgehölzen. Verwendung unter Gehölzen im warmen Schatten. Vermehrung durch Aussaat und Teilung. Sorten: 'Plena', blau gefüllt; 'Rubra Plena', rot gefüllt.

Waldstēina ternáta
Ungarwurz, Teppich-Waldsteinie
Rosáceae, Rosengewächse

Dieser hervorragende Flächenbegrüner kommt von Südostösterreich über die Karpaten bis nach Sibirien und Japan vor. Mit langen oberirdischen Ausläufern kann er in kurzer Zeit dichte grüne Teppiche von nur 10 cm Höhe bilden. Blätter glänzend, wintergrün, dreiteilig, lang gestielt. Blüten groß, über 2 cm breit, gelb, achselständig, in langen Stielen kurz über dem Laub. Blütezeit im April und Mai. Benötigt mäßig frische bis trockene Böden im warmen Schatten, an sonnigen Stellen können die Blätter unter der Wintersonne leiden. Idealer Bodendekker für größere Flächen unter Gehölzen, auch für Grabstellen. Vermehrung durch Teilung im Frühling. Keine Ausläufer macht die höhere *W. geoídes.*

Astílbe-Aréndsii-Hybriden
Prachtspiere
Saxifragáceae, Steinbrechgewächse

Die meisten der etwa 12 Arten der Gattung *Astílbe* stammen aus Ostasien. Aus der roten *A. chinénsis* var. *davídii* und vielen anderen Arten entstanden in langer Züchtungsarbeit die Hybriden. Wuchs horstig und breitbuschig. Aus einem verdichteten Wurzelstock entwickeln sich im Frühjahr steif-aufrechte Triebe bis zu 1 m Höhe. Blätter dunkelgrün, dreifach-dreiteilig, lang gestielt, Austrieb rotbraun. Blütenrispen straff oder locker, je nach Sorte bis 1 m Höhe, in allen möglichen Farbtönen zwischen weiß, rot und violett. Blütezeit meist von Juni bis Juli. Gedeiht in luftfeuchten Gebieten auf nährstoffreichen und frischen Humusböden im Halbschatten am besten. Gut für flächige Pflanzungen vor Gehölzen. Vermehrung durch Teilung in der Ruhezeit und Aussaat. Sorten: ‘Cattleya’, 1 m, locker, rosa; ‘Deutschland’, 0,5 m, weiß; ‘Fanal’, 0,6 m, rot; ‘Obergärtner Jürgens’, 0,6 m, karminrot (Bild).

Astílbe chinénsis var. púmila

Chinesische Zwergprachtspiere
Saxifragáceae, Steinbrechgewächse

Aus der Vielzahl der Astilben ragt diese Art besonders hervor. Sie stammt aus Tibet und Nordchina und fällt schon durch ihren Wuchs auf. Durch Rhizome wächst sie flächig, dicht und niedrig. Nur 10 cm, zur Blütezeit im Sommer bis 25 cm hoch. Blätter dreifach dreizählig, schwach behaart. Blütenrispen aufrecht, steif, violettrosa. Blütezeit von August bis September. Wächst in kräftigen, humosen Böden, verträgt aber auch trockene und sonnige Lagen. Hervorragender Bodendecker mit besonders langer Blütezeit. Geeignet für den warmen Schatten vor Gehölzen, Steingärten und Grabbepflanzung. Vermehrung durch Teilung und Stengelschnittlinge. Die feinen Samen sind nicht lange keimfähig, 20 000 Korn je Gramm.

Bergénia-Hybriden

Bergenie
Saxifragáceae, Steinbrechgewächse

Aus Ostasien stammen alle 8 bekannten Bergenien-Arten. Die heutigen Sorten stammen von *B. cordifólia* aus dem Altai und der Mongolei. Es sind unverwüstliche, völlig anspruchslose Gewächse mit riesigen fleischigen Blättern und rosafarbenen Blüten. Die Hybriden haben schönere Blüten als die Art. Durch kurze Rhizome flächiger Wuchs, bis zu 35 cm hoch. Blätter kahl, dunkelgrün, rundlich, gestielt, bis zu 30 cm lang, winter- oder immergrün, bei manchen Sorten im Winter rot. Blüten am Ende des kräftigen Schaftes in Trugdolden im April und Mai. Einzelblüte glockig bis schalenförmig, weiß, rosa, rot oder viele Zwischenfarben. Völlig anspruchslos an Lage, Klima und Standort, Optimum im Halbschatten in frischen Böden. Gut für Steinanlagen, Rabatten, Tröge. Blattschäden durch Dickmaulrüßler, Blüten frostgefährdet. Vermehrung durch Teilung. Sorten: 'Admiral', 0,4 m, rot (Bild); 'Silberlicht', 0,4 m, weiß.

Heúchera-Hybriden
Purpurglöckchen
Saxifragáceae, Steinbrechgewächse

Rund 50 *Heúchera*-Arten sind in Nordamerika und Mexiko bekannt. Die Gartenformen stammen meist von *H. sanguínea* und *H. brizoídes* ab. Sie alle wachsen buschig aus verdickten Erdstämmen, vegetativ erreichen sie Höhen von 10 cm, die Blütenstiele werden 50 cm hoch. Blätter langgestielt, wintergrün, rundlich-herzförmig, fünf- bis neunlappig, bis zu 6 cm lang. Blüten in fein verzweigten Rispen an dünnen Stielen von Mai bis Juli. Einzelblüte glockenförmig, 1 bis 1,5 cm lang, weiß, rosa oder rot. Wächst besonders gut in nährstoffreichen, humosen Böden im Halbschatten, auch gelegentliche Trockenheit vertragend. Verwendung für Rabatten, Steinanlagen, Wildstaudenpflanzungen vor Gehölzen sowie zum Vasenschnitt. Auf Älchen achten. Vermehrung durch Teilung. Sorten: 'Red Spangles', scharlach; 'Scintillation', leuchtendrosa (Bild); 'Silberregen', weiß.

Saxífraga-Aréndsii-Hybriden
Moossteinbrech
Saxifragáceae, Steinbrechgewächse

Die meisten der rund 350 Steinbrech-Arten stammen aus den Hochgebirgen der nördlichen gemäßigten Zonen und der arktischen Bereiche. Zur besseren Gliederung wurden sie nach Wuchsformen in Sektionen eingeteilt. Zur Gruppe der Moossteinbreche zählen die beliebten Flächendecker. Die heutigen Hybriden entstanden vorwiegend aus *S. cespitósa* und *S. hypnoídes*. Sie blühen reich über dichten Polstern, von 10 bis 25 cm Höhe. Blätter rosettenförmig angeordnet, immergrün, feingeschlitzt, bilden eine dichte Fläche von 5 cm Höhe. Blüten zu mehreren am Ende der dünnen Stiele, weiß, gelb, rosa oder rot, 1 bis 2 cm groß. Blütezeit im Mai und Juni. Fruchtkapseln zweifächrig. Gedeiht auf frischen, humosen Böden im Halbschatten. Gut für Flächen vor und zwischen Gehölzen, Stein- und Dachgärten, Gefäße. Vermehrung durch Teilung. Sorten: 'Blütenteppich', rosa; 'Leuchtkäfer', rot; 'Schneeteppich', weiß; 'Schwefelblüte', gelb.

Saxífraga umbrósa

Porzellanblümchen
Saxifragáceae, Steinbrechgewächse

Die Heimat des Porzellanblümchens sind die zentralen und westlichen Pyrenäen. An schattigen Hängen können sie dichte Flächen von 5 cm Höhe bilden; zur Blütezeit sind sie 30 cm hoch. Die Art ist kaum in Kultur, meist sind es Hybriden zwischen *S. umbrósa* und *S. spathuláris*. Diese bilden bis zu 8 cm breite Rosetten mit dichtem Wuchs. Blätter immergrün, spatelig, derbledrig mit gekerbtem Rand, bis 4 cm lang. Blätter rosafarben, an dünnen Stengeln in lockeren Rispen hoch über dem Laub, sternförmig, 6 bis 8 mm groß. Blütezeit im Mai und Juni. Wächst in lehmig-humosen Böden im Halbschatten. Gut als Flächendecker, für Gräber und Einfassungen. Vermehrung durch Teilung. Sorten: 'Aureopunctata', Laub mit gelben Flecken; 'Elliot', 15 cm, rosa.

Tiarélla cordifólia

Schaumblüte
Saxifragáceae, Steinbrechgewächse

Man unterscheidet 7 *Tiarélla*-Arten im Himalaja, Ostasien und Nordamerika. Die amerikanischen Arten sind die wichtigsten für den Garten. Dazu zählt auch *T. cordifólia* mit flächenhaftem Wuchs bis zu 10 cm Höhe. Sie breitet sich mit dünnen Ausläufern aus. Blätter mattgrün, herzförmig, drei- bis fünffach gelappt, mit braunroter Herbstfärbung. Blüten weiß, in aufrechten Trauben über den Blättern, sternförmig, bis 1 cm groß. Blütezeit im Mai und Juni. Wächst besonders gut in humusreichen, lockeren Böden im Halbschatten. Gut unter *Rhododéndron* und Gewächsen mit ähnlichen Ansprüchen. Wichtiger Flächenbegrüner. Vermehrung durch Teilung. Ähnliche Art: *T. whérryi*, ohne Ausläufer, Blätter braun gefleckt, weiße Blüten.

Adiántum pedátum

Hufeisenfarn, Pfauenradfarn
Adiantáceae, Frauenhaarfarngewächse

Man unterscheidet 200 *Adiántum*-Arten in den warmen und gemäßigten Zonen der Erde. Aus Nordamerika und Ostasien stammt das besonders hübsche *A. pedátum.* Es breitet sich durch kurze Rhizome aus und wird bis zu 50 cm hoch. Stiele schwarz und dünn, Wedel 30 bis 50 cm breit, hufeisenförmige Fächer in 2 horizontale Äste gegabelt. Fiedern hellgrün, einfach gefiedert, im Herbst goldgelb. Fiederchen kurz gestielt, 2 cm lang, oval-rautenförmig. Gedeiht in lockeren, sauren Humusböden im lichten Schatten unter Gehölzen. Verwendung einzeln oder in Gruppen unter gut eingewurzelten Sträuchern und Bäumen bei hoher Luftfeuchtigkeit. Verträgt keine Trockenheit. Vermehrung durch Teilung oder Sporen. Sorte: 'Imbricatum', Krauser Pfauenradfarn, 20 cm hoch, dicht, für Steingärten (Bild).

Dryópteris affínis

(syn. *D. bórreri),* Goldschuppenfarn
Aspidiáceae, Schildfarngewächse

Die Gattung *Dryópteris* ist mit 150 Arten in den gemäßigten Zonen der Erde verbreitet. Der Goldschuppenfarn kommt in Nordafrika, Europa, Anatolien, im Kaukasus und in den Tropen vor. In den Alpen steigt er bis auf 1000 m empor. In günstigen Lagen wird er über 1,20 m hoch. Die steif stehenden, derb-lederigen Wedel sind dicht mit goldbraunen Schuppen besetzt und bilden einen mächtigen Trichter. Wedel im Austrieb besonders schön gerollt, später tiefgrün und doppelt gefiedert, bis 20 cm breit. Nur in günstigen Lagen wintergrün. Wächst besonders gut in kalkarmen, nährstoffreichen, frischen bis feuchten Humusböden im lichten Schatten. Verwendung einzeln unter höheren Bäumen, an Teichen und Bachrändern. Vermehrung durch Sporen. Sporenreife August bis Oktober. Sorten: 'Cristata', Wedel kammförmig gegabelt, bis 1 m; 'Pinderi', schmale Wedel, 80 cm hoch (Bild).

Dryópteris fílix-mas

Wurmfarn

Aspidiáceae, Schildfarngewächse

Weltweit verbreitete Art, sicher der häufigste heimische Farn. Er kann von der Ebene bis 2600 m Höhe vorkommen. Wuchs aufrecht, trichterförmig, bis 1,4 m hoch. Durch viele Rhizomtriebe buschig werdend. Wedel dunkelgrün, 20 cm breit, einfach gefiedert und im Herbst gelb gefärbt. Blattstiel und Rippen mit braunen Spreuschuppen besetzt. Zahlreiche Sori mit nierenförmigem Schleierchen auf dem Rücken der Adern. Gedeiht in nährstoffreichen Humusböden in der Sonne und im Halbschatten. Verwendung für Plätze unter Gehölzen, einzeln oder in Gruppen. Wurde wegen seiner Giftwirkung früher gegen Bandwürmer verwendet. Vermehrung durch Teilung und Sporen. Sporenreife Juli bis August. Sorte: 'Barnesii', Steiler Wurmfarn, schmale Wedel.

Polýstichum lonchítis

Lanzenfarn

Aspidiáceae, Schildfarngewächse

Die Gattung *Polýstichum* umfaßt rund 250 Arten auf der ganzen Welt. Der Lanzenfarn kommt in den Gebirgen von Europa, Asien und Amerika auf Kalk und Urgestein vor. Meist in alpinen Geröllhalden, auch zwischen Alpenrosen und Bergkiefern. Wedel wintergrün, steif, glänzend, schmal-lanzettlich bis zu 60 cm, meist aber nur halb so lang, einfach gefiederte Wedel. Fiederchen 2 cm lang, sichelförmig nach oben gebogen und stachelspitzig. Sori nur im oberen Wedelbereich. Wächst in durchlässigen Humusböden bei hoher Luftfeuchtigkeit im Halbschatten. Im Garten einzeln zu Steinen oder Sträuchern setzen. Vermehrung durch Sporen, die von Juli bis September reifen.

Polýstichum setíferum

Weicher Schildfarn
Aspidiáceae, Schildfarngewächse

Diese vielgestaltige Art kommt in milden Klimagebieten der gemäßigten Zonen und der Tropen vor. Sie bildet große Trichter oder Büsche bis zu 1 m Höhe, die Sorten sind meist kleiner. Wedel wintergrün, 15 bis 20 cm breit, länglich-lanzettlich, doppelt gefiedert, mattgrün, unterseits dicht mit braunen Streuschuppen bedeckt. Die kleinen Sori sind hellbraun und in zwei Reihen angeordnet. Gedeiht in nährstoffreichen, humosen Böden bei hoher Luftfeuchtigkeit. Verwendung einzeln oder in Gruppen im Halbschatten zwischen Waldstauden und vor Gehölzen. Vermehrung durch Sporen. Besonders schöne Sorten: 'Plumosum Densum', Flaumfeder-Filigranfarn, moosartige Wedel, dreifach gefiedert; 'Proliferum', Schmaler Filigranfarn, Wedel dreifach gefiedert mit Brutknospen (Bild).

Phyllítis scolopéndrium

Hirschzunge
Aspleniáceae, Streifenfarngewächse

Man kennt nur 6 Arten der Gattung *Phyllítis*, diese kommen aber fast in allen Gebieten der Erde vor. Die Hirschzunge wächst besonders gerne auf Kalkgestein an feuchten Plätzen und kann mit ihren kurzen Rhizomen dichte Büsche bilden. Wedel wintergrün, länglich-lanzettlich, ungeteilt, 30 bis 60 cm lang und 4 bis 8 cm breit, in einem Trichter zusammenstehend. Unterseits lange, strichförmige braune Sori. Wächst auf frischen bis feuchten Kalkhumusböden in halbschattigen Lagen bei hoher Luftfeuchtigkeit. Verwendung für beschattete Bachränder zwischen Steinen, ebenfalls zu immergrünen Gehölzen und Stauden im Steingarten. Vermehrung durch Teilung und Sporen, die von Juli bis Oktober reifen. Viele geschlitzte und gelappte Sorten: 'Crispa', Sorte mit gleichmäßig gewelltem Wedel (Bild).

Athýrium fílix-fémina

Wald-Frauenfarn

Athyriáceae, Frauenfarngewächse

Mit 110 Arten ist die Gattung *Athýrium* meist in Ostasien verbreitet. Die Art *A. fílix-fémina* ist bei uns heimisch. Der zierliche Frauenfarn ist besonders häufig in feuchten Wäldern anzutreffen. Er kommt in den gemäßigten und arktischen Zonen der nördlichen Halbkugel, aber auch im südlichen Südamerika vor. In den Alpen steigt er auf 2000 m Höhe empor. Aus einem verdickten Wurzelstock mit kurzen Rhizomen entwickeln sich trichterförmig angeordnete Wedel bis zu einer Höhe von 80 bis 100 cm, seltener 150 cm, und 30 bis 40 cm Breite. Wedel zwei- bis dreifach gefiedert, hellgrün, Fiederchen länglich bis lanzettlich, zugespitzt. Kommaförmige Sori mit bewimperten Schleierchen. Wächst an feuchten Plätzen in kalkarmen, humosen Böden. Verwendung für Naturgärten, zu Waldstauden und Gehölzen. Vermehrung durch Teilung und Sporen, die im Juli und August reifen. Sorten: 'Bornholmiense', 25 cm; 'Cristatum', gegabelt (Bild 'Rotstiel').

Bléchnum spícant

Wald-Rippenfarn

Blechnáceae, Rippenfarngewächse

Die meisten der rund 200 Rippenfarn-Arten stammen aus den Tropen und Subtropen, vor allem der südlichen Halbkugel. Bei uns heimisch ist die immergrüne Art *B. spícant*, die an zusagenden Plätzen auf der ganzen nördlichen Halbkugel vorkommt. Sie breitet sich durch Rhizome aus und kann dadurch rasenartige Flächen bilden. Wuchs aber meist buschförmig, bis zu 40 cm hoch. Bildet zwei verschiedene Wedelarten aus. Sterile Wedel breit-lanzettlich, 25 bis 40 cm lang, bis 4 cm breit, einfach gefiedert, rosettenartig dem Boden aufliegend. Bei älteren Exemplaren bilden sich die fertilen, sommergrünen Sporenwedel aus, diese bis zu 75 cm hoch, mit schmalen Fiedern und vielen Sporangien. Wächst nur gut in sauren Humusböden an quelligen Standorten. Im Garten daher an feuchten, schattigen Plätzen in lokkerem Humus pflanzen. Vermehrung durch Teilung und Sporen.

Onocléa sensíbilis

Perlfarn
Onocleáceae, Perlfarngewächse

Nur eine Art bekannt, die sowohl in Ostasien als auch im atlantischen Nordamerika vorkommt. Auf feuchten Wiesen und an Waldrändern kann sie sich durch ihre langen Rhizome ausbreiten. Wedel meist 40 cm, bei sehr guten Bedingungen 50 bis 90 cm hoch, fertile und sterile Wedel unterschiedlich. Sterile Wedel lichtgrün, sommergrün, sterben nach dem ersten Frost ab, vorher herrliche goldbraune Färbung. Wedel lang gestielt, oval-dreieckig, einfache Fiedern tief gelappt. Fertile Wedel steif-aufrecht, 20 bis 50 cm hoch, schmal-lanzettlich, dicht mit perlschnurartigen Sporenträgern bedeckt, die den Winter über erhalten bleiben. Gut zur Trockenbinderei. Gedeiht an feucht-humosen Plätzen im Halbschatten. Gut an Uferzonen von Teichen und Bächen, auch an trockeneren Stellen im Garten möglich, wuchert! Vermehrung durch Teilung und Sporen.

Matteúccia struthiópteris

Straußfarn, Trichterfarn
Onocleáceae, Perlfarngewächse

Aus den gemäßigten Zonen sind 3 Arten der Gattung *Matteúccia* bekannt. Besonders auffällig ist der heimische Straußfarn, der fast in ganz Europa bis China anzutreffen ist. Schöne Bestände an Bächen der Mittelgebirge und auf alpinen Schwemmböden. Dort sind Exemplare bis zu 1,90 m Höhe gefunden worden. Mit seinen langen Rhizomen bildet er größere Flächen, kann auch lästig werden. Sterile Wedel hellgrün, trichterförmig angeordnet, 1 m lang und doppelt gefiedert. Schöne braungelbe Herbstfärbung. Fertile Wedel steif-aufrecht bis 80 cm lang, erst grün, dann braun, bleiben im Winter erhalten. Gut für Trockenbinderei. Gedeiht an feuchten, humosen Standorten im Halbschatten am besten. Verwendung in Teichnähe oder an luftfeuchten Plätzen vor höheren Gehölzen. Vermehrung durch Teilung und Sporen, die im Winter reifen.

Osmúnda regális

Königsfarn
Osmundáceae, Königsfarngewächse

Freilandfarne

Man unterscheidet 14 *Osmúnda*-Arten in den gemäßigten Zonen und in den tropischen Gebirgen. Die Gattung ist die älteste unter den noch existierenden Farnen, kennt man doch Versteinerungen aus dem Karbon. Königsfarne sind fast Kosmopoliten, sie können sehr alt und mächtig werden. Wuchs buschig, Höhen bis zu 2 m sind möglich. Aus einem kurzen, dicken Wurzelstock entwikkeln sich langstielige, hellgrüne, doppelt gefiederte Wedel. Die einzelnen Fiederchen sind oval und 4 cm lang, 1 bis 2 cm breit, glatt und lederartig. Der obere Teil dieser Wedel ist fertil. Im Garten werden Höhen von 1,20 bis 1,50 m erreicht. Die fertilen Fiederchen sind stark reduziert, sie werden ab Juni braun. Gedeiht an feuchten, moorigen Standorten im Halbschatten am besten. Im Garten einzeln am Wasser verwenden, spezielle Ansprüche beachten. Vermehrung durch Sporen.

Polypódium vulgáre

Gemeiner Tüpfelfarn, Engelsüß
Polypodiáceae, Tüpfelfarngewächse

Man kennt rund 300 Tüpfelfarn-Arten aus den Tropen und Subtropen, nur ganz wenige sind bei uns winterhart. Dazu gehört der heimische Gemeine Tüpfelfarn, der in der nördlichen gemäßigten Zone weit verbreitet ist. In Deutschland kommt er sowohl im Dünenbereich als auch im Bergwald vor, dort sogar als Epiphyt. Durch seine langen Ausläufer bildet er größere Flächen. Wedel wintergrün, 20 bis 30 cm, an besonders feuchten Plätzen auch 60 cm hoch, 5 bis 8 cm breit, lanzettlich, einfach gefiedert, mit runden, goldgelben Sori ohne Schleierchen. Gedeiht in kalkarmen Böden im Sand oder Humus im Halbschatten. Verwendung unter Gehölzen, aber auch auf Felsen, Baumstämmen und Mauern. Vermehrung durch Teilung und Sporen.

Cárex buchanánii

Fuchsrote Segge
Cyperáceae, Riedgräser

Die Gattung *Cárex* ist mit etwa 2000 Arten weltweit verbreitet. Alle Arten zeichnen sich durch dreikantige Stengel aus. Aus Neuseeland, wo sie an Flußufern vorkommt, stammt die interessante Art *C. buchanánii*. Sie wird 40 bis 60 cm hoch und bildet dichte Horste. Halme schmal, eingerollt, hängen über, ganzjährig rotbraun gefärbt, dadurch eine ungewöhnliche Erscheinung. Blütenähren braun, 4 cm lang, 5 bis 8 Stück stehen in einem Blütenstand zusammen, fallen aber kaum auf. Blütezeit Juli bis August. Gedeiht in frischen, feuchten Böden in voller Sonne am besten, kann aber auch trockener stehen. Verwendung zusammen mit Stachelnüßchen *(Acǽna)* und ähnlich flachwachsenden Stauden im Stein- oder Heidegarten. Im Winter leichter Schutz notwendig. Besonders schön im Rauhreif, daher erst im Frühling zurückschneiden. Vermehrung durch Samen und Teilung.

Cárex morrówii 'Variegata'

Weißbunte Japansegge
Cyperáceae, Riedgräser

Die Art *C. morrówii* stammt aus Japan und ist kaum verbreitet, dafür aber die mit helleren Randstreifen versehene Sorte. Sie bildet breite Horste bis zu 30 cm Höhe mit überhängenden Halmen. Blätter steif, schmal, immergrün. Blüten und Fruchtstände gelbbraun, erscheinen am Ende der drahtigen Blütenstiele, fallen aber wenig auf. Blütezeit im April. Gedeiht am besten in lehmig-humosen, kalkarmen Gartenböden in halbschattiger bis schattiger Lage. Verwendung unter lichten Bäumen in größeren Trupps und einzeln zu niederen Halbschattenstauden. Vermehrung durch Teilung im Frühling. Sorte: 'Evergold', goldgelb und weiß gestreifte Blätter (Bild 'Old Gold').

Calamagróstis × acutiflóra

Gartensandrohr
Gramíneae, Süßgräser

Diese besonders attraktive Hybride kommt in Deutschland gelegentlich als Wildbastard vor. In den Staudenbetrieben wird das Gartensandrohr unter dem Sortennamen 'Karl Foerster' geführt. Es bildet keine Ausläufer wie die Art. Die hellgrünen schmalen Blätter treiben sehr früh aus und hängen über. Steifer, aufrechter Wuchs bis zu 1,80 m Höhe. Ab Juni erscheinen die breiten gelben Blütenrispen an langen Halmen; strohgelbe Herbstfarbe. Gedeiht in nährstoffreichen, tiefgründigen Gartenböden in voller Sonne am besten. Verwendung im Einzelstand oder in Gruppen in Gärten und Parks. Wichtig für Trockensträuße. Rückschnitt im Nachwinter. Vermehrung durch Teilung.

Cortadéria selloána

Pampasgras
Gramíneae, Süßgräser

Die Gattung *Cortadéria* ist mit 15 Arten in Südamerika und Neuseeland zu finden. Besonders beliebt ist das Pampasgras aus den Steppen Argentiniens. Blätter graugrün, meterlang, in milden Wintern immergrün, scharf gezähnt, hängen bis zum Boden über. Blütentriebe über 2 m lang, entfalten ab September ihre über 60 cm langen Blütenwedel. Meist werden die schöneren weiblichen Pflanzen angeboten. Sie wachsen gut in nährstoffreichen, tiefgründigen Gartenböden in voller Sonne an geschützten Plätzen. Verwendung in Einzelstellung im Garten und Park. Sie brauchen viel Platz, benötigen Winterschutz und Kiesdränage. Im Winter schopfartig zusammenbinden und mit Laubschüttung umgeben. Starker Rückschnitt im April. Wichtig für Trockensträuße, dazu sofort nach dem Entfalten der Blüten schneiden. Pflanzung und Teilung im Frühling. Sorten: 'Pumila', 1 m hoch; 'Sunningdale Silver', reichblühend, 2 m.

Deschámpsia cespitósa

Rasenschmiele
Gramíneae, Süßgräser

Von den 20 weltweit verbreiteten Arten der Gattung *Deschámpsia* ist die Rasenschmiele fast überall anzutreffen. Sie bildet dichte, dunkelgrüne Büsche mit überhängenden, flachen Blättern. Die lockeren Blütenrispen werden meterhoch, erscheinen in großer Zahl im Juli und sind auch noch im Herbst attraktiv. Sie verfärben sich von lindgrün bis hellgelb und sehen auch im Rauhreif schön aus. Dieses horstbildende Gras kommt auf Waldlichtungen und feuchten Plätzen vor. Kalkarme, frische Böden in halbschattigen Lagen werden bevorzugt. Verwendung in Gruppen oder Einzelstellung in Wildstaudenpflanzungen. Gut für Trockensträuße. Im Nachwinter zurückschneiden und vergilbte Basisblätter entfernen. Auf Rostpilze achten. Vermehrung durch Teilung. Sorten: 'Bronzeschleier', goldbraun; 'Tauträger', lockere Rispen.

Fargésia spathácea

Hellgrüner Schirmbambus, Gartenbambus
Gramíneae, Süßgräser

Die Gattung *Fargésia* ist mit einer Anzahl von Arten in Nordamerika und Asien vertreten. Die Namensgebung war seit Jahren umstritten. Früher als *Sinarundinária murielae* bekannt. Die Art *F. spathácea* stammt aus Mittelchina. Sie hat einen breiten, aufrechten Wuchs mit überhängenden älteren Trieben und wird 2 bis 3 m hoch. Halme dünn, gelb, unter den kahlen Blattscheiden weiß bereift. Blätter blaugrün, lanzettlich-zugespitzt, bis 10 cm lang. Einjährige Triebe unverzweigt, steif, im folgenden Jahr Bildung von Seitentrieben, dann erst erscheint der überhängende Wuchs. Gedeiht in nährstoffreichen, lehmigen Gartenböden in allen Lagen sehr gut, breitet sich durch dichte kurze Ausläufer aus. Verwendung einzeln an Gebäuden oder als Windschutzpflanzung. Sehr schön am Wasser, aber ohne Staunässe. Vermehrung durch Teilung. *F. nítida* hat purpurfarbene Halme und kleinere Blätter, sehr hart (Bild 'Eisenach').

Festúca cinérea

(syn. *F. gláuca*), Blauschwingel
Gramíneae, Süßgräser

Festúca ist eine mit über 200 Arten weltweit verbreitete Gattung, allein in Europa kennt man 170 Arten. Beliebt ist der Blauschwingel, dessen Verbreitungsschwerpunkt in Frankreich, Italien und Deutschland liegt. Dort kann man ihn auf trockenen, mageren und sonnigen Plätzen antreffen. Er wird 15 bis 20 cm hoch und bildet steife blaue, fast halbkugelige Horste. Blätter eingerollt, blauweiß bereift, daher besonders gut gegen Verdunstung geschützt. Im Mai und Juni erscheinen die hellgelben Blütenrispen über den Polstern. Am besten gedeiht dieses anspruchslose Gewächs in durchlässigen, nährstoffarmen Böden in voller Sonne. Verwendung für Steingärten, Heidepartien, Gräber, Dachgärten und ähnliche Pflanzungen. Es ist aber kein idealer Bodendecker für größere Flächen. Vermehrung durch Teilung, Selbstaussaat kann gelegentlich überhand nehmen. Sorten: 'Bergsilber'; 'Blauglut'; 'Frühlingsblau'; 'Silberreiher'.

Festúca scopária

Bärenfellschwingel
Gramíneae, Süßgräser

Nur in den Pyrenäen ist der polsterbildende Bärenfellschwingel zuhause. Er wächst dort zwischen Felsblöcken und auf Schotterflächen. In kurzer Zeit entstehen bis 10 cm hohe, dichte Rasenpolster mit feinen hellgrünen Blättchen. Ab Juni bilden sich bis zu 40 cm lange, dünne gelbgrüne Blütenrispen. Sie bleiben bis zum Herbst und geben der ganzen Pflanze ein igelartiges Aussehen. Gedeiht auf allen möglichen, besonders auf durchlässigen Gartenböden, nur nicht in der vollen Sonne. Dankbare, wintergrüne und trockenheitsverträgliche Pflanze. Verwendung für halbschattige Lagen, etwa im Steingarten, auf Mauern, auch für kleinere Flächenbegrünungen geeignet. In Mengen gepflanzt, schließen sich die Polster bald zu einer hellgrünen Fläche zusammen, bilden aber oft kahle Stellen. Vermehrung durch Teilung im Frühling.

Helictótrichon sempérvirens

(syn. *Avéna se.*), Blaustrahlhafer
Gramíneae, Süßgräser

Zu der Gattung *Helictótrichon* zählen ausdauernde, trockenheitsverträgliche Gräser. Sie ist mit rund 60 Arten in Europa, dem Mittelmeerraum bis Nordasien und Südafrika vertreten. Der besonders oft verwendete Blaustrahlhafer stammt aus den Steppengebieten Südrußlands, ferner aus Turkestan und Sibirien. Die starren blauen Horste werden 40 bis 50 cm hoch. Ab Mai bilden sich dann die über meterhohen Blütenrispen an gelben, drahtigen Stielen. Sie wirken den ganzen Sommer über elegant durch ihren überhängenden Wuchs. Wächst besonders gut in mageren, durchlässigen Böden in voller Sonne. Verwendung zur Gliederung von Staudenflächen in Heide-, Stein- und Steppengärten. Rückschnitt im Vorfrühling notwendig. Vermehrung im Frühling durch Teilung.

Mélica ciliáta

Wimperperlgras
Gramíneae, Süßgräser

Die Gattung *Mélica* ist mit 30 Arten in vielen Steppengebieten der Erde zu finden. Das Wimperperlgras kommt von Nordafrika über ganz Europa bis zum Kaukasus vor. Es wächst besonders gut auf kalkhaltigen und warmen Trockenrasen. Horste 30 cm hoch, durch die blaugrünen Blätter attraktiv. Zur Blütezeit im Mai und Juni erscheinen an drahtigen, bis 60 cm hohen Halmen, die walzlichen, fast weißen Blütenstände. Diese bleiben einige Wochen erhalten, bevor die Samen vom Wind verbreitet werden. Gedeiht in allen kalkhaltigen, durchlässigen Böden in voller Sonne. Verwendung für naturnahe Steppen-, Geröll- und Heidepartien, sogar für Dachgärten und Tröge geeignet. Vermehrt sich bei günstigen Bedingungen durch Selbstaussaat. Teilung möglich. Weitere Arten: *M. altíssima*, 100 cm; *M. nútans*, für Schattenlagen, 40 cm; *M. transsilvánica*, braune Ähren, 80 cm.

Miscánthus florídulus

(M. japónicus), Riesenchinaschilf
Gramíneae, Süßgräser

Man unterscheidet 12 *Miscánthus*-Arten in den Tropen Afrikas und Asiens. Das Riesenchinaschilf ist bedeutend winterhärter als das Pfahlrohr. Es stammt aus China und Japan und kann 2 bis 4 m hoch werden. Die breiten Horste können in 15 Jahren bei guter Versorgung 2 m breit werden. Blätter bis 60 cm lang und 3 cm breit, rinnig, weit überhängend. Triebe locker beblättert. Blütenrispen erscheinen nur nach besonders warmen Sommern im Spätherbst. Blütenstand hellgrau, endständig, 30 cm lang. Gedeiht in nährstoffreichen, tiefgründigen Böden in geschützten Lagen, benötigt im Sommer Wasser- und Düngergaben. Verwendung einzeln an markanten Gartenplätzen, in Anlagen und Parks. Rückschnitt im Vorfrühling. Triebe für viele Bastelarbeiten und Binderei verwertbar. Vermehrung durch Teilung im Frühling.

Miscánthus sinénsis

Chinaschilf
Gramíneae, Süßgräser

Aus China und Japan stammt die wichtige Art *M. sinénsis*. Sie steht in der Heimat an Waldrändern, bildet mächtige Horste bis zu 2,50 m Höhe und wird genauso breit. Man unterscheidet einige Gartensorten mit unterschiedlichen Eigenschaften, wichtig ist vor allem, daß sie nicht wuchern. Die langen Stengel sind mit weit überhängenden Blättern besetzt. Gedeiht besonders gut in tiefgründigen Gartenböden in voller Sonne. Verwendung einzeln oder in Gruppen an besonderen Stellen, etwa in Staudenbeeten oder am Gehölzrand. Wichtig für Trockensträuße. Vermehrung durch Teilung im Frühling. Sorten: 'Condensatus', sicherer Blüher, gewellte Ähren; 'Gracillimus', schmalblättrig, blüht selten, dennoch wichtig; 'Silberfeder', blüht regelmäßig, elegant; 'Silberpfeil', weiß längsgestreift (Bild); 'Zebrinus', gelb quergestreift.

Molínia caerúlea

Pfeifengras
Gramíneae, Süßgräser

Das Pfeifengras ist mit einigen Unterarten in Europa auf sauren Böden weit verbreitet. Blätter blaugrün, 10 bis 12 mm breit, überhängend. Blütenstiele knotenlos, 80 bis 180 cm hoch, steif, färben sich im Herbst goldgelb. Blütenrispen schmal, verzweigt, erscheinen von August bis September. Gutes Wachstum in sauren und sogar nassen Böden in Sonne und Halbschatten. Verwendung für naturnahe Feuchtbiotope. Vermehrung durch Teilung. Sorte: 'Moorhexe', straff-aufrecht, 60 cm hoch. Noch weitaus gartenwürdiger sind die höheren Sorten, die zu *M. arundinácea* gehören: 'Karl Foerster', stattlich, 2 m (Bild); 'Transparent', 1,80 m, locker; 'Windspiel', 2,50 m, standfest. Diese Sorten eignen sich gut für Heidegärten; Verwendung für Trockensträuße.

Panícum virgátum

Rutenhirse
Gramíneae, Süßgräser

In den wärmeren Zonen der Erde, dem Mittelmeerraum und vor allem in Nordamerika ist die Gattung *Panícum* mit 400 meist ausdauernden Arten vertreten. Die Rutenhirse aus dem mittleren Nordamerika ist besonders wichtig. Sie bildet lockere, aufrechte Triebe bis 1,50 m Höhe, die nach einigen Jahren nicht mehr standfest sind. Besser sind die daraus entstandenen Sorten, die alle trockenresistent und niedriger sind. Blätter schmal-lanzettlich, überhängend, je nach Sorte mit herrlicher, rotbrauner Herbstfärbung. Blütenrispen steif-aufrecht, verzweigt, locker, erscheinen von Juli bis September. Gedeiht am besten in durchlässigen Gartenböden in voller Sonne. Verwendung einzeln oder in Gruppen zu blauen, herbstblühenden Stauden wie Kissenastern. Vermehrung durch Teilung. Sorten: 'Rehbraun', 1,20 m (Bild); 'Rotstrahlbusch', 80 cm.

Pennisétum alopecuroídes

Australisches Lampenputzergras
Gramíneae, Süßgräser

Man unterscheidet 120 Arten der Gattung *Pennisétum* in den Tropen und Subtropen. Aus Ostaustralien stammt dieses besonders wertvolle Gras, auch aus Ostasien sind Vorkommen bekannt. Früher als *P. compréssum* bezeichnet. Wuchs aufrecht, bis zu 1 m hoch, horstbildend. Blätter schmal, hellgrün. Von August bis September erscheinen die bis 25 cm langen, braunen und borstigen Ähren an langen Stielen. Besonders im Tau und Rauhreif eindrucksvoll. Gedeiht in durchlässigen Gartenböden in voller Sonne am besten, muß aber nach einigen Jahren geteilt werden, wenn die Blütenfülle nachläßt. Verwendung in Einzelstellung für Beete, Rabatten, Stein- und Heidegärten. Wichtig als Trockengras für die Floristik. Verträgt keine Staunässe im Winter, benötigt aber im Sommer Wasser- und Düngergaben. Rückschnitt im Vorfrühling. Vermehrung durch Teilung. Sorte: 'Hameln', nur 60 cm hoch (Bild).

Spartína pectináta 'Aureomarginata'

Goldleistengras; *Gramíneae,* Süßgräser

Aus Nordamerika stammt die grünblättrige *S. pectináta*, die stets an feuchten Plätzen an Flußufern vorkommt. Das eher für die Gartenkultur geeignete Goldleistengras fällt durch die gelb-grün gestreiften Blätter auf. Diese sind fast meterlang, 1,5 cm breit, hängen elegant bis zum Boden über und erinnern an einen Wasserfall. Blütentriebe bis 1,50 m hoch, tragen ab August mehrere dichte Ähren am Triebende. Verbreitung durch unterirdische Ausläufer, dadurch entsteht ein lockeres Wuchsbild. Gedeiht an feuchten Plätzen in voller Sonne oder im Halbschatten, kann aber auch mit trockeneren Standorten auskommen. Verwendung im Einzelstand an Teichen oder anderen markanten Plätzen im Garten oder Park. Wichtig für den Vasenschnitt. Vermehrung durch Teilung und Abtrennen der Ausläufer.

Stípa barbáta

Reiherfedergras
Gramíneae, Süßgräser

Man unterscheidet rund 300 Federgras-Arten in den Trockengebieten der Erde. Das besonders prächtige Reiherfedergras ist in Süditalien, Spanien sowie in Sizilien verbreitet. Es bildet lockere Horste von 30 cm Höhe. Blätter graugrün, eingerollt. Zur Blütezeit im Juli und August bilden sich steife, 80 cm hohe Halme. Samen 2 cm lang, spitzig, bis zu 40 cm lange, federige Grannen tragend. Diese bewegen sich bei geringster Luftbewegung. Gedeiht am besten in durchlässigen, kalkhaltigen Böden in voller Sonne. Verwendung für Steppen-, Heide- und Steingärten, im Einzelstand oder in Gruppen. Staunässe vermeiden. Vermehrung durch Samen. Weitere Arten: *S. pennáta*, 40 bis 60 cm; *S. gigantéa*, 1,50 m.

Uníola latifólia

Plattährengras
Gramíneae, Süßgräser

Man unterscheidet 4 Arten der Gattung *Uníola*, vorwiegend in Nord- und Südamerika beheimatet. Das bei uns sehr geschätzte Plattährengras stammt aus dem mittleren und südöstlichen Nordamerika. Es bildet lockere Büsche über 80 cm Höhe mit frischgrünen, 2 cm breiten und 20 cm langen Blättern. Besonders reizvoll sind die Blütenähren. Sie werden ab August an aufrechten bis überhängenden Rispen gebildet. Die einzelnen, 2 cm großen und 1 cm breiten Ährchen sind plattgedrückt, daher der Name. Sie eignen sich hervorragend für Trockensträuße. Beste Bedingungen in nährstoffreichen, durchlässigen Gartenböden in sonniger bis halbschattiger Lage. Verwendung einzeln oder in Gruppen zu halbhohen, herbstblühenden Stauden. Vermehrung durch Teilung und Samen.

Lúzula nívea
Schneemarbel
Juncáceae, Binsengewächse

Die artenreiche Gattung *Lúzula* ist in den nördlichen gemäßigten Zonen verbreitet. Die hübsche Schneemarbel ist in den Bergwäldern der Pyrenäen und Alpen, aber auch im Apennin und in den Karpaten anzutreffen. Sie bildet immergrüne, lockere Horste bis zu 25 cm Höhe. Blätter schmal, am Rand silbrig behaart. Im Juni beginnt sie einen 40 bis 60 cm hohen Stengel zu bilden, an dessen Ende viele weiße Blüten in Büscheln stehen. Im Sommer und Herbst werden die Blütchen braun, sind aber immer noch reizvoll. Wächst besonders gut in warmen, lehmig-humosen Gartenböden in Sonne und Halbschatten. Verwendung zum Schnitt in frischem und getrocknetem Zustand. Rückschnitt im Vorfrühling. Vermehrung durch Teilung, häufig auch Selbstaussaat.

Lúzula sylvática
Waldmarbel
Juncáceae, Binsengewächse

Von Europa bis Kleinasien reicht das Verbreitungsgebiet der immergrünen Waldmarbel. Sie bildet flache, niederliegende Matten und breitet sich durch Ausläufer aus. Blätter 20 bis 30 cm lang, 1,5 cm breit, aufrecht bis schwach überhängend. Blütenstände locker, bräunlich, erscheinen an bis zu 40 cm langen Stengeln von April bis Juni. Am besten wächst die Waldmarbel in lehmig-humosen, auch feuchten Böden im Halbschatten und Schatten. Verwendung unter Bäumen und Sträuchern, auch in größeren Mengen zur Flächenbegrünung. Vermehrung durch Teilung und Samen. Sorten: 'Farnfreund', zierlich; 'Tauernpaß', flache, breite Rosetten (Bild).

Alísma plantágo-aquática

Froschlöffel

Alismatáceae, Froschlöffelgewächse

Man unterscheidet weltweit 10 *Alísma*-Arten. Der heimische Froschlöffel kommt von Afrika über Europa bis nach Asien vor. Aus einem knolligen Rhizom entwickeln sich langgestielte Blätter bis 50 cm Höhe und 10 cm Breite. Blütenrispe aufrecht, bis 1 m hoch, quirlartig locker verzweigt, mit hellrosa Blütchen von Juni bis September. Einzelblüte nur 1 cm breit, 3 Kelch- und 3 Kronblätter. Wächst besonders gut in flachem Wasser bis 20 cm Wassertiefe oder im Sumpf. Geeignet für Teichränder in nährstoffreichem Wasser, auch noch im Schatten. Anspruchslos. Getrocknete Rispen zur Trokkenbinderei. Kann durch Selbstaussaat lästig werden. Rückschnitt nach der Blüte. Vermehrung durch Samen und Teilung.

Sagittária sagittifólia

Pfeilkraut

Alismatáceae, Froschlöffelgewächse

Die meisten der 20 Pfeilkraut-Arten stammen aus den Tropen Amerikas, nur 3 Arten aus Europa und Asien bekannt. Dazu zählt das heimische Pfeilkraut, das von Europa bis Asien vorkommt. Aus walnußgroßen Knollen und langen Rhizomen bilden sich im Frühling langgestielte dunkelgrüne, pfeilförmige Blätter bis zu 40 cm Länge über dem Wasser. Unterwasserblätter 2 cm breit, bis zu 80 cm lang. Blütenstand quirlartig, 50 cm, gelegentlich auch 1 m hoch. Triebe dreikantig, mit dreiteiligen weißen Blüten von Juni bis August. Männliche Blüten mit braunen Staubgefäßen bis 2,5 cm, weibliche 1 cm groß. Gedeiht in sonnigen bis halbschattigen Lagen in Wassertiefen bis 40 cm in lehmig-humosem Boden. Gut für Teichränder. Sät sich oft selbst aus. Vermehrung durch Samen und Knollen. Sorte: 'Plena', gefüllte Blüten.

Cálla palústris

Sumpfkalla, Schlangenwurz
Aráceae, Aronstabgewächse

Nur eine Art, die in Europa, Asien und Nordamerika vorkommt und in allen Teilen giftig ist. Besonders in Norddeutschland trifft man sie in Erlenbrüchen an. Aus einem langen, kriechenden und fingerdicken Rhizom entwickeln sich sommergrüne, rundlich-herzförmige, gestielte Blätter von 15 cm Länge. Von Mai bis Juli erscheinen die 2 bis 3 cm langen gelben Blütenkolben, umgeben von einem weißen, auffälligen Hochblatt. Spatha breit-herzförmig, 6 bis 8 cm lang. Beerenfrüchte scharlachrot, in kugeligem Fruchtstand, reifen im August. Gedeiht in sauren, flachen Gewässern und Sümpfen in Sonne und Halbschatten. Verwendung für Teichränder und Sumpfbeete oder Behälter. Vermehrung durch Teilung der Rhizome und Samen.

Bútomus umbellátus

Blumenbinse, Schwanenblume
Butomáceae, Schwanenblumengewächse

Nur mit einer Art ist die Familie vertreten. *B. umbellátus* ist von Nordafrika über ganz Europa bis nach Ostasien zu finden, außerdem in Nordamerika eingeschleppt. Wächst in bis zu 50 cm tiefem Wasser am Rande von Seen und in Gräben. Breitet sich mit schwach kriechenden Rhizomen nur langsam aus. Blätter bis über 1,20 m lang, aber nur 1 cm breit, am Grunde dreikantig. Blütenschaft bis zu 1,50 m hoch, mit einer breiten Blütendolde geschmückt. Einzelblüten radiär, rosa, sechsteilig, über 2 cm groß. Die 3 Kronblätter sind etwas größer als die 3 ebenfalls gefärbten Kelchblätter. Blütezeit Juni bis August. Wächst in einer Wassertiefe bis 30 cm in sonnigen Lagen. Verwendung für Teichränder und Wasserbecken. Vermehrung durch Teilung und Samen.

Ceratophýllum demérsum

Hornblatt

Ceratophylláceae, Hornblattgewächse

Mit 2 Arten weltweit verbreitete Gattung untergetaucht wachsender Kräuter. Die Triebe schwimmen im Wasser und bilden keine oder nur wenige Wurzeln aus. Jeder Trieb besteht aus vielgliedrigen Blattquirlen und kann bis zu 1 m lang werden. Mit farblosen Sproßteilen kann er sich im Schlamm verankern. Blätter hornartig, bis zu 2 cm lang, doppelt gegabelt, quirlartig am Stiel angeordnet. Blüten unscheinbar, in den Blattachseln sitzend; sie werden unter Wasser bestäubt. Wächst in nährstoffreichen stehenden und langsam fließenden Gewässern in einer Wassertiefe bis zu 60 cm. Verwendung auch für kleine Teiche und Wasserbekken als Sauerstofflieferant. Vermehrung durch Sproßteile, die leicht abbrechen. Ähnliche Art: *C. submérsum*, sehr selten, Blätter noch stärker gegabelt.

Hippúris vulgáris

Tannenwedel

Hippuridáceae, Tannenwedelgewächse

Weltweit nur eine Art mit verschiedenen Rassen bekannt. In den gemäßigten und kalten Gebieten der Nordhalbkugel, aber auch noch in der Antarktis vorkommend. Aus einem kriechenden Wurzelstock unter Wasser entwickeln sich viele aufrechte Triebe, die sich bis zu 40 cm über die Wasseroberfläche erheben. Der Tannenwedel wächst meist in einer Wassertiefe von 20 cm, kann aber bis zu einer Wassertiefe von 4 m vorkommen, bleibt dann aber unter Wasser. Triebe immergrün. Am hohlen Stengel über Wasser dicht stehende Blattquirle. Blätter weich, dunkelgrün, bis 2 cm lang, waagrecht abstehend. Blüten unscheinbar, in den Blattachseln, von Juli bis August erscheinend. Gedeiht in kalkhaltigen Gewässern und dauernd nassen Böden in voller Sonne. Verwendung für größere Teiche am Rand. Vorsicht, starke Ausbreitung. Vermehrung durch Teilung.

Stratiótes aloídes

Wasseraloë, Krebsschere
Hydrocharitáceae, Froschbißgewächse

Nur eine Art bekannt. Sie kommt in Europa, im Kaukasus und in Sibirien vor. Man kann sie in stehenden oder schwach fließenden Gewässern gelegentlich in großen Mengen finden. Diese Schwimmpflanze hat rosettenförmig angeordnete, gesägte Blätter und bildet lange Wurzelfäden. Entwickelt lange Ausläufer aus den Blattachseln. Im Herbst Bildung von Überwinterungsknospen (Hibernakeln), die am Grunde überdauern. Die Rosetten sind im Sommer halb unter Wasser. Blätter bis 40 cm lang. Pflanze zweihäusig, Blüten weiß, aus 3 Kronblättern von 2 bis 3 cm Größe bestehend, erscheinen im Juli und August über dem Wasser. Früchte meist taub. Wächst besonders gut in kalkarmen Moorgewässern in voller Sonne. Verwendung auch für kleinere Teiche. Vermehrung durch Abtrennen der Ausläufer.

Íris kǣmpferi

Japanische Schwertlilie
Iridáceae, Schwertliliengewächse

Die meisten der rund 250 *Iris*-Arten benötigen trockene Standorte. Eine Ausnahme macht *I. kǣmpferi* aus Japan, Korea und der Mandschurei. Aus einem kriechenden Wurzelstock entwickeln sich schmale hellgrüne, schwertförmige Blätter bis 80 cm Länge, mit deutlicher Mittelrippe. Bis zu 1 m langer Blütenstiel mit 3 bis 4 Blüten im Juni und Juli. Blüte mit breit-ovalen, fast waagrecht ausgebreiteten Hängeblättern und kleinen, schmalen Domblättern. Blüten der vielen Züchtungen bis zu 20 cm groß, die Farben variieren zwischen weiß, blau, violett und rosa. Gedeiht in nährstoffreichen, kalkfreien Sumpfböden in voller Sonne. Von Mai bis Juli brauchen sie viel Feuchtigkeit, im Herbst und Winter dagegen sollen sie trokkener stehen. Im Garten erreicht man dies mit speziellen Folienbeeten oder größeren Gefäßen. Schön am Bach- oder Teichrand. Vermehrung durch Teilung. Viele Sorten mit meist japanischen Namen.

Íris pseudácorus

Sumpfschwertlilie
Iridáceae, Schwertliliengewächse

Die heimische Sumpfschwertlilie kommt von Nordafrika über ganz Europa bis nach Vorderasien und Sibirien vor. Man findet sie in feuchten Gräben, an Bächen und Teichen. Aus einem kriechenden Wurzelstock entwickeln sich aufrechte, schwertförmige Blätter bis 1 m Höhe und 3 cm Breite. Von Mai bis Juli erscheinen die gelben Blüten an bis 1,50 m langen Stielen. Blüte mit breiten, braungeaderten Hängeblättern und schmäleren, nur 3 cm langen Domblättern. Die grüne, später braune Kapselfrucht enthält in drei Fächern zahlreiche braune Samen. Gedeiht in allen feuchten bis nassen Böden bis 20 cm Wassertiefe in voller Sonne und Halbschatten. Verwendung für den Bach- und Teichrand. Vermehrung durch Samen und Teilung.

Menyánthes trifoliáta

Bitterklee, Fieberklee
Menyantháceae, Fieberkleegewächse

Es ist nur eine Art bekannt, die in der nördlichen gemäßigten und arktischen Zone zu finden ist. Aus oft meterlangen Rhizomen entwickeln sich langgestielte, dreiteilige Blätter bis zu einer Höhe von 30 cm. Blätter lederartig, glatt, bis 5 cm lang, eiförmig, erinnern an Kleeblätter. Blüten erscheinen in Trauben an einem bis 40 cm hohen Schaft von Mai bis Juni. Knospe rosa, Blüte weiß, fünfzählig, gefranst und 2 cm groß. Früchte kugelig, erst grün, dann braun. Wächst in Flach- und Quellmooren, Verlandungsümpfen und zeitweise überschwemmten Böden. Sehr gut für kleinere und größere Wasser- und Sumpfanlagen. Vermehrung durch Teilung der Ausläufer.

Nymphaea álba

Weiße Seerose

Nymphaeáceae, Seerosengewächse

Rund 50 Seerosen-Arten sind auf der nördlichen Halbkugel bekannt. Die heimische Weiße Seerose ist in der gemäßigten Zone von Europa und Vorderasien verbreitet. Aus einem armdicken, waagrechten Rhizom entwickeln sich lange Blattstiele mit ei-rundlichen Schwimmblättern. Diese sind an der Basis herzförmig, lederig, glatt, im Austrieb rot, später dunkelgrün. Von Mai bis August erscheinen die duftenden weißen Blüten, die sich morgens öffnen. Blüte bis 12 cm im Durchmesser, mit 4 bis 5, außen grünen, innen weißen Kelchblättern und mindestens 6 reinweißen Blütenblättern. Diese sind spiralig angeordnet und gehen allmählich in die zahlreichen gelben Staubgefäße über. Frucht kugelig. Wächst in Wassertiefen von 0,30 bis 1,80 m in stehenden Gewässern. Verwendung für größere Triebe. Steht unter Naturschutz. Vermehrung durch Teilung und Samen (Bild 'Richardsonii').

Nymphaea-Hybriden

Seerosen

Nymphaeáceae, Seerosengewächse

Von verschiedenen Arten aus Europa, Asien, Afrika, Mexiko und Amerika stammen die in den Gärten verbreiteten herrlichen Sorten ab. Nicht alle Ausgangsarten sind in Mitteleuropa ausreichend winterhart, manche Sorten benötigen daher Winterschutz. Aus einem kriechenden Rhizom entwickeln sich langgestielte Schwimmblätter, diese sind grün mit braunen Streifen. Je nach Sorte rote, rosafarbene oder gelbe, 15 bis 20 cm große Blüten, die auf dem Wasser schwimmen. Blütezeit von Mai bis Oktober. Benötigen nährstoffreiche, lehmig-humose Böden in voller Sonne und ruhiges Wasser. Pflanztiefe mindestens 0,40 m bis 1 m oder noch tiefer. Verwendung in Teichen oder Wasserbecken. Vermehrung durch Teilung. Sorten: 'Escarboucle', rubinrot; 'James Brydon', kirschrot; 'Laydekeri Purpurata', karminrot (Bild); *N. odoráta* 'Rosennymphe', hellrosa.

Cáltha palústris

Sumpfdotterblume
Ranunculáceae, Hahnenfußgewächse

Man unterscheidet etwa 20 *Cáltha*-Arten in den gemäßigten Zonen. Die bekannteste ist die heimische *C. palústris*, die im Frühling in vielen Bächen und Seen blüht und 30 cm bis 50 cm hoch wird. Aus einem horstartigen Wurzelstock entwickeln sich langgestielte, glänzendgrüne, runde bis herzförmige Blätter. Diese sind am Rand gesägt und 5 bis 8 cm groß. Blüten goldgelb, am Ende verzweigter Stengel, 3 bis 5 cm breit, fünfteilig, blühen von März bis Mai. Guter Wuchs in dauerfeuchten und nährstoffreichen Sümpfen oder an Bachrändern in der Sonne und im Halbschatten. Die ganze Pflanze ist giftig! Verwendung für Teichränder, Bäche und auch für Kübel. Vermehrung durch Teilung und Samen. Die Sorte 'Multiplex' wird nur 25 cm hoch, dicht gefüllte gelbe Blüten. Nur Teilung (Bild).

Ranúnculus língua

Zungenhahnenfuß, Sumpfhahnenfuß
Ranunculáceae, Hahnenfußgewächse

Nur wenige der rund 400 Hahnenfuß-Arten sind Wasser- oder Sumpfpflanzen. *R. língua* aus Europa und Asien gehört zu dieser Gruppe. Mit langen Ausläufern breitet er sich bei flachem Wasserstand aus und bildet aufrechte Triebe bis zu 80 cm, bei idealen Verhältnissen auch bis 1,50 m Höhe. Blätter sind graugrün, lineal-lanzettlich, 15 cm lang, ganzrandig. Blüten goldgelb, bis zu 4 cm groß, erscheinen an den Enden der stark verzweigten, hohlen Triebe von Juni bis August. Ganze Pflanze giftig! Gedeiht in sumpfigen Böden in voller Sonne. Verwendung auch bei geringer Wassertiefe von 5 bis 30 cm möglich. Vermehrung durch Abtrennen der Rhizome.

Týpha latifólia

Breitblättriger Rohrkolben
Typháceae, Rohrkolbengewächse

Man unterscheidet 15 weitverbreitete *Týpha*-Arten. Eigentlich sind alle für Teiche verwendbar. *T. latifólia* ist auf der nördlichen Halbkugel verbreitet, kommt auch noch in Australien vor. Durch lange Rhizome weit wuchernd und aufrechte Triebe bis zu einer Höhe von 2,50 m bildend. Blätter schwertförmig, bis 1 m lang, 2,5 bis 4 cm breit, graugrün. Am Ende der langen Blütentriebe bilden sich kolbenartige Blütenstände. Männliche Blüten an der Spitze, später abfallend. Zur Fruchtreife bilden sich 3 bis 4 cm dicke, 10 bis 15 cm lange Kolben, die sich erst hell- dann schwarzbraun färben. Die vielen feinen Samen können mit den langen Pappushaaren weit verbreitet werden. Gedeiht in nassen Böden und kalkfreiem Wasser. Verwendung nur für größere Teiche mit einem Wasserstand von 10 bis 30 cm. Vermehrung durch Teilung.

Týpha mínima

Kleiner Rohrkolben
Typháceae, Rohrkolbengewächse

Dieser zierliche Vertreter der Gattung *Týpha* kommt von Europa und Westasien bis zum Kaukasus vor. Er wird nur 50 bis 75 cm hoch und ist in flachen Sümpfen anzutreffen. Blätter sehr schmal, halbrund, graugrün. Blüten an unbeblätterten, bis zu 80 cm hohen Trieben über dem Laub. Weiblicher Kolben rund bis eiförmig, 3 bis 4 cm lang. Blütezeit ab Mai bis Juni. Schon im Juli zerfällt der Kolben und gibt die mit Pappus ausgestatteten Samen frei. Gedeiht in flachen Gewässern und dauerfeuchten, auch kiesigen Böden in voller Sonne. Geeignet auch für kleinste Tröge und Wasserbecken bei einer Wassertiefe von 5 bis 10 cm. Vermehrung durch Teilung.

Galánthus nivális

Schneeglöckchen
Amaryllidáceae, Amaryllisgewächse

Aus Europa und Westasien sind 12 *Galánthus*-Arten bekannt. *G. nivális*, der heimische Frühlingsbote, kommt außer im Norden in ganz Europa bis nach Südrußland vor und steht in Deutschland unter Naturschutz. Vorkommen in lichten Wäldern. Aus einer 2 bis 3 cm langen Zwiebel entwickeln sich 2 blaugrüne, bis zu 15 cm lange linealische Blätter. Die weißen, nickenden, glokkenförmigen Blüten erscheinen im Februar und März. Blüte mit 3 äußeren, 2 cm langen Blütenblättern, die 3 inneren sind kürzer und grün gerandet. In eiförmigen Fruchtkapseln Samen mit Anhängseln, werden von Ameisen verschleppt. Wächst in lockeren, lehmig-humosen Kalkböden im Halbschatten. Verwendung unter Gehölzen, gut zu frühblühenden Stauden. Pflanzung im Herbst 10 cm tief. Vermehrung durch Samen und Brutzwiebeln. Sorten: 'Atkinsii', großblumig; 'Samuel Arnott', 25 cm, riesige Blüten. Weitere Art: *G. elwésii*, großblumig.

Leucójum vérnum

Märzenbecher, Frühlingsknotenblume
Amaryllidáceae, Amaryllisgewächse

Von der Gattung *Leucójum* sind 9 Arten in Mitteleuropa und dem Mittelmeergebiet bekannt. Der heimische Märzenbecher ist in Mittel- und Südeuropa häufig anzutreffen, besonders in schattigen, feuchten Auwäldern. Steht in Deutschland unter Naturschutz. Aus einer kugeligen, 3 cm großen, weichen Zwiebel treiben im Frühling die glänzendgrünen, bis 30 cm langen, riemenförmigen Blätter aus. Im März und April erscheinen die glockenförmigen weißen Blüten einzeln oder zu zweit an bis zu 30 cm langen Stengeln, 3 cm groß, nickend, mit gelbgrünen Flecken am Ende der 6 gleichgroßen Perigonblätter. Pflanze enthält Giftstoffe! Gedeiht in frischen bis feuchten Lehmböden im Halbschatten. Gut unter Gehölzen, auch im schattigen Steingarten. Pflanzung direkt nach der Blüte, 10 cm tief. Zieht im Sommer ein, Vermehrung durch Samen und Brutzwiebeln.

Narcíssus pseudonarcíssus

Trompetennarzisse, Osterglocke
Amaryllidáceae, Amaryllisgewächse

Von der Gattung *Narcíssus* unterscheidet man rund 50 meist europäische Arten. *N. pseudonarcíssus* ist in Westeuropa heimisch. Sie kommt von Schweden über Frankreich bis nach Portugal auf steinigen Berghängen und in lichten Wäldern vor. Von April bis Mai erscheinen goldgelbe Blüten mit den langen, trompetenförmigen Nebenkronen. Aus einer großen Zwiebel entwikkeln sich die graugrünen linealischen Blätter. Blütenschaft hohl, bis zu 40 cm hoch, trägt nur eine, 4 bis 5 cm große Blüte. Man unterscheidet 9 verschiedene Unterarten, aus denen unsere heutigen Gartensorten entstanden sind. Guter Wuchs in nährstoffreichen, frischen Lehmböden in voller Sonne und im Halbschatten. Verwendung für Staudenbeete, zwischen Gehölzen und Vasenschnitt. Auf Narzissenfliege achten. Mäuse gehen nicht an die giftigen Zwiebeln. Allergien möglich. Vermehrung durch Brutzwiebeln (Bild 'Golden Harvest').

Crócus speciósus

Prachtherbstkrokus
Iridáceae, Schwertliliengewächse

Der besonders wichtige Prachtherbstkrokus stammt aus Kleinasien, der Krim, dem Kaukasus und Iran. Aus kugeliger Knolle, deren dünne Häute sich in Ringen ablösen, sprossen im Herbst schmale, grasartige Blätter bis zu 15 cm Höhe. Sie überdauern den Winter und ziehen erst im Mai ein. Im September und Oktober erscheinen die schieferblauen, dunkel geaderten Blüten auf langen Stielen. Auffallend die orangegelbe gefranste Narbe und die 3 Staubgefäße in der weit offenen Blüte. Wächst besonders gut in durchlässigen Böden in voller Sonne. Geeignet für Steingärten, zwischen niedrigen Stauden und unter Gehölzen. Pflanzung im Juli bis August. Vermehrung durch Brutknöllchen und Samen. Sorten: 'Albus', weiß; 'Oxonian', großblumig, violettblau. Ähnlich: *C. satívus*, der Safran-Krokus, blauviolett, große Narben zur Safrangewinnung.

Crócus tommasiniánus

Elfenkrokus
Iridáceae, Schwertliliengewächse

Der Elfenkrokus stammt aus dem westlichen Balkan, vorwiegend aus Dalmatien. Dort kommt er auf Kalkhügeln in Massen vor. Aus einer rundlichen Knolle mit netzfaseriger Hülle entwickelt sich im Vorfrühling die schlanke, lilafarbene, außen silbergraue Blüte mit den goldgelben Staubgefäßen. Je nach Sorte sind die Blüten heller, dunkler oder auch weiß. Blüten 3 bis 5 cm groß, Stiel bis zu 12 cm hoch. Blütezeit von Februar bis März. Dreiteilige Fruchtkapsel, bildet viele Samen aus, kann sich dadurch selbst gut aussäen. Wächst besonders gut im lichten Schatten von Gehölzen und zwischen niedrigen Stauden. Verwendung in Steingärten, Beeten und wenig gemähten Wiesen, wo er sich auch ausbreiten kann. Pflanzung im Herbst. Vermehrung durch Samen und Brutknöllchen.

Crócus vérnus ssp. vérnus

(syn. *C. neapolitánus*), Krokus
Iridáceae, Schwertliliengewächse

Vom Elsaß und Italien bis nach Rußland erstreckt sich seine Heimat. Aus vielen Kreuzungen mit anderen Arten sind die heutigen Gartenkrokusse entstanden. Knolle flachkugelig, bis 4 cm groß. Blätter grasartig, grün-weiß gestreift, 10 bis 15 cm lang, ziehen nach der Blüte ein. Blüten groß, mit abgerundeten Blütenblättern, 6 cm lang, in vielen Farbtönen. Blütezeit im März und April. Benötigen kräftige, lehmig-humose Böden in voller Sonne bis leichtem Schatten. Gut geeignet für Staudenbeete, zwischen Ziergehölzen und Rabatten, ebenfalls für Töpfe zur Treiberei. Pflanzung im Herbst 6 bis 8 cm tief. Auf Mäuse achten. Sorten: 'Jeanne d'Arc', weiß; 'Pickwick', lichtblau, violett gestreift; 'Remembrance', silbrig purpurviolett, früh. (Bild zeigt Mutation der Art am Naturstandort mit 2 × 4 Blütenblättern.)

Íris reticuláta

Netziris
Iridáceae, Schwertliliengewächse

Aus dem Kaukasus, Kleinasien, dem Iran und Irak stammt diese wohl bekannteste Schwertlilie des Vorfrühlings. Aus einer länglichen Zwiebel mit netzartiger Haut erscheint im März–April, oft auch schon früher, die zierliche, purpurviolette Blüte. Blätter graugrün, pfriemlich, ungleich vierkantig, zur Blütezeit 20 cm, später bis zu 40 cm lang. Blüten 5 bis 6 cm groß, auf 10 bis 15 cm langen Stielen, purpurviolett mit orangefarbenem Saftmal. Wächst in durchlässigen Gartenböden in voller Sonne. Gut geeignet für Steingärten und Beet zusammen mit anderen Vorfrühlingsblühern, auch zur Topftreiberei. Vermehrung durch Brutzwiebeln. Pflanzung im Herbst 8 cm tief. Sorten: 'Harmony', himmelblau; 'Pauline', purpur, sehr früh (Bild 'Cantab').

Állium karataviénse

Blauzungenlauch
Liliáceae, Liliengewächse

Aus den gemäßigten Zonen sind rund 690 Lauch-Arten bekannt. Der auffällige Blauzungenlauch stammt aus Turkestan, wird zur Blütezeit 20 cm hoch und kann viel Trockenheit vertragen. Blätter über 6 cm breit, blaugrün, gegenständig, bis zu 25 cm lang, nach außen umgebogen. Im April und Mai erscheinen auf nur 20 cm hohem Schaft die silbrigrosafarbenen Blütenkugeln mit bis zu 12 cm Durchmesser. Blüten fünfzählig, sternförmig, bis 1 cm groß. Auch zur Fruchtzeit attraktiv. Gedeiht auf nährstoffarmen, durchlässigen Kalkböden in voller Sonne. Gut für Steingärten, Schotterbeete oder Staudenhänge. Im Winter Schutz aus Reisig günstig. Pflanzung im Herbst 10 cm tief. Vermehrung durch Samen und Brutzwiebeln.

Állium gigantéum
Riesenlauch
Liliáceae, Liliengewächse

Neben den niederen Lauch-Arten gibt es eine Reihe von mächtigen Blütenlauchen. Einer der größten ist sicher der Riesenlauch aus dem Himalaja und Mittelasien. Aus einer kugeligen Zwiebel mit 6 bis 7 cm Durchmesser entwickeln sich im Frühling breit-lanzettliche, graugrüne, kahle Blätter. Blütenschaft bis zu 1,50 m hoch, trägt eine 10 bis 15 cm große Kugel aus rosavioletten Blüten. Blüten sehr dicht stehend mit herausragenden Staubblättern. Blütezeit im Juli und August. Kultur in durchlässigen, sandigen Lehmböden in voller Sonne. Verwendung für warme Plätze im Staudenbeet. Gute, sehr lange haltbare Schnittblume. Vermehrung durch Samen und Nebenzwiebeln. Weitere Arten aus Zentralasien, wichtige Schnitt- und Trockenblumen: *A. christóphii*, Sternkugellauch, 0,5 m, Juni–Juli, lila Blütenkugel 25 cm groß; *A. rosenbachiánum*, 1,2 m, rosa, Mai–Juni.

Chionodóxa lucíliae
Schneestolz, Schneeglanz
Liliáceae, Liliengewächse

Man kennt 6 Schneeglanz-Arten im östlichen Mittelmeergebiet, vor allem in der Türkei. Von dort stammt die besonders großblumige *C. lucíliae*, die bis zu 15 cm hoch wird. Aus einer kleinen, eiförmigen Zwiebel entwickeln sich 2 bis 3 breit-lanzettliche Blätter. Blütentraube locker, 15 cm hoch, erscheint im März und April. Blüten bis 2,5 cm groß, leuchtendblau mit weißer Mitte. Bis zu 12 Blüten am Stengel. Versamt sich gut an zusagender Stelle. Geeignet für durchlässige, steinig-humose Böden im Halbschatten. Verwendung daher unter Gehölzen, im Steingarten, auch im wenig gemähten Rasen. Vermehrung durch Brutzwiebeln und Samen. Sorten: 'Alba', weiß; 'Pink Giant', rosa. Weitere Arten: *C. gigantéa*, noch größere, lavendelblaue Blüten; *C. sardénsis*, enzianblau.

Cólchicum autumnále

Herbstzeitlose

Liliáceae, Liliengewächse

Man kennt rund 45 Arten der Gattung *Cólchicum* in Europa, Asien und Nordafrika. Die heimische, sehr giftige Art *C. autumnále* kommt in ganz Europa und auch noch in Nordafrika vor. Im Spätsommer erscheinen auf vielen Wiesen die rosafarbenen Blüten in großer Zahl. Sie entwickeln sich zu mehreren aus einer großen, zwiebelähnlichen Sproßknolle. Blätter 6 cm breit, glänzendgrün, bis zu 30 cm lang, werden erst im Frühling gebildet. Dann erscheinen auch die eiförmigen, 4 bis 5 cm langen, dreifächerigen Fruchtkapseln. Besonders die Samen enthalten das giftige Alkaloid Colchicin. Im Juli stirbt das Laub wieder ab. Wächst auf frischen, nährstoffreichen Böden in voller Sonne. Verwendung der Gartensorten in Staudenbeeten und Steingärten. Vermehrung durch Brutknöllchen. Sorten: 'Lilac Wonder', fliederfarben; 'Violet Queen', großblumig, lila; 'Water Lily', rosa, gefüllt (Bild).

Eremúrus-Hybriden

Steppenkerze, Lilienschweif

Liliáceae, Liliengewächse

Man unterscheidet 40 bis 50 *Eremúrus*-Arten in West- und Mittelasien. Aus einem seesternartigen, bis zu 40 cm breiten Wurzelstock entwickeln sich graugrüne, linealische Blätter mit pinselförmigem Austrieb, später bis zu 1 m lang. Sie ziehen im Sommer ein. Aus der Mitte bildet sich der bis zu 2 m lange Blütenschaft. Die schmale Blütenkerze kann über 1 m lang werden und aus rund 500 Einzelblüten bestehen. Diese sind 2 bis 4 cm groß und blühen von unten nach oben auf. Blütezeit von Juni bis Juli. Die Farbskala reicht von gelb, lachs, rosa bis weiß. Die kugeligen Früchte enthalten schwarze, kantige Samen. Wächst in nährstoffreichen, durchlässigen Böden in voller Sonne. Gute Wirkung in Gruppen im Staudenbeet. Lang haltbare Schnittblume. Pflanzung mit Dränage im Spätsommer, 10 bis 15 cm tief. Vermehrung durch Samen. Sorten der Shelford-Hybriden: 'Feuerfackel', orange; 'Moonlight', gelb.

Fritillária imperiális
Kaiserkrone
Liliáceae, Liliengewächse

Von den etwa 100 *Fritillária*-Arten in den nördlich gemäßigten Zonen ist *F. imperiális* sicherlich die auffälligste. Sie stammt aus dem Iran und dem westlichen Himalaja und kann bis zu 1 m hoch werden. Die faustgroße, flach-kugelige Zwiebel riecht unangenehm, sie vertreibt Wühlmäuse. Im März erscheint innerhalb weniger Tage der dicke Blütenschaft, der am Ende einen fast aufrechten Blattschopf trägt. Blätter glänzendgrün, breit-lanzettlich, bis 15 cm lang. Blüten groß, nickend, 6 cm lang, orange, rot oder gelb gefärbt. Meist sind 5 bis 8 Blüten an jedem Stiel. Kapselfrüchte zartgrün, später hellbraun, enthalten flache Samen. Wächst in nährstoffreichen, aber durchlässigen Böden in voller Sonne und im Halbschatten. Gut zwischen Gehölzen und Stauden. Pflanze zieht ein. Vermehrung durch Samen und Brutzwiebeln. Sorten: 'Aurora', orange; 'Lutea Maxima', gelb; 'Rubra Maxima', rotbraun.

Fritillária meleágris
Schachbrettblume, Kiebitzei
Liliáceae, Liliengewächse

Die heimische Schachbrettblume steht unter strengem Naturschutz, denn viele Vorkommen in Deutschland sind erloschen. Sie kommt auf feuchten Wiesen in Norwegen, England, Deutschland und bis zum Kaukasus vor. Aus kleinen, flach-kugeligen, weichhäutigen Zwiebeln entwickeln sich im Vorfrühling graugrüne, grasartige Blätter an einem bis zu 30 cm langen Stengel. Becherförmige Blüte am Triebende, 4 cm groß, purpurbraun und weiß gefleckt oder ganz weiß. Blütezeit im April und Mai. Fruchtkapsel aufrecht, grün, später braun, enthält viele flache Samen. Wächst in frischen bis feuchten Gartenböden in voller Sonne. Gut an flachen Stellen des Steingartens oder am Teichrand. Pflanzung im Frühherbst 8 cm tief, Zwiebel darf nicht austrocknen. Sorten: 'Aphrodite', reinweiß; 'Orion', mattpurpur; 'Purple King', purpur.

Hyacínthus orientális
Hyazinthe
Liliáceae, Liliengewächse

Zur Gattung *Hyacínthus* gehört nur eine Art. Sie stammt aus dem östlichen Mittelmeergebiet und Südwestasien. Die Art selbst ist nicht in Kultur, dafür aber viele Sorten. Aus einer kugeligen Zwiebel mit weißer oder purpurner Schale entwickeln sich die fleischigen Blätter und der kräftige Stengel mit der dichten Blütentraube. Höhe 25 bis 30 cm. Einzelne Röhrenblüten sternartig, in 6 Abschnitte geteilt und nach außen gebogen, weiß, gelb, rosa, rot oder blau, mit intensivem Duft. Blütezeit von April bis Mai, die präparierten Hyazinthen kommen auf dem Glas im Winter zur Blüte. An sonniger Stelle im Garten in kräftige Erde pflanzen. Geeignet für Beete und Einfassungen. Als Topfpflanze für die Treiberei wichtig. Vermehrung durch Brutzwiebeln. Sorten: 'Amethyst', blau; 'Carnegie', weiß; 'City of Haarlem', gelb; 'Jan Bos', rot; 'Pink Pearl', rosa (Bild 'Blue Jacket').

Lílium mártagon
Türkenbundlilie
Liliáceae, Liliengewächse

Der heimische Türkenbund kommt von Europa bis Rußland, Sibirien und Japan vor. Er ist vorzugsweise auf Kalkböden in lichten Wäldern und Bergwiesen zu finden. Aus einer runden, gelben Zwiebel erscheint im Frühling ein aufrechter Trieb mit elliptischen, quirlständigen Blättern in mehreren Etagen. Im Juni und Juli entfalten sich an dem bis 1,20 m hohen Stengel 3 bis 12, im Garten auch bis zu 50 Blüten an einem traubigen Blütenstand. Einzelblüte nickend, bräunlichrosa mit braunen Flecken, Blütenblätter nach außen gebogen. Pflanze steht unter Naturschutz. Gedeiht in lehmighumosen Kalkböden im Halbschatten. Verwendung im Einzelstand vor Gehölzen oder im Staudenbeet. Gute Schnittblume. Auf Lilienhähnchen (roter Käfer) achten. Vermehrung durch Samen und Schuppenstecklinge. Sorten: 'Album', weiß (Bild); 'Cattaniae', dunkelweinrot.

Muscári armeníacum

Armenische Traubenhyazinthe
Liliáceae, Liliengewächse

Von der Gattung *Muscári* sind etwa 30 Arten, vorwiegend aus dem Mittelmeerraum und Südwestasien, bekannt. *M. armeníacum* ist auf dem Balkan, in der Türkei bis zum Kaukasus anzutreffen. Aus einer ei-runden Zwiebel entwickeln sich schon im Herbst die rosettenförmig angeordneten, grasartigen Blätter. Diese sind dunkelgrün und bis zu 20 cm lang. Von April bis Mai erscheinen die bis 20 cm hohen Blütenschäfte, oft mehrere aus einer Zwiebel. Die Blütentrauben setzen sich aus 80–100 einzelnen kobaltblauen Blütchen zusammen, die am Blütenmund eingeschnürt und weiß gerandet sind. Völlig anspruchslos an den Standort, blüht aber in der Sonne reicher. Verwendung für Beeteinfassungen, Steingärten, auch zur Treiberei und zum Vasenschnitt. Vermehrung durch Brutzwiebeln. Sorte: 'Cantab', himmelblau, 15 cm. Viele ähnliche Arten; *M. botryoídes* ist heimisch.

Scílla sibérica

Blausternchen
Liliáceae, Liliengewächse

Von der Gattung *Scílla* unterscheidet man über 80 Arten in Europa, Asien und Afrika. Aus Südrußland, dem Kaukasus und Vorderasien stammt die prächtige *S. sibérica*. Aus einer kugeligen Zwiebel entwickeln sich im Frühling 2 bis 4 breit-linealische Blätter mit kappenförmiger Spitze bis zu 15 cm Länge. Blütenschaft höchstens 20 cm lang, trägt im März und April 1 bis 5 breit-glockige, bis 1,5 cm breite, azurblaue Blüten. Früchte kugelig, enthalten viele Samen, daher verbreitet sich diese Art sehr gut. Wächst hervorragend auf schweren, aber auch lockeren Gartenböden in voller Sonne und im Halbschatten. Gut zum Verwildern in schütteren Rasenflächen unter Bäumen, im Steingarten oder in der Staudenrabatte. Herbstpflanzung bis in 8 cm Tiefe. Vermehrung durch Samen und Brutzwiebeln. Sorten: 'Alba', reinweiß; 'Spring Beauty', dunkelblau, großblumig, aber steril.

Túlipa-Gesneriána-Hybriden

Gartentulpen
Liliáceae, Liliengewächse

Rund 100 Tulpen-Arten sind aus Asien und Südeuropa bekannt. Gartentulpen sind alte Gartenpflanzen. Schon um das Jahr 1000 wurden Tulpen in persischen Gärten gezogen. Inzwischen sind über 6000 Sorten entstanden. Die Einteilung erfolgte 1981 in folgende Klassen: 1. Einfache Frühe Tulpen, 2. Gefüllte Frühe Tulpen, 3. Triumph-Tulpen, 4. Darwin-Hybrid-Tulpen, 5. Einfache Späte Tulpen, 6. Lilienblütige Tulpen, 7. Gefranste Tulpen, 8. Viridiflora-Tulpen, 9. Rembrandt-Tulpen, 10. Papagei-Tulpen, 11. Gefüllte Späte Tulpen, 12. Kaufmanniana-Tulpen, 13. Fosteriana-Tulpen, 14. Gréigii-Tulpen, 15. Wildtulpen. Zwiebeln im Herbst 12 bis 15 cm tief pflanzen. Blütezeit von April bis Mai. Höhe 20 bis 50 cm, je nach Sorte und Klasse. Guter Wuchs in sandigen Lehmböden in voller Sonne. Bild: Lilienblütige Tulpe 'Queen of Sheba', rot mit gelbem Rand, 50 cm.

Túlipa gre̅ígii

Gestreifte Tulpe
Liliáceae, Liliengewächse

In Turkestan kommt *T. gre̅ígii* wild vor. Sie fällt nicht nur durch ihre große Blüte, sondern die braun gestreiften blaugrünen Blätter auf. Blütenstiel bis zu 25 cm hoch. Blüten breit-glockig, scharlachrot, mit schwarzem Fleck im Blütenzentrum. Blütezeit April bis Mai. Gedeiht in sandigen Lehmböden in voller Sonne am besten. Verwendung in Gruppen für Staudenrabatten, Steingärten, Vorgärten und Schalenpflanzungen. Auf Mäuse achten. Zwiebel im Herbst 12 bis 15 cm tief pflanzen. Vermehrung durch Brutzwiebeln. Sorten: 'Rotkäppchen', kräftig gezeichnete Blätter, rote Blüte mit schwarzem Fleck, 20 cm (Bild); 'Yellow Dawn', hellrot mit gelbem Rand, vermehrt sich gut, 30 cm.

Túlipa tárda

Zwergtulpe
Liliáceae, Liliengewächse

Die rund 100 *Túlipa*-Arten haben ihren Verbreitungsschwerpunkt in Zentralasien. Vom Tien-Schan-Gebirge im östlichen Turkestan stammt die interessante kleine *T. tárda*. Zwiebel nur 2 bis 3 cm groß. Blätter bläulichgrün, zu mehreren eine Rosette bildend. Daraus erblühen im April 3–8 weiße, sternförmige Blüten mit gelber Mitte auf 10 bis 15 cm hohen Stielen. Frucht eine längliche Kapsel, enthält flache Samen. Wächst auf durchlässigen, trockenen Böden in voller Sonne. Verwendung in Steingärten und an warmen Böschungen. Pflanzung im Herbst 10 cm tief. Vermehrung durch Samen, Stolonen und Brutzwiebeln. Ähnlich, mit reingelben Blüten, ist *T. urumiénsis* aus der Osttürkei und Nordwestiran.

Cýclamen cóum ssp. cóum

Wildalpenveilchen
Primuláceae, Primelgewächse

Von den 18 *Cýclamen*-Arten gibt es viele Arten, die im Frühling blühen. Die bekannteste ist *C. cóum* ssp. *cóum*, die von Südosteuropa über Kleinasien bis nach Syrien und Israel vorkommt. Aus einer kleinen, nur unten bewurzelten Knolle entwickeln sich runde bis nierenförmige, dunkelgrüne Blätter bis zu 5 cm Höhe. Von Februar bis April, oft schon ab Dezember erscheinen Blüten an aufrechten, 10 cm hohen Stielen über dem Laub. Blüte hell- bis dunkelrosa, auch weiß, 2 cm groß, mit rotweißen Flecken am Blütengrund, nicht duftend. Kugelförmige Fruchtkapsel mit großen Samen. Gedeiht in humosen Kalkböden im Halbschatten. Gut unter lichten Gehölzen im Alpinum. Vermehrung durch Samen. Ähnlich: *C. cóum* ssp. *caucásicum*, herzförmige Blätter und rosa Blüten mit purpurnem Auge. Nach dem Washingtoner Artenschutzabkommen dürfen von *Cýclamen* nur gärtnerisch vermehrte Pflanzen verkauft werden.

Anemóne blánda

Strahlenanemone

Ranunculáceae, Hahnenfußgewächse

Man unterscheidet rund 120 Anemonen-Arten, darunter etwa 70 mit Knollen oder Rhizomen. Die Strahlenanemone stammt aus Südosteuropa, Kleinasien und dem Kaukasus. In den lichten Zedernwäldern des Taurus leuchten ihre blauen Blüten weithin. Aus einem knolligen Wurzelstock entwikkeln sich zarte 5 bis 10 cm hohe Stiele mit stark geteilten Blättern. Blüten vielstrahlig, 3 bis 4 cm im Durchmesser, dunkelblau, rosa, rot oder weiß, erscheinen über dem Laub. Blütezeit von März bis April. Besonders gutes Wachstum in kalkhaltigen Humusböden in der Sonne oder im Halbschatten. Gut im Steingarten, zwischen frühblühenden Gehölzen im lichten Schatten. Pflanzung im Herbst, 6 bis 8 cm tief. Vermehrung durch Samen und Teilung. Sorten: 'Blue Star', blau; 'Radar', purpur mit weißer Mitte; 'White Splendour', weiß (Bild).

Eránthis hyemális

Winterling

Ranunculáceae, Hahnenfußgewächse

Man unterscheidet 8 *Eránthis*-Arten von Europa bis Ostasien vorkommend. Unser heimischer Winterling stammt aus Südeuropa und ist schon seit dem Mittelalter eingebürgert. Aus einer erdfarbenen Knolle entwickeln sich aufrechte Stengel bis zu 10 cm Höhe. Hochblatthülle grün, geschlitzt, rosettenförmig. Schalenblüte gelb, 2 bis 3 cm groß, mit 6 Blumenblättern, vielen Staubgefäßen und trichterförmigen Nektarien, duftet intensiv. Blütezeit von Februar bis März. Es bilden sich sternartige Balgfrüchte mit großen gelben Samen aus. Gedeiht in lehmig-humosen, durchlässigen Böden im Halbschatten. Verwendung unter lichten Gehölzen und im Steingarten. Vor der Pflanzung im Herbst Knollen im Wasser quellen lassen; Pflanztiefe 5 bis 8 cm. Vermehrung durch Samen sehr langwierig; Teilung der Horste; an geeignetem Standort selbst auswildernd. Giftig! Ähnliche Art: *E. cilícica* aus dem Taurus mit feineren Blättern.

4 Gehölze

Bäume und Sträucher bilden das Gerüst jeder Pflanzung, sei es im Garten oder in der freien Landschaft. Sie bilden verholzende Triebe oder Stämme. Viele Arten sind wichtige Nutzpflanzen.

Heimische Laubbäume sind seit vielen Jahrhunderten an das jeweilige Klima angepaßte Gewächse und am geeigneten Standort anspruchslos. Sie gehören vorwiegend in die freie Landschaft.

Fremdländische Laubbäume sind Arten aus aller Welt, die in unseren Gärten und Parks anzutreffen sind. Häufig sind sie anspruchsvoll. Manche Arten und Sorten fallen durch besonderen Wuchs oder farbige Blätter auf.

Sträucher bilden keine Stämme, sondern entwickeln viele Triebe aus der Basis. **Heimische Sträucher** sind in der Natur am Waldrand oder in der Feldhecke zu finden und bieten vielen Tieren Schutz und Nahrung. Ihre Wurzeln können den Boden befestigen und dadurch Erosionen verhindern.

Die prächtigen **Blütensträucher** stammen aus aller Welt und blühen besonders reich, je nach Art im Frühling, Sommer oder sogar im Winter. Sie gehören in den Gartenbereich. Einige Arten benötigen einen hohen Pflegeaufwand und Winterschutz.

Immergrüne Laubgehölze stammen vorwiegend aus Gebieten mit wintermildem Klima und hoher Luftfeuchtigkeit. Sie

behalten ihre Blätter viele Jahre lang, können aber in Mitteleuropa bei Trockenheit im Sommer und Winter leiden. Kultur deshalb vorwiegend im Schatten in meist humosen Böden.

Während die hohen **Nadelbäume** nur für größere Gärten, Parks oder für die freie Landschaft geeignet sind, kommen die kleinbleibenden Arten und Sorten für Gärten in Betracht. Ihre Assimilationsorgane sind zu Nadeln oder Schuppen reduziert. Weitere Maßnahmen zum Verdunstungsschutz sind der Grund, daß die Koniferen Trockenheit und Kälte ertragen können. Ihre Blüten sind meist unscheinbar, die Zapfenfrüchte sehr unterschiedlich in Form und Größe.

Flächendeckende Gehölze werden heute in großer Zahl verwendet. Viele davon sind immergrün und sehen daher ganzjährig ordentlich aus. Sie beschatten und befestigen den Boden und lassen Wildkräutern wenig Entwicklungsmöglichkeiten.

Die Zahl der **laubabwerfenden Gehölze** ist sehr groß, sie reduzieren ihre Verdunstungsfläche im Herbst, um den Winter überleben zu können. Die Blätter vieler Gewächse verfärben sich vor dem Laubfall besonders prächtig. Dieser Vorgang ist so zu verstehen, daß die Pflanze zunächst das wertvolle Blattgrün abbaut und die bis dahin vom Chlorophyll überlagerten Farbstoffe zur Wirkung kommen. Je nach Vorkommen von Karotin, Anthocyan oder Xanthophyll ist die Färbung der Blätter orange, rot oder gelb. Nach einigen Tagen werden auch diese Farbstoffe abgebaut und die braunen Blätter fallen ab.

Von Natur aus dienen die **Früchte der Gehölze** zur Verbreitung der Art. Besonders auffällige Farben haben Früchte, die von Vögeln verbreitet werden sollen. In das saftige Fruchtfleisch sind die Samen eingelagert, die mitverzehrt, aber wieder an anderer Stelle ausgeschieden werden. Die Leuchtkraft der Früchte zur Reifezeit hat zur weiten Verbreitung mancher Gattungen und Arten in Gärten und Parks beigetragen.

Eine besondere Bedeutung haben **Schling- und Kletterpflanzen**. Ursprünglich sind es Waldpflanzen, die an größeren Gewächsen hinaufklettern, bis sie genügend Licht erhalten, das für die Bildung von Blüten ausreicht. Diese sind häufig sehr farbenprächtig. Je nach Klettertechnik können die Pflanzen vertikale Flächen mit oder ohne Gerüst begrünen.

Ácer campéstre

Feldahorn, Maßholder
Aceráceae, Ahorngewächse

Auf der nördlichen Halbkugel kommen über 150 Ahorn-Arten vor. Der Feldahorn stammt aus Europa, Kleinasien und Nordafrika. Wuchs aufrecht, 10 bis 15 m hoch. Krone rundlich, Stamm korkig, häufig mehrstämmig. Zweige oft mit Korkleisten. Knospen bräunlich, gegenständig. Blätter tief fünflappig, bis 10 cm groß, sommergrün, gelbe Herbstfärbung; Blattstiele mit Milchsaft. Blüten unscheinbar, grün, in Doldentrauben, im Mai erscheinend. Früchte geflügelt, paarweise und waagrecht angeordnet. Liebt Wärme und kalkhaltige Böden, verträgt auch Trockenheit. Gehölz der Eichen-Hainbuchen-Wälder, Felder, Waldränder und Hecken. Verwendung freiwachsend oder geschnitten, guter Bodenbefestiger. Auf Mehltau achten. Samenernte kurz vor der Vollreife, Aussaat im Oktober. Sorte: 'Elsrijk', ovale Krone.

Ácer platanoídes

Spitzahorn
Aceráceae, Ahorngewächse

Von Europa über Kleinasien bis zum Kaukasus reicht das Verbreitungsgebiet des bis 30 m hohen Spitzahorns. Krone dicht, rundlich bis eiförmig. Stamm gerade, mit längsrissiger, nicht abblätternder Borke. Zweige hellbraun mit rotbraunen, gegenständig angeordneten Knospen. Blätter spitz, fünf- bis siebenlappig, bis 18 cm groß, glänzend, grün, Herbstfärbung gelborange; Blattstiele mit weißem Milchsaft. Blüten gelbgrün, in aufrechten Doldentrauben, vor dem Laubaustrieb im April erscheinend. Früchte fast waagrecht geflügelt, hängen in Büscheln, fallen rasch ab. Benötigt mehr trockene Böden mit mäßigem Kalkgehalt in sonnigen und halbschattigen Lagen. In ungünstigen Lagen Blattlausbefall, ferner Rußtaupilze und Teerfleckenkrankheit. Samen keimen sehr leicht, Aussaat im Frühling. Sorten müssen veredelt werden.

Ácer pseudoplátanus

Bergahorn

Aceráceae, Ahorngewächse

In Europa und Kleinasien trifft man den bis maximal 40 m hohen Bergahorn an. Er bildet dichte, breite Kronen und kann bis zu 400 Jahre alt werden. Stamm gerade, mit abblätternder Schuppenborke. Triebe grau, mit grünen, gegenständigen Knospen. Blätter stumpf, fünflappig, mattgrün, mit gelber Herbstfärbung, Stiel ohne Milchsaft. Blüten erscheinen erst nach dem Laubaustrieb im Mai in hängenden, bis zu 15 cm langen gelbgrünen Rispen. Früchte geflügelt, stumpfwinklig gespreizt. In sonnigen bis halbschattigen Lagen der Bergmisch- und Schluchtwälder bis zur Baumgrenze vorkommend. Liebt kühle, frische Böden, daher nicht ideal für das Stadtklima, besser für Parks und die freie Landschaft. Guter Bodenbefestiger, wird aber oft von Blattläusen befallen. Samen keimen leicht, Aussaat im Frühling.

Alnus glutinósa

Schwarzerle

Betuláceae, Birkengewächse

Man unterscheidet 30 Erlen-Arten auf der nördlichen Halbkugel. Von Europa bis Nordasien erstreckt sich das Verbreitungsgebiet der 20 bis 25 m hohen Schwarzerle, die gelegentlich auch strauchförmig wächst. Wuchs aufrecht, mit kegelförmiger Krone und waagrecht abstehenden Ästen. Borke flachschuppig, schwarzbraun; Holz sich im Anschnitt orange verfärbend. Wurzeln weitreichend, ohne Ausläuferbildung, sammeln Stickstoff, vertragen längere Überschwemmungen. Triebe an der Spitze dreikantig, oft klebrig. Blätter wechselständig, breit-eiförmig, ohne Spitze, fallen im Herbst grün ab. Pflanze einhäusig. Blüten vor dem Laub von Februar bis März erscheinend. Männliche Kätzchen rötlichgelb, weibliche Zäpfchen 4 bis 5 mm, Narben rot. Fruchtzäpfchen schwarzbraun, 2 bis 3 cm lang. Ideale Pionierpflanze für feuchte Lagen und Rohböden. Auf Erlenblattkäfer achten. Samen ist nur kurze Zeit keimfähig, Aussaat im März.

Álnus incána

Grauerle, Weißerle
Betuláceae, Birkengewächse

Dieser Großstrauch oder bis zu 20 m hohe Baum ist in den Gebirgslagen Europas anzutreffen. *A. incána* besiedelt kalkreiche und feuchte Gebiete des Alpenvorlandes. Wurzeln mit Ausläufern und Wurzelbrut, sammeln Stickstoff, vertragen Überschwemmungen. Krone kegelförmig, mit aufstrebenden Seitenästen. Borke glatt, grauweiß, oft stark fleckig. Triebe nicht klebrig, aber graufilzig. Blätter wechselständig, eiförmig-zugespitzt, unterseits weißlichgrau, fallen ohne Herbstfärbung ab. Pflanze einhäusig. Männliche Kätzchen gelb, weibliche Zäpfchen rötlich. Blütezeit im März. Fruchtzäpfchen schwarzgrau, dauern mehrere Jahre aus. Gutes Pioniergehölz auf nährstoffarmen und feuchten Böden. Auf Erlenblattkäfer achten. Aussaat im März.

Bétula péndula

Hänge-, Sand- oder Weißbirke
Betuláceae, Birkengewächse

In den nördlichen gemäßigten Zonen unterscheidet man 40 *Bétula*-Arten. Wuchsform von *B. péndúla* (syn. *B. verrucósa*) meist aufrecht, gelegentlich auch strauchförmig. Stämme weiß, schlank, bis zu 20 m hoch. Krone locker, mit hängenden Zweigen. Borke weiß, mit schwarzen Wülsten. Wurzeln flach verlaufend, empfindlich gegen Nässe und Verdichtungen. Zweige dünn und elastisch, später brüchig. Jungtriebe rotbraun, mit Wachsdrüsen. Knospen wechselständig, treiben früh aus. Blätter dreieckig-zugespitzt, anfangs klebrig, Herbstfärbung goldgelb. Pflanze einhäusig. Männliche Kätzchen gelb, weibliche Kätzchen unscheinbar. Blütezeit April–Mai. Fruchtstand walzlich, Samen klein und geflügelt; Windverbreitung. Gut in sonnigen, auch trockenen Lagen, verträgt fast alle Bodenarten. Guter Bodenbefestiger. Auf Rostpilze achten. Aussaat im März.

Bétula pubéscens
Moorbirke
Betuláceae, Birkengewächse

Die bis zu 20 m hohe Moorbirke kommt von Europa bis Sibirien vor. Wuchs auch strauchförmig, besonders in Nordeuropa und in den Alpen. Krone eiförmig, Äste aufsteigend, nie überhängend. Borke grauweiß, sich waagrecht abrollend. Triebe dicht behaart, aber nicht klebrig. Knospen wechselständig, kegelförmig. Blätter dunkelgrün, eiförmig-zugespitzt, goldgelbe Herbstfärbung. Pflanze einhäusig. Männliche Kätzchen goldgelb. Blütezeit im April und Mai. Fruchtzäpfchen bis 3 cm groß, enthalten viele geflügelte Nüßchen. Wächst besonders gut in feuchten, moorigen Böden, an Ufern von Flüssen und Seen. Liebt sonnige, aber kühle Standorte. Aussaat im März. Formen: *B. pubéscens* ssp. *tortuósa*, die arktische Drehbirke, ist bestandsbildend in Skandinavien und Island, wird 3 bis 8 m hoch (Bild).

Cárpinus bétulus
Hainbuche, Weißbuche
Betuláceae, Birkengewächse

Man unterscheidet 25 *Cárpinus*-Arten in Europa, Asien und Amerika. Die Hainbuche kommt von Europa bis zum Kaukasus vor, meist als 20–25 m hoher Baum. Wuchs auch mehrstämmig, oft verdreht und spannrükkig. Krone breit-eiförmig, Stammborke grau, mit weißem Netzwerk überzogen. Wurzelt weit und tief. Triebe grau, elastisch, schnittverträglich. Knospen spindelförmig, wechselständig. Blätter ei-länglich, bis zu 12 cm lang, am Rand doppelt gesägt, im Herbst gelb, bleiben oft braun vertrocknet den ganzen Winter hängen. Pflanze einhäusig. Gelbe männliche Kätzchen im Mai und Juni auffälliger als die weiblichen Blüten. Nußfrüchte an dreilappigen Hochblättern, bleiben lange hängen. Anspruchslose Art für Schutzpflanzungen, freiwachsende und geschnittene Hecken. Für viele Bodenarten geeignet. Aussaat sofort nach der Ernte.

Castánea satíva

Eßkastanie, Marone
Fagáceae, Buchengewächse

Von den 12 *Castánea*-Arten der gemäßigten Zonen ist die Eßkastanie eine wichtige Kulturpflanze, die von Westeuropa bis zum Kaukasus vorkommt. Der mächtige Baum wird 30 bis 35 m hoch und bis 500 Jahr alt. Krone breit und schirmförmig. Stamm oft drehwüchsig, dick, mit dunkelbrauner, tiefrissiger Borke. Zweige graubraun. Knospen wechselständig. Blätter dunkelgrün, bis zu 20 cm lang, länglich-lanzettlich, gezähnt, gelbe Herbstfärbung. Pflanze einhäusig. Männliche Kätzchen gelb, bis zu 15 cm lang, weibliche Blüten sind unscheinbar. Blütezeit im Juni und Juli. Früchte mit sehr stacheliger Hülle, erst grün, dann braun, enthalten meist 2 dunkelbraune Samen, die eßbaren Maronen. Boden tiefgründig, auch sauer, in sonnigen und warmen Lagen. Geht mit Pfahlwurzel sehr tief, daher nur jung verpflanzbar. Auf Kastanienkrebs achten. Aussaat sofort nach der Ernte.

Fágus sylvática

Rotbuche
Fagáceae, Buchengewächse

Man kennt 10 Buchen-Arten in den gemäßigten Zonen der Nordhalbkugel. Die Rotbuche kommt von Europa bis zur Krim vor, noch weiter östlich liegen die Vorkommen der ssp. *orientális*. Der mächtige, breitkronige Baum wird über 30 m hoch, an der Baumgrenze oft nur strauchig entwickelt (Schwarzwald). Stamm schlank, gerade, mit weißgrauer, glatter Borke. Äste meist aufstrebend. Triebe elastisch. Knospen wechselständig, abstehend, spindelförmig. Blätter hellgrün, eiförmig, mit gewelltem Rand, weichhaarig bewimpert, Herbstfärbung goldbraun. Pflanze einhäusig. Männliche Kätzchen in langgestielten Büscheln noch auffälliger als die weiblichen Blüten. Blütezeit im Mai. Frucht eine dreikantige Nuß (Bucheckern, ölhaltig, aber schwach giftig) in grüner, holziger Hülle. Liebt nährstoffreiche, meist kalkhaltige Böden. Sehr empfindlich gegen Einschüttung und Freistellung. Aussaat des Dunkelkeimers im Frühling.

Quércus petraea

Traubeneiche, Wintereiche
Fagáceae, Buchengewächse

Von der Gattung *Quércus* sind etwa 450 Arten in den gemäßigten Zonen der nördlichen Halbkugel und in tropischen Gebirgen bekannt. Die Traubeneiche wird ein breiter, rundkroniger Baum bis zu 40 m Höhe. Stamm meist bis zum Gipfel deutlich ausgebildet. Borke zunächst glatt und grau, später aufgerissen. Triebe olivbraun, mit wechselständigen, kegelförmigen Knospen. Blätter bis 12 cm lang, 5 cm breit, länglich-eiförmig, regelmäßig gelappt, mit 1 bis 2 cm langem Blattstiel. Pflanze einhäusig. Männliche Kätzchen gelbgrün und lang, weibliche Blüten unscheinbar. Blütezeit im Mai. Eichelfrüchte mit sitzendem Fruchtbecher. Günstige Bedingungen in Berglagen mit lockeren, vorwiegend sauren Böden. Sehr gutes Furnier- und Bauholz. Blätter werden nicht vom Mehltau befallen. Aussaat im März.

Quércus róbur

Stieleiche, Sommereiche
Fagáceae, Buchengewächse

Die bis zu 40 m hohe Stieleiche kommt von Europa bis zum Kaukasus vor. Sie kann über 1000 Jahre alt werden. Krone breit-gewölbt. Stamm sehr dick und walzenförmig, nicht bis zum Gipfel ausgebildet, sondern verzweigt sich in dicke, knorrige Äste. Borke graubraun, tiefrissig. Triebe olivbraun, mit wechselständigen Knospen, die am Triebende gehäuft sind. Blätter bis 14 cm lang, unsymmetrisch gelappt und am Grunde geöhrt; Blattstiel nie länger als 1 cm. Pflanze einhäusig. Männliche Kätzchen gelb, Anfang Mai erscheinend. Mehrere Früchte am langen Stiel, daher der Name. Guter Wuchs in durchlässigen Lehmböden, kalkhold. Pflanzung im Frühling, einzeln oder in Gruppen. Auf Echten Mehltau achten. Aussaat im März.

Fráxinus excélsior

Gemeine Esche
Oleáceae, Ölbaumgewächse

Rund 65 Eschen-Arten werden auf der nördlichen Halbkugel unterschieden. Die in ganz Europa bis Kleinasien heimische Esche wird ein großer, bis zu 35 m hoher Baum mit breiter Krone. Stamm grau, feinrissig; Holz langfaserig, wertvoll. Triebe mit langen Internodien, graugrün, mit gegenständigen schwarzen Knospen. Blätter unpaarig gefiedert, bis zu 25 cm lang, mit 7 bis 11 Einzelblättchen. Herbstfärbung grüngelb. Blüten vor dem Austrieb in achselständigen, rötlichgrünen Büscheln im April erscheinend. Früchte braune, längliche, geflügelte Nüßchen. Vorkommen im Auenwaldbereich, auf frischen und nährstoffreichen Böden bis in 1400 m Höhe. Sonnige Lagen werden bevorzugt. Guter Bodenbefestiger an Bächen und Flüssen, läßt sich gut verjüngen. Versamt sich reichlich, Aussaat im Herbst.

Fráxinus órnus

Mannaesche, Blumenesche
Oleáceae, Ölbaumgewächse

Im südlichen Mitteleuropa, ferner vom Mittelmeergebiet bis nach Kleinasien kommt die bis zu 20 m hohe Mannaesche vor. Meist wird sie nur halb so hoch oder wächst strauchartig. Wuchsform breit-pyramidal. Stamm dunkelgrau. Triebe dünn, grau, mit graubraunen, gegenständigen Knospen. Blätter unpaarig gefiedert, bis zu 22 cm lang, mit 5 bis 7 Einzelblättchen. Blüten von Mai bis Juni, viel auffälliger als bei der Gemeinen Esche. Blütenrispen 10 cm lang, locker. Blüten mit cremeweißen, schmalen Kronblättern. Früchte geflügelt, 2,5 cm lang. Dieser dankbare Kleinbaum verträgt viel Wärme, Trockenheit und Rauch, ist daher auch für innerstädtische Straßenbegrünung verwendbar. Kalkhaltige Böden werden bevorzugt. Bei Verletzung der Triebe tritt ein süßer Saft aus, der gummiartig erhärtet. Aussaat im Frühling.

Cratáegus monógyna

Eingriffeliger Weißdorn
Rosáceae, Rosengewächse

Man unterscheidet fast 100 *Cratáegus*-Arten in Europa und Asien, in Amerika noch viel mehr. Der in Europa heimische Eingriffelige Weißdorn kommt auch noch in Kleinasien und Palästina vor. Wuchs strauchig bis baumartig, 6 bis 10 m hoch. Krone breit, unregelmäßig schirmförmig. Stamm oft spannrückig, muß immer an einem Pfahl befestigt werden. Rinde rötlichbraun und flachschuppig. Triebe grau, bedornt. Knospen auffällig kugelig. wurzelt tief und weit. Blätter wechselständig, fünf- bis siebenlappig, tief eingeschnitten, bis zu 5 cm lang, am Grunde keilförmig. Blüten weiß, 1 cm groß, im Mai sehr reich blühend, in Doldenrispen angeordnet. Frucht klein, rot, kugelig, enthält einen kleinen Stein. Guter Wuchs in kalkhaltigem, tiefgründigem Boden. Wirtspflanze des Feuerbrands, daher nicht in Obstgegenden verwenden. Aussaat nach einjähriger Stratifikation im Herbst. Ähnlich: *C. laevigáta*, Zweigriffeliger Weißdorn.

Prúnus ávium

Süßkirsche, Vogelkirsche
Rosáceae, Rosengewächse

Es sind rund 400 *Prúnus*-Arten in Asien, Europa und den Gebirgen Südamerikas bekannt. Die Vogelkirsche kommt in Europa und Westasien bis zum Kaukasus vor. Bis zu 20 m hoch. Krone breit-pyramidal. Stamm schlank, mit glänzender, braunroter Borke, die sich in waagrechten Streifen ablöst. Auffällig punktartige, später waagrechte, strichförmige Lentizellen. Wertvolles Holz für Möbelherstellung. Triebe hellgrau, mit wechselständigen, eiförmigen Knospen. Blätter länglich-oval, zugespitzt, 7 bis 15 cm lang, mit gezähntem Blattrand, orangerote Herbstfärbung; Blattstiel 2 bis 4 cm lang, mit 2 rötlichen, auffälligen Nektardrüsen. Blüten langgestielt, weiß, in Büscheln im April und Mai, kurz vor dem Laubaustrieb erscheinend. Steinfrüchte rot, kugelig. Liebt nährstoff- und kalkreiche Böden in sonniger Lage. Prächtiger Blütenbaum. Befall von Pilzen, Viren und Insekten möglich. Aussaat nach Stratifikation im Frühling.

Prúnus pádus

Traubenkirsche
Rosáceae, Rosengewächse

Vorkommen von Europa bis Asien. Strauch- bis baumförmiger Wuchs, 10–13 m hoch. Krone eiförmig. Stamm aufrecht, schlank. Rinde grauschwarz, duftet unangenehm nach Bittermandel mit auffälligen hellen Lentizellen. Knospen wechselständig, dunkel, spitzig. Blätter verkehrt-eiförmig, unterseits blaugraugrün, bis zu 10 cm lang, zugespitzt; am kurzen Blattstiel 2 Nektardrüsen. Blüten weiß, in 7 bis 12 cm langen, hängenden Trauben. Blütezeit im April und Mai. Steinfrüchte glänzendschwarz, erbsengroß, bitter, aber eßbar. Gedeiht gut in frischeren und feuchteren Böden in Sonne und Halbschatten, daher gut geeignet zur Uferbepflanzung. Bietet Nahrung für viele Insekten wie Gespinstmotten und Läuse. Aussaat im Frühling.

Sórbus ária

Mehlbeere
Rosáceae, Rosengewächse

Auf der nördlichen Halbkugel kennt man 80 verschiedene *Sórbus*-Arten. Die Mehlbeere ist in Europa, aber auch in Nordafrika und Kleinasien anzutreffen. Krone regelmäßig, breit-pyramidal. Großstrauch oder Baum, wird bis zu 15 m hoch. Stamm walzenförmig, mit glatter, grausilbriger Rinde, die im Alter dunkler wird und aufreißt. Triebe rötlichbraun, mit seidiger Behaarung und 2 cm großen, behaarten, wechselständig angeordneten Knospen. Blätter breit-eiförmig, mit doppelt gesägtem Blattrand, unterseits weißfilzig, Herbstfärbung gelborange. Blüten weiß, in Doldenrispen, Früchte 1 bis 1,5 cm groß, kugelig, orangerot, im Mai erscheinend, schmecken fade, werden erst spät von Vögeln verzehrt. Wächst besonders gut auf Kalkböden in voller Sonne, ist ein Pionier für trockene Hanglagen. Vermehrung durch Aussaat nach der Ernte. Sorte: 'Magnifica', wächst etwas straffer.

Sórbus aucupária

Eberesche, Vogelbeere
Rosáceae, Rosengewächse

Die Eberesche ist weit verbreitet, sie kommt in ganz Europa über Kleinasien bis nach Sibirien vor. Wächst strauch- oder baumförmig, kann dann bis zu 15 m hoch werden. Bildet lockere Kronen. Stämme grausilbrig, schlank. Triebe grau, rutenförmig, mit rötlichen Lentizellen und großen, wechselständigen Knospen. Diese sind 2 cm groß und seidig behaart. Blätter grün, unpaarig gefiedert, bis zu 20 cm lang, Herbstfärbung gelbbraun. Blüten weiß, in breiten Doldentrauben, duften unangenehm. Früchte rot, kugelig, erbsengroß, zahlreich, Geschmack säuerlich; wichtig als Vogelgehölz. Vorkommen in Mischwäldern, Heiden und Mooren. Gedeiht in fast allen Böden, aber nicht in reinen Kalkböden. Besonders wichtiges Pioniergehölz. Auf Rostpilze achten. Aussaat nach Vergärung der Früchte. Unterart: *S. aucupária* ssp. *morávica*, Mährische Eberesche, größere, eßbare Früchte.

Sórbus torminális

Elsbeere
Rosáceae, Rosengewächse

In Europa, Vorderasien und Nordafrika kommt die Elsbeere vor. Sie bildet breitrundliche Kronen und wird bis zu 20 m hoch. Stamm gerade, fällt durch seine graubraune, längsrissige Rinde auf. Triebe rotbraun, mit eiförmigen, gelbgrünen Knospen. Blätter wechselständig, 10 cm lang, tief eingeschnitten, ähneln eher einem Ahorn; Herbstfärbung gelborange bis rot. Blüten reinweiß, in lockeren, bis zu 12 cm breiten Doldenrispen, im Mai erscheinend. Früchte bräunlich, kugelig, 1,5 cm groß, eßbar. Vorkommen an wärmeren, kalkreichen Trockenhängen und Waldrändern. Verwendung als Wildfruchtgehölz für Vogelschutz, Gärten und Landstraßen. Aussaat nach Stratifikation im Frühling.

Pópulus álba

Silberpappel, Weißpappel
Salicáceae, Weidengewächse

In Europa, Asien, Nordafrika und Nordamerika sind etwa 40 Pappel-Arten und viele Hybriden bekannt. Die Weißpappel ist von Europa bis Mittelasien verbreitet. Bis zu 30 m hoher, raschwüchsiger Baum, Krone breit und rund. Stamm kräftig, oft mit vielen Schößlingen am Grunde. Rinde glatt, graugrün, später schwarzborkig. Zweige weißfilzig, später grau, mit korkigen Lentizellen und spitzen Knospen. Blätter wechselständig, sehr verschieden geformt, unterseits mit hellgrauem Haarfilz. An Langtrieben drei- bis fünfteilig, bis 10 cm lang, an den Kurztrieben eiförmig, stumpf-gezähnt. Pflanzen zweihäusig. Rote männliche und grünliche weibliche Kätzchen, 6 bis 10 cm lang. Blütezeit im April. Früchte mit silbrigen Haaren (Pappus). Wächst an Flüssen und Seen, verträgt Sonne und Wärme bei kühlem Fuß. Gut zur Ufer-, Halden- und Dünenbegrünung. Viele Schädlinge und Krankheiten. Aussaat und Steckholzvermehrung.

Pópulus trémula

Zitterpappel, Espe
Salicáceae, Weidengewächse

Die Espe hat eine weite Verbreitung von Europa bis Sibirien. Wuchs unterschiedlich, meist aber bis zu 30 m hohe Bäume bildend, wächst rasch und wird nur 100 Jahre alt. Eiförmige, oft schiefe Krone. Rinde grüngrau, glatt, später rissig, mit rautenförmigen Verkorkungen. Triebe glänzend, gelbbraun, mit ei-kegelförmigen Knospen. Blätter wechselständig, eiförmig bis kreisrund, 7 cm lang, unterseits bläulichgrün, gelb-rote Herbstfärbung. Blattrand gekerbt, Blattstiel bis zu 8 cm lang, daher bei geringstem Wind „zitternd“. Pflanzen zweihäusig. Rote männliche und grüne weibliche Kätzchen. Blütezeit im März und April. Frucht wollig behaart, samt sich leicht aus. Kommt an Waldrändern, Hecken und Schutthalden auf allen Bodenarten vor. Ideales Pioniergehölz für Rohböden und Schutzpflanzungen. Bildet viele Ausläufer. Dient zahlreichen Insekten als Nahrung. Vermehrung durch Aussaat. Ähnlich: *P.* × canéscens, Graupappel.

Sálix álba

Silberweide

Salicáceae, Weidengewächse

Die über 300 Weiden-Arten der nördlichen Halbkugel wachsen meist strauchig. Die Silberweide aus Europa und Asien wird dagegen ein bis zu 25 m hoher Baum. Bildet eine breite, unregelmäßige Krone und mächtige, oft schiefe Stämme. Borke rissig und wulstig, grauweiß bis dunkelgrau. Triebe elastisch, gelb-rotbraun mit wechselständigen Knospen. Blätter lanzettlich, bis zu 10 cm lang, 1,5 cm breit, unterseits weißlich. Nebenblättchen am Stielgrund fallen bald ab. Pflanzen zweihäusig. Männliche Kätzchen gelb. Blütezeit April und Mai. Behaarte Früchtchen werden vom Wind verbreitet. Wurzelt weit und tief, fühlt sich besonders an feuchten, grundwassernahen Standorten wohl. Verwendung für Uferbefestigung, Hekken und als Parkbaum, oft als Kopfweide gezogen. Wird von vielen Schädlingen und Krankheiten befallen. Meist Steckholzvermehrung.

Sálix cáprea

Salweide

Salicáceae, Weidengewächse

Von Europa bis Nordostasien reicht das Verbreitungsgebiet der bis 8 m hohen Salweide, die häufig nur als großer Strauch gezogen wird. Krone breit-pyramidal. Rinde graugrün, glatt, reißt im Alter auf. Triebe erst grauhaarig, später rotbraun, glänzend. Blütenknospen wechselständig, dicht, dick, nur eine braune Schuppe schützt die Blütenkätzchen. Blattknospen spitziger, meist an den Triebenden und Kurztrieben. Blätter grün, eiförmig, zugespitzt, bis 10 cm lang und 5 cm breit, unterseits graufilzig, mit 2 Nebenblättern an der Blattbasis, Herbstfärbung grün-gelb. Pflanzen zweihäusig, blühen vor dem Laubaustrieb im März–April. Männliche Kätzchen bis 4 cm lang, silbrig, gelbe Staubgefäße. Weibliche Kätzchen 4 cm lang, grünlich. Insektenblütler. Samen mit Pappus, Windverbreitung. Vielseitig verwendbares Gehölz für fast alle Lagen und Böden. Steckholzvermehrung und Veredlung.

Tília cordáta

Winterlinde

Tiliáceae, Lindengewächse

Die Gattung *Tília* ist auf der nördlichen Halbkugel mit 30 Arten verbreitet. Die Heimat der Winterlinde ist Europa, Vorderasien und Sibirien. Krone breit, kegelförmig. Stamm dick und knorrig, Borke graubraun und längsrissig. Triebe olivgrün bis rotbraun. Knospen eiförmig, zweizeilig, olivbraun. Blätter breit-herzförmig, asymmetrisch, bis 7 cm lang, unterseits blaugrün, mit braunen Haarbüscheln in den Aderwinkeln, gelbe Herbstfärbung. Blüten zwittrig, hellgelb, duftend, je 7–9 hängen in einer Scheindolde an einem Tragblatt. Blütezeit Ende Juni bis Juli. Nußfrüchte filzig, erbsengroß. Bildet tiefreichende Wurzeln, ist empfindlich gegen Verdichtungen des Bodens. Liebt frische, tiefgründige Böden, verträgt dann auch Wärme sehr gut. Verwendung als Bodenbefestiger und als geschnittene Hecke. Auf Spinnmilben achten. Samen stratifizieren und im Frühling aussäen.

Tília platyphýllos

Sommerlinde

Tiliáceae, Lindengewächse

Die Sommerlinde ist in Nord- und Südeuropa heimisch, kann bis zu 35 m hoch werden. Krone breit-eiförmig, stark verzweigt. Rinde grau, glatt und glänzend, später längsrissig. Triebe olivgrün bis braunrot, mit rotbraunen, wechselständigen Knospen. Blätter bis 12 cm lang, breit-herzförmig, unterseits weiße Bärtchen in den Aderwinkeln, gelbe Herbstfärbung. Meist 3 (bis 7) gelbweiße Blüten im Juni. Früchte filzig, deutlich fünfkantig. Wurzelt weit und tief. Vorkommen in schattigen Schluchtwäldern und an Hängen. Liebt zwar die Wärme, verträgt aber Trockenheit des Bodens und der Luft sehr schlecht. Gutes Gedeihen in nährstoffreichen, humosen Lehmböden bei ausreichender Feuchtigkeit. Anspruchsvollster heimischer Baum. Verwendung in Parks in Einzelstellung. Wird bei Trockenheit häufig von Spinnmilben und Blattläusen befallen, dann Rußtau und Blattfall. Vermehrung durch Aussaat nach Stratifikation.

Úlmus glábra

Bergulme, Bergrüster
Ulmáceae, Ulmengewächse

Man unterscheidet 30 Ulmen-Arten in den nördlichen gemäßigten Zonen. Vor Jahren weit verbreiteter Baum. Viele Schäden durch das gefürchtete „Ulmensterben". Die Bergulme stammt aus Europa und Vorderasien. Mächtiger Baum bis 40 m Höhe, mit ausladender Krone und geradem Stamm. Borke glatt, grau, erst im Alter längsrissig. Triebe olivgrün bis rotbraun, Knospen dick, wechselständig, Blütenknospen rundlich. Blätter breit-eiförmig, zugespitzt, rauh, bis 16 cm lang und 8 cm breit, asymmetrisch, oft dreispitzig, gelbe Herbstfärbung. Blüten vor dem Austrieb im März–April in rötlichen Büscheln. Geflügelte Nußfrüchte in dichten Büscheln. Wurzelt tief, ohne Ausläuferbildung. Kommt in Auwäldern und kühlen Schluchtwäldern vor. Liebt kalkhaltige, frische bis feuchte und nährstoffreiche Böden in halbschattiger Lage. Samen sind nur kurze Zeit keimfähig. Sorte: 'Resista', wenig anfällig gegen das Ulmensterben.

Úlmus mínor

(syn. *U. campéstris*), Feldulme, Feldrüster
Ulmáceae, Ulmengewächse

Die Feldulme kommt von Nordafrika über Europa bis zum Iran vor. Bäume hochgewölbt, bis über 30 m hoch. Stamm grau, walzenförmig, oft sehr dick, treibt viele Ausläufer. Borke tiefgefurcht, graubraun. Triebe dünn, rotbraun bis olivgrün, mit ausgeprägter, zweizeiliger Knospenanordnung, ei-kegelförmige braune Knospen stehen schief über der Blattnarbe. Blätter eiförmig, zugespitzt, asymmetrisch, bis zu 10 cm lang und 5 cm breit, gelbe Herbstfärbung. Blüten vor dem Austrieb im März–April, bilden bräunlichgrüne Knäuel. Geflügelte Nußfrüchte in dichten Büscheln, erst grün, später hellbraun. Baum kommt in Auwäldern, Hecken und Mischwäldern vor. Verträgt viel Wärme und Feuchtigkeit, wenn der Boden kalkhaltig ist. Wird vom Ulmensterben stark befallen, daher von Pflanzungen abzuraten. Aussaat sofort nach der Ernte. Form: *U. mínor* var. *suberósa*, Kork-Feldulme, mit dicken Korkleisten.

Ácer palmátum

Fächerahorn
Aceráceae, Ahorngewächse

Aus Japan und Korea stammt der Fächerahorn, der dort bis 8 m hoch werden kann. Bei uns nur 3–4 m hoch. Die meisten der vielen Sorten erreichen selten 2 m Höhe, werden aber ebenso breit. Stämme im Alter feinrissig. Zweige fein gegliedert, Knospen gegenständig, immer 2 gleichgroße am Triebende. Blätter grün, fächerförmig, fünf- bis elflappig, tief eingeschnitten, 5 bis 10 cm breit, im Herbst mit leuchtendroter Färbung. Blüten klein, rot, erscheinen nach dem Laub im Juni. Früchte zierlich, 2 cm lang. Wächst besonders gut in tiefgründigen, etwas sauren, humosen Gartenböden in leichtem Schatten. Unbedingt einzeln verwenden. Vermehrung durch Aussaat, die Sorten durch Veredlung (seitliches Einspitzen). Sorten: 'Atropurpureum', dunkelrote Blätter, 4 bis 5 m; 'Dissectum', Blätter grün, fein geschnitten, 2 bis 3 m; 'Dissectum Garnet', geschlitzte rote Blätter; 'Dissectum Ornatum', rote, fein geschlitzte Blätter, 2 m hoch.

Ácer saccharínum

Silberahorn
Aceráceae, Ahorngewächse

Der breitkronige, häufig mehrstämmige *A. saccharínum* stammt aus Nordamerika. Dort wird er 35–40 m hoch, bei uns höchstens 20 m. Stamm aufrecht bis schief, wulstig, oft mit vielen Stammaustrieben. Zweige aufrecht, später überhängend, Triebspitzen oft wieder aufstrebend. Blätter hellgrün, bis zu 15 cm lang, tief fünflappig geschlitzt, unterseits silbrig, im Herbst goldgelb. Blüten klein, lange vor dem Austrieb im Februar–März erscheinend. Männliche Blüten grüngelb, weibliche Blüten gelbrot, in Büscheln. Früchte geflügelt, sichelförmig gebogen, häufig nur ein Same entwickelt. Guter Wuchs in tiefgründigen, feuchteren Böden in tieferen Lagen. Da die Äste leicht brechen, ist es kein idealer Straßenbaum. Besser für Parks und große Gärten in Einzelstellung. Vermehrung durch Aussaat, die Formen durch Ableger. Sorte: 'Wieri', schöne, geschlitztblättrige Form mit dünnen, überhängenden Zweigen.

Bétula nígra

Schwarzbirke, Uferbirke
Betuláceae, Birkengewächse

Etwa 40 *Bétula*-Arten in den nördlichen gemäßigten und arktischen Gebieten bekannt. Die Schwarz- oder Uferbirke stammt aus dem östlichen Nordamerika und bildet dort mächtige Bäume bis zu 30 m Höhe. Wuchs oft mehrstämmig, aufrecht, im Alter schön. Die rotbraune Rinde löst sich in mehreren Lagen ab, bleibt aber in Fetzen hängen. Ältere Stämme oft mit schwarzgrauer Borke. Junge Zweige meist behaart, später tiefbraunrot und hängend. Blätter dunkelgrün, rhombisch-eiförmig, mit hellerer Unterseite, bis zu 8 cm lang, goldgelbe Herbstfärbung. Pflanze einhäusig. Gelbe Kätzchen im April und Mai. Fruchtzäpfchen bis 4 cm lang, dick, walzenförmig. Gedeiht in der Heimat in feuchteren Tallagen und an sumpfigen Standorten. Im Garten aber auch an trockeneren Stellen zu verwenden. Herrlicher Baum in Einzelstellung an Seen, Teichen oder Bächen in größeren Anlagen. Sehr anspruchslos, Vermehrung durch Veredlung.

Bétula papyrífera

Papierbirke
Betuláceae, Birkengewächse

Im nördlichen Nordamerika, ja sogar noch in Alaska kommt diese schöne Art vor. Sie wächst meist mehrstämmig, aufrecht und kann bis zu 30 m Höhe erreichen. Krone breit und locker. Stämme und Äste zeigen bald die blendendweiße Rindenfärbung. Rinde löst sich in dünnen Streifen ab, darunter kupferrote Färbung. Jungtriebe schlank, braunrot, etwas klebrig, Knospen wechselständig. Blätter eiförmig, zugespitzt, bis zu 10 cm lang, Basis keilförmig, Herbstfärbung goldgelb. Pflanze einhäusig. Männliche Kätzchen gelb, meist zu dritt zusammen, 6 bis 8 cm lang, hängend. Fruchtzäpfchen nur 3 bis 5 cm lang. Gedeiht in jedem guten, durchlässigen Gartenboden in voller Sonne bei ausreichender Feuchtigkeit. Alle Birkenarten sind Flachwurzler, daher Wurzelbereich nicht befestigen. Verwendung in größeren Anlagen und Parks im Einzelstand. Vermehrung durch Veredlung.

Córylus colúrna

Türkische Baumhasel
Betuláceae, Birkengewächse

Von den 15 *Córylus*-Arten wachsen die meisten strauchartig. Die Türkische Baumhasel stammt aus Südosteuropa, Kleinasien und dem Himalaja. Wuchs straff-aufrecht, bis zu 20 cm hoch. Krone auffällig kegelförmig. Stamm grauweiß, mit korkig-rissiger Borke. Äste fast waagerecht abstehend. Triebe braungelb, mit wechselständigen Knospen. Blätter breit-eiförmig, bis zu 12 cm lang, unterseits hell graugrün, Herbstfärbung braungelb. Pflanze einhäusig. Männliche Kätzchen bis zu 12 cm lang, graugelb. Weibliche Blüten rot, unscheinbar. Blütezeit im Februar und März. Früchte auffällig, die eßbaren Nüsse sitzen zu mehreren in kugeligem Fruchtstand in tief geschlitzten Fruchthüllen. Gutes Gedeihen in lehmig-kräftigem, tiefgründigem Boden in sonniger Lage. Trockenheitsverträglich, industriefest und frosthart. Verwendung im Einzelstand. Gute Heckenpflanze. Vermehrung durch Aussaat im Frühling nach Stratifikation.

Catálpa bignonioídes

Trompetenbaum
Bignoniáceae, Bignoniengewächse

Man unterscheidet 11 *Catálpa*-Arten aus Nordamerika, China und Tibet. Die am häufigsten gepflanzte Art, *C. bignonioídes*, stammt aus Georgia, Florida und Louisiana. Wuchs aufrecht, mit breiter Krone, bis zu 15 m hoch. Stamm kurz, wird im Alter häufig schief, Holz brüchig. Borke dunkelgrau, rissig. Triebe olivbraun, mit 3 quirlständigen Knospen. Blätter weichhaarig, grün, herzeiförmig, bis zu 25 cm lang und 20 cm breit, duften unangenehm beim Zerreiben, Herbstfärbung grün-gelb. Blüten weiß, bis zu 5 cm groß, erscheinen an endständiger, bis zu 30 cm langer Rispe im Juni und Juli. Einzelblüte fast glockig, mit gelben und purpurnen Flecken. Kapselfrucht graubraun, bis zu 30 cm lang, bleistiftstark, enthält viele kleine, haarige Samen. Wächst gut in nährstoffreichen, sandigen Lehmböden in geschützter, warmer Lage. Verwendung im Einzelstand in größeren Gärten und Parks. Vermehrung durch Aussaat und Veredlung.

Cercidiphýllum japónicum

Katsurabaum, Judasblattbaum; *Cercidiphylláceae,* Judasblattbaumgewächse

Von den beiden Arten aus Japan wird eigentlich nur *C. japónicum* gezogen. Wuchs meist mehrstämmig, streng aufrecht, bildet lichte, schlanke Kronen, wird bis zu 30 m, bei uns höchstens 20 m hoch. Stamm schwarzbraun, tief gefurcht. Jüngere Zweige rotbraun, mit roten, gegenständigen Knospen. Blätter rundlich-nierenförmig, bis zu 6 cm groß, unterseits bläulichgrün, Herbstfärbung variiert von gelb über orange bis purpurrot. Pflanzen zweihäusig. Blüten klein und unscheinbar. Männliche Blüten mit hängenden Staubblättern. An den weiblichen Exemplaren fallen im April die roten, 5 mm langen Narben auf. Später erscheinen in Mengen die bis 2 cm langen Balgfrüchte, die viele feine Samen enthalten. Bester Wuchs in kalkarmen, humosen Böden in voller Sonne, aber ausreichender Feuchtigkeit. Verwendung in Einzelstellung in Gärten und Parks. Vermehrung durch Aussaat und Stecklinge.

Quércus rúbra

Amerikanische Roteiche
Fagáceae, Buchengewächse

Man unterscheidet etwa 450 vorwiegend baumartig wachsende Eichen-Arten in den gemäßigten Zonen der nördlichen Halbkugel und den Tropen. Besonders raschwüchsig ist *Q. rúbra* aus Nordamerika. Dort wird sie 35 bis 40 m hoch. Bei uns erreichen Exemplare in 180 Jahren eine Höhe von etwa 20 m, aber eine Breite über 30 m. Stamm dick, grau, meist wulstig. Knospen wechselständig. Blätter dunkelgrün, tief-gelappt, bis 22 cm lang und 12 cm breit, herrliche Herbstfärbung von Orange bis Dunkelrot. Pflanze einhäusig. Männliche Kätzchen gelb, in Büscheln, weibliche Blüten unscheinbar. Früchte eiförmig, reifen erst im zweiten Jahr, Fruchtbecher mit nach innen gebogenem Rand. Guter Wuchs auf kräftigen, kalkhaltigen und auch sandigen Böden in voller Sonne. Verwendung im Einzelstand in großen Gärten, Parks und im Forst. Frei von Schädlingen und Krankheiten, industriefest. Vermehrung durch Aussaat.

Liquidámbar styracíflua

Amberbaum
Hamamelidáceae, Zaubernußgewächse

Von den 4 *Liquidámbar*-Arten kommt nur *L. styracíflua* aus dem Südosten von Nordamerika in Betracht. Dort gibt es über 40 m hohe Exemplare, bei uns wird dieser Baum selten über 10 m hoch. Krone breit-pyramidal, der braungraue Stamm ist bis zum Gipfel deutlich ausgebildet. Jungtriebe grünbraun, später Ausbildung von Korkleisten. Knospen wechselständig. Blätter grün, drei- bis siebenlappig, bis zu 18 cm lang und breit, erinnern an Ahornlaub. Im Herbst wundervolle Laubfärbung von gelb bis rot und violett. Pflanze einhäusig. Männliche Blüten grün und aufrecht, weibliche Blütenstände rund und hängend. Blütezeit im Mai. Fruchtstände kugelig, langstielig, 3 cm groß und stachelig. Boden nährstoffreich und durchlässig, möglichst in voller Sonne. Verwendung für größere Gärten und Parks in Einzelstellung. Frei von Schädlingen und Krankheiten. Vermehrung durch Aussaat im Frühling und Stecklinge im Sommer.

Ǽsculus hippocástanum

Gemeine Roßkastanie
Hippocastanáceae, Roßkastaniengewächse

Bulgarien, Griechenland und Albanien ist die Heimat dieses allbekannten Baumes. Seit dem späten 16. Jahrhundert wurde die bis zu 25 m hohe Gemeine Roßkastanie in Europa verbreitet. Wuchs aufrecht und breitkronig. Stamm braunborkig, wulstig, verzweigt sich bald mit mächtigen, gebogenen Ästen. Triebe hellbraun, mit vielen Lentizellen und gegenständig angeordneten, klebrigen Knospen. Blätter siebenfingerig, bis 25 cm lang, im Austrieb weißwollig, gelbe Herbstfärbung. Blüten weiß, mit gelben und rosafarbenen Flecken an aufrechten, bis zu 30 cm langen Rispen, im Mai erscheinend. In stacheliger Fruchthülle sind 1–2 runde braune Früchte enthalten, gutes Wildfutter. Gedeiht in nährstoffreichen, durchlässigen Böden in voller Sonne. Guter Parkbaum, wegen reicher Fruchtbildung und brüchigem Holz nicht als Straßenbaum geeignet. Vermehrung durch Aussaat. Sorte: 'Baumannii', weiß, gefüllte Blüten, ohne Früchte.

Gledítsia triacánthos

Lederhülsenbaum, Gleditschie
Leguminósae, Hülsenfrüchtler

In Nord- und Südamerika, Asien und Afrika sind 12 Arten der Gattung *Gledítsia* bekannt. *G. triacánthos* stammt aus dem mittleren Nordamerika und wird dort bis zu 40 m hoch. Der schöne Baum mit schirmförmiger Krone erreicht in Europa höchstens 20 m Höhe. Stamm braungrau, mit längsrissiger Borke und vielen rotbraunen Dornen. Äste und Zweige ebenfalls mit bis zu 10 cm langen, meist dreiteiligen Dornen besetzt. Blätter gefiedert, bis zu 25 cm lang, die hellgrünen Einzelblättchen sind bis 3 cm lang, herrliche goldgelbe Herbstfärbung. Blüten grünlich, in 5 bis 7 cm langen Trauben von Juni–Juli, fallen wenig auf. Fruchthülsen bis zu 40 cm lang, 3 cm breit, braunrot, sichelartig gekrümmt oder gedreht. Für lockere, sandige Böden in voller Sonne, trockenresistent und frei von Krankheiten. Verwendung im Einzelstand in Parks. Vermehrung durch Aussaat und Veredlung. Die Sorte 'Inermis' ist dornenlos.

Labúrnum anagyroídes

Gemeiner Goldregen
Leguminósae, Hülsenfrüchtler

In Südeuropa und Vorderasien sind 3 *Labúrnum*-Arten bekannt; sie bilden kleine Bäume oder Sträucher. Beliebt ist der Gemeine Goldregen aus Südeuropa. Wuchs meist mehrstämmig, aufrecht, bis zu 7 m Höhe. Rinde der Stämme und Zweige grün, Triebe mit wechselständigen Knospen. Blätter dunkelgrün, dreiteilig, erinnern an Kleeblätter, Einzelblatt bis zu 8 cm lang, unterseits seidig behaart. Blüten goldgelb, an bis zu 25 cm langen, hängenden Trauben im Mai und Juni erscheinend. Die braunen, bis zu 8 cm langen Hülsen enthalten linsenförmige, stark giftige Samen. Gedeiht am besten in durchlässigen, kalkhaltigen, Gartenböden in voller Sonne. Verwendung in Gärten und Parks, nicht an Kinderspielplätze pflanzen. Vermehrung durch Aussaat: Weitere Arten: *L. alpínum*, Alpengoldregen, hat kahle Blätter; *L.* × *watéreri* 'Vossii', wichtige Sorte mit bis zu 50 cm langen Blütentrauben.

Robínia pseudoacácia

Robinie, Scheinakazie
Leguminósae, Hülsenfrüchtler

Man kennt 20 Robinien-Arten aus Nordamerika und Mexiko. Alle sind sommergrüne Sträucher oder Bäume. *R. pseudoacácia*, stammt aus Nordamerika. Wuchs aufrecht, im Alter lockere, schirmförmige Krone. Stamm braungrau und wulstig, oft gedreht, mit tiefrissiger Borke. Holz sehr widerstandsfähig. Zweige olivgrün, Jungtriebe mit paarig angeordneten Blattdornen neben der Knospe. Knospen wechselständig. Blätter mattgrün, bis zu 22 cm lang, unpaarig gefiedert, Einzelblättchen bis 4,5 cm lang, ohne Spitze, gelbgrüne Herbstfärbung. Blüten duftend, weiß, an 10 bis 20 cm langen, hängenden Blütentrauben im Juni erscheinend. Braune, 10 cm lange Fruchthülsen enthalten mehrere flache Samen, Vergiftungen sind möglich. Für magerste Böden in voller Sonne. Bildet Ausläufer und Wurzeltriebe. Verwendung als Böschungsbefestiger, Bienenweide und Parkbaum. Vermehrung durch Aussaat. Sorte: 'Inermis', dornenlos.

Sophóra japónica

Schnurbaum
Leguminósae, Hülsenfrüchtler

In Chile, Neuseeland und Nordasien unterscheidet man 50 *Sophóra*-Arten. Der Schnurbaum stammt aus China und Korea. Er bildet rundliche, lockere Kronen und wird bis zu 20 m hoch. Stamm schlank, mit graugrüner Rinde. Einjährige Triebe dunkelgrün, mit wechselständigen Knospen. Blätter bis zu 25 cm lang, unpaarig gefiedert, Einzelblättchen bis 5 cm lang, eiförmig-zugespitzt, fallen ohne Herbstfärbung ab. Blüten gelblichweiß, an endständigen, aufrechten, bis zu 25 cm langen Blütenrispen im August erscheinend. Gute Bienenweide durch die reiche Blütenbildung. Früchte grün, 8 cm lang, perlschnurartig eingeschnürt. Gut geeignet für durchlässige, kalkhaltige Böden an trockenen, sonnigen Standorten. Verwendung als Park- und Straßenbaum in Einzelstellung im Weinbauklima. Vermehrung durch Aussaat oder Veredlung. Sorte: 'Pendula', schöne Hängeform mit langsamem Wuchs.

Liriodéndron tulipífera

Tulpenbaum

Magnoliáceae, Magnoliengewächse

Je eine Art in China und in Nordamerika. Weit verbreitet ist *L. tulipífera* aus Nordamerika, die dort über 40 m, bei uns 20–25 m hoch werdend. Stamm schlank, mit graubrauner Rinde. Wertvolles Nutzholz. Triebe olivgrün bis bräunlich, die auffällig flachen Knospen sind wechselständig. Blätter dunkelgrün, unterseits bläulich, 10 bis 15 cm lang und 12 bis 18 cm breit. Mittellappen gestutzt, so daß das Blatt vierlappig erscheint, goldgelbe Herbstfärbung. Große Blüten im Juni und Juli. Einzelblüte gelbgrün, tulpenförmig, 6 cm groß, innen mit orangeroten und gelben Flecken, viele Staubgefäße. Die Fruchtblätter sind zu einem Zapfen vereinigt, daraus entwickeln sich die braunen Früchte, die an Koniferenzapfen erinnern. Gedeiht in durchlässigen, nährstoffreichen Böden in voller Sonne. Verwendung als harter, raschwachsender Parkbaum in Einzelstellung. Vermehrung durch Aussaat, geringe Keimfähigkeit.

Magnólia-Soulangiána-Hybriden

Tulpen-Magnolie

Magnoliáceae, Magnoliengewächse

Man unterscheidet etwa 80 Magnolien-Arten aus Ostasien, dem Himalaja und Amerika. Die Eltern *(M. denudáta × M. liliiflóra) M. × soulangiána* stammen aus China. Wuchs breit-ausladend, große Sträucher bis kleine Bäume mit 7 m Höhe bildend. Rinde bräunlichgrau. Triebe mit wechselständigen, großen und spitzen, pelzig behaarten Knospen. Blätter grün, verkehrt-eiförmig, bis zu 18 cm lang und 9 cm breit, unterseits behaart, braune Herbstfärbung. Blüten erscheinen vor dem Laub im April und Mai. Einzelblüten aufrecht, tulpenartig, bis zu 18 cm im Durchmesser. Farbe je nach Sorte von hell- bis dunkelrosa. Fruchtet selten. Gedeiht am besten in humosen, durchlässigen, aber kalkarmen Gartenböden in voller Sonne und geschützten Lagen. Verwendung im Einzelstand in Gärten und Parks. Blüte kann unter Spätfrösten leiden. Vermehrung durch Veredlung und Absenker. Sorte: 'Lennei', Blüten innen weiß, außen rot.

Plátanus × hispánica

(syn. *P. × acerifólia, P. × hýbrida*), Platane
Platanáceae, Platanengewächse

Man unterscheidet 7 Platanen-Arten in Nordamerika und Südeuropa bis Indien. *P. × hispánica* bildet breitkronige, mächtige Bäume bis zu 30 m Höhe. Die starken Äste können sich bis zum Boden überneigen. Borke grau, löst sich in unregelmäßigen Stücken ab, die Rinde darunter ist weiß-gelb. Triebe olivgrün, mit wechselständigen, kegelförmigen Knospen und ringförmigen Blattnarben. Blätter graugrün, bis zu 25 cm breit, drei- bis fünflappig, Blattstiel am Ende verdickt, umhüllt die nächstjährige Knospe. Pflanze einhäusig, Blüten in kugeligen Köpfchen. Weibliche grün, männliche rötlich. Kugelförmige Früchte an langen Stielen hängend, 2,5 cm groß. Verträgt sehr gut das Stadtklima und ist härter als die Elternarten. Verwendung als breitkroniger Straßenbaum und in Parks. Behaarung der Blätter kann Schleimhäute reizen. Gelegentlich Pilzbefall der Blätter. Vermehrung durch Steckholz.

Crataégus × prunifólia

Pflaumendorn
Rosáceae, Rosengewächse

Diese beachtenswerte Kreuzung entstand in Nordamerika. *C. × prunifólia* wird ein bis zu 6 m hoher Strauch oder Kleinbaum. Triebe grau, mit vielen bis zu 4 cm langen Dornen. Knospen wechselständig. Blätter pflaumenblattartig, glänzend, dunkelgrün, bis zu 8 cm lang, im Herbst leuchtend gelbrote Färbung. Blüten weiß, in Doldenrispen im Mai und Juni. Die roten Beerenfrüchte sind erbsengroß, sie erscheinen in großer Zahl. Guter Wuchs in nährstoffreichen, lehmigen, aber durchlässigen Böden in sonniger Lage. Verwendung als Vogelschutzgehölz für Gärten und Parks, einzeln oder in Gruppen. Wird nicht für Kinderspielplätze empfohlen und ist durch Feuerbrand gefährdet. Vermehrung durch Aussaat. Viele ähnliche Arten und Hybriden im Handel.

Málus floribúnda
Zierapfel

Rosáceae, Rosengewächse

Man unterscheidet 30 Arten der Gattung *Málus*, die aus Europa, Asien und Nordamerika stammen. Der Zierapfel ist in Japan zuhause, wo er kleinkronige Bäume von etwa 10 m Höhe bildet. In Europa wird er höchstens halb so groß. Krone breit und dicht, mit vielen aufrechten, später überhängenden Zweigen. Knospen wechselständig. Blätter dunkelgrün, eiförmig-zugespitzt, bis 8 cm lang, unterseits schwach behaart. Blütenknospen karminrot, Blüten 2 bis 3 cm groß, beim Aufblühen rosa, später weiß werdend. Im Mai am mehrjährigen Holz reich blühend. Früchte klein, gelb, erbsengroß. Wächst besonders gut in lehmigen und nährstoffreichen, tiefgründigen Gartenböden in sonniger Lage. Verträgt auch den Schnitt, kann daher zu Formhecken verwendet werden. Schön in Einzelstellung oder Gruppen für Gärten und Parks. Vermehrung durch Samen. Viele weitere Arten und Sorten im Handel.

Prúnus serruláta 'Kanzan'

Japanische Blütenkirsche

Rosáceae, Rosengewächse

Von den vielen Züchtungen ist die Sorte 'Kazan' besonders weit verbreitet. Wuchs steif, breit-aufrecht, 7 bis 8 m hoch, Krone trichterförmig. Im Alter hängen die Äste über. Triebe graubraun, mit vielen Lentizellen und wechselständigen Knospen. Blätter breit-eiförmig, zugespitzt, 10 bis 12 cm lang, im Austrieb bronzefarben, gelb-orange Herbstfärbung. Blüten dunkelrosa, gefüllt, in hängenden Büscheln vor dem Austrieb im April und Mai erscheinend. Bildet keine Früchte. Wächst besonders gut in kalkhaltigen, lehmigen Gartenböden in voller Sonne oder leichtem Schatten. Verwendung als Alleebaum, im Einzelstand in Gärten und Parks. Wichtiges Gehölz für die Treiberei. Bei zu spätem Schnitt Gefahr von Gummifluß. Wird auf *P. ávium* veredelt. Weitere Sorten: 'Amanogawa', Säulen-Zierkirsche, hellrosa, halbgefüllte Blüten; 'Kiku-Shidare-Sakura' mit hängendem Wuchs, rosa gefüllt, 4 bis 6 m hoch.

Prúnus subhirtélla

Blütenkirsche
Rosáceae, Rosengewächse

P. subhirtélla ist ein zierlicher, kleinkroniger, breitwachsender Baum aus Japan von 6 bis 8 m Höhe. In der Heimat doppelt so groß werdend. Rinde glatt, graubraun. Triebe meist zierlich, überhängend. Knospen wechselständig angeordnet. Blätter bis 8 cm lang und 4 cm breit, eiförmig, zugespitzt, Blattstiel mit 2 kleinen Nebenblättern, Herbstfärbung gelbbraun. Blüten hellrosa, 2 cm groß, vor dem Laub erscheinend. Blütezeit im März und April. Früchte rund, erbsengroß, reifen im Sommer. Gedeiht besonders gut in lehmig-humosen Gartenböden in sonniger Lage. Verwendung einzeln oder in Gruppen, auch für kleinere Gärten geeignet. Vermehrung durch Aussaat, Sorten werden auf Sämlinge veredelt. Sorten: 'Autumnalis', bis 5 m hoch, beginnt schon im Herbst zu blühen, je nach Witterung erscheinen die Blüten von November bis April (Bild); 'Fukubana', rosa, halbgefüllte Blüten; 'Pendula Rubra', rosa, gefüllt, Hängeform.

Pópulus-Canadénsis-Hybriden

Kanadische Hybridpappel
Salicáceae, Weidengewächse

40 Pappel-Arten sind in Europa, Asien, Nordafrika und Nordamerika weit verbreitet. Wegen ihres raschen Wuchses auf feuchten Böden werden sie häufig angepflanzt. Besonders schnell wachsen die Euro-Amerikanischen Hybriden, die in mehreren Sorten besonders fortwirtschaftliche Bedeutung haben. Wuchs breit-aufrecht, mit eiförmiger Krone, bis 35 m hoch. Stamm dick und walzenförmig, gelbgrün und kantig, mit spitzen, wechselständigen Knospen. Blätter grün, dreieckig, bis 16 cm lang, bronzefarbener Austrieb und gelbe Herbstfärbung. Pflanzen zweihäusig. Blüten in hängenden, roten Kätzchen, vor dem Blattaustrieb im März–April erscheinend. Benötigt feuchte, tiefgründige Böden. Lage sonnig bis halbschattig. Verwendung in Parks und zur Aufforstung feuchter Geländepartien. Viele Krankheiten und Schädlinge. Vermehrung durch Steckholz. Sorten: 'Gelrica', starkwachsend; 'Robusta', säulenförmig.

Pópulus nígra 'Italica'

Pyramidenpappel
Salicáceae, Weidengewächse

Besonders auffällige Säulenform, die im 18. Jahrhundert in Italien entstand und bis zu 30 m hoch wird. Wuchs straff-aufrecht, eng anliegende Seitenzweige. Holz brüchig. Triebe gelbgrün, kantig, mit anliegenden, spitzen Knospen. Blätter wechselständig, bis 10 cm lang, dreieckig, gelbe Herbstfärbung. Pflanzen zweihäusig, nur männliche Form bekannt. Die roten Blütenkätzchen sind 10 cm lang und erscheinen im März–April vor dem Laubaustrieb. Benötigt tiefgründige, nährstoffreiche und feuchte Böden. Wegen vieler trockener Äste und flachstreichender Wurzeln kein idealer Straßenbaum. Verwendung im Auenbereich und in Parks, gelegentlich als Alleebaum zu sehen. Viele Krankheiten und Schädlinge. Vermehrung durch Steckholz.

Tília tomentósa

Ungarische Silberlinde
Tiliáceae, Lindengewächse

Die bis zu 30 m hohe ungarische Silberlinde stammt aus Südosteuropa und Kleinasien. Sie ist das dortige sommertrockene Klima gewohnt. Wuchs aufrecht, mit steil nach oben gerichteten Ästen. Krone breit-kegelförmig. Triebe anfangs graufilzig, später olivgrün bis rotbraun, Knospen wechselständig. Blätter dunkelgrün, herzförmig, auf der Unterseite weißfilzig, bis 10 cm lang, gelbe Herbstfärbung. Blüten weißgelb, duftend in Trugdolden; Tragblatt unterseits behaart. Reiche Blüte im Juli. Spitz-eiförmige Früchte. Gedeiht auch in mageren Böden in prallsonniger Lage, ist rauchhart, trockenheitsverträglich und strahlungsfest. Besonders als Baum für die Stadt geeignet. Verwendung als Straßen- und Parkbaum in Einzelstellung oder in Reihen. Ist widerstandsfähig gegen Krankheiten und Schädlinge. Einige Bienenarten sollen durch die Pollen geschädigt werden. Vermehrung durch Steckholz und Veredlung.

Córylus avellána

Haselnuß
Betuláceae, Birkengewächse

Die bekannte Haselnuß wird ein großer Strauch bis zu 6 m Höhe. Sie kommt von Europa über Kleinasien bis zum Kaukasus vor. Langtriebe mit brauner oder graugrüner Rinde. Knospen eiförmig, wechselständig. Blätter weichhaarig, ei-rundlich, zugespitzt, bis zu 12 cm lang und 10 cm breit, gelbe Färbung im Herbst. Pflanze einhäusig. Männliche Kätzchen auffällig gelb, 4 bis 6 cm lang, im Februar und März erscheinend. Weibliche Blüten rot, kaum auffallend. Eßbare Nußfrüchte, 1 bis 4 je Fruchtstand, von harter Schale und geschlitztem Fruchtbecher umgeben. Gedeiht in jedem guten, durchlässigen Gartenboden. Typische Pflanze des Waldrandes und der Feldhecken. Verwendung als Windschutz und Bodenbefestigter. Von großfrüchtigen Sorten mehrere Exemplare pflanzen, da selbststeril. Auf Knospengallmilben achten. Vermehrung durch Absenker und Samen. Sorten: 'Heterophylla', geschlitztes Laub.

Sambúcus nígra

Schwarzer Holunder
Caprifoliáceae, Geißblattgewächse

Man unterscheidet 20 *Sambúcus*-Arten in den gemäßigten und subtropischen Zonen. Der Schwarze Holunder ist von Nordafrika über Europa bis Westsibirien verbreitet und kann baumartig bis 8 m, meist jedoch nur strauchartig bis 4 m hoch werden. Wuchs breit-ausladend, mit tiefrissiger Borke. Graue Stämme. Triebe mit hellgrauer Rinde, vielen Lentizellen und weißem Mark. Knospen locker, braungrün, gegenständig, treiben sehr früh aus. Blätter unpaarig gefiedert, bis 15 cm lang, aus 3 bis 7 Einzelblättchen. Blüten weißgelb, stark duftend, in flachen, bis zu 20 cm breiten Doldenrispen im Juni und Juli. Alle grünen Pflanzenteile sind roh giftig. Schwarze Beerenfrüchte eßbar, Verwertung als Saft und Mus, die Blüten als Tee und Holunderkuchen. Gedeiht besonders gut in stickstoffreichen kalkhaltigen Böden. Verwendung als Fruchtstrauch, Windschutz, einzeln oder in Gruppen. Vermehrung durch Samen und Steckholz.

Sambúcus racemósa

Traubenholunder
Caprifoliáceae, Geißblattgewächse

Traubenholunder kommt von Europa über Vorderasien bis Nordchina vor. Wuchs breit, aufrecht, mit überhängenden Zweigen, bis zu 4 m hoch. Er gedeiht gut im Schatten, vor allem auf sauren Böden. Triebe braun, innen mit hellbraunem Mark gefüllt. Knospen groß, kugelig, gegenständig. Blätter unpaarig gefiedert, meist nur 5 lanzettliche Einzelblätter, jedes 6 bis 10 cm lang. Blüten hellgelb, vor oder mit dem Blattaustrieb im April und Mai in eiförmigen, bis zu 6 cm langen Rispen. Einzelblüte röhrig, fünfteilig, 4 mm groß. Auffällige rote Beerenfrüchte zieren im Sommer. Einzelbeere 5 mm groß, Fruchtfleisch zur Saftgewinnung, Samen jedoch giftig. Gedeiht in humosen, durchlässigen Böden in Sonne und Schatten, geht in den Gebirgen bis auf 1400 m hinauf. Verwendung als Unterholz oder im Einzelstand in Parks und in der Landschaft. Vermehrung durch Aussaat und Steckholz.

Vibúrnum lantána

Schlinge, Wolliger Schneeball
Caprifoliáceae, Geißblattgewächse

In Europa, Asien, Nordafrika und Amerika kennt man über 225 *Viburnum*-Arten. Der Wollige Schneeball kommt von Europa bis zum Kaukasus vor. Er bildet aufrechte, bis zu 5 m hohe Sträucher. Ältere Triebe graubraun, junge Triebe weißfilzig, mit gegenständigen grauen, ungeschützten Knospen. Blätter einförmig, unterseits graufilzig, bis zu 12 cm lang. Blüten im Herbst vorgebildet, blühen weiß im Mai und Juni in tellerartigen, bis 10 cm breiten Trugdolden, fünfzählig, etwa 8 mm groß. Steinfrüchte ei-länglich, 8 mm lang, erst rötlich, dann schwarz, giftig, Wächst besonders gut in in kalkhaltigen und trockenen Böden in sonnigen Lagen. Verwendung als Windschutz und Böschungsbefestiger an warmen Gehölzrändern. Früher wurden die biegsamen Triebe zum Binden benutzt. Vermehrung durch Aussaat.

Vibúrnum ópulus

Gemeiner Schneeball
Caprifoliáceae, Geißblattgewächse

Der Gemeine Schneeball kommt von Europa bis Nordasien vor und bildet dichte, breit-aufrechte Büsche bis zu 4 m Höhe und 3 m Breite. Ältere Zweige dunkelgrau, Jungtriebe hellgraugelb und kahl mit roten, gegenständigen Knospen. Blätter ahornähnlich, hellgrün, drei- bis fünflappig, 12 cm lang, mit Nektardrüsen am Blattstiel. Herrliche rote Färbung im Herbst. Beerenfrüchte rot, kugelig, 1 cm groß, giftig, werden von Vögeln nicht gefressen, daher winterliche Zierde. Wächst besonders gut in feuchteren, humosen, tiefgründigen und kalkreichen Böden im Halbschatten. Verwendung im Einzelstand oder als Unterholz von Waldrändern und Gehölzgruppen. Wird bei trokkenem Boden gern von Blattläusen befallen, löcherige Blätter sind Schadbilder des Schneeball-Blattkäfers. Vermehrung durch Steckholz und Samen. Sorte: 'Roseum', ist der bekannte Schneeball mit runden Blütenbällen ohne Fruchtansatz.

Euónymus europaéa

Pfaffenhütchen
Celastráceae, Spindelbaum

Die 170 Arten der vielgestaltigen Gattung *Euónymus* sind weit verbreitet. Das heimische Pfaffenhütchen kommt von Europa bis Westsibirien vor und bildet aufrechte, 4 bis 6 m hohe Sträucher. Ältere Zweige graubraun, mit vier schwachen Korkleisten, Jungtriebe grün, schwach vierkantig. Knospen gegenständig. Blätter eiförmig-lanzettlich, bis zu 8 cm lang, karminrote Herbstfärbung. Blüten unscheinbar, grün, an langen, verzweigten Stielen, unangehm duftend. Blütezeit im Mai. Früchte besonders auffällig, in vierklappigen roten Fruchthüllen befinden sich orangerote, giftige Samen. Lange Haltbarkeit auch in geschnittenem Zustand. Guter Wuchs in kalkhaltigen, nährstoffreichen Gartenböden. Verwendung als Vogelnährgehölz in Feldhecken, Gärten und Parks in sonniger Lage. Gespinstmotten-Nester und Blattläuse bekämpfen. Vermehrung durch Samen. Sorte: 'Red Cascade', reichfruchtend, mit rosa Fruchtblättern.

Córnus mas

Kornelkirsche
Cornáceae, Hartriegelgewächse

Man unterscheidet etwa 40 *Córnus*-Arten in der nördlichen gemäßigten Zone. Von Süd- und Mitteleuropa bis zum Kaukasus erstreckt sich das Verbreitungsgebiet der Kornelkirsche. Wuchs strauchartig, bis 4 m, selten baumförmig, dann doppelt so hoch. Stamm dunkelgraubraun, mit Längsrissen, Holz besonders hart. Triebe an der Sonne rötlich, im Schatten olivgrün. Blattknospen schlank, Blütenknospen kugelig, gegenständig angeordnet. Blätter eiförmig, zugespitzt, bis 10 cm lang, mit auffälliger Nervatur, rotbraune Herbstfärbung. Blüten gelb, sternförmig, in dichten Büscheln von März bis April erscheinend. Steinfrüchte rot, 2 cm lang, eßbar, aber säuerlich. Gedeiht auf kalkhaltigen, tiefgründigen und nährstoffreichen Böden in warmen und vollsonnigen Lagen. Verwendung als Windschutz, Vogelnährgehölz, Bienenweide, Hecke und Vasenschnitt. Vermehrung durch Aussaat und Stecklinge.

Córnus sanguínea

Roter Hartriegel
Cornáceae, Hartriegelgewächse

Der anspruchslose Rote Hartriegel ist in Europa und Kurdistan beheimatet. Der breit-aufrecht wachsende Busch bildet viele Ausläufer und Stockausschläge und kann bis zu 4 m hoch werden. Er ist an Waldrändern und in Feldhecken häufig zu finden. Triebe bräunlichgrün, sonnenseitig braunrot, mit gegenständigen Knospen. Blätter 10 cm lang, dunkelgrün, eiförmig-zugespitzt, rote Herbstfärbung. Blüten weiß, sternförmig, vierzipfelig, 5 mm groß, in breiten Trugdolden im Mai und Juni. Kugelige, schwarzblaue Beerenfrüchte, mit rundem Steinkern. Völlig anspruchslos an Klima und Boden, Verwendung als Unterpflanzung für höhere Gehölze, Windschutz und Bodenbefestiger. Vermehrung durch Aussaat und Ausläufer.

Hippóphaë rhamnoídes

Sanddorn

Elaeagnáceae, Ölweidengewächse

Von dieser Gattung sind nur zwei Arten bekannt, die beide strauchig bis baumartig wachsen. Der heimische *H. rhamnoídes* ist in Asien weit verbreitet und in Europa von den Pyrenäen bis Norwegen zu finden. Der oft schiefe, silbrige Stamm trägt eine lokkere, unregelmäßige Krone bis zu 7 m Höhe. Triebe mit silbrigen Haaren und dornigen Kurztrieben. Knospen wechselständig, mit kurzen Internodien; männliche Exemplare haben größere Knospen. Blätter schmal-lanzettlich, oberseits graugrün, unterseits silbergrau, 5 bis 8 cm lang, keine Herbstfärbung. Pflanzen zweihäusig. Blüten gelblich, völlig unscheinbar, im März und April erscheinend. Beeren orangerot, 8 mm groß, enthalten viel Vitamin C, werden auch zur Nutzung angebaut. Benötigt durchlässige Böden in sonniger Lage, kann gelegentlich durch Ausläufer lästig werden. Verwendung als Böschungsbefestiger und Fruchtstrauch. Vermehrung durch Samen.

Cýtisus scopárius

Besenginster

Leguminósae, Hülsenfrüchtler

Etwa 50 *Cýtisum*-Arten sind in Mitteleuropa und im Mittelmeergebiet verbreitet. In ganz Europa trifft man den Besenginster vor allem in sandigen und sauren Böden an. Er wird 1–2 m hoch und bildet aufrechte, im Alter überhängende Büsche. Triebe grün, höchstens 80 cm lang, kantig, dünn, mit wechselständigen Knospen. Blätter meist dreizählig, 1 bis 2 cm lang, behaart. Blüten goldgelb, 2 bis 3 cm groß, im Mai und Juni erscheinend. Die grünen, später braunen Fruchthülsen sind bis 5 cm lang und an den Nähten behaart, sie enthalten mehrere braune, flache, giftige Samenkörner. Gedeiht am besten in nährstoffarmen, durchlässigen Böden in voller Sonne. Charakterpflanze der Heiden. Verwendung für Rohböden, Böschungen, Heidegärten und Straßenränder. Rückschnitt vermeiden. Verpflanzung nur mit Ballen möglich. Vermehrung durch Aussaat. Viele mehrfarbige Sorten: 'Firefly', Fahne gelb, Flügel rot; 'Luna', gelb.

Ligústrum vulgáre

Gemeiner Liguster, Rainweide
Oleáceae, Ölbaumgewächse

Von den 50 Liguster-Arten stammen fast alle aus Ostasien. Der Gemeine Liguster kommt von Nordafrika über Europa bis nach Kleinasien vor. Er bildet aufrechte, breite Büsche, sogar kleine Bäume bis 5 m Höhe. Stamm hellgrau, mit vielen hellen Korkstellen. Triebe biegsam, olivgrün bis grau, mit gegenständigen Knospen. Blätter glänzend, dunkelgrün, eiförmig-lanzettlich, bis zu 8 cm lang. Röhrenblüten weiß, duftend, in dichten Rispen von Juni bis Juli. Einzelblüte vierzipfelig, 6 mm breit. Beerenfrüchte kugelig, schwarz, 8 mm groß, giftig. Besiedelt alle möglichen Böden und Lagen, verträgt auch starken Rückschnitt sehr gut. Verwendung als hervorragende Heckenpflanze, ferner für Feldhecken und Böschungen. Das dichte Wurzelwerk festigt den Boden, laugt ihn aber aus. Auf Blattläuse und Blattwespen achten. Vermehrung durch Steckholz einfach. Sorten: 'Atrovirens', Blätter wintergrün; 'Lodense', 50 cm hoch, für Einfassungen.

Rhámnus frángula

Faulbaum, Pulverholz
Rhamnáceae, Kreuzdorngewächse

Der Faulbaum ist von ganz Europa bis nach Asien verbreitet. Er bildet breite, aufrechte Sträucher oder Kleinbäume bis 5 m Höhe. Rinde dunkelgraubraun, Verwendung als Abführmittel. Triebe graubraun, mit vielen Lentizellen, Knospen wechselständig. Blätter eiförmig, bis 7 cm lang, unterseits hellgrün. Blüten zwittrig, fünfzähig, klein, grünweiß, erscheinen in gestielten Büscheln in den Blattachseln im Mai und Juni. Früchte erbsengroß, rot bis schwarz, giftig. Wächst besonders gut in feuchten und moorigen Böden in Sonne und Schatten, dient daher als Pioniergehölz für diese Standorte. Früher zur Herstellung von Holzkohle, zur Beimischung von Schwarzpulver gebräuchlich, daher der Name Pulverholz. Vermehrung durch Aussaat.

Prúnus spinósa
Schlehe, Schwarzdorn
Rosáceae, Rosengewächse

Mit über 400 Arten ist die Gattung *Prunus* auf der nördlichen Halbkugel verbreitet. Die Schlehe kommt von Nordafrika über Europa bis zum Kaukasus vor und bildet breite und dichte Büsche bis zu 6 m Höhe an Waldrändern und in Feldhecken. Ältere Triebe sparrig, dornig und fast schwarzbraun. Jüngere Triebe rotbraun, mit wechselständigen Knospen, im Schatten weniger dornig. Blätter grün, klein, elliptisch, 2 bis 5 cm lang. Blüten weiß, fünfzählig, 10 bis 15 mm groß, mit vielen Staubblättern, vor dem Blattaustrieb im April und Mai erscheinend. Steinfrüchte blau, 1,5 cm groß, kugelig, eßbar. Fruchtfleisch säuerlich, erst nach Frosteinwirkung genießbar, wird für Marmelade oder Liköre verwendet. Gedeiht auf mageren, durchlässigen Böden in allen Lagen. Verwendung als freiwachsende Wind- und Vogelschutzhecke, unter höheren Gehölzen, vorwiegend auf Kalk. Vermehrung durch Samen, längeres Stratifizieren notwendig.

Rósa canína
Hundsrose, Heckenrose
Rosáceae, Rosengewächse

Mindestens 100 *Rósa*-Arten werden in den gemäßigten und subtropischen Zonen der nördlichen Halbkugel unterschieden. In Europa kennt man über 40 Arten. Dazu zählt die bekannte Hunds- oder Heckenrose, die über 60 Formen bildet. Strauch mit überhängenden Trieben bis 3 m hoch. Die jungen Triebe sind grünbraun und mit vielen hakenförmigen Stacheln versehen. Knospen wechselständig. Blätter unpaarig gefiedert, fünf- bis siebenzählig, Blättchen eiförmig, 2 bis 4 cm lang. Bis zu 5 cm große, rosafarbene, fünfzählige Blüten von Juni bis Juli. Die roten Hagebutten sind länglich-kugelig, dienen zur Herstellung von Tee und Marmelade; reich an Vitamin C. Gedeiht in durchlässigen, kalkhaltigen und tiefgründigen Böden in voller Sonne am besten. Verwendung für Feldhecken, Böschungen und Gehölzränder. Vermehrung durch Aussaat, Samen 18 Monate lang stratifizieren. Sorte: 'Kiese', blutrot, 2 m (Bild).

Rúbus fruticósus

Brombeere
Rosáceae, Rosengewächse

Die Gattung *Rúbus* ist weltweit mit mindestens 250 Arten verbreitet. *R. fruticósus* bildet überhängende, 2 m hohe, sehr breite, undurchdringliche Büsche. Triebe dicht bestachelt, grün nicht standfest, bewurzeln sich bei Bodenberührung. Kann in anderen Sträuchern hochklettern (Spreizklimmer). Blätter wechselständig drei- bis fünfzählig, 7 bis 10 cm lang, an Blattnerven und Stielen bestachelt, unterseits weißlich. Blüten in lockeren Doldentrauben, hellrosa, 2 cm groß, erscheinen von Juni bis Juli. Die schwarzen Früchte sind wohlschmeckend. Im Nutzgarten werden meist Sorten angebaut. Die Brombeere gedeiht gut in nährstoffreichen Gartenböden in sonnigen Lagen, ist aber auch sehr genügsam. Verwendung in der Landschaft als Böschungsbegrüner und Vogelschutzgehölz. Vermehrung durch Absenker. Sorte: 'Theodor Reimers' mit wohlschmeckenden Früchten.

Dáphne cneórum

Rosmarinseidelbast
Thymelaeáceae, Seidelbastgewächse

In Europa und Asien sind etwa 50 *Dáphne*-Arten bekannt. Der immergrüne Rosmarinseidelbast ist ein Kleinod der Kalkberge in Mittel- und Südeuropa. Er bildet dichte Matten, wird aber nur 30 cm hoch. Triebe hellbraun, niederliegend bis aufsteigend, können über 70 cm lang werden. Blätter 1 bis 2 cm lang, spatelförmig, unterseits bläulich. Ende April, meist aber im Mai beginnt dieser Zwergstrauch zu blühen und erfüllt die Umgebung mit seinem süßen Duft. Blüten dunkelrosa, an den Triebenden gehäuft, vierzipfelig, mit 1 cm langer Kronröhre. Die gelbbraunen Früchte sind 2 bis 3 mm groß und fallen bald ab. Boden möglichst durchlässig, kalkhaltig und sonnig. Verwendung für Steingärten oder sonnige Böschungen. Pflanze ist giftig! Auf Raupen von Kleinschmetterlingen achten. Vermehrung durch Samen und Stecklinge. Der bekannte Gemeine Seidelbast, *D. mezéreum* (s. Seite 252), blüht im März.

Buddléja davídii
Schmetterlingsstrauch, Sommerflieder
Buddlejáceae, Sommerfliedergewächse

Aus China stammt diese weit verbreitete Art. Der steif-aufrecht wachsende Strauch wird bis zu 4 m hoch, hängt dann im Alter über. Ältere Triebe dunkelgrau, Jungtriebe vierkantig, hellgrau. Jahrestriebe oft über 2 m lang, mit gegenständigen Knospen, die von kleinen, filzigen Blättchen umgeben sind. Blätter breit-lanzettlich, bis 20 cm lang, unterseits weißgrau. Von Juli bis Oktober erscheinen an den diesjährigen Jungtrieben die über 20 cm langen Blütenrispen an den Triebenden. Blüten 2 cm lang, röhrenförmig, rotviolett. Die Blüten sind förmlich ein Schmetterlingsmagnet. Verblühtes laufend entfernen. Gedeiht am besten in durchlässigen, kalkhaltigen und nährstoffreichen Böden in voller Sonne. Friert jährlich stark zurück, daher im Spätwinter starker Rückschnitt erforderlich. Vermehrung durch Stecklinge im Sommer. Sorten: 'Empire Blue', violettblau; 'Peace', weiß; 'Royal Red', purpurrot.

Kolkwítzia amábilis
Kolkwitzie
Caprifoliáceae, Geißblattgewächse

Es ist nur diese Art aus Westchina bekannt. Wuchs breit-aufrecht, mit überhängenden Trieben, über 2 m hoch und breit. Durch die vielen Bodentriebe dichter Strauch. Ältere Triebe graubraun, mit abblätternder Rinde. Jungtriebe anfangs behaart, braunrot, mit gegenständigen Knospen. Blätter spitz-eiförmig, 5 bis 7 cm lang, schwach behaart, braunrote Herbstfärbung. Von Mai bis Juni erscheinen sehr zahlreich die hellrosafarbenen Blüten paarweise in den Blattachseln. Blüte glockig, mit gelbem Schlund, 2 cm groß. Hübsche, sternförmige, rote Kelchblättchen und borstig behaarte Fruchtkapseln bleiben lang am Strauch hängen. Wächst besonders gut in allen durchlässigen Gartenböden in voller Sonne. Verwendung einzeln oder in Gruppen, auch als freiwachsende Hecke geeignet. Durch die Blütenfülle wichtiges Gehölz. Nur mäßiger Auslichtungsschnitt im Winter. Keine Schädlinge. Vermehrung durch Stecklinge im Sommer.

Vibúrnum × burkwóodii

Wintergrüner Schneeball
Caprifoliáceae, Geißblattgewächse

Diese Kreuzung aus England erreicht 2 m Höhe und bildet einen reich verzweigten, kugeligen Busch. Die Eltern stammen aus China. Triebe sparrig, hellbraun, filzig behaart, später olivgrün. Knospen gegenständig. Blätter eiförmig, bis zu 7 cm lang, oberseits glänzend, tiefgrün, unterseits graugrün filzig, gegenständig. In milden Wintern bleiben die Blätter am Strauch, sind also wintergrün und fallen meist im Frühling ab. Röhrenblüten hellrosa, in dichten Blütenbällen im April, oft Nachblüte im Herbst. Einzelblüte zunächst rosa, dann weiß, 1 cm lang und breit, in halbschattiger Lage. Verwendung im Einzelstand in Hausgärten und Parks an geschützten Plätzen. Auf Blattläuse achten. Vermehrung durch Veredlung und Stecklinge.

Vibúrnum fárreri

(syn. *V. frágrans*), Duftschneeball
Caprifoliáceae, Geißblattgewächse

Diese dankbare Art stammt aus Nordchina. Der aufrecht, aber sperrig wachsende Strauch wird 2 bis 3 m hoch und fällt durch die rotbraunen Zweige und Triebe im Winter auf. Knospen braun, gegenständig. Blätter sommergrün, spitz-elliptisch, mit keiligem Blattgrund, 5 bis 7 cm lang, mit auffälliger Aderung und gesägtem Blattrand. Braunrotes Herbstlaub. Die hellrosafarbenen Röhrenblüten erscheinen schon im November in dichten Büscheln an den Triebenden, Hauptblütezeit ist aber März und April. Blüte 1,5 cm lang, fünfzipfelig, starker Vanilleduft. Verlangt lehmig-humose Gartenböden mit geringem Kalkgehalt, genügend Feuchtigkeit im Frühling und einen meist sonnigen Platz. Verwendung als Duftstrauch vor immergrünen Gehölzen in Hausnähe. Triebe lassen sich auch antreiben. Vermehrung durch Absenker. Ähnlich: *V. × bodnanténse*, wächst stärker und mit hellroten, größeren Blüten.

Wéigela-Hybriden

Weigelie
Caprifoliáceae, Geißblattgewächse

Aus Ostasien stammen alle 10 bekannten Weigelien-Arten. Meist sind nur die daraus entstandenen Hybriden verbreitet. Diese wachsen breit-aufrecht, mit überhängenden graubraunen Trieben, und werden 2 bis 3 m hoch. Einjährige Triebe hellbraun, mit vielen Lentizellen und gegenständigen Knospen. Blätter eiförmig-zugespitzt, behaart, 8 cm lang. Blüten röhren- bis glockenförmig, 3 cm lang, mit fünfteiligen Kronblättern. In den Blattachseln erscheinen von Mai bis Juli mehrere Blüten. Die Früchte sind zweiklappige, geschnäbelte Kapseln. Am besten wachsen Weigelien in durchlässigen, nährstoffreichen Gartenböden in voller Sonne. Verwendung im Einzelstand oder in Gruppen in Gärten und Parks. Gelegentlich ältere Triebe auslichten. Stecklingsvermehrung. Sorten: 'Bristol Ruby', karminrot; 'Eva Rathke', karminrot, liebt saure Böden.

Córnus koúsa

Blumenhartriegel
Cornáceae, Hartriegelgewächse

Mit 40 Arten ist die Gattung *Córnus* in den nördlichen gemäßigten Zonen verbreitet. *C. koúsa* stammt aus Japan und Korea. Sie bildet große Sträucher oder kleine, aufrechte Bäume bis zu 7 m Höhe. Stamm und Äste braunrot, Triebe grün, etwas bereift, mit gegenständigen Knospen. Blätter elliptisch, zugespitzt, bis zu 7 cm lang, unterseits bläulichgrün, mit scharlachroter Herbstfärbung. Blüten weißgelb, unscheinbar, durch die 4 gelbweißen spitzen Hochblätter aber sehr auffällig. Blütezeit im Juni. Früchte rosafarben, gestielt, erdbeerartig, 2 cm groß. Gedeiht am besten in sauren, humusreichen Böden im Halbschatten oder sonnigen Lagen. Nur für Einzelstand in Gärten und Parks an geschütztem Platz. Vermehrung durch Stecklinge und Veredelung. Weitere Arten: *C. flórida*, aus Nordamerika, weiße oder rote Brakteen; *C. nuttállii*, Nordamerika, 6 weiße, eiförmige Brakteen. Alle mit sehr schöner Herbstfärbung.

Rhododéndron japónicum

Großblumige Gartenazalee
Ericáceae, Heidekrautgewächse

Weltweit ist die Gattung *Rhododéndron* mit über 1000 Arten vertreten, hinzu kommt noch eine unübersehbare Anzahl von Hybriden und Sorten. Aus *R. japónicum* sind viele Züchtungen entstanden. Wuchs steif-aufrecht, mehrfach verzweigt, bis 1,50 m hoch und breit. Triebe braun, glatt. Knospen wechselständig, an den Triebenden gehäuft. Die Blätter hell, weich, sommergrün, lanzettlich, bis zu 10 cm lang und 4 cm breit, Blattrand bewimpert, Unterseite bläulichgrün, Herbstfärbung gelb bis rot. Die bis zu 8 cm breiten Blüten sitzen zu 6 bis 12 Stück an den Triebenden und erscheinen vor oder mit den Blättern im Mai. Einzelblüte trichterförmig, mit 5 Kronlappen, gelb, rosa, oder orange. Gedeiht am besten in humosen, sauren, durchlässigen Böden in sonnigen bis halbschattigen Lagen. Überreich blühendes, daher unentbehrliches Blütengehölz für Vorgärten, Hausgärten und Parks. Vermehrung durch Stecklinge. Viele Sorten.

Corylópsis pauciflóra

Scheinhasel
Hamamelidáceae, Zaubernußgewächse

Von den 12 Scheinhasel-Arten aus Ostasien sind nur 2 bei uns bekannt. Die zierlichere *C. pauciflóra* stammt aus Japan und wird etwa 1 m hoch. Triebe rutenförmig, dünn, braun, reich verzweigt, mit wechselständigen, grün-roten Knospen. Blätter eiförmig, zugespitzt, bis 7 cm lang, mit blaugrüner Unterseite, gelbe Herbstfärbung. Blüten vor dem Laubaustrieb stehen in achselständigen Ähren. Meist 2 bis 3 der kleinen, primelgelben Glockenblüten beisammen, dazu kleine gelbe Deckblätter. Blütezeit Ende März bis April. Kapselfrüchte mit 2 Fächern, werden selten entwickelt. Gedeiht besonders gut in geschützten Lagen in humosen, leicht sauren Böden. Halbschattige Standorte mit Schutz vor Morgensonne und Ostwinden. Vermehrung durch Aussaat, Stecklinge und Absenker. Weitere Art: *C. spicáta* wirkt in allen Teilen gröber, wird 2 m hoch und hat längere Blütentrauben im April.

Hamamélis móllis

Lichtmeß-Zaubernuß
Hamamelidáceae, Zaubernußgewächse

Aus China stammt diese prächtige Art, die bei uns 4 bis 5 m hoch und 5 m breit werden kann. Wuchs breit-ausladend. Jungtriebe weich behaart, später kahl. Knospen wechselständig, filzig behaart. Blätter eiförmig-zugespitzt, mattgrün bis zu 15 cm groß, unterseits graufilzig, gelbe Herbstfärbung. Die gelben Blüten erscheinen von Januar bis März. Blüte über 2 cm lang, gewellt, Kelchblätter innen purpurrot. Fruchtkapsel enthält 2 schwarze Samen, die bei der Reife im Spätherbst fortgeschleudert werden. Benötigt einen durchlässigen, leicht sauren Boden in halbschattiger Lage. Verwendung als Solitärgehölz an der Terrasse oder im größeren Vorgarten. Bei den Veredlungen auf Unterlagentriebe *(H. virginiána)* achten und abschneiden. Sorte: 'Pallida', hellgelb. Sorten zählen zu *H.* × *intermédia*, z. B.: 'Feuerzauber', rotorange (Bild); 'Jelena', gelb; 'Orange Beauty', orange. Ähnlich: *H. japónica*, bläulichgrüne Blätter, gelbe Blüten.

Cýtisus × praécox

Elfenbeinginster
Leguminósae, Hülsenfrüchtler

Neben den 50 verschiedenen Ginsterarten gibt es eine Fülle von Kreuzungen und Sorten. Die Eltern des beliebten Elfenbeinginsters stammen aus Nordafrika. Er bildet breitwachsende Büsche mit feinen, überhängenden Trieben und kann bis zu 2 m hoch werden. Triebe dünn, grün, mit lanzettlichen, feinen Blättchen besetzt. Zur Blütezeit im April und Mai ist der ganze Strauch mit Blüten überschüttet. Einzelblüte weißgelb, 1,5 cm lang. Setzt nur wenig Früchte an, es sind 2 cm lange, flache Hülsen. Wächst besonders gut in durchlässigen, sandigen Böden in voller Sonne und ist vollkommen winterhart. Verwendung für Vorgärten, Böschungen, Steingärten, besonders gute Wirkung vor dunklen Gehölzen. Vermehrung durch Stecklinge. Sorten: 'Allgold', gelb; 'Zitronenregen', 1,5 m hoch, gedrungener Wuchs, zitronengelb.

Magnólia stelláta

Sternmagnolie
Magnoliáceae, Magnoliengewächse

Asien und Amerika sind die Heimat der rund 80 Magnolien-Arten, die fast alle baumartig wachsen. Die Sternmagnolie stammt aus Japan und macht eine Ausnahme, sie bildet einen breit-kugeligen Busch von 2 bis 3 m Höhe. Die jungen Triebe sind filzig behaart, noch stärker die großen Schuppenblätter der Blütenknospen. Blätter wechselständig, schmal-elliptisch, bis zu 10 cm lang, grün. Herbstfärbung gelbbraun. Die Blüten erscheinen vor dem Laub im März und April, sind daher durch Spätfröste gefährdet. Blüte 8 bis 10 cm groß, duftend, mit 12 bis 18 schmalen weißen Blütenblättern. Frucht 5 cm lang, zapfenförmig, enthält wenige erbsengroße rote Samen. Gedeiht in humosen, durchlässigen Gartenböden in sonnigen Lagen am besten. Verwendung im Einzelstand in Haus- und Vorgärten an geschützten Plätzen Vermehrung durch Veredlung. Sorte: 'Rosea', rosafarbene Knospen, später weiß.

Hibíscus syríacus

Roseneibisch
Malváceae, Malvengewächse

Im tropischen Asien sind über 250 *Hibíscus*-Arten verbreitet. Winterhart ist allein *H. syríacus* aus China und Indien, der 2 bis 3 m hohe, aufrechte Sträucher bildet. Ältere Triebe dunkelgrau, Jungtriebe hellgrau, anfangs behaart, später glatt. Knospen wechselständig, Blätter dreilappig, 5 bis 10 cm lang, grob gezähnt, Herbstfärbung gelb. Die bis zu 10 cm großen violetten, trichterförmigen Blüten erscheinen von August bis September in den Blattachseln. Kapselfrüchte fünfklappig, 1,5 cm groß, kugelig, enthalten viele feine Samen. Gedeiht in nährstoffreichen, humosen Gartenböden in voller Sonne. Verwendung im Einzelstand in Gärten und Parks. Vermehrung durch Aussaat, besser durch Veredlung. Läßt sich sehr schlecht verpflanzen. Sorten: 'Coelestis', blauviolett; 'Totus Albus', reinweiß; 'Woodbridge', rubinrot. Sorten mit gefüllten Blüten faulen in nassen Sommern (Bild 'Russian Violet').

Forsýthia × intermédia

Goldglöckchen

Oleáceae, Ölbaumgewächse

Aus Ostasien sind 6 *Forsýthia*-Arten bekannt, aus Albanien stammt *F. europǽa*. Die Hybride *F. × intermédia* übertrifft die Arten an Blütenfülle und Winterhärte. Wuchs aufrecht, reich verzweigt, breitbuschig, bis 3 m hoch. Ältere Triebe grau, Jungtriebe hellbraun, mit vielen Lentizellen und gegenständigen Knospen. Blütenknospen im Herbst vorgebildet, daher gutes Treibgehölz. Blätter grün, ei-lanzettlich, 6 bis 10 cm lang. Blüten erscheinen an der ganzen Länge der ein- bis dreijährigen Triebe im April und Mai vor den Blättern, Massenblüher. Blüte gelb, vierteilig, 3 bis 4 cm breit. Sorten mit unterschiedlichen Gelbtönen und größeren Blüten. Fruchtkapsel holzig, zweiklappig. Keine Schädlinge, bei älteren Zweigen viröse Wucherungen möglich, daher laufender Auslichtungsschnitt. Vermehrung durch Steckholz einfach. Sorten: 'Beatrix Farrand', Blüten 6 cm (Bild); 'Lynwood', goldgelb; 'Spectabilis', dunkelgelb.

Jasmínum nudiflórum

Winterjasmin

Oleáceae, Ölbaumgewächse

In den Tropen und Subtropen sind 200 *Jasmínum*-Arten bekannt. Nur wenige sind in Mitteleuropa genügend hart. Dazu zählt der Winterjasmin aus Westchina, der im freien Stand breite Büsche bis zu 1 m Höhe bildet. An Spalieren gezogen wird dieser Spreizklimmer aber 2 bis 3 m hoch. Ältere Triebe hellgrau, Jungtriebe grün, vierkantig, oft meterlang und überhängend, reich verzweigt. Knospen gegenständig. Blütenknospen im Herbst vorgebildet, daher gutes Treibgehölz. Blätter dunkelgrün, klein, dreizählig, 2 bis 3 cm lang. Blüten achselständig, erscheinen meist an den jüngeren Trieben vor den Blättern. Blütezeit je nach Witterung schon ab November, Hauptblüte im März. Blüte goldgelb, nicht duftend, röhrenförmig, mit 6 Kronblättern, 2,5 cm groß. Gedeiht in allen durchlässigen Gartenböden in sonniger bis halbschattiger Lage. Verwendung auf Mauern und Böschungen sowie an Wänden. Vermehrung durch Steckholz und Ausläufer.

Syrínga-Vulgáris-Hybriden

Edelflieder
Oleáceae, Ölbaumgewächse

In Ostasien kennt man 30 Flieder-Arten. Südosteuropa ist die Heimat des Edelflieders, von dem über 500 Sorten bekannt sind. Diese Hybriden wachsen steif-aufrecht, bis 7 m hoch. Ältere Zweige dunkelgrau, junge Triebe gabelig verzweigt und hellgrau. Knospen gegenständig, am Triebende immer 2 große Blütenknospen. Blätter breit-eiförmig, zugespitzt, dunkelgrün, lederig glatt, keine auffällige Herbstfärbung. Blütenrispen bis zu 30 cm lang, aufrecht. Blüte röhrenförmig, 1,5 cm lang, mit 4 Kronlappen. Blütezeit im Mai und Juni. Fruchtkapseln braun, enthalten viele kleine Samen. Benötigt tiefgründige, nährstoffreiche Gartenböden in sonniger Lage. Zusätzliche Düngung und Wässerung im Frühsommer wichtig. Verwendung im Einzelstand in Gärten und Parks, wichtiges Gehölz zum Treiben und zum Vasenschnitt. Vermehrung durch Okulation. Sorten: 'Andenken an Ludwig Späth', purpurrot; 'Mme. Lemoine', weiß, gefüllt.

Choenoméles-Hybriden

Zierquitte, Scheinquitte
Rosáceae, Rosengewächse

Aus Ostasien sind 3 Zierquitten-Arten bekannt. Die heutigen Hybriden sind breitwachsende Sträucher bis zu 2 m Höhe. Jungtriebe graubraun, mit dornigen Kurztrieben und wechselständigen Knospen. Blütenknospen erscheinen erst am älteren Holz. Blätter breit-lanzettlich, zugespitzt, glatt, mit 2 kleinen Nebenblättchen am Blattgrund, 4 cm lang, unterseits hellgrün. Blüten schalenförmig, fünfteilig, enfalten sich von März bis Mai, sind aber oft von den Blättern verdeckt, 3 bis 4 cm groß, weiß oder in verschiedenen Rottönen, je nach Sorte. Quittenfrüchte gelb, bis 5 cm groß, können zu Gelee verwendet werden. Gedeiht auch noch in mageren Gartenböden in voller Sonne. Verwendung als freiwachsende Heckenpflanze, in Einzelstellung in Garten und Park. Feuerbrandgefährdet. Vermehrung durch Aussaat, Stecklinge und Veredelung. Sorten: 'Etna', rot, halb gefüllt; 'Nicoline', großblütig, scharlachrot; 'Nivalis', weiß.

Kérria japónica

Kerrie, Ranunkelstrauch
Rosáceae, Rosengewächse

Es ist nur diese eine Art aus Mittelchina bekannt. Es sind breit-aufrecht wachsende, bis zu 2 m hohe Sträucher mit langen, überhängenden Zweigen. Durch die vielen Wurzelausläufer entstehen bald dichte Gebüsche. Ältere Ruten hellbraun, Jungtriebe glatt, hellgrün, kurzlebig, müssen laufend ausgelichtet werden. Blätter wechselständig, hellgrün, ei-länglich, zugespitzt, 5 bis 6 cm lang, Blattrand doppelt gesägt. Blüten goldgelb, an kurzen Seitentrieben, fünfzählig. 2 bis 3 cm groß, schalenförmig. Blütezeit im April und Mai. Frucht eine einsamige Kapsel. Gedeiht in allen nicht zu trockenen Gartenböden in sonnigen bis halbschattigen Lagen. Verwendung als Blütenstrauch in Gehölzgruppen oder als Unterpflanzung von Blütenbäumen. Vermehrung durch Abtrennen der Ausläufer. Sorte: 'Pleniflora', hat dicht gefüllte, ranunkelartige Blüten, dankbarer Blütenstrauch (Bild).

Potentílla fruticósa

Fingerstrauch
Rosáceae, Rosengewächse

Von den etwa 500 bekannten *Potentílla*-Arten sind die meisten Stauden, nur wenige bilden verholzte Triebe. Dazu zählt der Fingerstrauch, der auch in Nordeuropa vorkommt. Wuchs breitbuschig, vieltriebig, bis 1 m hoch und 1,50 m breit. Rinde der Triebe braun, fasert ab. Knospen wechselständig. Blätter sommergrün, drei bis siebenzählig gefingert oder gefiedert, 1 bis 3 cm lang, seidig behaart. Blüten 2 bis 3 cm groß, goldgelb. Blütezeit von Mai bis August. Die braunen Fruchtkapseln bleiben lange am Strauch. Sehr geringe Ansprüche an den Boden, also auch noch für sandige Plätze in voller Sonne geeignet. Verwendung einzeln, in Gruppen oder für ungeschnittene, niedere Hecken und Einfassungen. Verträgt aber auch den Schnitt sehr gut. Man benötigt 5 bis 6 Pflanzen je m. Wichtiger, gesunder Dauerblüher. Vermehrung durch Stecklinge. Sorten: 'Abbotswood', weiß; 'Arbuscula', goldgelb, graues Laub; 'Goldfinger', sattgelb.

Prúnus tríloba

Mandelbäumchen
Rosáceae, Rosengewächse

Das beliebte Mandelbäumchen stammt aus China, wo es schon lange in seiner gefüllten Form kultiviert wird. Wuchs breit-aufrecht, dichtbuschig, bis zu 2 m hoch. Ältere Zweige schwarz- bis rotbraun, Jungtriebe dagegen graugrün und mit vielen wechselständigen Knospen besetzt. Blätter elliptisch, zugespitzt, schwach dreilappig, 8 bis 10 cm lang, am Blattstiel kleine Nebenblättchen. Blüten an der ganzen Länge der vorjährigen Triebe, erscheinen von März bis April vor den Blättern. Blüte rosettenförmig, rosa, gefüllt, 3 bis 4 cm groß, keine Fruchtbildung. Gedeiht in kräftigen, tiefgründigen Gartenböden in voller Sonne. Verwendung in Einzelstellung in Gärten und Parks, wichtig als Treibgehölz und Schnittstrauch. Besondere Pflegemaßnahmen: sofort nach der Blüte die verblühten Triebe scharf zurückschneiden, ebenso auf Austriebe der Unterlage achten. Wird veredelt.

Rósa hugónis

Mairose
Rosáceae, Rosengewächse

Man unterscheidet über 100 Rosen-Arten in den gemäßigten Zonen der Erde. Die Mairose stammt aus Mittelchina und wird breitbuschig, die überhängenden Zweige erreichen über 2 m Höhe. Triebe tiefbraun, mit vielen Stachelborsten und flachen Stacheln besetzt. Blätter wechselständig, unpaarig gefiedert, einzelne Fiederblättchen eiförmig, 1 cm lang, bläulichgrün. Bis zu 5 cm große gelbe Schalenblüten im Mai und Juni mit gutem Duft. Besonders früh- und reichblühende Wildrose. Früchte kugelig, 1,5 cm groß, braunschwarz. Gedeiht in tiefgründigen, lehmig-humosen Gartenböden in voller Sonne. Verwendung für Gärten und Parks in Einzelstellung oder in Gruppen. Wenig krankheitsanfällig. Vermehrung durch Stecklinge und Aussaat. Rund 20 weitere Arten von Bedeutung. Dazu zählen u. a. *R. gállica*, blutrot, Europa; *R. moyésii*, blutrot, China; *R. pimpinellifólia*, gelb, Asien; *R. rugósa*, rosa, Ostasien.

Rosa-Gartenrosen

Edelrosen, Teehybridrosen
Rosáceae, Rosengewächse

Die anspruchsvollen Edelrosen sind nicht mehr aus den Gärten und Parks fortzudenken. Die heutigen Sorten sind aus vielen Wildarten entstanden. Wuchs aufrecht, breitbuschig, zwischen 50 und 100 cm hoch. Ältere Triebe braun, mit vielen Stacheln besetzt. Jungtriebe grün bis rötlich, ebenfalls bestachelt. Blätter unpaarig gefiedert, fünf- bis siebenteilig, Blättchen eiförmig, 5 bis 6 cm lang, meist glänzendgrün, im Austrieb oft rot. Blüten gefüllt, einzeln am Triebende, mit wohlgeformten Knospen, geschützt durch 5 grüne Kelchblätter. Früchte rot bis orange, enthalten viele harte Samen. Bester Wuchs in nährstoffreichen, lehmig-humosen Gartenböden in voller Sonne. Verwendung für Beete und Vasenschnitt. Laufend Schädlinge und Krankheiten bekämpfen, sehr anspruchsvolle Gartenpflanzen. Vermehrung durch Okulation im Sommer auf Unterlagen von *R. canína*. Sorte: 'Gloria Dei', goldgelb (Bild 'Escapade').

Rosa-Gartenrosen

Beetrosen
Rosáceae, Rosengewächse

Die für Beete so wichtigen Rosen werden in Gruppen aufgeteilt. Sie sind niedrig, öfterblühend und benötigen viel Pflege. Dazu gehören Schnitt, Düngung und Bekämpfung von Schädlingen und Krankheiten. Man kennt viele Sorten in Rot, Rosa, Weiß oder Gelb. Winterschutz durch Reisigabdekkung und Anhäufeln. Die Veredelungsstelle soll beim Pflanzen mindestens 3 cm in den Boden kommen. Okulation der Wildlinge (*Rósa multiflóra*) im Sommer.

Polyantha-Hybriden: Größere Blüten in großer Zahl in Doldenrispen. Sorten: 'Lampion', blutrot, einfach, 50 cm; 'Marlena', dunkelrot, gefüllt, 35 cm.

Floribunda-Rosen: Edelrosenförmige Blüten in Doldenrispen. Sorten: 'Edelweiß', cremeweiß, gefüllt, 40 cm; 'Friesia', gelb, gefüllt (Bild), 70 cm; 'Pußta', blutrot, 60 cm.

Floribunda-Grandiflora-Rosen: Besonders großblumige Züchtungen. Sorte: 'Duftwolke', korallenrot, gefüllt, 60 cm.

Spiraéa × argúta

Brautspiere
Rosáceae, Rosengewächse

Die rund 80 bekannten *Spiraéa*-Arten stammen aus Asien, Amerika und Afrika, wo sie in den gemäßigten Zonen anzutreffen sind. Die Eltern der beliebten Brautspiere sind in Asien zu finden, es ist eine Dreifachhybride. Wuchs breitbuschig, bis zu 2 m hoch, mit vielen feinen, überhängenden, rutenförmigen Zweigen. Triebe hell- bis dunkelbraun gefärbt, dicht mit kleinen Knospen besetzt. Blätter wechselständig, hellgrün, schmallanzettlich, bis 4 cm lang. Blüten reinweiß, erscheinen in großer Zahl im April und Mai in kleinen Doldentrauben. Einzelblüte fünfzählig, 8 mm groß. Wächst gerne in tiefgründigen, nährstoffreichen Gartenböden in voller Sonne. Verträgt Trockenheit gut. Verwendung als freiwachsende Hecke, in Gruppen oder einzeln in Gärten und Parks. Gelegentlicher Auslichtungsschnitt notwendig. Vermehrung durch Steckholz. Ähnlich, aber stärker wachsend ist *S. × vanhoúttei (S. cantoniénsis × S. trilobáta).*

Deútzia-Hybriden

Deutzie
Saxifragáceae, Steinbrechgewächse

Aus den asiatischen *Deútzia*-Arten sind besonders durch den französischen Züchter Lemoine in Nancy viele Hybriden entstanden. Es handelt sich meist um aufrechte, bis zu 2 m hohe, breitbuschige, reichblühende Gehölze. Junge Triebe hellbraun, innen hohl, mit gegenständigen Knospen. Blätter lanzettlich, rauhhaarig, 6 bis 10 cm lang. Blüten erscheinen im Juni in reicher Zahl. Je nach Sorte sind sie weiß, rosa, einfach oder gefüllt und 2 bis 3 cm groß. Sie blühen in end- oder achselständigen Doldenrispen. Die runden Kapselfrüchte sind oft bis zum Frühling an den Trieben zu sehen. Benötigt gute, tiefgründige Gartenböden in voller Sonne. Verwendung als Blütenhecke, in Gruppen oder im Einzelstand in Gärten und Parks. Vermehrung durch Steckholz. Sorten: 'Boule de Neige', rahmweiß, groß; 'Mont Rose', Blüten offen, malvenfarben. Noch viele weitere Hybriden im Sortiment.

Philadélphus-Lemoinei-Hybriden

Niedriger Pfeifenstrauch
Saxifragáceae, Steinbrechgewächse

Der französische Züchter Lemoine hat vor 100 Jahren eine Fülle von *Philadélphus*-Hybriden geschaffen, die viel gartenwürdiger als die Arten sind. Vor allem sind sie niedriger, daher auch für kleinere Gärten zu verwenden. Wuchs aufrecht, leicht überhängend und breitbuschig. Die meisten Sorten werden nur 1 bis 2 m hoch. Triebe rotbraun, Rinde abblätternd. Knospen gegenständig, unter der Blattnarbe verborgen. Blätter schmal-eiförmig, zugespitzt, 3 bis 4 cm lang, mit gezähntem Rand. Blüten weiß, duftend, je nach Sorte, einfach oder gefüllt, 2 bis 3 cm groß. Blütezeit im Juni und Juli, reichblühend. Bester Wuchs in guten Gartenböden in voller Sonne. Verwendung als freiwachsende Blütenhecke, in Gruppen oder im Einzelstand in Gärten und Parks. Vermehrung durch Steckholz und Stecklinge. Sorten: 'Dame Blanche', schwach gefüllt; 'Erectus', aufrecht, weiß.

Ríbes sanguíneum

Blutjohannisbeere
Saxifragáceae, Steinbrechgewächse

Man kennt etwa 150 *Ríbes*-Arten in den gemäßigten Zonen der nördlichen Halbkugel und einige Arten in Amerika. Die Blutjohannisbeere stammt aus dem westlichen Nordamerika, sie ist der wichtigste Blütenstrauch der Gattung. Wuchs breit-aufrecht, bis 3 m hoch. Ältere Zweige rotbraun, rissig, mit abblätternder Rinde. Jüngere Triebe hellbraun, mit großen, roten, wechselständigen Knospen. Blätter rundlich, drei- bis fünflappig, bis 10 cm groß, unterseits flaumig behaart, gelbe Herbstfärbung. Die hängenden Blütentrauben sind bis 8 cm lang und erscheinen im April und Mai in Mengen. Blüte rosafarben, röhrenförmig-glockig, mit 5 Kronblättern. Früchte erscheinen selten, es sind weiß bereifte blaue Beeren. Guter Wuchs in normalen, gut versorgten Gartenböden in voller Sonne. Verwendung als Partner für Brautspiere, Goldglöckchen und höhere Frühlingsblüher. Vermehrung durch Steckholz. Sorte: 'King Edward VII', rot.

Dáphne mezéreum
Gemeiner Seidelbast, Kellerhals
Thymelaeáceae, Seidelbastgewächse

Von den Pyrenäen bis zum Kaukasus und noch in Sibirien ist diese beliebte, aber stark giftige Pflanze anzutreffen. *D. mezéreum* ist ein breiter, dichter Strauch von 1,50 m Höhe, mit braungrauer Rinde. Knospen wechselständig, an den Triebenden gehäuft. Blätter länglich-lanzettlich, bis zu 7 cm lang, unterseits bläulichgrün. Blüten rot oder rosa, bis zu 7 cm lang, groß, duftend. Blütezeit März–April. Beerenfrüchte, kugelig, zuerst grün, dann leuchtendrot, erscheinen in großer Zahl an den Trieben ab Juli. 7 bis 8 mm groß, stark giftig. Schon 10 bis 12 Beeren können zum Tode führen! Wächst in kalkreichen Humusböden im Halbschatten wie etwa auf der Schwäbischen Alb. Verwendung im Einzelstand im Stein- und Frühlingsgarten. Geschützte Pflanze. Nicht für Kinderspielplätze geeignet. Auf Raupenfraß achten. Samenvermehrung.

Caryópteris × clandonénsis
Bartblume
Verbenáceae, Eisenkrautgewächse

Die Gattung *Caryópteris* ist mit 10 Arten in Ostasien verbreitet. Es sind kleine, sommerblühende Halbsträucher. Die Hybride *C.* × *clandonénsis* entstand 1930 in England. Sie wird breitbuschig, etwa 1 m hoch, friert in strengen Wintern zurück, treibt wieder aus. Triebe graufilzig. Blätter gegenständig, ei-lanzettlich, gezähnt, unterseits graufilzig, oberseits graugrün und bis 8 cm lang. Die Büten bilden sich an den frischen diesjährigen Austrieben in den Blattachseln von August bis September. Sie sind tiefblau, zweilippig, fallen durch die langen Staubgefäße auf, bis zu 20 Stück in Trugdolden vereinigt. Gut in durchlässigen, mageren Böden an vollsonnigen Standorten. Verwendung in Stein- und Heidegärten in geschützten Lagen. Bei sehr tiefen Temperaturen Winterschutz notwendig. Jährlicher Rückschnitt im Vorfrühling. Vermehrung durch Stecklinge und Samen. Sorte: *C. incána* 'Heavenly Blue', dunkelblau.

Ilex aquifólium

Gewöhnliche Stechpalme
Aquifoliáceae, Stechpalmengewächse

In den Tropen und Subtropen unterscheidet man etwa 400 meist immergrüne *Ilex*-Arten. *I. aquifólium* kommt von Nordafrika über Europa bis nach China vor. Höhen von 10 bis 12 m möglich, meist strauchartig. Wuchs aufrecht-pyramidal bis breitbuschig, stark verzweigt. Stämme hellgrau. Jüngere Triebe grün, mit wechselständigen Knospen. Blätter immergrün, eiförmig bis lanzettlich, glänzend, derbledrig, am Rand stachelig gezähnt, 6 bis 10 cm lang. Pflanzen zweihäusig, Blüten klein, weiß, erscheinen in den Blattachseln im Mai und Juni in kleinen Büscheln. Steinfrüchte rot, 1 cm groß, kugelig, giftig. Gut in wintermildem Klima auf humosen Böden im Schatten oder Halbschatten. Im Winter Schutz vor Sonne und Wind wichtig. Verwendung einzeln oder als Hecke in Gärten und Parks. Auf Blattminierfliege achten. Vermehrung durch Samen und Stecklinge. Sorten: 'Alaska', 3 bis 4 m; 'I. C. van Tol', fast stachelloses Laub, 5 m.

Bérberis juliánae

Immergrüne Berberitze
Berberidáceae, Berberitzengewächse

Etwa 500 *Bérberis*-Arten gibt es in Europa, Norafrika, Asien und Amerika. *B. juliánae* stammt aus Mittelchina. Sie wird 2,50 m hoch und ausladend. Wuchs dichtbuschig, obere Triebe etwas überhängend. Jungtriebe gelblich, mit bis zu 4 cm langen dreiteiligen Dornen. Blätter breit-lanzettlich, stachelig gezähnt, bis zu 10 cm lang und 2,5 cm breit, dunkelgrün, glänzend. Obwohl immergrün, kommt gelegentlich eine rote Herbstfärbung vor. Blüten reingelb, etwa 1 cm groß, zu 8 bis 15 Stück in Büscheln. Blütezeit von Mai bis Juni. Früchte blauschwarz bereift, 6 bis 8 mm lang, enthalten 1 bis 2 Samen. Gedeiht in lehmig-humosen Gartenböden in sonniger bis schattiger Lage. Verwendung als breitwachsende Heckenpflanze, läßt sich gut schneiden, schöner im Einzelstand in größeren Gärten und Parks. Vermehrung durch Stecklinge und Samen.

Bérberis verruculósa

Warzenberberitze
Berberidáceae, Berberitzengewächse

Die aus China (Szetschuan) stammende Warzenberberitze wächst besonders dicht und kann 1,50 m hoch und breit werden. Wuchs breit-rundlich. Triebe gelblich, überhängend, mit vielen schwärzlichen Warzen bedeckt. Die dreiteiligen Dornen sind 1,5 bis 2 cm lang. Blätter derblederig, 2,5 cm lang, bestachelt, unterseits blaugrau bereift. Im Winter rötlich getöntes Laub. Blüten goldgelb, 12 mm groß, 1 bis 2 zusammen, erblühen im Mai und Juni. Die länglichen, blauschwarzen Früchte sind 12 mm lang. Gedeiht auch in weniger guten Gartenböden in voller Sonne und Halbschatten. Verwendung für freiwachsende Hecken und im Einzelstand in Gärten und Parks. Vermehrung durch Stecklinge und Aussaat.

Mahónia aquifólium

Mahonie, Fiederberberitze
Berberidáceae, Berberitzengewächse

Mahónia ist eine mit über 100 Arten in Ostasien und Amerika verbreitete Gattung. *M. aquifólium* stammt aus dem westlichen Nordamerika und kann über 1 m hoch werden. Wuchs aufrecht, durch Wurzeltriebe breitbuschig. Holz und Wurzeln innen gelb gefärbt. Triebe hellgrau, ohne Dornen. Blätter wechselständig, unpaarig gefiedert, fünf- bis elfzählig, bis 22 cm lang, Einzelblättchen eiförmig, mit gezähntem Rand, bis 8 cm lang. Die glänzendgrüne Färbung ändert sich im Winter in braunrot. Blüten gelb, 1 cm groß, erscheinen in end- und achselständigen, dichten Blütentrauben im April und Mai. Die blaubereiften Beeren sind länglich-kugelig und zieren im Sommer. Gutes Wachstum in kräftigen, lehmig-humosen Gartenböden in Sonne und Halbschatten. Verwendung als freiwachsende oder geschnittene Hecke, in Gruppen oder im Einzelstand. Für Kranzbinderei wertvoll. Auf Mehltau achten. Vermehrung durch Samen.

Búxus sempérvirens

Buchsbaum
Buxáceae, Buchsbaumgewächse

Man kennt 30 Buchsbaum-Arten in Europa, dem Mittelmeergebiet, Asien und Mittelamerika. Der bekannte *B. sempérvirens* kommt von Nordafrika über Europa bis nach Westasien vor und bildet dichte, breite Büsche bis zu 3 m Höhe, im Kaukasus wird er baumförmig und bis zu 16 m hoch. Rinde älterer Zweige dunkelgrau, junge Triebe olivgrün und vierkantig. Blätter dunkelgrün, eiförmig-elliptisch, 3 cm lang, gewölbt, gegenständig. Blüten unscheinbar, gelbgrün, in achselständigen Büscheln. Blütezeit im April und Mai. Die dreiklappige Kapselfrucht ist gehörnt und enthält schwarze Samen. Gedeiht in durchlässigen, mageren, kalkhaltigen Böden in voller Sonne, aber auch noch im tiefen Schatten. Verwendung als Schnitthecke, in Gruppen oder einzeln in Gärten, Parks, Friedhöfen, auch als Kübelpflanze. Besonders anspruchsloses Gewächs. Vermehrung durch Stecklinge. Sorte: 'Suffruticosa', Einfassungsbuchsbaum.

Vibúrnum rhytidophýllum

Runzelblättriger Schneeball
Caprifoliáceae, Geißblattgewächse

Von den 225 bekannten *Vibúrnum*-Arten ist der immergrüne Runzelblättrige Schneeball aus China besonders auffällig. Er wächst straff-aufrecht bis zu 4 m Höhe und bildet einen breiten Busch. Jungtriebe dicht graufilzig behaart, ältere Triebe hellgrau. Blätter gegenständig, breit-lanzettlich, bis zu 25 cm lang und 7 cm breit, oberseits auffällig dunkelgrün und runzelig, unterseits dagegen weißgraufilzig, bei Frost schlaff herabhängend. Blüten in 15 bis 20 cm breiten Trugdolden im Mai und Juni erscheinend. Einzelblüten gelbweiß, 5 mm breit. Früchte länglich, 8 mm groß, erst rot, bei der Reife schwarz. Gedeiht noch in trockenen Böden in vollsonniger Lage, liebt aber humose, leicht saure Böden im Halbschatten und Schatten. Verwendung im Einzelstand in größeren Gärten und Parks. Vermehrung durch Samen und Stecklinge.

Euónymus fortúnei

Spindelstrauch
Celastráceae, Spindelbaumgewächse

Unter den weltweit 170 bekannten *Euónymus*-Arten sind immergrüne Vertreter, die bei uns ausreichend winterhart sind. Dazu zählen die Formen des *E. fortúnei*. Die Art stammt aus China und kann mit langen Bodentrieben größere Flächen bedecken. Wuchs liegend, mit aufstrebenden und kletternden grünen Trieben. Blättchen eiförmig, gegenständig, 3 bis 6 cm lang, Färbung je nach Sorte verschieden. Die grünlichen kleinen Blüten im Juni fallen kaum auf. Früchte weiß, innen orange, erscheinen nur bei wenigen Formen. Gedeiht in normalen, durchlässigen Gartenböden in sonnigen und schattigen Lagen. Verwendung als Bodendecker und schwachwüchsiger Kletterer unter Gehölzen. Auf Dachgärten und für Gefäße gut verwendbar, hier aber auf Dickmaulrüßler achten. Vermehrung durch Stecklinge. Sorten: 'Coloratus', rotes Herbstlaub; 'Vegetus', breitbuschig, dunkelgrüne Blätter, fruchtet reichlich (Bild).

Píeris japónica

Lavendelheide
Ericáceae, Heidekrautgewächse

Man unterscheidet 8 *Píeris*-Arten aus Amerika, Ostasien und dem Himalaja. Aus Japan stammt die besonders hübsche *P. japónica*, die durch ihren eleganten Wuchs besticht. Die breiten Büsche werden bis zu 3 m hoch. Jungtriebe grünrot, glatt, Austrieb bronzefarben. Blätter dunkelgrün, wechselständig, lanzettlich, bis 8 cm lang, an den Triebenden gehäuft. Der Blütenstand ist schon im Herbst vorgebildet, die Blütenrispen hängen über, je nach Sorte weiße oder rosafarbene Blüten von März bis Mai. Blüte krugförmig, nickend, 1 cm groß. Kapselfrüchte braun, erbsengroß, enthalten viele feine Samen. Gedeiht am besten in kalkfreien, humosen Böden im Schatten, etwa unter Nadelbäumen. Verwendung für die Frühlingsecke im Moorbeet. Pflanze ist giftig. Vermehrung durch Aussaat und Stecklinge. Sorte: 'Daisen', rosa (Bild). Ähnlich ist *P. floribúnda* mit aufrechten Blütenrispen.

Rhododéndron × praécox

Vorfrühlingsalpenrose
Ericáceae, Heidekrautgewächse

Diese blühwillige Züchtung gelang in England. Die Eltern stammen aus Ostasien und sind besonders frühblühend. Wuchs breitaufrecht, mit lockerer Verzweigung, bis 1,50 m hoch. Triebe graubraun. Blätter wechselständig, eiförmig, 6 cm lang, glänzend, wintergrün, im Herbst mit gelber Färbung, teilweise abfallend. Die lilarosa Blüten erscheinen schon im März–April in großer Zahl an den Triebenden, werden leider oft von Spätfrösten zerstört. Gedeiht in humosen, tiefgründigen Gartenböden im Halbschatten an geschützten Plätzen. Ideal für die Vorfrühlingsecke, zusammen mit Sternmagnolie, Scheinhasel und zierlichen Zwiebelgewächsen. Bei Frostgefahr Blüten durch Abdecken vor der Morgensonne schützen. Vermehrung durch Stecklinge.

Rhododéndron-Catawbiénse-Hybr.

Großblumige Alpenrose
Ericáceae, Heidekrautgewächse

Die Art stammt aus Nordamerika, ist immergrün, 2 bis 5 m hoch und besonders winterhart. Die lilafarbenen Blüten stehen in dichtem Blütenstand zusammen. Blütezeit Mai bis Juni. Großblumige Sorten mit dichtem Blütenstand, großen Einzelblüten, gesundem Laub und großer Winterhärte. Wuchs langsam, aber doch 2 bis 3 m Höhe erreichend. Blätter elliptisch, etwa 20 cm lang. Blüten 4 bis 5 cm groß, in endständigem Blütenstand. Blütezeit im Mai und Juni. Gedeiht in sauren, lehmig-humosen Böden im Halbschatten. Verwendung für freiwachsende, dichte Blütenhecken, in Gruppen oder einzeln zu leichten, tiefwurzelnden Bäumen. Schäden durch Blattwanzen, Dickmaulrüßler und Welkepilze möglich. Vermehrung durch Veredelung. Sorten: 'Catawbiense Grandiflorum', lila, sehr gesund (Bild); 'Cunninghams White', weiß, hart; 'Humboldt', hellpurpur mit dunkelroter Zeichnung, hart; 'Queen Mary', rot.

Rhododéndron-Répens-Hybriden

Zwergalpenrose
Ericáceae, Heidekrautgewächse

Diese herrlichen Zwergalpenrosen sind aus *R. forréstii* var. *répens* entstanden. Vorwiegend hat Dietrich Hobbie aus Linswege daran gearbeitet. Wuchs breitbuschig, dicht, nur 50 bis 100 cm hoch. Blätter elliptisch, dunkelgrün, 4 bis 5 cm lang. Besonders auffällig sind die dunkelroten, 3 bis 4 cm großen Blüten in dichtem Blütenstand. Blütezeit im April, daher vor Spätfrost schützen. Gedeiht besonders gut in humosen, nährstoffreichen Gartenböden im Halbschatten. Verwendung für Vorgärten, Gräber, Schalen und Steingärten. Vermehrung durch Stecklinge. Sorten: 'Baden-Baden', scharlachrot, hart, 1 m hoch (Bild); 'Frühlingszauber', leuchtendrot, 60 cm hoch, über 1 m breit, hart; 'Scarlet Wonder', scharlachrot, 60 cm, hart, flach.

Cotoneáster dámmeri

Zwergmispel
Rosáceae, Rosengewächse

Man unterscheidet 50 *Cotoneáster*-Arten in Nordafrika, Europa und Asien. besondere Bedeutung als Bodendecker hat *C. dámmeri* aus Westchina. Niederliegender immergrüner Strauch mit flach ausgebreitetem Wuchs, höchstens 20 cm hoch, aber bis zu 2 m breit. Triebe bewurzeln sich. Blätter eiförmig, immergrün, wechselständig, bis 3 cm lang, glänzend, grün. Blüten weiß, einzeln in den Blattachseln, 1 cm groß. Blütezeit im Mai. Beerenfrüchte rot, erbsengroß, halten bis zum Winter. Wächst besonders gut in kräftigen Gartenböden in sonnigen und halbschattigen Lagen, ist anspruchslos. Verwendung für Flächenpflanzungen aller Art, für Gräber, Steingärten, Böschungen, Tröge, Balkon. Bei Gefäßen und Dachgärten auf Dickmaulrüßler achten. Vermehrung durch Stecklinge. Viele Sorten.

Cotoneáster salicifólius

Weidenblättrige Felsmispel

Rosáceae, Rosengewächse

Aus Westchina stammt die *C. salicifólius,* var. *floccosus.* Wuchs aufrecht, mit stark überhängenden Zweigen, 2 bis 3 m hoch. Triebe anfangs graufilzig, später rotbraun. Blätter wechselständig, bis 8 cm lang, lanzettlich, glänzend, dunkelgrün, unterseits zunächst graufilzig, später hellgrün. Blüten weiß, in dichten Doldentrauben, strenger Duft. Blütezeit im Juni. Rote, kugelige, 4 mm große Beeren schmücken den Strauch vom Herbst bis zum Winter. Gedeiht in tiefgründigen, lehmig-humosen Gartenböden in Sonne und Halbschatten. Verwendung im Einzelstand in Vorgärten, Kübeln, Gärten und Parks. Kann vom Feuerbrand befallen werden. Auch auf Läuse achten. Vermehrung durch Stecklinge und Aussaat. Sorte: 'Parkteppich', flächiger Wuchs, 40 (bis 80) cm hoch, kleinblättrig.

Cotoneáster-Watéreri-Hybriden

Hohe Felsmispel

Rosáceae, Rosengewächse

Darunter versteht man eine Reihe von Sorten, die aus verschiedenen Arten aus China entstanden sind. Es sind hochwachsende, meist immergrüne Formen mit aufrechtem, später etwas überhängendem Wuchs bis zu 4 m Höhe. Triebe braunrot. Blätter elliptisch, zugespitzt, bis zu 12 cm lang, dunkelgrün, unterseits hell zugespitzt, bis zu 12 cm lang, dunkelgrün, unterseits hell bläulichgrün. Blüten weiß, fünfzählig, 8 bis 10 mm groß, in dichten Doldentrauben. Blütezeit im Juni. Früchte rot, erbsengroß, werden oft schon im Herbst von Vögeln geplündert. Gedeiht in tiefgründigen, nährstoffreichen Gartenböden in voller Sonne und Halbschatten. Verwendung in Einzelstellung in größeren Gärten und Parks. Auf Feuerbrand achten. Vermehrung durch Stecklinge. Sorten: 'Cornubia', 4 m hoch, steifer Wuchs, für milde Lagen; 'Herbstfeuer', flacher Bodendecker; 'Pendulus', hängende Triebe, muß aufgebunden werden, 2 m hoch.

Prúnus laurocérasus
Lorbeerkirsche („Kirschlorbeer")
Rosáceae, Rosengewächse

Unter den rund 400 *Prúnus*-Arten in den gemäßigten Zonen der Erde gibt es wenige immergrüne Arten. Dazu zählt die Lorbeerkirsche aus Südosteuropa, Vorderasien und dem Kaukasus. Bei uns wird er nur 2 m groß, aber oft breiter. Stämme grau. Jungtriebe hellgrün. Blätter wechselständig, breit-lanzettlich, je nach Sorte und Herkunft bis 20 cm lang, beiderseits glatt, derb, lederig, unterseits heller. Blüten weiß, fünfzählig, über 1 cm groß, duftend, in aufrechten, bis 12 cm langen Blütentrauben. Blütezeit im Mai. Die kugeligen, 1 cm großen, schwarzroten Früchte enthalten einen Kern und sind giftig (Blausäure). Gedeiht in lehmig-humosen Gartenböden im Halbschatten und Schatten. Verwendung in Gruppen oder Hecken. Wichtig für die Kranzbinderei. Vermehrung durch Stecklinge. Sorten: 'Otto Luyken', aufrecht, 1 m hoch, schmale Blätter (Bild); 'Zabeliana', horizontal wachsend, 1,5 m hoch, schmale Blätter.

Pyracántha coccínea
Feuerdorn
Rosáceae, Rosengewächse

Man unterscheidet 6 Feuerdorn-Arten, die von Südosteuropa bis zum Himalaja und China verbreitet sind. In Italien und Kleinasien wird *P. coccínea* bis zu 5 m hoch. Wuchs breit-aufrecht, sparrig, bildet undurchdringliche Dornbüsche. Triebe braunschwarz, mit vielen, waagrecht abstehenden Dornen versehen. Blätter ei-lanzettlich, 3 bis 4 cm lang, glänzend grün. Blüten weiß, in Doldentrauben, im Mai–Juni erscheinend. Die orangeroten, kugeligen, erbsengroßen Beerenfrüchte sind besonders zierend und lange haltbar. Friert leider in strengen Wintern zurück. Gedeiht in durchlässigen humosen Gartenböden in voller Sonne bis in Schattenlagen. Verwendung einzeln, in Gruppen oder als Fruchthecken in Gärten und Parks. Feuerbrandgefährdet. Viele Sorten sind schorfresistent. Vermehrung durch Stecklinge und Samen. Sorten: 'Bad Zwischenahn', orange; 'Orange Glow', locker, orange; 'Soleil d'Or', gelb (Bild).

Chamaecýparis lawsoniána

Lawsons Scheinzypresse
Cupressáceae, Zypressengewächse

Von den Scheinzypressen unterscheidet man 6 Arten in Nordamerika, Japan und Taiwan. *C. lawsoniána* stammt aus dem westlichen Nordamerika. Wichtiges Nutzholz. Höhe in Europa 30 m, in der Heimat 60 m. Wuchs breit-aufrecht, mit überhängender Spitze. Stamm hellbraun, die Äste stehen waagrecht ab. Triebe mit grünen Schuppenblättern, tragen im April 2 bis 3 mm lange, rote männliche Blütenkätzchen und unscheinbare grüne weibliche Zäpfchen, die bei der Reife erbsengroß und braun sind. Guter Wuchs in kräftigen, durchlässigen Böden im Halbschatten. Verwendung im Einzelstand, wichtige Heckenpflanze, da schnittverträglich. Vermehrung durch Stecklinge. Viele Sorten, u. a.: 'Alumii', blau, 5 bis 10 m; 'Columnaris Glauca', blau, 5 bis 10 m; 'Ellwoodii', blau, 2 bis 3 m; 'Lane', gelb, 4 bis 5 m; 'Minima Glauca', 1 m, kugelig, blaugrün.

Thúja occidentális

Abendländischer Lebensbaum
Cupressáceae, Zypressengewächse

Es werden 6 *Thúja*-Arten in Amerika und Ostasien unterschieden. Die meisten wachsen baumförmig, einige strauchartig. Aus Nordamerika kommt der Abendländische Lebensbaum, der 20 m Höhe erreicht. Krone kegelförmig. Stamm braun, Rinde blättert in langen Streifen ab. Äste waagrecht abstehend. Gipfeltriebe immer aufrecht stehend. Zweige mit mattgrünen, im Winter bräunlichen Schuppenblättern. Pflanze einhäusig. Blüten unscheinbar, im April und Mai erscheinend. Zapfenfrüchte länglich, bis 8 mm lang, zunächst aufrechtstehend, später hängend. Samen ringsum geflügelt, 3 mm groß. Gedeiht auf nährstoffreichen, auch feuchteren Standorten in voller Sonne bis in Schattenlagen. Pflanze giftig. Schnittverträglich. Verwendung als Heckenpflanze, in Einzelstellung in Gärten und Parks. Auf Läuse und Pilzkrankheiten achten. Vermehrung durch Stecklinge und Samen. Sorte: 'Smaragd', frischgrün, für dichte Hecken.

Ábies álba

Weißtanne

Pináceae, Kieferngewächse

Man unterscheidet über 40 Tannen-Arten in den nördlichen gemäßigten Zonen. Die Weißtanne ist in Mittel- und Südeuropa anzutreffen, sie kann bis zu 50 m hoch werden. Wuchs breit-pyramidal, waagrecht abstehende Äste. Rinde grau, glatt bis schuppig. Ältere Bäume mit Storchennestkrone. Nadeln dunkelgrün, kammförmig gescheitelt, 3 cm lang, unterseits mit 2 weißen Längsstreifen und scheibchenförmiger Basis. Pflanze einhäusig. Männliche Kätzchen gelb, weibliche Zäpfchen grün. Fruchtzapfen 10 bis 14 cm lang, aufrechtstehend, nach der Reife zerfallend. Gedeiht auf tiefgründigen, humosen Böden bei hoher Luft- und Bodenfeuchtigkeit im Halbschatten. Verwendung nur in Parks im Einzelstand oder als Waldbaum. Wichtig als Bindegrün. Auf verschiedene Pilze und Schädlinge achten. Vermehrung durch Samen. Sorten werden kaum kultiviert.

Ábies procéra

(syn. *A. nóbilis*), Edeltanne

Pináceae, Kieferngewächse

Diese schöne *A. procéra* stammt aus dem westlichen Nordamerika. Sie wird dort bis zu 80 m hoch, bei uns nur 20 bis 30 m. Krone schlank, kegelförmig. Rinde braun, oft mit Harzbeulen versehen. Nadeln bläulichgrün, dicht stehend, bis 3,5 cm lang, nach oben gebogen. Männliche Blüten auffällig rot gefärbt. Zapfen bis zu 8 cm dick, aufrecht, purpurbraun, bis 25 cm lang, mit hervorragenden Deckschuppen. Gedeiht am besten in kalkfreien humosen Böden in sonniger Lage. Verwendung im Einzelstand in größeren Gärten und Parks. Vermehrung durch Samen. Die häufig gepflanzte Sorte 'Glauca' sollte mit Gipfeltrieben veredelt sein. Sie hat besonders auffällige, blausilbrige Nadeln, 20 bis 25 m hoch. Sehr schön in Einzelstellung, besonders wichtige Tanne für die Floristik (Adventsbinderei) (Bild).

Cédrus atlántica

Atlaszeder
Pináceae, Kieferngewächse

Man unterscheidet 3 Zedern-Arten aus dem Mittelmeerraum und eine Art aus dem Himalaja. Alle sind nur in wärmeren Gebieten ausreichend winterhart. Aus dem Atlasgebirge Algeriens und Marokkos stammt die bis 40 m hohe Atlaszeder. Wuchs breitausladend, mit lockerer pyramidaler Krone. Mitteltrieb bis zum Gipfel ausgebildet, mit grauer Borke und steil ansteigenden Ästen. Nadeln bläulichgrün, bis 3 cm lang, an den Kurztrieben in dichten Büscheln angeordnet. Pflanze einhäusig. Blüten im Herbst erscheinend. Männliche Blütenstände gelb, walzlich, bis 5 cm lang, aufrecht, weibliche Blütenstände rot, nur 1 cm groß. Zapfen rotbraun, eiförmig, 5 bis 7 cm lang, zerfällt nach der Reife am Baum. Benötigt nährstoffreiche, durchlässige Kalkböden in sonniger Lage. Nur im Einzelstand für große Gärten und Parks. Vermehrung durch Aussaat. Die veredelte Sorte 'Glauca' ist weit verbreitet und härter als die Art, blaue Nadeln (Bild).

Lárix decídua

Europäische Lärche
Pináceae, Kieferngewächse

Man kennt 10 verschiedene Lärchen-Arten in den gemäßigten Zonen der nördlichen Halbkugel. Es sind mächtige sommergrüne Bäume. Aus Mittel- und Nordeuropa ist die heimische *L. decídua* bekannt. Sie wächst vorwiegend in den höheren Gebirgslagen. Freistehend erreicht sie 35 m Höhe. Krone kegelförmig, schlank. Borke grau bis braun. Äste quirlförmig, horizontal bis überhängend. Zweige hängen senkrecht herab. Nadeln dünn, hellgrün, zu 30 bis 40 Stück in Büscheln, bis 3 cm lang, goldgelbe Herbstfärbung im Oktober. Männliche Blüten gelb, weibliche Zäpfchen rot, im März–April erscheinend. Braune Zapfen bis 4 cm lang, Schuppen am Rand nicht umgerollt. Gedeihen am besten in lehmigen Kalkböden in voller Sonne, vertragen keine Beschattung in der Jugend. Verwendung im Einzelstand oder in Gruppen. Vermehrung durch Samen. Sorte: 'Pendula', 10 m hohe Hängeform.

Pícea ábies

Rotfichte
Pináceae, Kieferngewächse

Man unterscheidet über 40 Fichten-Arten in den gemäßigten und kälteren Zonen der nördlichen Halbkugel. Die bekannte Rotfichte ist in Mittel- und Nordeuropa häufig anzutreffen. Sie wird bis zu 50 m hoch. Der gerade Stamm bis zum Gipfel ausgebildet, ist rauh und von rotbrauner Farbe. Krone spitz-kegelförmig. Jungtriebe braun bis gelblich. Nadeln dunkelgrün spitz, 1 bis 2 cm lang, sie lassen sich nur mit einem Stück des alten Holzes entfernen. Pflanze einhäusig, männliche Blüten gelb, die weiblichen Zäpfchen rot. Blütezeit im April und Mai, je nach Höhenlage. Zapfen braun, bis 15 cm lang und 4 cm breit, fallen ganz ab. Gedeiht in lehmig-humosen, sowie durchlässigen Böden in halbschattiger Lage bei genügend Boden- und Luftfeuchtigkeit. Verwendung im Forst, als Lieferant von Bauholz und Weihnachtsbäumen. Viele Pilze und Schadinsekten bekannt. Vermehrung durch Samen, Stecklinge und Veredelungen.

Pícea breweriána

Mähnenfichte, Siskiyoufichte
Pináceae, Kieferngewächse

Die besonders interessante *P. breweriána* stammt aus dem Südwesten der USA, vor allem aus Südwestoregon und den Siskiyou-Bergen Nordwestkaliforniens. Dort wird sie bis zu 40 m hoch, bei uns nur 10 bis 15 m. Wuchs breit-aufrecht, mit waagrecht abstehenden Ästen. Zweige hängen auffallend schlaff herab, können bis über 2 m lang werden. Nadeln bis 3 cm lang, grün, mit bläulicher Unterseite. Zapfen jung purpurrot, bei der Reife braun, 8 bis 10 cm lang. Kommt in der Heimat auf felsigen, trockenen Böden vor, ist absolut frosthart. Verwendung als Solitär in größeren Gärten oder Parks. Sollte nur in älteren Exemplaren gepflanzt werden, da die Schönheit mit dem Alter zunimmt. Veredlung auf *P. ábies*. Einmalig schöner Baum.

Pícea omórika

Serbische Fichte, Omorikafichte
Pináceae, Kieferngewächse

In Jugoslawien kommt diese besonders schlanke Fichte an der Drina auf steilen Kalkfelsen vor. Wuchs aufrecht, bis zu 30 m hoch, mit schmaler, kegelförmiger Krone. Die kultivierten Pflanzen sind nicht so schmal wie die Art. Borke dunkelbraun, rauh. Äste kurz, fast waagrecht gebogen. Nadeln stechend, dunkelgrün, fast 2 cm lang, unterseits blauweiß. Rote Blütenzäpfchen im Mai, die braunen Fruchtzapfen sind nur 5 bis 6 cm lang und 1 cm dick, sie erscheinen auch schon zahlreich an jungen Pflanzen. Benötigt tiefgründige, durchlässige, vor allem mineralkräftige Böden in sonnigen bis halbschattigen Lagen. Verwendung einzeln, in Gruppen und Hecken. Verträgt keine Staunässe, sonst wird er in kurzer Zeit braun und stirbt ab. Abhilfe bei den ersten Symptomen durch Dränage und magnesiumhaltige Dünger. Vermehrung durch Aussaat, die Sorte durch Stecklinge. Sorte: 'Nana', bis 3 m hoch, dicht.

Pícea púngens

Stechfichte
Pináceae, Kieferngewächse

Die Stechfichte stammt aus dem mittleren Westen der USA und wird dort bis zu 40 m hoch, bei uns 20 bis 25 m. Krone breit, kegelförmig, mit dichten, waagrecht ausgebreiteten Ästen. Borke braun, dick, rauhschuppig. Nadeln spitz, stechend, bis 3 cm lang, gebogen, grünblau. Pflanze einhäusig, Blüten im Mai erscheinend, männliche gelb, weibliche Zäpfchen rot. Zapfen hellbraun, 7 bis 11 cm lang, harzen. Gedeiht noch an trockenen Standorten recht gut, wächst aber in jedem normalen Gartenboden in voller Sonne. Verwendung im Einzelstand oder in Gruppen in größeren Gärten und Parks. Meist werden die blauen Sämlinge und Sorten angepflanzt. Auf Sitkalausbefall achten. Vermehrung durch Aussaat, die Sorten durch Veredelung. Sorten: *P. púngens* 'Glauca', Sämlingsblaufichte, 25 m; 'Glauca Globosa', flachkugelig, 1 m; 'Glauca Koster', veredelte Blaufichte, silberblaue Nadeln, 20 m, beliebteste Sorte, Binderei (Bild).

Pínus nígra ssp. nígra

Österreichische Schwarzkiefer
Pináceae, Kieferngewächse

Diese bekannte Kiefer ist in Italien, Österreich und im Balkan wild anzutreffen. In Gärten und Parks ist sie weit verbreitet. Der bis zu 40 m hohe Baum hat zunächst eine kegelförmige, später schirmförmige Krone. Borke graubraun, tiefrissig. Äste waagrecht abstehend. Nadeln dunkelgrün, paarweise angeordnet, 8 bis 16 cm lang. Männliche Kätzchen gelb, auffällig. Weibliche Blüten klein und grün. Blütezeit im Mai. Die braunen Fruchtzapfen sind 4 bis 9 cm lang und stehen waagrecht vom Zweig ab. Wächst auf warmen, kalkreichen und tiefgründigen Böden in voller Sonne. Verwendung einzeln oder in Gruppen in größeren Gärten und Parks. Sehr anspruchslos an Klima und Standort, verträgt Trockenheit und Abgase. Daher gut für die Innenstadt. Vermehrung durch Samen.

Pínus stróbus

Weymouthskiefer, Strobe
Pináceae, Kieferngewächse

Aus dem östlichen Nordamerika stammt die hochwachsende Weymouthskiefer. Bei uns erreicht sie höchstens 35 m, in der Heimat 50 m Höhe. Krone breit-kegelförmig. Borke graubraun, glatt. Untere Äste waagrecht abstehend, obere aufwärts gerichtet. Nadeln weich, hellgrün, 6 bis 12 cm lang, stehen zu fünft in Büscheln zusammen. Männliche Blüten gelb, weibliche Blüten grün. Blütezeit im Mai und Juni. Zapfen gestielt, 10 bis 10 cm lang und bis 4 cm dick, hängend. Gedeiht in durchlässigen, humosen Gartenböden in sonniger Lage bei genügender Feuchtigkeit. Nicht für trockene, heiße Standorte und Kalkböden geeignet. Verwendung in größeren Gärten und Parks, einzeln oder in Gruppen. Wird häufig vom Blasenrost befallen, daher den Zwischenwirt *Ríbes* (Johannisbeeren) fernhalten. Vermehrung durch Samen. Sorte: 'Radiata', nur 2 bis 3 m hoch (Bild).

Pínus sylvéstris

Gemeine Kiefer, Föhre
Pináceae, Kieferngewächse

Dieser Waldbaum hat ein sehr großes Verbreitungsgebiet. Von Mittel- und Nordeuropa bis Sibirien und Kleinasien trifft man ihn oft in Reinkultur auf besonders armen Böden an. Er wird bis zu 40 m hoch. Stamm gerade, mit rotbrauner, feingeschuppter Rinde. Krone zunächst kegel-, später schirmförmig. Nadeln steif, paarweise stehend, 3 bis 7 cm lang, blau-graugrün. Pflanze einhäusig. Blüten im Mai und Juni erscheinend, die gelben männlichen auffällig an den Endtrieben, die weiblichen Zäpfchen zu 1 bis 4 beisammen, rotbraun. Zapfen braun, 3 bis 7 cm lang und 2 bis 3,5 cm breit, waagrecht abstehend. Gedeiht auf nährstoffarmen, meist kalkarmen Böden in voller Sonne. Verträgt Hitze und Kälte, Trockenheit, aber auch feuchte Moorböden sehr gut, daher ein besonders wichtiger Forstbaum. Verwendung in Parks und größeren Anlagen. Viele Schädlinge und Krankheiten. Vermehrung durch Samen.

Pínus wallichiána

(syn. *P. griffíthii*), Tränenkiefer
Pináceae, Kieferngewächse

Aus dem Himalaja und angrenzenden Gebieten stammt die eindrucksvolle Tränenkiefer. Sie kann dort bis zu 50 m, bei uns nur 25 m hoch werden. Wuchs breit-pyramidal, mit dunkelgrauer, rissiger Schuppenborke. Äste waagrecht abstehend, Triebe kahl, bereift. Nadeln weich, hängend, zu fünft im Büschel, 12 bis 20 cm lang, schwach blaugrün. Männliche Blüten gelb, weibliche Zäpfchen rot. Die harzüberzogenen braunen Zapfen sind 15 bis 25 cm lang und geschlossen 3 bis 5 cm dick. Gedeiht am besten in humusreichen, kalkarmen Böden in freiem Stand. Kann in strengen Wintern leiden, daher in der Jugend Winterschutz erforderlich. Verwendung in größeren Gärten und Parks, möglichst in geschützter Lage. Vermehrung durch Samen.

Pseudotsúga menziésii

Douglasie, Douglasfichte
Pináceae, Kieferngewächse

Man unterscheidet 7 *Pseudotsúga*-Arten aus Amerika und Ostasien. Aus dem Westen der USA stammt die wichtige *P. menziésii*, sie kann dort bis zu 100 m hoch werden. Bei uns erreicht der forstlich genutzte Baum 40 m Höhe. Die raschwüchsige Art hat eine anfangs kegelförmige, später abgeflachte Krone. Stamm mit graubrauner, gefurchter Borke. Junge Triebe mit Harzbeulen. Nadeln duftend, grün, weich, 2 bis 3,5 cm lang, unterseits mit 2 hellen Längsstreifen. Blüten im April und Mai, männliche gelb, weibliche, aufrechte Zäpfchen rot, 2 bis 6 cm lang. Zapfen braun, 5 bis 10 cm lang, mit dreizackigen Deckschuppen. Gut für durchlässige, tiefgründige und mäßig saure Böden in freier Lage. Park- und Forstbaum mit besonders raschem Wuchs. Auf Wolläuse achten. Samenvermehrung. Rassen: *P. menziésii* var. *gláuca*, blaugrün, 25 m; *P. menziésii* var. *menziésii*, grün (Bild Ps. menz. 'Elegans').

Tsúga canadénsis

Hemlocktanne, Schierlingstanne
Pináceae, Kieferngewächse

Man unterscheidet 14 *Tsúga*-Arten in Asien und Nordamerika. In den ordöstlichen USA (Appalachen) kommt die elegante Hemlocktanne vor, die bei uns 15 bis 20 m, in der Heimat doppelt so hoch wird. Krone breit-kegelförmig, Äste waagrecht abstehend, dann etwas überhängend. Meist mehrstämmig, mit graubrauner Borke. Nadeln nur 8 bis 18 mm lang, unterseits mit weißen Streifen. Blüten im Mai, wenig auffällig. Zäpfchen kurz gestielt, braun, eiförmig, 1,5 bis 2 cm lang. Gedeiht gut auf sauren, humosen Böden im Halbschatten und Schatten. Verträgt Trockenheit und windige Lagen schlecht. Verwendung daher in Gruppen oder einzeln in Gärten, Parks und Friedhöfen. Als geschnittene Hecke möglich, aber zu schade. Vermehrung durch Samen. Sorte: 'Pendula', 4 bis 5 m hohe Hängeform. Im Westen der USA: *T. heterophýlla*, Zäpfchen ungestielt.

Táxus baccáta

Gemeine Eibe
Taxáceae, Eibengewächse

Man kennt 8 Eiben-Arten in der nördlichen gemäßigten Zone. Heimisch ist *T. baccáta*, sie kommt von Nordafrika über Europa bis nach Vorderasien vor. Wuchs strauch- bis baumförmig, 10 bis 20 m hoch werdend. Wächst langsam und kann sehr alt werden. Krone zunächst breit-kegelförmig, später breit-ausladend, oft mehrstämmig. Borke rotbraun, abfasernd. Zweige abstehend. Junge Triebe grün. Nadeln flach, dunkelgrün, 1 bis 3,5 cm lang, unterseits hellgrün. Pflanzen zweihäusig. Blüten im März und April, die männlichen gelb und kugelig, 3 bis 4 mm groß, weibliche Blüten unauffällig. Giftige grüne Samen sind von einem ungiftigen roten Samenmantel (Arillus) umschlossen. Gedeiht in kalkreichen Böden im Schatten am besten. Verwendung einzeln, in Gruppen oder als Schnitthecke. Keinesfalls an Kinderspielplätze pflanzen. Vermehrung durch Samen. Sorten durch Stecklinge. Sorte: 'Fastigiata', Säulenform, 3 bis 5 m.

Metasequóia glyptostroboídes

Urweltmammutbaum, Chinesisches Rotholz
Taxodiáceae, Sumpfzypressengewächse

Nur eine Art aus China (Hupeh) bekannt, erst 1941 entdeckt. In der Heimat wird sie 35 m hoch. Die ersten Anzuchten erfolgten ab 1948 in Europa. Diese 40 Jahre alten Bäume sind noch nicht ausgewachsen. Krone breit-kegelig. Stamm rotbraun, mit Vertiefungen unterhalb der Astansätze. Rinde löst sich in Streifen ab. Kurztriebe mit hellgrünen, kammförmig gescheitelten, 1 bis 3,5 cm langen Nadeln. Braunrote Herbstfärbung. Kurztriebe fallen mit den Nadeln ab. Pflanze einhäusig. Blüten im Mai erscheinend, weibliche Zäpfchen grün, gestielt, bei der Reife braun und bis 2,5 cm groß. Gedeiht in durchlässigen, mäßig feuchten Gartenböden in halbschattigen Lagen im Einzelstand am besten. Verwendung für Gärten und Parks. Vermehrung durch Samen und Stecklinge.

Sequoiadéndron gigantéum

Mammutbaum

Taxodiáceae, Sumpfzypressengewächse

Von der Gattung *Sequoiadéndron* ist ebenfalls nur eine Art bekannt, die in Kalifornien, in der Sierra Nevada, zwischen 1400 und 2500 m Höhe vorkommt. Es sind dort Exemplare bis zu 85 m Höhe und 10 m Durchmesser bekannt, die zwischen 3000 und 3500 Jahre alt sind. In Europa bis zu 50 m hohe Bäume, die nach 1853 ausgesät wurden. Krone kegelförmig. Borke dick, schwammig, rotbraun, gefurcht. Äste hängend, am Ende wieder aufsteigend. Nadeln bläulichgrün, anliegend, pfriemförmig, 4 bis 12 mm lang, zugespitzt. Pflanze einhäusig. Blüten im April und Mai erscheinend, männliche gelb, weibliche Zäpfchen 1 cm lang, grün. Die reifen Zapfen sind eiförmig, rotbraun, 4 bis 7 cm lang, sie reifen erst im 2. Jahr. Gedeiht in tiefgründigen, humosen Böden in geschützter Lage am besten, meidet kalkreiche Standorte. Verwendung nur in Parks, möglichst im Weinbauklima. Vermehrung durch Samen und Stecklinge.

Taxódium dístichum

Sumpfzypresse

Taxodiáceae, Sumpfzypressengewächse

Aus dem Südosten der USA stammt die sommergrüne Sumpfzypresse mit speziellen Ansprüchen. Sie gedeiht besonders gut in sumpfigem Gelände und entwickelt dort die über 30 cm hohen, knieförmigen Atemwurzeln, die der Statik und dem Gasaustausch dienen. Krone kegelförmig, Stamm durchgehend, konisch, mit rotbrauner Rinde. Bräunliche Langtriebe und wechselständige grüne Kurztriebe. An letzteren sind die frischgrünen, 1 bis 2 cm langen Nadeln wechselständig angeordnet. Rotbraune Herbstfärbung. Pflanze einhäusig. Blüten im März oder April erscheinend, männlich in 7 bis 13 cm langen Blütenständen. Zapfen braun, kugelig, nur 2 cm groß. Liebt feuchte, ja nasse Plätze, gedeiht aber auch in Humusböden. Nur einzeln in Parks an Teichen verwenden. In der Jugend frostgefährdet. Vermehrung durch Samen.

Chamaecýparis obtúsa

Muschelscheinzypresse
Cupressáceae, Zypressengewächse

Die Art wird in Japan bis zu 40 m hoch. Sie ist dort als Hinoki bekannt. Unter den vielen Sorten ist 'Nana Gracilis' besonders bemerkenswert (Bild). Sie wird schon lange in Japan kultiviert und erreicht erst nach Jahrzehnten 2 m Höhe und 1,5 m Breite. Wuchs breitbuschig bis breit-kegelförmig. Äste waagrecht abstehend, mit unregelmäßig verzweigten hellbraunen Trieben. Kurztriebe tüten- bis muschelförmig gedreht. Schuppenblätter glänzend, frisch- bis dunkelgrün. Gedeiht am besten in sandig-humosen, mehr sauren Gartenböden in halbschattiger Lage. Wirkt nur im Einzelstand, soll also von allen Seiten bewundert werden können. Verwendung im Steingarten, zur Trog- und Grabbepflanzung. Vermehrung durch Veredlung und Stecklinge. Viele weitere Sorten.

Juníperus chinénsis 'Blaauw'

Grauer Chinawacholder
Cupressáceae, Zypressengewächse

Der Chinawacholder, *J. chinénsis*, kommt in China, der Mongolei und Japan vor. Er wird dort bis zu 20 m hoch, bildet aber viele Wuchsformen. Unter den vielen Sorten ist die Sorte 'Blaauw' besonders auffällig. Sie wurde 1924 aus Japan nach Holland gebracht und von dort aus verbreitet. Breitbuschiger Wuchs bis 2 m Höhe, mit aufrechten bis geneigten graubraunen Trieben. Diese sind dicht mit Kurztrieben und graugrünen Schuppenblättern besetzt. Blüten unscheinbar. Die blauen, 6 mm großen Beerenzapfen erscheinen an älteren Exemplaren, fallen aber kaum auf. Gedeiht gut in durchlässigen Gartenböden in sonniger Lage, verträgt Trockenheit und Hitze. Verwendung im innerstädtischen Bereich in Hausgärten, Heide- und Steingärten sowie Kübeln. Vermehrung durch Stecklinge. Weitere Sorten: 'Hetzii', breit und blau; 'Keteleerii', locker, viele blaue Früchte; 'Old Gold', bronzegelb; 'Pfitzeriana', breit, graugrün.

Juníperus commúnis ssp. alpína

Zwergwacholder
Cupressáceae, Zypressengewächse

Der mattenbildende Zwergwacholder kommt in Europa, Asien und Amerika in höheren Bergregionen vor. Sogar in Island und Grönland kann man ihn antreffen. Er ist an kühle Temperaturen angepaßt und daher besonders winterhart. Äste niederliegend, unregelmäßig verzweigt. Die ganze Pflanze wird nur 20 bis 30 cm hoch. Blätter stehen sehr dicht, dunkelgrün, nadelartig, mit weißem Streifen, 5 bis 8 mm lang, stehen sehr dicht. Blüten unscheinbar, im Sommer erscheinend. Früchte kugelig, bläulich bereift. Gedeiht in durchlässigen, mageren Böden in voller Sonne am besten, kommt in Kalkbergen, aber auch im Moor vor. Verwendung in Heide- und Steingartenanlagen oder zur Böschungsbegrünung. Auf Kaninchen achten. Vermehrung durch Stecklinge. Ähnlich ist die Sorte 'Repanda', nicht stechende Zweige, dankbarer Bodendecker.

Juníperus commúnis 'Hibernica'

Irischer Säulenwacholder
Cupressáceae, Zypressengewächse

Der Gemeine Wacholder, *J. commúnis*, kommt auf armen Böden in Europa, Asien und Amerika vor. Der Wuchs ist sehr unterschiedlich, er kann breite Büsche oder bis über 10 m hohe Bäume bilden. Immer an sonnigen Plätzen. Der Irische Säulenwacholder gefällt durch seine schmale Säulenform, er kann bis 5 m hoch werden. Triebe immer straff-aufrecht. Nadeln 5 bis 7 mm lang, bläulichgrün, nicht stechend. Gedeiht in durchlässigen, auch sandigen Böden in voller Sonne. Verwendung einzeln oder in Gruppen im Heide- und Steingarten, Trögen und Gräbern. Vor Schneebruch schützen. Vermehrung durch Stecklinge. Weitere Sorten: 'Meyer', 3 m hohe, dichte Säule; 'Suecica', 3 bis 4 m, nickender Gipfel, stechende Nadeln.

Juníperus commúnis 'Hornibrookii'

Teppichwacholder

Cupressáceae, Zypressengewächse

In Irland entdeckte mattenbildende Form. Wuchs kriechend, bis zu 2 m breit, aber nur 30 bis 50 cm hoch. Zweige dunkelbraun, dicht mit stechenden, 5 bis 6 mm langen blaugrünen Nadeln besetzt. Zweige liegen zunächst flach auf dem Boden, Spitzen aber etwas ansteigend. Daher entsteht ein unruhiger Gesamteindruck. Genügsame Pflanze, wächst in allen durchlässigen Gartenböden, möglichst in voller Sonne. Braucht viel Platz, daher für besondere Stellen im großen Steingarten, auf Mauern und Böschungen oder im Heidegarten. Vermehrung durch Stecklinge.

Juníperus horizontális 'Glauca'

Blauer Kriechwacholder

Cupressáceae, Zypressengewächse

Die Art kommt in Nordamerika und Kanada in den Bergen und an den Ufern der großen Seen vor. Daraus wurde der besonders wertvolle blaue Typ ausgelesen, den man als besten Nadelholz-Bodendecker empfehlen kann. Kriechender, mattenartiger Wuchs bis zu 30 cm Höhe, aber 2 bis 3 m Breite. Über die älteren braunen Äste schieben sich die jüngeren Zweige, so daß bald ein geschlossenes Bild entsteht. Triebe dünn, mit stahlblauen Schuppenblättern dicht besetzt, so daß die Zweige fadenförmig wirken. Blüte und Frucht kaum auffällig. Gedeiht in durchlässigen, humosen Böden in sonniger Lage besonders gut. Verwendung für Böschungen, Tröge, Mauerkronen, Gräber, Stein-, Heide- und Dachgärten. Vermehrung durch Stecklinge. Sehr anspruchslos und besonders wertvoll.

Juníperus sabína 'Tamariscifolia'

Tamariskenblättriger Sadebaum
Cupressáceae, Zypressengewächse

Der Sadebaum kommt in den Gebirgen von Europa, Kleinasien bis zum Kaukasus vor. Wuchs verschieden, neben Kriechformen sind auch breite Kleinbäume bekannt. Triebe mit Nadel- und Schuppenblättern, riechen unangenehm und sind giftig. Die schönste Sorte 'Tamariscifolia' bildet bis zu 2,50 m breite und in der Mitte bis 50 cm hohe Pflanzen. Die einzelnen Äste schieben sich in- und übereinader, so daß ein flacher Kegel entsteht. Nadel- und Schuppenblätter bläulichgrün, nebeneinander. Gedeiht in allen nicht zu stark verdichteten Gartenböden in sonniger Lage. Verträgt Kalk, Hitze und Trockenheit. Verwendung für größere Anlagen, möglichst im Einzelstand, aber nie an Kinderspielplätzen, da giftig. Gilt auch als Hauptwirt des Birnengitterrostes. Vermehrung durch Stecklinge.

Juníperus squamáta 'Blue Star'

Zwerg-Blauzeder-Wacholder
Cupressáceae, Zypressengewächse

Die Art stammt aus den Gebirgen Ostasiens. Aus einem Hexenbesen der Sorte 'Meyeri' entstand die neue Zwergform, die sich sehr gut bewährt hat. Dieser wirkliche Zwerg wird in 25 Jahren nur 50 cm hoch, aber bis zu 1 m breit und bildet dichtbuschige stahlblaue Kissen. Die silbrigblauen, bis 1 cm langen Nadeln sind spitzig und stechen ein wenig. Gedeiht in allen normalen, auch sandigen Gartenböden in voller Sonne, verträgt keine Staunässe. Verwendung für Stein- und Heidegärten, Tröge, Gräber, einzeln oder in Gruppen gepflanzt. Vermehrung durch Stecklinge. Noch flachere Sorte: 'Blue Carpet', blau, 20 bis 30 cm hoch, flächiger Wuchs.

Microbióta decussáta

Sibirischer Zwerglebensbaum
Cupressáceae, Zypressengewächse

Nur eine Art aus Südostsibirien bekannt. Dort kommt sie im Gebirge bei Wladiwostok vor. Die ersten Pflanzen wurden vor 20 Jahren in Deutschland vermehrt und dadurch das Sortiment um eine neue, interessante Art bereichert. In dieser Zeit hat sie sich als vollkommen winterhart erwiesen. Es entstehen bis 1,50 m breite und höchstens 30 cm hohe Büsche. Die fächerartigen Triebe erinnern an den Lebensbaum, sie schieben sich fast waagrecht voran. Besonders interessant ist die Farbe der Schuppenblätter. Im Winter sind sie bronzefarben, im Frühling wieder gelbgrün. Die kugeligen Zapfen sind 6 mm groß. Gedeiht in allen durchlässigen, humosen Böden in Sonne und Schatten. Verwendung für Steingärten, Tröge, Gräber und Böschungen, braucht viel Platz. Vermehrung durch Stecklinge.

Thujópsis dolabráta

Hibalebensbaum
Cupressáceae, Zypressengewächse

Es ist nur eine Art der Gattung *Thujópsis* aus Japan bekannt. Dort kann sie bis zu 30 m hoch werden. In Europa werden höchstens 10 m erreicht, oft entwickelt sich nur ein breiter, dichter Busch. Die Zweige stehen meist waagrecht ab und hängen über. Schuppenblätter groß, flach, glänzend, dunkelgrün, unterseits weiß gezeichnet. Zäpfchen breit-eiförmig, nur 15 mm groß, bestehen aus 6 bis 10 dicken Schuppen. Gedeiht in durchlässigen, humosen Gartenböden im Halbschatten und Schatten. Verträgt auch kalkhaltige Böden, wenn sie genügend feucht sind. Verwendung im Einzelstand in Gärten und Parks. Vermehrung durch Samen und Stecklinge.

Ábies koreána

Koreatanne

Pináceae, Kieferngewächse

Nur wenige der 40 bekannten Tannen-Arten bleiben klein. Die Koreatanne gehört dazu. Zwar kann sie in ihrer Heimat Korea bis zu 15 m hoch werden, in Europa bleibt sie wesentlich niedriger, vor allem die veredelten Pflanzen. Wuchs meist breit-aufrecht, mit waagrecht abstehenden Ästen und fein behaarten Trieben. Nadeln grün, etwa 2 cm lang, unterseits weiß, stehen bürstenartig dicht zusammen. Zapfen aufrecht, grün oder violett, später braun, 4 bis 7 cm lang, zerfallen am Baum. Sie werden schon in Mengen an jungen Pflanzen gebildet. Gedeiht am besten in tiefgründigen, lehmig-humosen Gartenböden im Halbschatten. Verwendung in Einzelstellung in Gärten und Parks. Empfindlich gegen Bodenverdichtungen. Vermehrung durch Samen und Veredelung.

Pícea ábies 'Echiniformis'

Igelfichte

Pináceae, Kieferngewächse

Von den über 100 Sorten der Rotfichte bleiben einige besonders niedrig und kompakt. Dazu zählt die Igelfichte, die schon vor 1875 bekannt war. Sie bildet dunkelgrüne, dichte Kissen, die in 30 Jahren nur 20 cm hoch und 40 cm breit werden. Sie wächst also sehr langsam, kann aber einen Durchmesser von fast einem Meter erzielen. Um die hellbraunen Knospen gruppieren sich 1 bis 1,5 cm lange stechende Nadeln. Gedeiht besonders gut in durchlässigen Gartenböden in sonnigen Lagen. Verwendung einzeln in Gefäßen, Heide- und Steingärten sowie auf Gräbern. Anspruchslos, aber sehr langsam wachsend. Vermehrung durch Stecklinge. Sorte: 'Little Gem' wächst flacher, 30 cm hoch und bis 100 cm breit.

Pícea ábies 'Nidiformis'

Nestfichte
Pináceae, Kieferngewächse

Besonders beliebt ist die Nestfichte, die um 1904 in Hamburg entdeckt wurde. Sie bildet eine auffällige Nestform und kann fast 1 m hoch, aber noch breiter werden. Im Alter ist die Nestform nicht mehr so ausgeprägt. Es wird kein Mitteltrieb gebildet, die zahlreichen Äste stehen schräg nach außen ab. Nadeln hellgrün, 7 bis 10 mm lang, gescheitelt an den hellbraunen Trieben. Wächst in frischen, humosen Gartenböden in sonniger Lage. Verwendung einzeln in Steingärten, Rabatten, Gräbern und größeren Gefäßen. Vermehrung durch Stecklinge. Ähnlich ist die Sorte 'Maxwellii', sie wächst aber mehr aufrecht, bis 1 m hoch. Die Triebe sind rundum benadelt.

Pícea gláuca 'Conica'

Zuckerhutfichte
Pináceae, Kieferngewächse

Aus dem östlichen Nordamerika stammt *P. gláuca*, die Weißfichte. Sie bildet dort 25 m hohe Bäume. 1904 wurde die streng kegelförmig wachsende Zuckerhutfichte in Kanada am Lake Laggan entdeckt. Von dieser Pflanze stammen alle Exemplare ab, die in 60 Jahren immerhin 4 m Höhe erreichen können. Meist werden sie kaum höher als 2 m. Gelegentlich schlägt diese Mutation wieder in die Art zurück, was aber selten zu beobachten ist (Bild). Nadeln dünn, zunächst hell-, später bläulichgrün, 1 cm lang, stehen locker radial um die gelben Triebe. Gedeiht in durchlässigen, humosen Gartenböden in sonniger, aber nicht zu heißer Lage. Verwendung in Einzelstellung oder in kleinen Gruppen in Gärten und Parks. Wegen der strengen Form nicht einfach zu verwenden. Auf Spinnmilben achten. Vermehrung durch Stecklinge. Sorten: 'Echiniformis', Kissenfichte, 50 cm hoch; 'Laurin', 60 cm, Zwergzuckerhut.

Pínus múgo ssp. múgo

Krummholzkiefer, Latsche, Legföhre
Pináceae, Kieferngewächse

Von den Ostalpen bis zum Balkan reicht das Verbreitungsgebiet der niederliegenden Krummholzkiefer. Sie wird nur 1,50 bis 2 m hoch, aber wesentlich breiter. Äste kniefömig gebogen, Zweige aufstrebend. Zapfen kegelförmig, zimtbraun, symmetrisch, meist waagrecht abstehend. Gedeiht in durchlässigen Böden in sonnigen Lagen. Gut für Heide-, Stein-, Dachgärten, Gräber. Weitere Unterart: *P. múgo* ssp. *pumílio*, Zwergkiefer, Alpen, Karpaten, Balkan. Ganz flache und breite Kissen bildend. Höhe bis 80 cm, aber bis zu 3 m Breite. Nadeln kurz, Zapfen anfangs bläulich bis violett, später dunkelbraun. Veredelte Sorten: 'Gnom', 1,5 m; 'Mops', 60 cm. Art: *P. múgo*, die Bergkiefer, wird 2 bis 5 m hoch (Bild).

Pínus parviflóra 'Glauca'

Blaue Mädchenkiefer
Pináceae, Kieferngewächse

P. parviflóra stammt aus Japan und wird dort ein bis zu 30 m hoher Baum. Die blaunadlige Form wächst weitaus schwächer, sie kann 5 bis 8 m hoch werden, aber Exemplare über 3 m sind selten. Wuchs locker, fast bizarr, gelegentlich auch kegelförmig, meist mehrstämmig. Nadeln in Büscheln zu fünft, 5 bis 7 cm lang, blauweiß, stark gebogen, am Triebenede pinselartig gehäuft. Zapfen braun, 5 bis 10 cm lang, stehen waagrecht vom Trieb weg. Gedeiht in frischen, sandighumosen Lehmböden in voller Sonne am besten. Verträgt auch schwach kalkhaltige Böden mit Humuszugabe. Verwendung im Einzelstand in Heide- und Steingärten, auch für größere Gefäße geeignet. Vermehrung durch Veredlung.

Pínus púmila 'Glauca'

Blaue Kriechkiefer
Pináceae, Kieferngewächse

Von Sibirien bis nach Japan reicht das Verbreitungsgebiet dieser besonders schönen Zwergkiefer. Sie kommt in ausgesetzten Lagen bis zur Schneegrenze vor und ist daher völlig winterhart. Wuchs breitbuschig bis niederliegend, 1 bis 1,50 m hoch. Nadeln zu fünft, graublau, 5 bis 7 cm lang, sehr dicht stehend. Männliche Blüten rot, daher sehr auffällig, besonders schöner Kontrast. Zapfen eiförmig, 3 bis 5 cm lang, stehen zu mehreren zusammen, jung purpurviolett, später rötlichbraun. Gedeiht in sauren, humusreichen und durchlässigen Gartenböden in voller Sonne am besten. Verwendung im Einzelstand in Gefäßen, Stein- und Heidegärten. Erlesene Kostbarkeit. Wird veredelt.

Pínus sylvéstris 'Watereri'

Silberkiefer
Pináceae, Kieferngewächse

Die ei-kugelige, dichte Silberkiefer wurde 1865 in England gefunden. Der Originalbaum ist heute über 7 m hoch. Viele Exemplare der häufig gepflanzten Silberkiefer sind selten höher als 3 m, aber dann genau so breit. Seitenäste bogig aufrecht-abstehend. Nadeln blaugrün, steif, paarweise, 4 cm lang, gedreht. Gedeiht in durchlässigen, sandigen Lehmböden in sonnigen Lagen. Verwendung einzeln in Gärten und Parks, Böschungen, Steingartenanlagen und Gräbern. Anspruchslose Sorte für viele Verwendungmöglichkeiten. Vermehrung durch Veredlung. Weitere Sorte: 'Fastigiata', säulenförmig, 4 bis 5 m hoch.

Táxus baccáta 'Repandens'

Tafeleibe

Taxáceae, Eibengewächse

Von der heimischen Eibe gibt es eine ganze Reihe von Sorten. Besonders flach wächst die Tafeleibe. Sie wurde 1887 in den USA entdeckt und ist heute die wichtigste flachwachsende Eibe. Wuchs ausgebreitet, nur 50 cm hoch, aber 2 bis 3 m breit. Die Hauptäste verlaufen waagrecht, die Seitenzweige hängen etwas über. Nadeln dunkelgrün, sichelförmig, 2 bis 3 cm lang und 3 mm breit. Blüten unscheinbar, im März erscheinend. Da diese Sorte stets weiblich ist, werden nur olivgraue Samenkerne mit rotem Fruchtmantel gebildet. Mit Ausnahme dieses Arillus ist die ganze Pflanze giftig. Gedeiht in lehmig-humosen Gartenböden im Halbschatten und Schatten. Verwendung im Einzelstand oder für Flächenbegrünung an Böschungen in größeren Gärten und Parks. Vermehrung durch Sommerstecklinge.

Táxus × média 'Hicksii'

Bechereibe

Taxáceae, Eibengewächse

Aus einer Kreuzung der europäischen mit der japanischen Eibe, die um 1900 in den USA erzielt wurde, entstanden eine ganze Reihe von Sorten. Besonders interessant ist die Sorte 'Hicksii', die eine lockere, 2 bis 3 m hohe Säulenform bildet. Häufig ist sie aber oben breiter als an der Basis. Nadeln dunkelgrün, stehen an aufrechten Trieben radial, an den Seitentrieben zweizeilig, 2 bis 3 cm lang, 3 mm breit. Früchte rot, werden reichlich gebildet. Die ganze Pflanze ist giftig. Wächst in tiefgründigen, lehmig-humosen Gartenböden in Halbschattenlagen am besten, verträgt aber auch mehr Sonne. Verwendung einzeln oder in Gruppen inn Gärten und Parks, Steingärten, Vorgärten, Friedhöfen. Auch als geschnittene Hecke möglich. Nie an Kinderspielplätzen pflanzen. Vermehrung durch Stecklinge. Sorte: 'Strait Hedge', gute Heckenpflanze.

Symphoricárpos × chenaúltii
Bastard-Schneebeere
Caprifoliáceae, Geißblattgewächse

Man unterscheidet bei der Gattung *Symphoricárpos* eine Art in China, 15 Arten in Nordamerika. Die bis zu 80 cm hohe Sorte 'Hancock' entstand 1950 in Kanada (Bild). Wuchs breit, mit niederliegenden, gebogenen Triebenden, die sich wieder bewurzeln. Blätter eiförmig, gegenständig, 1 bis 2 cm lang, unterseits blaugrün. Blüten trichterförmig, rosa, von Juni bis Juli erscheinend. Später wenige rote, giftige Beerenfrüchte. Keine besonderen Ansprüche an Boden und Lage, gedeiht also überall. Besonders industrie- und streusalzfest. Verwendung daher als dauerhafter Flächendecker für öffentliche Anlagen, Böschungen, Parks. Sollte gelegentlich zurückgeschnitten werden. Vermehrung durch Stecklinge und Steckholz. Höhere Hybriden: 'Magic Berry', lila Früchte; 'White Hedge', weiße Beeren.

Euónymus fortúnei 'Gracilis'
Weißbuntes Pfaffenhütchen
Celastráceae, Spindelbaumgewächse

Von den über 170 *Euónymus*-Arten ist die immergrüne *E. fortúnei* aus China zur Bodenbegrünung besonders gut geeignet. Die dünnen Triebe sind mit Haftwurzeln versehen, sie wachsen meist kriechend, gelegentlich auch aufrecht, werden aber nur 10 bis 50 cm hoch. Besonders beliebt sind die vielen weißbunten Sorten, die unter dem Namen 'Gracilis' zusammengefaßt werden. Blätter hellgrün, gegenständig, eiförmig, etwa 2 bis 3 cm lang, mit weißem Rand, im Winter oft rötlich getönt. Gelegentlich erscheinen auch grüne Triebe. Blüht und fruchtet kaum. Sehr anspruchslos an Standort und Klima, Verwendung daher vielseitig, auch für Kübel. Vermehrung durch Stecklinge. Weißbunte Sorten: 'Emerald Gaiety', 1 m; gelbbunte Blätter hat 'Emerald'n Gold', 1,50 m; 'Silver Queen', 2 m.

Juníperus squamáta 'Blue Carpet'

Teppichwacholder
Cupressáceae, Zypressengewächse

Stellvertretend für viele flache Wacholder (siehe auch vorigen Abschnitt) sei diese Sorte genannt. Sie ist vor 1972 in Holland entstanden, aus einer Mutation von *J. squamáta* 'Meyeri'. Sie wächst ganz flach, breit und dicht, kann in 10 Jahren immerhin 1,50 m breit, aber nur 30 cm hoch werden. Nadeln blaugrau, 6 bis 9 mm lang, spitz, stehen dicht zusammen, wobei die Endtriebe etwas überhängen. Gedeiht in lehmig-humosen Gartenböden in voller Sonne. Idealer Bodendecker für besondere Standorte, etwa Dachgärten, Gräber, Böschungen und Tröge. Vermehrung durch Stecklinge. Weitere Arten und Sorten.

Callúna vulgáris

Besenheide
Ericáceae, Heidekrautgewächse

Nur eine immergrüne Art, *C. vulgáris*, ist bekannt, sie kommt in Europa, Sibirien und Kleinasien vor. Variiert sehr stark im Wuchs. Man kennt extrem flachwachsende, aber auch bis zu 1 m hoch werdende Formen in der Natur. Daraus sind unzählige Sorten in verschiedenen Farben entstanden. Triebe grünlich, sehr dünn, liegend bis aufrecht. Blätter nadelartig, 1 bis 3 mm lang, kreuzweise gegenständig, dicht beisammen, graugrün oder je nach Sorte gelb bis kupferfarben. Blüten in langen, dichten Ähren von Juli bis September, meist rosa oder auch weiß, vierteilig, von einem geschlossenen größeren Kelch umgeben, 2 bis 3 mm groß. Wächst in sauren, sandigen Böden in voller Sonne. Verwendung im Heide-, Steingarten, auf Gräbern, auch in Gefäßen möglich. Rückschnitt nach der Blüte. Vermehrung durch Stecklinge. Sorten: 'C. W. Nix', lilarot, 50 cm; 'Hammondii', weiß, 50 cm; 'H. E. Beale', rosa, gefüllt, 50 cm (Bild).

Eríca herbácea

(syn. *E. cárnea*), Schneeheide
Ericáceae, Heidekrautgewächse

Von den über 600 Arten der Gattung *Eríca* stammen die meisten aus Südafrika und sind nicht winterhart. Die wichtigste europäische Art ist die in den Kalkalpen heimische Schneeheide. Sie besiedelt sonnige Geröllhänge meist oberhalb der Waldgrenze, ist häufig mit der Latschenkiefer vergesellschaftet. Wuchs breit-aufrecht, 20 bis 40 cm hoch, mit der Zeit große Flächen bildend. Triebe gelblich, dünn. Blättchen nadelartig, immergrün, bis 8 mm lang. Die Blüten sind schon im Herbst vorgebildet. Blütezeit von Dezember bis April. Blüten glockig, 4 bis 5 mm groß, rosa, rot oder weiß, mit vierteiligem Kelch, auffällige dunkle Staubgefäße. Gedeiht in humosen Gartenböden in voller Sonne. Verwendung flächig für Böschungen, Stein- und Heidegärten, Gräber und Tröge. Rückschnitt nach Blüte. Vermehrung durch Stecklinge. Sorten: 'Myretoun Ruby', weinrot; 'Springwood', weiß; 'Vivellii', rot; 'Winter Beauty', rosa (Bild).

Gaulthéria procúmbens

Scheinbeere, Rebhuhnbeere
Ericáceae, Heidekrautgewächse

Aus Amerika, von Ostasien bis Neuseeland sind 120 *Gaulthéria*-Arten bekannt. Die Scheinbeere stammt aus dem östlichen Nordamerika. Sie breitet sich durch dünne unterirdische Ausläufer aus, wird aber nur 15 cm hoch. Im geeigneten Boden ein wunderbarer Bodendecker. Blätter lederig, immergrün, eiförmig, bis 5 cm lang, im Austrieb rötlich, an den Triebenden gehäuft, wechselständig. Die kleinen hellrosa Blütenglöckchen erscheinen meist einzeln an den Triebenden von Juni bis August. Früchte erbsengroß, rotglänzend, entwickeln sich reichlich, werden von Vögeln nicht gefressen. Wächst nur in kalkfreien, sandig-humosen Böden im Halbschatten. Verwendung für Heide- und Steingärten, Gräber und zu höheren Moorbeetpflanzen. Vermehrung durch Teilung und Samen. Kein Winterschutz erforderlich, aber für alle anderen Arten wie: *G. miqueliána*, 30 cm; *G. shállon*, 80 cm (als Bindegrün unter Salal bekannt).

Hypéricum calýcinum
Johanniskraut
Guttíferae, Johanniskrautgewächse

Die Gattung *Hypéricum* ist mit etwa 300 Arten in den Tropen, Subtropen und Europa verbreitet. Der immergrüne Kleinstrauch *H. calýcinum* ist von Südosteuropa bis Kleinasien anzutreffen. Er treibt viele unterirdische Ausläufer, verdrängt dabei viele andere Gewächse. Oberirdische Triebe grün bis hellbraun, 30 cm hoch. Blätter gegenständig schmal-eiförmig, 5 bis 10 cm lang. Blüten goldgelb, einzeln an den Triebenden, 5 bis 7 cm groß, viele feine Staubblätter mit roten Staubbeuteln. Blütezeit Juli bis September. Früchte grün, erscheinen selten. Wächst in lockeren Gartenböden in allen Lagen. Verwendung als aggressiver Bodendecker für größere Flächen, auch Böschungen. In strengen Wintern sterben die oberirdischen Teile ab. Rückschnitt im Vorfrühling ergibt reichere Blüte. Vermehrung durch Teilung, Ausläufer und Stecklinge.

Cýtisus × kewénsis
Zwerg-Elfenbeinginster
Leguminósae, Hülsenfrüchtler

Die Eltern dieses prachtvollen Ginsters *(C. ardoíni × C. multiflórus)* stammen aus den Südwestalpen, Spanien und Portugal und sind im Gegensatz zur Hybride etwas frostempfindlich. Der niederliegende, breitwachsende Busch wird kaum höher als 30 bis 40 cm und hat fast meterlange grüne Triebe. Blätter dreiteilig, schmal-länglich, silbrig, 1,2 cm lang. Blüten elfenbeinfarben an den vorjährigen Trieben in großer Anzahl. Blütezeit im Mai. Gedeiht gut in durchlässigen, sandigen und kalkhaltigen Böden in sonnigen Lagen. Verwendung einzeln in Steingärten, als Gruppenpflanzung an Böschungen und in Heidegärten. Vermehrung durch Stecklinge.

Genísta sagittális

Flügelginster, Pfeilginster
Leguminósae, Hülsenfrüchtler

In Süd- und Mitteleuropa ist der breitwachsende Flügelginster auf sandigen und trokken Plätzen anzutreffen. Die niederliegenden grünen Triebe richten sich auf und erreichen 20 cm Höhe. Das Besondere ist, daß die Triebe zwei- oder dreikantig geflügelt sind. Sie können damit auch Aufgaben der Blätter übernehmen. Diese sind ei-länglich, 2 cm lang, rauh behaart. Im Mai und Juni erscheinen die gelben Schmetterlingsblüten in endständigen, sechs- bis achtblütigen Trauben. Fruchthülsen braun, 2 cm lang, dicht behaart. Wächst besonders gut in durchlässigen, meist sandigen und trockenen Böden in voller Sonne. Verwendung für Stein- und Heidegärten, Gräber und Gefäße. Ist anspruchslos und winterhart. Vermehrung durch Samen und Stecklinge.

Cotoneáster adpréssus

Zwergmispel
Rosáceae, Rosengewächse

Man unterscheidet 50 *Cotoneáster*-Arten in Europa, Nordafrika und vor allem Asien. *C. adpréssus* stammt aus Westchina und bildet unregelmäßige Polster von 25 cm Höhe. Die fischgrätähnlichen braunen Zweige liegen auf der Erde oder wachsen schräg aufwärts mit gebogenen Spitzen. Blätter sommergrün, 1 cm lang, eiförmig, mit gewelltem Rand, tiefgrün, färben sich im Herbst rotbraun und fallen ab. Blüten hellrosa, klein, erscheinen einzeln oder zu zweit im Mai und Juni. Beeren rot, erbsengroß, ei-länglich, werden nur in geringer Zahl gebildet. Guter Wuchs in normal durchlässigen Gartenböden in sonnigen und halbschattigen Lagen. Verwendung für Böschungen, Steingärten, Gräber und Tröge. Vermehrung durch Samen und Sommerstecklinge. Sorte: 'Little Gem', wird ein kleines Polsterkissen von 15 cm Höhe und 40 cm Breite.

Cotoneáster dámmeri 'Eichholz'

Zwergmispel
Rosáceae, Rosengewächse

Aus der in Westchina heimischen Art *C. dámmeri* ist eine Reihe von sehr guten Sorten entstanden. Alle sind immergrün und hervorragende Pflanzen für flächige Pflanzungen, haben aber unterschiedliche Merkmale und Eigenschaften. 'Eichholz' ist eine neuere Züchtung von Dr. Hans Simon, Marktheidenfeld. Triebe straff, dem Boden aufliegend, oder etwas abstehend, 20 bis 30 cm hoch. Bildet in kurzer Zeit grüne Matten, weil sich die Triebe rasch bewurzeln. Blätter immergrün, eiförmig, 2 bis 3 cm lang, wechselständig. Benötigt normale lehmig-humose Gartenböden, geeignet für sonnige und halbschattige Lagen. Verwendung als großflächiger Bodendecker in Gärten und Parks. Vermehrung durch Stecklinge. Ähnliche Sorte: 'Mooncreeper', 20 cm hoch.

Cotoneáster dámmeri 'Streibs Findling'

Zwergmispel; *Rosáceae*, Rosengewächse

Diese ganz schwach wachsende Sorte hat dunkelbraune Triebe, die sich ganz dem Boden anschmiegen. Ab und zu schieben sich die Triebe bogenförmig übereinander. Die Pflanzen werden kaum höher als 15 cm und bilden flache, dichte Matten. Blätter immergrün, ei-rundlich, 6 bis 8 mm lang, dunkelgrün. Im Mai erscheinen die vielen weißen, fünfzähligen Blüten. Später bilden sich kugelige, erbsengroße Beerenfrüchte, die lange ausdauern. Gedeiht gut in durchlässigen, auch mageren Gartenböden in voller Sonne. Verwendung für kleinere Flächen im Steingarten, als Grabbegrünung sowie in Trögen oder auf Mauern, wo sie zu wunderschönen Einzelexemplaren heranwachsen können. Vermehrung durch Stecklinge.

Cotoneáster horizontális

Fächerfelsmispel
Rosáceae, Rosengewächse

Die auffällige Fächerfelsmispel stammt aus Westchina. Sie wird meist nur 50 cm hoch, kann aber an einer Wand bis zu 1,50 m hoch werden. Besonders auffällig sind die fischgrätenähnlichen Zweige, die waagrecht oder aufrecht abstehen. Triebe braungrau, mit kurzen Internodien. Blätter sommergrün, 1 cm groß, rundlich, zugespitzt, herrliche rote Herbstfärbung. Die rosafarbenen Blüten erscheinen im Mai und Juni, öffnen sich aber nicht ganz. Beerenfrüchte hellrot, kugelig, bilden sich in großer Zahl und bleiben bis zum Winter an den Sträuchern. Gedeiht in kräftiger, lehmig-humoser Erde in möglichst sonniger Lage. Verwendung im Einzelstand in größeren Steingärten oder vor Mauern und Hauswänden, in Gruppen auf Böschungen. Vermehrung durch Samen und Stecklinge. Sorten: 'Robusta' (früher als 'Coralle' geführt), wächst stärker, größere Blätter und Früchte als die Art; 'Saxatilis', zwergige Form.

Cotoneáster salicifólius

Weidenblättrige Felsmispel
Rosáceae, Rosengewächse

Die Art stammt aus Westchina und wird 2 bis 3 m hoch. Die Sorte 'Parkteppich' entstand 1950 in Holstein (Bild). Sie wird zunächst 20 bis 30 cm hoch, kann sich aber im Alter durch Bogentriebe wesentlich höher aufbauen. Triebe rotbraun, bis über 1 m lang, bogig bis flach, dem Boden aufliegend. Blätter lanzettlich, 3 bis 4 cm lang, dunkel- und immergrün, wechselständig. Blüten weiß, im Juni und Juli erscheinend. Später rote, kugelige Früchte von 6 bis 7 mm in großer Zahl tragend. Kann rasch große Flächen begrünen. Gedeiht in lehmig-humosen Böden im Halbschatten am besten. Verwendung für Böschungen und Flächenpflanzungen in Gärten und Parks. Feuerbrandgefährdet. Vermehrung durch Stecklinge und Samen. Sorten: 'Gnom', wesentlich schwächer wachsend; 'Repens', kriecht.

Rósa rugósa 'Max Graf'

Apfelrose
Rosáceae, Rosengewächse

R. rugósa stammt aus Japan, China und Korea. Sie bildet lange Ausläufer und aufrechte, dicht mit Borsten besetzte Triebe von 1,5 bis 2 m Höhe. Auffällig sind ihre dunkelgrünen, runzeligen Blätter, die bis 8 cm großen rosa Schalenblüten und die 2,5 cm breiten oangefarbenen Hagebutten. Aus einer Kreuzung mit *R. wichuraiána* entstand 1919 die Sorte 'Max Graf', die man als Bodendeckerrose bezeichnet. Sie wird nur 30 bis 50 cm hoch, besitzt aber über 2 m lange, weit kriechende Triebe mit vielen Stacheln. Blätter glänzend grün, runzelig, im Herbst gelborange gefärbt. Die schalenförmigen, rosafarbenen Blüten erscheinen im Juni, sind 5 cm groß und blühen in Büscheln. Gedeiht auch auf ärmeren Standorten in sonnigen und halbschattigen Lagen, ist salzresistent und frosthart. Verwendung für Böschungen und größere Flächen. Auf Blattläuse und Rost achten. Vermehrung durch Okulation.

Stephanándra incísa 'Crispa'

Kranzspiere
Rosáceae, Rosengewächse

Die Gattung *Stephanándra* ist mit 5 Arten in Ostasien verbreitet. Die Art *S. incísa* stammt aus Korea und Japan und wird bis zu 2 m hoch. Die in Dänemark entstandene Sorte 'Crispa' bleibt mit 50 cm Höhe wesentlich niedriger, kann aber bis 1,50 m breit werden. Triebe lang, braun, neigen sich in Bögen zur Erde. Blätter hellgrün, tiefgeschlitzt, im Umriß dreieckig, 3 bis 4 cm lang, färben sich im Herbst gelb und fallen ab. Die kleinen weißen Blüten erscheinen in Mengen im Juni an den älteren Trieben in bis 6 cm langen Rispen. Verlangt normalen, humosen und durchlässigen Gartenboden in sonnigen und halbschattigen Lagen. Verwendung als anspruchsloser Bodendecker für größere Fächen und Böschungen in Gärten und Parks, auch einzeln in größeren Gefäßen verwendbar. Vermehrung durch Stecklinge.

Ácer gínnala

Feuerahorn

Aceráceae, Ahorngewächse

Die Gattung *Acer* umfaßt etwa 200 Arten in den gemäßigten Zonen. Der Feuerahorn stammt aus Ostasien, vorwiegend aus Japan, Korea, China und dem Amurgebiet. Der meist mehrstämmige Kleinbaum erreicht bei uns 5 bis 6 m Höhe. Wuchs breit-aufrecht, zierlich verzweigt. Jungtriebe braunrot, Knospen gegenständig. Blätter dreilappig, Mittellappen am größten, 6 bis 8 cm lang und 6 cm breit, glänzendgrün, mit herrlicher, leuchtendroter Herbstfärbung. Auffällig gelbgrüne Blüten in dichten Rispen im Mai. Die geflügelten Früchte sind spitzwinklig gespreizt, im Juli Flügel grünrot, später hellbraun. Gedeiht in lehmig-humosen Gartenböden in nicht zu kalten Lagen in Sonne und Halbschatten. Verwendung auch für kleinere Gärten im Einzelstand, sonst für Anlagen und Parks. Anspruchslos und winterhart. Vermehrung durch Samen einfach. Ähnlich, doch höher ist *A. tatáricum*, Fruchtflügel parallel.

Ácer japónicum 'Aconitifolium'

Eisenhutblättriger Japanahorn

Aceráceae, Ahorngewächse

Der Japanahorn ist in den Bergwäldern Nordjapans verbreitet. Er bildet dort 6 m hohe, breite Großsträucher. Die Art ist in den Gärten kaum anzutreffen, meist nur Züchtungen wie der Eisenhutblättrige Japanahorn. Diese besonders schöne Sorte wird etwa 3 m hoch, wächst breit-aufrecht und hat rotbraune Triebe. Knospen gegenständig, rot, fallen durch graußweiße Spitzen auf. Blätter hellgrün, 10 bis 15 cm lang und breit, mit 7 bis 11 fiederschnittig geteilten, schmalen Einzelblättchen, brennendrote Herbstfärbung. Blüten rotgelb, mit dem Blattaustrieb erscheinend. Früchte behaart und geflügelt. Gedeiht in humosen, kalkarmen Gartenböden in sonniger Lage. Verwendung nur im Einzelstand an bevorzugter Stelle im Garten, etwa an der Terrasse oder im Vorgarten. Nicht für kalte Lagen. Vermehrung durch Veredelung. Sorte: 'Aureum', gelb, hübsch, aber gegen Sonne empfindlich.

Cótinus coggýgria

Perückenstrauch
Anacardiáceae, Sumachgewächse

Der bei uns bekannte Perückenstrauch kommt von Südeuropa bis nach Mittelchina vor. Er kann ein breitbuschiger Strauch von 2 bis 4 m Höhe und Breite werden. Rinde der älteren Äste grauschwarz, jüngere Triebe hellbraun bis olivgrün, ohne Milchsaft (Unterscheidungsmerkmal zu *Rhus*). Knospen wechselständig. Holz gelb, mit stark duftendem Saft. Blätter mattgrün, gestielt, länglich-eiförmig, bis 8 cm lang und 3 cm breit, Herbstfärbung ab September leuchtend bronzefarben bis rot. Blüten unscheinbar, gelbgrün, an 20 cm langen, endständigen, lockeren Rispen im Juni und Juli. Die Stiele sind perückenartig dicht behaart. Steinfrüchte klein, unscheinbar. Gedeiht auf kalkhaltigen Böden in sonniger Lage. Verwendung im Einzelstand an der Terrasse, im Innenhof oder im Rasen. Vermehrung durch Samen, Stecklinge und Wurzelschnittlinge. Sorten: 'Royal Purple', schwarzrot; 'Rubrifolius', roter Austrieb, im Herbst rot.

Rhus týphina

Hirschkolbensumach, Essigbaum
Anacardiáceae, Sumachgewächse

Die Gattung *Rhus* ist mit 150 Arten in den Tropen, Subtropen und auch gemäßigten Gebieten vertreten. Der bekannte Essigbaum stammt aus dem östlichen Nordamerika und wird 5 m hoch. Der breite, straff-aufrecht stehende Großstrauch ist oft mehrstämmig, mit graubrauner Rinde. Viele Bodentriebe in humosen Böden. Einjährige, rotbraune Triebe sind samtig behaart. Das Holz enthält viel Milchsaft und ist brüchig. Knospen wechselständig, mit hufeisenförmigen Blattnarben. Blätter bis 50 cm lang, unpaarig gefiedert, herrliche orangerote Herbstfärbung. Blüten gelbgrün in endständigen, dichten Kolben, im Juni erscheinend. Fruchtkolben rot, zieren 2 bis 3 Jahre lang die weiblichen Pflanzen (zweihäusig). Gedeiht in jedem normalen Gartenboden in mehr sonnigen Lagen. Verwendung einzeln im Garten und Park. Vermehrung durch Wurzelschnittlinge. Sorte: 'Dissecta', 3 m, geschlitzte Blätter.

Euónymus aláta

Korkflügelspindelstrauch
Celastráceae, Spindelbaumgewächse

Von *Euónymus* sind rund 170 Arten weltweit bekannt. Besondes auffällig ist *E. aláta* aus Ostasien mit breiten Korkflügeln an den Trieben. Wuchs sparrig, aufrecht, bis über 2 m hoch und breit. Ältere Triebe dunkelgrau, Jungtriebe grün, mit 4 braunen Korkleisten. Knospen gegenständig. Blätter grün, eiförmig zugespitzt, 4 bis 5 cm lang, prachtvolle, glühendrote Herbstfärbung. Blüten klein, gelb, im Mai und Juni erscheinend. Die wenigen, roten, eiförmigen Beeren sind 6 bis 8 mm lang, giftig. Gedeiht besonders gut in sandig-humosen Gartenböden im Halbschatten. Gut im Einzelstand in Vorgärten, Heide- und Steingärten. Vermehrung durch Sommerstecklinge und Samen.

Córnus flórida

Blumenhartriegel
Cornáceae, Hartriegelgewächse

Zu denn 40 in den nördlichen gemäßigten Zonen vorkommenden Arten der Gattung *Córnus* zählt der amerikanische Blumenhartriegel aus den Wäldern der Oststaaten. Wird dort ein bis zu 10 m, bei uns nur 5 m hoher, rundkroniger Kleinbaum mit vielen grünen, verzweigten Jungtrieben. Diese sind wie die gegenständigen Knospen weißlich bereift. Blätter dunkelgrün, eiförmig, unterseits weißlich, bis zu 14 cm lang und 6 cm breit. Herrliche scharlachrote Herbstfärbung. Blüten unscheinbar, gelbgrün an endständigen Blütenköpfen. Diese sind von 4 flachen, sternartigen Hochblättern umgeben, die zuerst weiß, dann rosa gefärbt sind. Blütezeit im Mai und Juni. Früchte eiförmig, rot, bei uns selten zu sehen. Benötigt humose, leicht saure Böden im Halbschatten. Verwendung im Einzelstand. Vermehrung durch Stecklinge und Veredlung. *C. flórida* f. *'Rubra'* ist eine herrliche Wildform mit roten Brakteen.

Nothofágus antárctica

Scheinbuche, Südbuche
Fagáceae, Buchengewächse

Es gibt 17 Arten der Gattung *Nothofágus* in Südamerika, Australien und Neuseeland. Die Art *N. antárctica* stammt aus Chile und kann dort bis zu 35 m hoch werden. Bei uns sind Exemplare über 8 m Höhe selten. Der meist mehrstämmige Großstrauch entwickelt eine breite Krone und fällt durch seine bizarren Äste auf. Rinde dunkelgrau, mit weißen, strichartigen Lentizellen geschmückt. Jungtriebe mit fächerartigen, engstehenden Verzweigungen. Knospen kugelig, wechselständig. Blätter nur 2 bis 3 cm lang, eiförmig, am Rande gewellt, im Herbst goldgelb gefärbt. Pflanze einhäusig. Blüten kaum auffallend, gelbgrün, im Mai erscheinend. Nüßchen in Fruchtbechern, sind Buchenfrüchten ähnlich, nur viel kleiner. Wächst in durchlässigen, lehm- und kalkhaltigen Bodenarten in voller Sonne am besten. Verwendung im Einzelstand vor Gebäuden, in Gärten und Parks. Vermehrung durch Stecklinge und Absenker.

Gínkgo bíloba

Ginkgo, Silberaprikose
Ginkgoáceae, Ginkgogewächse

G. bíloba aus China ist in Japan als Tempelbaum bekannt. Er ist das einzige prähistorische Relikt von Bäumen, die vor 180 Millionen Jahren auch bei uns wuchsen. Damit ist der Ginkgo viel älter als alle Koniferen und gehört wie diese zu den Gymnospermen, den nacktsamigen Pflanzen. Der sommergrüne, mächtige Baum, kann über 30 m hoch werden. Rinde grau, tief gefurcht. Äste mit auffälligen Kurztrieben. Blätter grün, fächerförmig, mit parallelen Nerven, oft zweilappig, etwa 5 bis 8 cm breit, lang gestielt, goldgelbe Herbstfärbung. Pflanzen zweihäusig. Blüten im April und Mai an den Kurztrieben. Männliche Blüten in 4 bis 7 cm langen grünen Kätzchen, weibliche Blüten entwickeln goldgelbe, 2 bis 3 cm große Scheinfrüchte, die reif nach Buttersäure riechen. Keine Ansprüche an Boden und Lage, völlig hart und stadtklimafest. Männliche Bäume werden bevorzugt. Vermehrung durch Samen, Stecklinge und Veredelungen.

Fothergílla májor

Federbuschstrauch
Hamamelidáceae, Zaubernußgewächse

Man unterscheidet 4 Arten der Gattung *Fothergílla* aus den östlichen USA. Die schönste Art ist *F. májor* aus den Bergwäldern Alabamas und einiger Nachbarstaaten. Wuchs breit-aufrecht, 2 bis 3 m hoch. Triebe hellgrau-filzig, mit wechselständigen Knospen. Blätter dunkelgrün, eiförmig, gezähnt, 5 bis 8 cm lang, unterseits bläulichgrün. Herrliches orangerotes Herbstlaub. Blütenähren weiß, bürstenartig, an den Triebenden aus vielen Einzelblüten zusammengesetzt und goldgelb überpudert. Blütezeit im Mai. Kapselfrüchte braun, kaum auffallend. Gedeiht in kalkfreien, humosen Böden in sonnigen bis halbschattigen Lagen. Dieser reichblühende Strauch sollte einzeln an bevorzugten Stellen gepflanzt werden, etwa in der Frühlingsecke im Haus-, Stein- und Vorgarten. Vermehrung durch Samen, Stecklinge und Absenker. *F. montícola* ist mit dieser Art nach neuerer Auffassung identisch.

Liquidámbar styracíflua

Amberbaum
Hamamelidáceae, Zaubernußgewächse

Von den 4 Amberbaum-Arten ist die amerikanische die schönste. Die anderen kommen aus der Türkei und aus China. In den südöstlichen Staaten der USA erreicht *L. styracíflua* eine Höhe von 45 m, in Europa über 10 m. Wuchs kegelförmig. Der sommergrüne Baum hat eine graue Rinde mit auffälligen Korkleisten. Blätter dunkelgrün, wechselständig, handförmig gelappt, bis 18 cm lang, erinnern an Ahornlaub. Prachtvolle Herbstfärbung von gelb über karminrot bis violett. Pflanze einhäusig. Männliche Ähren grün und aufrecht, weibliche Blüten in grünen, hängenden und kugeligen Köpfchen. Blütezeit im Mai. Die 3 cm große, kugelige Frucht ist mit vielen verdornten Griffeln besetzt und wird zu Gestecken verwendet. Der Baum gedeiht in tiefgründigen, kalkhaltigen Böden in voller Sonne. Verwendung einzeln in größeren Gärten und Parks. Samenvermehrung.

Parrótia pérsica

Parrotie, Eisenholzbaum
Hamamelidáceae, Zaubernußgewächse

Die einzige Art der Gattung *Parrótia* stammt aus dem Nordiran, wo sie bis zu 15 m hohe Bäume bildet. In Europa wird sie ein breiter, aufrechter Strauch von 5 bis 7 m Höhe. Die bräunliche Borke älterer Stämme blättert in Schuppen ab. Triebe olivbraun, mit wechselständigen Knospen. Blätter dunkelgrün, verkehrt-eiförmig, bis 10 cm lang und 6 cm breit, unterseits heller, im Herbst prachtvoll gelb bis scharlachrot gefärbt. Blütenknospen öffnen sich oft schon im Januar, meist aber erst im März. Jedes Blütenköpfchen enthält etwa 20 dunkelrote Staubblätter, die aber ohne Fernwirkung sind. Kapselfrüchte braun, selten zu finden. Gedeiht in jedem guten, durchlässigen Gartenboden in voller Sonne. Verwendung in Einzelstellung. Vermehrung durch Samen, Stecklinge und Veredlung.

Mórus álba

Weißer Maulbeerbaum
Moráceae, Maulbeerbaumgewächse

Von der Gattung *Mórus* sind 12 Arten aus den gemäßigten und subtropischen Gebieten von Asien, Afrika und Nordamerika bekannt. Der Weiße Maulbeerbaum stammt aus China; er ist dort seit über 2700 Jahren in Kultur. So lange ist die Gewinnung von Seide bekannt. *M. álba* ist als Futterpflanze für die Seidenraupen notwendig. Breit-aufrechter Baum bis zu 12 m Höhe. Rinde der Äste und Triebe grau, enthält Milchsaft. Blätter sommergrün, wechselständig, bis 16 cm lang und 10 cm breit, am gleichen Exemplar oft unterschiedlich geformt, einfach oder mit 3 bis 5 Lappen, goldgelbe Herbstfärbung. Pflanze einhäusig. Kätzchen grünlich, 1 cm lang. Blütezeit im Mai. Die brombeerähnlichen, weißen Früchte sind 2 bis 3 cm lang, sehr süß und fallen rasch ab. Nutzung für Marmelade und Saft. Wächst in kalkreichen Lehmböden in voller Sonne. Verwendung einzeln oder als Hecke in Parks. Vermehrung durch Samen.

Lárix kaémpferi

(syn. *L. leptólepis*), Japanische Lärche
Pináceae, Kieferngewächse

Von der Europäischen Lärche unterscheidet sich diese Art aus Mitteljapan durch verschiedene Merkmale. Wuchs aufrecht, bis 30 m hoch, mit breiter, kegelförmiger Krone. Äste waagrecht abstehend, außen nach oben gebogen, nicht hängend. Triebe rötlichbraun, gelegentlich etwas bereift. Nadeln bläulichgrün, 2 bis 3,5 cm lang, an den Langtrieben einzeln, an Kurztrieben 40 bis 60 Stück in Büscheln, goldgelbe Herbstfärbung. Pflanze einhäusig. Männliche Kätzen gelb, die weiblichen Zäpfchen aufrecht, rot, 1 bis 3 cm groß. Blütezeit von März bis April. Die 3 bis 4 cm langen hellbraunen Zapfen haben nach außen umgebogene Zapfenschuppen. Gedeiht optimal nur bei ausreichender Feuchtigkeit des Bodens und der Luft, daher nicht trockenheitsresistent. Verwendung in größeren Gärten und Parks, einzeln oder in Gruppen. Wenig gefährdet durch Krankheiten und Schädlinge. Vermehrung durch Samen.

Amelánchier laévis

Glatte Felsenbirne
Rosáceae, Rosengewächse

Die meisten der 25 bekannten *Amelánchier*-Arten stammen aus Nordamerika. Wuchs breit-aufrecht, in der Heimat (östliche Staaten) bis 12 m, in Europa nur 5 m hohe, mehrtriebige Büsche bildend. Zweige fast waagrecht abstehend, Spitzen überhängend. Rinde graubraun und längsrissig. Knospen wechselständig, rot, spindelförmig, bronzefarbener Austrieb. Triebe und Blätter kahl. Blätter glatt, bläulichgrün, eiförmig, bis 7 cm lang, kurz zugespitzt, scharlachrote Herbstfärbung. Blüten weiß, 4 cm groß, in lockeren, bis 12blütigen, hängenden Trauben. Blütezeit im Mai. Rote, später schwarzrote Früchte ab August, süß, saftig, eßbar. Als Marmelade verwertbar. Wächst in kalkreichen Böden in voller Sonne am besten. Verwendung einzeln oder in Gruppen in Gärten und Parks. Besonders schönes Zier- und Nutzgehölz, anspruchslos. Vermehrung durch Aussaat. Ähnliche Art: *A. lamárckii* (syn. *A. canadénsis*).

Cotoneáster divaricátus

Felsenmispel
Rosáceae, Rosengewächse

Aus Mittel- und Westchina stammt die breit und sparrig wachsende, reichfruchtende Felsenmispel. Sie wird 2 bis 3 m hoch und ebenso breit. Aus der Basis entwickeln sich mehrere dunkelbraune Haupttriebe mit lokkeren, fächerartigen Ästen. Blätter 1 bis 2 cm lang, glänzend dunkelgrün, spitz, elliptisch geformt, herrliche rote Färbung im Herbst. Blüten rötlichweiß, fünfzählig, erscheinen im Juni. Daraus entwickeln sich die länglichen, scharlachroten Beerenfrüchte in großer Zahl, die nur bis Oktober ausdauern. Wächst in normalen, durchlässigen Gartenböden in Sonne und Halbschatten. Verwendung einzeln, gruppenweise oder gar als breite, ungeschnittene Hecke. Vermehrung durch Samen und Steckholz.

Prúnus sargéntii

Ostasiatische Wildkirsche
Rosáceae, Rosengewächse

Unter den 200 Arten der Gattung *Prúnus* sind viele, die eine schöne Herbstfärbung bekommen. Diese Art aus Japan und Sachalin ist besonders eindrucksvoll. Der in der Heimat bis zu 18 m, bei uns halb so hohe Baum wächst breit-aufrecht und hat eine rötlichbraune Rinde. Knospen wechselständig, Austrieb bronzefarben. Blätter dunkelgrün, elliptisch-zugespitzt, 6 bis 12 cm lang, Blattrand grob gesägt, unterseits bläulichgrün, am Blattstiel 2 kleine Nektardrüsen. Herbstfärbung scharlachrot bis braunrot. Blüten zartrosa, zu 2 bis 4 in sitzenden Dolden, kurz vor dem Austrieb im April erscheinend, 4 cm groß, ungefüllt. Kleine rote Früchte im Herbst. Gedeiht in kräftigen, lehmig-humosen Gartenböden in Sonnenlagen. Veredlung auf *P. ávium*. Sorte: 'Accolade', *(P. sargéntii* × *P. subhirtélla)*, rosa, sehr früh.

Ilex aquifólium 'Alaska'

Stechpalme
Aquifoliáceae, Stechpalmengewächse

Von der Stechpalme, dem einzigen heimischen immergrünen Laubbaum sind viele Sorten bekannt, die sich durch Wuchs, Laubfärbung und Fruchtfarbe von der Art unterscheiden. Die Sorte 'Alaska' wächst langsamer, wird 3 bis 4 m hoch und hat eine pyramidenähnliche Kronenform. Blätter dunkelgrün, glänzend, wechselständig, nur 5 bis 6 cm lang, breit-lanzettlich, sehr stark bestachelt. Blüten weiß, vierteilig, blühen in dichten Büscheln an den Kurztrieben im Mai und Juni. Die glänzend roten Beeren sind giftig, sie halten sich vom Herbst bis zum Frühling, Vogelnährgehölz. Benötigt lehmig-humose Böden in schattigeren und geschützten Lagen. Verwendung einzeln oder in Gruppen in Gärten und Parks, nicht für Kinderspielplätze geeignet. Vermehrung durch Samen.

Lonícera maáckii

Koreanische Heckenkirsche
Caprifoliáceae, Geißblattgewächse

Die vielgestaltige Gattung *Lonícera* umfaßt etwa 150 Arten in den nördlichen gemäßigten Zonen. Aus Ostasien, vor allem aus Korea, Japan und dem Amurgebiet, stammt die breit-aufrecht wachsende *L. maáckii.* Krone oft schirmförmig, bis zu 5 m hoch und breit. Rinde grauschwarz. Junge Triebe zunächst behaart, später kahl und hellgrau. Knospen gegenständig abstehend. Blätter mattgrün, lanzettlich-zugespitzt, bis 8 cm lang, unterseits heller. Blüten paarig angeordnet, weiß, später gelb, 2 cm lang, röhrig, tief eingeschnitten, angenehm duftend, im Juni erscheinend. Beeren rot, kugelig, erscheinen ab Oktober, halten aber fast den ganzen Winter am Strauch. Herrlicher Fruchtstrauch für tiefgründige Böden in vorwiegend sonniger Lage. Verwendung einzeln in Gärten und Parks. Vermehrung durch Samen, Stecklinge und Steckholz.

Symphoricárpos álbus

(syn. *S. racemósus*),
Schneebeere
Caprifoliáceae, Geißblattgewächse

Die bekannte Schneebeere ist von Alaska bis Kalifornien verbreitet. Der robuste, 1 bis 2 m hohe, aufrechte, leicht überhängende Strauch bildet viele Basistriebe und durch Wurzelsprosse breite Gebüsche. Triebe kahl, hellgrau, mit gegenständigen Knospen. Blätter ei-rundlich, bis 5 cm lang, bläulichgrün. Blütenglocke, nur 6 mm groß, rötlichweiß, an den Triebenden und in den Achseln in Büscheln im Juni bis August. Früchte kugelig, schneeweiß, bis 12 mm groß, giftig, sie erscheinen im Herbst und halten bis zum Winter. Völlig anspruchslos an Boden, Lage und Klima. Verwendung in Parks, Grünstreifen, Böschungen, aber nicht an Kinderspielplätzen. Vermehrung durch Samen und Steckholz.

Pernéttya mucronáta

Torfmyrte
Ericáceae, Heidekrautgewächse

Die meisten der 25 *Pernéttya*-Arten stammen aus Mittel- und Südamerika, einige aus Neuseeland und Tasmanien. Die immergrüne Torfmyrte stammt aus Südchile. Wuchs breit-aufrecht, dicht verzweigt, macht viele Bodentriebe durch Ausläufer. In Europa meist nur 50 cm, gelegentlich doppelt so hoch. Triebe dünn, rotbraun bis grün, dicht mit kleinen, wechselständigen Blättern besetzt. Blätter lederig, dunkelgrün, elliptisch, mit kurzer, scharfer Spitze, bis 2 cm lang. Blüten weiß, klein, end- oder achselständig, im Mai und Juni erscheinend. Viele Beerenfrüchte, im Herbst erscheinend. Größe bis 12 mm, flachkugelig, je nach Sorte rot, weiß oder violett gefärbt. Da zweihäusig, beide Geschlechter anpflanzen. Gedeiht nur in sauren, kalkfreien Humusböden im Halbschatten. Winterschutz. Für Hecken und Gruppen im Moorbeet. Vermehrung durch Samen. Sorten: 'Alba', weiß; 'Bells Seedling', rot; 'Rosea', rosa.

Decaĭsnea fargésii

Blauschote, Gurkenstrauch
Lardizabaláceae, Fingerfruchtgewächse

Nur 2 *Decaĭsnea*-Arten aus China bekannt, eine davon ist in Europa hart. Wuchs steif aufrecht, wenig verzweigt, 3 bis 5 m hoch. Dicke, graue Triebe mit bläulichem Reif und wechselständigen Knospen. Endknospe oliv, besonders groß, länglich zugespitzt. Blätter bis 60 cm lang, unpaarig gefiedert, hell-bläulichgrün mit goldgelber Herbstfärbung. Einzelblatt spitz-eiförmig, bis 12 cm lang. Grünlichgelbe, 3 cm lange Blüten im Mai und Juni an hängenden Rispen. Auffällige blaue, weiß bereifte, fingerförmige Früchte bis 10 cm lang. Sie enthalten schwarze Samen in gallertartigem Fruchtfleisch. Benötigt frische, durchlässige Böden in geschützter, sonniger bis halbschattiger Lage. Nur als Einzelstrauch verwenden, zusammen mit niedrigen Blütensträuchern. Pflegeschnitt nur nach Frostschäden. Vermehrung durch Samen oder Wurzelschnittlinge.

Choenoméles japónica

Japanische Zierquitte
Rosáceae, Rosengewächse

Alle 4 bekannten Arten der Gattung *Chaenoméles* stammen aus Ostasien. *C. japónica* kommt auf dem Vulkan Fudschijama zwischen 500 und 900 m Höhe vor. Es ist ein breit-aufrecht wachsender, sparriger Dornstrauch von 1 m Höhe. Bildet viele Bodentriebe, dadurch dicht und undurchdringlich. Triebe graugrün, mit dornigen Kurztrieben und wechselständigen Knospen. Blattknospen an jüngeren Blütenknospen an den älteren Trieben. Blätter glänzend, grün, breiteiförmig, bis 4 cm lang. Blüten ziegelrot, 3 cm groß, meist 3 bis 4 Stück zusammenstehend, blühen im März bis April. Große, gefurchte, gelbgrüne Quittenfrüchte, 4 bis 5 cm dick, duften aromatisch, zur Geleebereitung verwendbar. Früchte bis weit in den Winter am Strauch (Vogelnahrung). Wächst in kalkhaltigen Böden in sonniger Lage. Verwendung als niedere, freiwachsende Hecke oder einzeln im Garten. Feuerbrandgefährdet. Vermehrung durch Samen.

Cotoneáster dielsiánus

Felsmispel
Rosáceae, Rosengewächse

Aus Mittel und Westchina stammt dieser elegant überhängende Strauch, der bis zu 2 m hoch und breit wird. Jungtriebe anfangs gelbbraunfilzig, später rotbraun, mit wechselständigen Knospen. Blätter sommergrün, 2 bis 3 cm lang, ei-rundlich, mit grauer Unterseite, Herbstfärbung rotbraun, manchmal bis zum Januar ausdauernd. Blüten weißrosa, in Trugdolden im Juni. Auffälliger sind die kugeligen, erbsengroßen Beeren von scharlachroter Farbe. Sie hängen bis zum Vorfrühling am Strauch, gutes Winterbild. Gedeiht in durchlässigen, kräftigen Gartenböden in sonnigen Lagen. Verwendung einzeln oder als freiwachsende Fruchthecke. Durch Feuerbrand gefährdet. Vermehrung durch Samen oder Stecklinge.

Cratáegus × lavállei 'Carrierei'

Lavalle's Weißdorn
Rosáceae, Rosengewächse

Diese Hybride zweier Weißdorn-Arten aus Nordamerika und Mexiko *(C. crus-gálli × C. pubéscens)* entstand 1870 im Pariser Jardin des Plantes. Wuchs aufrecht, breitbuschig oder baumförmig, bis zu 7 m hoch. Rinde auffällig silbergrau. Triebe graugrün, mit wenigen, 5 cm langen Dornen. Knospen kugelig wechselständig. Blätter dunkelgrün, länglich-elliptisch, mit keiligem Blattgrund, 10 cm lang, lange am Baum, nach orangeroter Herbstfärbung braun werdend. Blüten weißrosa, 2 cm groß, mit auffälligen roten Staubblättern, im Juni erscheinend. Die orangeroten, 2 cm großen, apfelartigen Früchte zieren lange nach dem Laubfall. Besonders im Winter bemerkenswert. Ist anspruchslos, gedeiht am besten in kräftigen, kalkhaltigen Gartenböden in voller Sonne. Idealer, kleinkroniger Straßenbaum, für innerstädtische Bereiche ebenso geeignet wie für Gärten. Samenvermehrung, auch auf *C. × prunifólia* veredelt.

Málus × zúmi 'Prof. Sprenger'

Zierapfel

Rosáceae, Rosengewächse

Aus den 30 Arten der Gattung *Málus* sind eine unübersehbare Fülle von Züchtungen entstanden. Diese tragen teils lateinische Bezeichnungen, teils Sortennamen. Die meisten sind herrliche Blütenbäume, einige auch wertvolle Fruchtgehölze. 'Professor Sprenger' ist ein kleiner, aufrechter, kegelförmiger Baum bis 4 m Höhe. Jungtriebe behaart, mit wechselständigen Knospen. Blätter dunkelgrün, eiförmig, zugespitzt, 5 bis 9 cm lang, kerbig gesägt, unterseits anfangs grauweiß behaart, später kahl. Blütenknospen rosa, aufgeblüht weiß, 3 cm groß. Die langstieligen Früchte sind orangerot und über 1 cm groß, sie hängen in dichten Büscheln an den Zweigen und halten bis zum Winter. Wächst hervorragend in lehmig-humosen Gartenböden in sonniger Lage. Für Einzelstellung in Gärten und Parks. Auf Mehltau achten. Vermehrung durch Okulation. Sorten: 'Red Jade', rot; 'Wintergold', goldgelb.

Rósa multiflóra

Vielblütige Rose

Rosáceae, Rosengewächse

Die über 100 Arten und ungezählte Sorten der Rose werden meist wegen ihrer schönen Blüten kultiviert. Im Herbst ist durch die auffälligen Früchte ein weiterer Höhepunkt zu erwarten. *R. multiflóra* stammt aus Japan und Korea und entwickelt sich bei uns zu einem breiten, dichten Busch von 3 m Höhe und Breite. Blätter neunteilig gefiedert, im Herbst braunrot. Blüten klein, weiß, nur 2 cm groß, in dichten, kegelförmigen Doldenrispen, im Juni und Juli erscheinend. Die roten Früchte sind nur erbsengroß, aber durch die Menge sehr zierend. Wächst in jedem, auch magerem Gartenboden in Sonne und Schatten. Wird für dichte Hekken, Straßengrün und Anlagen verwendet. Anspruchsloses Vogel- und Windschutzgehölz. Samenvermehrung. Weitere auffällige Fruchtrosen: *Rosa canína*, Hundsrose; *R. rugósa*, Kartoffelrose; *R. setípoda*; *R. sweginzówii* 'Macrocarpa'.

Sórbus aucupária ssp. morávica
Mährische Vogelbeere, Eberesche
Rosáceae, Rosengewächse

Die Gattung *Sórbus* ist mit 80 Arten auf der nördlichen Halbkugel vertreten. Die Eberesche kommt von Europa bis Sibirien vor und kann bis zu 15 m hoch werden. Die Mährische Vogelbeere, auch Eßbare Eberesche genannt, wurde 1810 im Altvater-Gebirge in 800 m Höhe entdeckt. Sie wird 8 bis 15 m hoch und bildet eine gleichmäßige, pyramidenförmige Krone. Blätter unpaarig gefiedert, rötlicher Stiel, Blättchen 4 bis 5 cm lang, Blattrand nur über der Mitte gezähnt. Blüten weiß, in dichten Doldenrispen im Mai. Früchte rot, wesentlich größer als bei der ssp. *aucupária*, 1 cm groß und kugelig, reich an Vitamin C, nicht so sauer, daher wirtschaftlich verwertbar. Wächst in tiefgründigen Gartenböden, ist anspruchslos, gedeiht auch in sauren Böden. Wichtiger Nutzbaum für Garten und Park. Prächtig und gesund. Vermehrung durch Veredlung. Sorte: 'Rosina', Früchte rot, groß.

Callicárpa bodiniéri var. giráldii
Schönfrucht, Liebesperlenstrauch
Verbenáceae, Eisenkrautgewächse

Man unterscheidet etwa 135 *Callicárpa*-Arten in den Tropen und Subtropen von Asien, Australien, Nord- und Mittelamerika. *C. bodiniéri* stammt aus China. Sie wird bei uns ein dichter Busch von 2 m Höhe. Die dünnen grauen Triebe sind mit gegenständigen Knospen versehen. Blätter dunkelgrün, elliptisch, bis 10 cm lang, unterseits mit gelblichen Drüsen besetzt, gelblichbraune Herbstfärbung. Blüten in den Blattachseln in dichten Trugdolden im Juli und August, lilarosa, 1 cm groß. Noch auffälliger sind die vielen Früchte, die ab September erscheinen und sehr lange den Strauch zieren. Es sind kugelige, 3 bis 4 mm große, lilafarbene Beeren, die erst nach dem Laubfall richtig zur Wirkung kommen. Mehrere Exemplare zusammenpflanzen, dadurch reicherer Fruchtansatz. Gedeiht in feuchteren, möglichst leicht sauren Böden in geschützter Lage. Zweige gut zum Vasenschnitt. Vermehrung durch Samen und Sommerstecklinge.

Actinídia argúta

Strahlengriffel

Actinidiáceae, Strahlengriffelgewächse

Man unterscheidet 36 sommergrüne *Actinídia*-Arten in Ostasien. Besonders hart ist die aus China, Korea und Japan bekannte *A. argúta*. Der kräftige, windende Strauch kann 5 bis 7 m Höhe erreichen. Triebe graubraun, glatt, mit weißem, gefächertem Mark. Knospen wechselständig, von auffälligen Blattkissen umgeben. Blätter dunkelgrün, oval, 8 bis 12 cm lang, zugespitzt, gesägt, Herbstfärbung gelb. Pflanzen zweihäusig. Blüten weiß, männliche Blüten fünfzählig, 2 cm groß, bis zu 10 Stück in Scheindolden, mit vielen roten Staubblättern, weibliche Blütenstände enthalten nur 2 bis 3 duftende Blüten. Blütezeit im Juni. Beerenfrüchte grüngelb, 2 bis 3 cm lang, eßbar und vitaminreich, süßsauer. Gedeiht in humosen, nährstoffreichen Böden in warmen Lagen. Verwendung an Pergolen und Klettergerüsten. Vermehrung durch Samen. *A. chinénsis* 'Jenny', neue einhäusige Kiwi-Sorte, hat behaarte Triebe und größere Früchte.

Hédera hélix

Gemeiner Efeu

Araliáceae, Efeugewächse

Der bekannte immergrüne Kletterer ist in Europa heimisch. Besonders im milden atlantischen Klima erreicht er 20 bis 30 m Höhe. Triebe grau, mit Haftwurzeln, haften an fast allen Flächen. Blätter dunkelgrün, drei- bis fünflappig, 4 bis 10 cm lang, im Winter oft rotbraun gefärbt, unterseits hellgrün. Blüten gelbgrün, in Dolden, erscheinen im Herbst erst an älteren Trieben; die Blätter dieser Altersform sind eiförmig-zugespitzt. Die schwarzen, giftigen Beerenfrüchte reifen im nächsten Frühling. Wächst gut in kräftigen, humosen, kalkhaltigen Böden im Schatten. Verwendung zur Begrünung von Mauern und Bäumen, auch wichtiger Bodendecker. Vermehrung durch Stecklinge. Über 500 Sorten, z. B.: 'Goldherz', grün mit gelber Mitte; 'Wingertsberg', im Winter rötlich.

Aristolóchia macrophýlla

Pfeifenwinde

Aristolochiáceae, Osterluzeigewächse

Die Gattung *Aristolóchia* umfaßt über 300 Arten. Nur wenige sind Lianen mit verholzenden Trieben. Dazu zählt die Pfeifenwinde aus den USA, mit grüner, später grauer Rinde, die bis zu 10 m hoch schlingen kann. Blätter dunkelgrün, sommergrün, herzförmig, bis zu 30 cm lang und 22 cm breit, liegen dachziegelartig übereinander, ergeben dadurch einen guten Sichtschutz im Sommer. Herbstfärbung gelbgrün. Blüten meist vom Laub verdeckt, braungrün, 2 bis 3 cm groß, mit langer, pfeifenartig gebogener Blütenröhre. Blütezeit Mai bis Juni. Grüne, später braune, bis 10 cm lange, gurkenartige Früchte hängen an langen Stielen, werden aber selten gebildet. Samen hellbraun und flach. Gedeiht in kräftigen, lehmig-humosen Böden im Halbschatten und Schatten. Gut zur Berankung von Lauben und Gerüsten. Widerstandsfähig gegen Schädlinge und Krankheiten. Vermehrung durch Stecklinge und Ableger.

Cámpsis radícans

Trompetenblume

Bignoniáceae, Bignoniengewächse

Zwei Arten sind aus Ostasien und den USA bekannt. Die härtere Art, *C. radícans*, stammt aus Nordamerika. Mit Haftwurzeln an den erst hellbraunen, später hellgrauen Trieben, klettert bis zu 10 m hoch. Blätter sommergrün, gegenständig, unpaarig gefiedert, gelbliche Herbstfärbung. Ein Blatt kann bis zu 35 cm lang sein, es besteht aus 7 bis 11 Blättchen, jedes ist eiförmig-zugespitzt, gesägt und 4 bis 10 cm lang. Trichterblüten orangerot, in Büscheln an den einjährigen Trieben von Juli bis September. Blüte mit glockigem, fünfzipfeligen Kelch, 6 bis 8 cm lang. Fruchtkapsel lederig, bis 10 cm lang, selten zu sehen. Wächst besonders gut in lehmig-humosen, nährstoffreichen Böden in geschützten, warmen Lagen in voller Sonne. Verwendung für größere Lauben und Pergolen. Starker Rückschnitt vor dem Austrieb günstig. Vermehrung durch Wurzelschnittlinge und Ableger. Sorte: 'Flava', gelb.

Lonícera caprifólium

Jelängerjelieber
Caprifoliáceae, Geißblattgewächse

Die Gattung *Lonícera* ist sehr vielfältig. Die Art *L. caprifólium* ist in Mittel und Südeuropa verbreitet und kommt bis zum Kaukasus vor. Schlingend werden 6 m, gelegentlich auch 10 m Höhe erreicht, benötigt dazu aber eine Kletterhilfe. Triebe rotbraun, ohne Mark, später graubraun, mit abstehenden, gegenständigen Knospen. Blätter breit-oval, bis 10 cm lang, unterseits blaugrün, oberstes Blattpaar zu einer Scheibe verwachsen. Röhrenförmige Blüten duftend, weiß-gelb, 5 cm lang, in den Blattachseln in Quirlen. Blütezeit von Mai bis Juni. Beerenfrüchte rot, kugelig, giftig. Wächst in frischen bis feuchten Böden im Halbschatten. Verwendung zur Laubenbegrünung. Vermehrung durch Samen und Stecklinge. Ähnliche Art: *L. periclýmenum*, besitzt keine zusammengewachsenen Blätter.

Lonícera × heckróttii

Geißblatt
Caprifoliáceae, Geißblattgewächse

Diese besonders schöne Mehrfachkreuzung entstand um 1895 in Nordamerika. Der schwach windende Strauch wird bis 3 m hoch und ebenso breit. Triebe grün bis braunrot, mit gegenständigen Knospen. Blätter dunkelgrün, länglich-elliptisch, bis 6 cm lang, unterseits bläulichgrün. Blüten duftend, in mehreren Quirlen übereinander, Knospen karminrot, Einzelblüte außen rot, innen gelb, bis 4 cm lang. Blütezeit von Juni bis September. Die roten, erbsengroßen Beerenfrüchte sind giftig, sie halten lange am Strauch. Häufig sind Blüten und Früchte nebeneinander zu sehen. Guter Wuchs in nährstoffreichen, feuchteren Böden in Sonne und Halbschatten. Verwendung für kleinere Gerüste. Vermehrung durch Samen und Stecklinge.

Lonícera hénryi

Immergrünes Geißblatt
Caprifoliáceae, Geißblattgewächse

Aus Westchina stammt dieser mittelstark wachsende, immergrüne Schlinger. Mit seinen dünnen, hohlen Trieben erreicht er Höhen von 4 m. Jungtriebe steifhaarig, mattgrün, mit gegenständigen Knospen. Blätter dunkelgrün, länglich-lanzettlich, bis zu 10 cm lang, zugespitzt, unterseits hellgrün. Blüten gelbrot, röhrenförmig, in den Blattachseln, fallen wenig auf, blühen von Juni bis August und sind nur 2 cm lang. Früchte dunkelblau bereift, kugelig, giftig. Gedeiht in kräftig-humosen Böden im Schatten und Halbschatten. Verwendung in schattigen Innenhöfen oder an lichtarmen Plätzen. Kletterhilfe notwendig. Bei strengen Frösten können die Blätter leiden, Rückschnitt empfehlenswert. Vermehrung durch Stecklinge und Samen.

Lonícera × tellmanniána

Goldgeißblatt
Caprifoliáceae, Geißblattgewächse

Diese besonders großblumige Züchtung (*L. sempérvirens* × *L. tragophýlla*) entstand 1920 in Budapest. Der starkwachsende Schlinger kann bis zu 5 m hoch werden. Triebe kahl, dünn, olivbraun, mit gegenständigen Knospen. Blätter tiefgrün, elliptisch, zugespitzt, bis 10 cm lang und 5 cm breit, unterseits weißlich bereift. Oberstes Blattpaar zu einer Scheibe verwachsen. Blütenknospen rötlich, 5 cm lange, geöffnete Blüten orangegelb, röhrenförmig, duften kaum. Bis zu 12 Blüten stehen in endständigen Quirlen beisammen, sie erscheinen im Juni und Juli, vereinzelt auch noch im Herbst. Gedeiht in kräftigen, humosen Gartenböden im Halbschatten in geschützten Lagen. Verwendung für Pergolen und Rankgerüste. Vermehrung durch Stecklinge.

Celástrus orbiculátus

Baumwürger
Celastráceae, Spindelbaumgewächse

Man unterscheidet weltweit 30 *Celástrus*-Arten, die wichtigste Art, *C. orbiculátus*, stammt aus Ostasien. Dieser stark wachsende Schlinger kann jüngere Bäume schädigen. Wuchs bis zu 12 m Höhe, Triebe hellgrau, später fast schwarz, mit weißem Mark gefüllt. Blätter rundlich, wechselständig, bis zu 10 cm lang und 8 cm breit, gelbe Färbung im Herbst. Pflanzen zweihäusig. Blüten grünlich, in achselständigen Trugdolden im Juni. Viel auffälliger sind die erbsengroßen Früchte. Eine gelbe Kapsel umschließt drei mit rotem Samenmantel (Arillus) umhüllte Samen. Pflanze in allen Teilen giftig! Wächst in jedem Gartenboden in sonnigen und halbschattigen Lagen. Verwendung zur Begrünung von Pergolen und älteren Bäumen. Frei von Krankheiten und Schädlingen. Vermehrung durch Aussaat, besser Wurzelschnittlinge von zwittrigen Pflanzen, die neuerdings angeboten werden. Fruchtzweige gut für Vasenschnitt.

Akébia quináta

Fünfblättrige Akebie
Lardizabaláceae, Fingerfruchtgewächse

Man unterscheidet 2 *Akébia*-Arten aus China und Japan. Die fünfblättrige Akebie ist öfter zu sehen als ihre dreiblättrige Schwester *A. trifoliáta*. Mit ihren grünlichen, rechtswindenden Trieben klettert *A. quináta* bis auf 5 m Höhe empor, in der Heimat auch doppelt so hoch. Blätter dunkelgrün, wechselständig, fünfzählig, in milden Wintern lange ausdauernd, vor dem Laubfall gelblichgrün. Blättchen eiförmig, glattrandig, bis 6 cm groß, langgestielt. Ende April bis Mai erscheinen die duftenden Blüten in vielblütigen Trauben, sie können durch Spätfröste geschädigt werden. Weibliche Blüten purpurbraun, 2 bis 3 cm groß, männliche heller und kleiner. Selten werden die 10 cm langen, gurkenartigen Früchte ausgebildet. Guter Wuchs in tiefgründigen, nährstoffreichen Böden in geschützter, möglichst halbschattiger Lage. Vermehrung durch Samen, Ausläufer und Stecklinge.

Wistéria sinénsis

Glyzine, Blauregen
Leguminósae, Hülsenfrüchtler

Von den 9 bekannten Arten der Gattung *Wistéria* aus Nordamerika und Ostasien sind nur wenige in Kultur. Bekannt ist *W. sinénsis* aus China. Es ist ein raschwachsender, linkswindender Schlinger, der bis zu 10 m hoch werden kann. Triebe graugrün, später braun, im hohen Alter sogar mächtige Stämme bildend. Blätter gelbgrün, wechselständig, unpaarig gefiedert, 20 bis 30 cm lang, gelbe Herbstfärbung. Blättchen eiförmig-zugespitzt, 4 bis 8 cm lang, unterseits behaart. Blauviolette, 15 bis 30 cm lange Blütentrauben an den Kurztrieben, vor dem Blattaustriebe, im April und Mai erscheinend. Blüte 2 bis 3 cm groß. Früchte selten, graue, 10 cm lange Hülsen mit 1 bis 3 giftigen Samen. Benötigt nährstoffreiche, sandig-humose Böden in voller Sonne. Hoher Platzbedarf, stabile Gerüste erforderlich. Vermehrung durch Samen, Ableger und Veredelungen. Sorte: 'Alba', weiß.

Fallópia aubértii

(Polýgonum aubértii), Schlingknöterich
Polygonáceae, Knöterichgewächse

Man kennt 9 *Fallópia*-Arten. Diese gehören zu den besonders rasch wachsenden Schlingpflanzen. *F. aubértii* stammt aus Westchina und Tibet und kann in wenigen Jahren eine Höhe von 8 bis 12 m erreichen. Jahrestriebe von 4 bis 6 m Länge möglich, diese sind graugrün, später graubraun. Blätter frischgrün, wechselständig, breit-spießförmig, bis 9 cm lang, im Herbst gelbgrün. Weiße, achselständige Blütenrispen, bis 20 cm lang, erscheinen in großer Zahl von Juli bis Oktober. Rauhhaarige Blütenstiele. Blütchen klein. Selten werden dreikantige, geflügelte Nußfrüchte gebildet. Ist mit allen Bodenarten und Lagen zufrieden, bei guter Ernährung ist der Wuchs kräftiger. Verwendung zur raschen Begrünung von Böschungen, Gebäuden, älteren Bäumen oder Lichtmasten. Jährlicher Rückschnitt empfehlenswert. Vermehrung durch Steckhölzer. Ähnliche Art: *F. baldschuánica,* Blüten rosa.

Clématis alpína

Alpenwaldrebe

Ranunculáceae, Hahnenfußgewächse

Man unterscheidet über 230 Waldreben-Arten, die meist in den nördlichen gemäßigten Zonen vorkommen. In den Bergen Europas bis Nordostasiens trifft man die Alpenwaldrebe in verschiedenen Rassen an. Wuchs schwach, 2 bis 3 m hoch kletternd oder kriechend. Triebe mit gegenständigen, doppelt dreizähligen Blättern, Blättchen ei-lanzettlich, bis 5 cm lang und 3 cm breit, unterseits schwach behaart, grob gesägt. Verankert sich mit den langen Blattstielen an der Unterlage. Blüten blau, nickend, 4 bis 6 cm groß, in den Blattachseln. Blütezeit von Mai bis Juli. Silbrig federige Fruchthaare auffällig. Gedeiht am besten in kalkreichen, aber durchlässigen Böden im Halbschatten. Man sollte diesen zierlichen Kletterer über Felsen kriechen oder in Koniferen klettern lassen. Vermehrung durch Stecklinge. Ähnliche Art: *C. macropétala*, violette Blüten.

Clématis montána

Bergwaldrebe

Ranunculáceae, Hahnenfußgewächse

Die starkwachsende Bergwaldrebe stammt aus Mittel- und Westchina sowie dem Himalaja. Sie ist besonders hart und blühwillig. Wuchshöhe bis 8 m in wenigen Jahren möglich. Triebe rotbraun, mit abstehenden, gegenständigen Knospen. Blätter dreizählig, an 8 cm langem Blattstiel, mattgrünes Einzelblatt lanzettlich, bis 10 cm lang, unterseits graugrün, gesägt. Blüten weiß, bis 5 cm groß, in Büscheln bis zu 5 Stück, erscheinen in Massen von Mai bis Juni, vierzählig, mit vielen gelben Staubblättern. Früchte mit Haarschweif. Wächst in tiefgründigen Gartenböden im Halbschatten. Pflanzstelle ist grundsätzlich zu beschatten. Zur Begrünung von Pergolen, Lattenwerk oder von höheren Gehölzen sehr gut geeignet. Vermehrung durch Stecklinge und Steckholz. Formen: *C. montána* var. *rúbens*, rosa Blüten (Bild); 'Tetrarose', lilarosa.

Clématis tangútica

Goldwaldrebe

Ranunculáceae, Hahnenfußgewächse

Aus Nordwestchina und der Mongolei stammt die schöne Goldwaldrebe, die nur bis 3 m hoch klettert. Triebe dunkelgrün, zunächst behaart, mit gegenständigen Knospen. Blätter hellgrün, unpaarig gefiedert, Blättchen länglich-lanzettlich, bis 8 cm lang, unterseits bläulichgrün, am Rand scharf gesägt. Blüten goldgelb, glockenförmig, in Mengen im Juni, blüht bis zum Herbst nach. 4 bis 8 cm lang, vierzählig. Sehr lange, silbrige Fruchthaare, dadurch bis in den Winter zierend. Wächst in tiefgründigen, kühlen Gartenböden im Halbschatten. Gut geeignet für Zäune und Pergolen. Vermehrung durch Samen und Stecklinge.

Clématis viticélla

Italienische Waldrebe

Ranunculáceae, Hahnenfußgewächse

Die reichblühende *C. viticélla* kommt von Südeuropa bis Westasien vor. Wuchs kriechend und kletternd, bis 4 m hoch. Braungrüne, später hellgraue Triebe dünn und brüchig. Knospen gegenständig. Mit Blattstielen kletternd. Blätter dunkelgrün, unpaarig gefiedert, Blättchen eiförmig-zugespitzt, bis 6 cm lang, Herbstfärbung rötlich. Blüten purpurrosa, vierzählig, in den Blattachseln, 3 bis 5 cm groß, schmale Blütenblätter. Blütezeit von Juli bis September. Früchte ohne Federschweif, wenig auffallend. Wächst in lehmig-humosen Gartenböden im Halbschatten. Klettert an kleineren Rankgerüsten oder Sträuchern in wenigen Jahren hoch. Rückschnitt möglich. Vermehrung durch Stecklinge. Sorte: 'Kermesina', weinrot, großblütig.

Clématis-Hybriden

Großblumige Waldreben
Ranunculáceae, Hahnenfußgewächse

Aus mehreren Arten entstanden die über 300 Gartensorten mit bis zu 15 cm großen Blüten. Sie sind anspruchsvoller an Boden und Standort als die Wildarten. Wuchshöhe nur 2 bis 3 m. Triebe dünn, mit gegenständigen Knospen. Blätter gefiedert, mit Blattstielen kletternd. Boden: tiefgründig, humos, beschatteter Fuß, keine trockenen Plätze, mehr halbschattige Lagen. Vertrocknungsgefahr durch Welkepilze (vorbeugende Behandlung mit geeignetem Fungizid) oder Wassermangel im Hochsommer (2- bis 3mal wöchentlich gießen). Rückschnitt im Vorfrühling möglich. Vermehrung durch Stecklinge und Veredlung. Sorten: 'Lasurstern', 3 m, Blüte tief lavendelblau, 10 bis 20 cm, Mai-Juni und Herbst (Bild); 'Nelly Moser', 3 m, Blüte lilarosa mit rotem Streifen, 15 bis 20 cm, Mai bis Juni und Herbst; 'The President', 3 m, Blüte purpurblau, 14 bis 18 cm, Juni bis Oktober; 'Ville de Lyon', 3 bis 4 m, Blüte karminrot, bis 15 cm, Juni bis Oktober.

Hydrangéa anómala ssp. petioláris

Kletterhortensie; *Saxifragáceae*

Von den 23 Hortensien-Arten sind nur sehr wenige Kletterpflanzen bekannt. *H. anómala* stammt aus Japan, Taiwan und Korea. Sie kann mit ihren hellbraunen, später dunkelbraunen Trieben ohne Hilfe bis zu 8 m, in der Heimat gar 20 m Höhe erreichen. Triebe steif, waagrecht verzweigt, mit Haftwurzeln und gegenständigen, großen grünen Knospen. Blätter dunkelgrün, eiförmig-zugespitzt, bis 15 cm lang und 10 cm breit, goldgelbe Herbstfärbung. Blüten weiß, in bis zu 20 cm breiten Doldenrispen im Juni und Juli. Die vierblättrigen Randblüten sind bis zu 3 cm breit und steril, fertile Blüten unscheinbar, setzen bei uns selten Früchte an. Wächst in humosen, tiefgründigen, leicht sauren Gartenböden im Halbschatten und Schatten. Zur Begrünung von Innenhöfen, Mauern und älteren Bäumen. Vermehrung durch Stecklinge.

Parthenocíssus tricuspidáta 'Veitchii'

Dreispitzige Jungfernrebe; *Vitáceae*

Aus Japan, Korea und China stammt *P. tricuspidáta*. Es ist ein echter Selbstklimmer, der mit seinen Haftscheiben an den kurzen Ranken bis zu 20 m Höhe erreichen kann. Die wichtigste Sorte 'Veitchii' wird als Jugendform angesehen. Sie hat zunächst ungelappte, eiförmig-zugespitzte Blätter von 5 bis 7 cm Länge. Erst später werden die typischen dreizähligen oder dreispitzigen Blätter gebildet. Im Sommer glänzendgrüne, im Herbst leuchtendscharlachrote Blätter. Gedeiht in tiefgründigen Böden in allen Lagen, erklettert selbst glatte Betonwände innerhalb weniger Jahre. Nach dem Laubfall ist das Gerüst der Triebe an hellen Flächen eine schöne Zierde. Vermehrung durch Veredlung auf *P. quinquefólia*. Sorte: 'Purpurea', färbt sich 3 Wochen früher.

Parthenocíssus quinquefólia

Fünfblättrige Jungfernrebe
Vitáceae, Weinrebengewächse

Man unterscheidet 15 Arten der Gattung *Parthenocíssus*. Die Selbstklimmende Jungfernrebe stammt aus dem östlichen Nordamerika. Von der Art unterscheidet sich die Varietät *engelmánnii* (Bild) durch stärkeren Wuchs; bis zu 15 m Höhe können erreicht werden. Dies ist möglich durch die vielen Haftscheiben an den Sproßranken. Triebe graubraun bis rötlich, Rinde nicht abfasernd. Blätter grün, fünfteilig, Blättchen bis 10 cm lang, schmaler als bei der Art, unterseits bläulich bereift, scharlachrote Herbstfärbung. Blüten gelblich, unscheinbar, in Rispen im Juli und August. Später blauschwarze Beerenfrüchte bildend. Gedeiht in tiefgründigen, kalkhaltigen Böden in sonnigen und halbschattigen Lagen. Herrlicher, eleganter und industriefester Selbstklimmer für hohe Wände und Bäume. Vermehrung durch Steckholz.

Literaturverzeichnis

Aas, G.: Bäume. G+U München 1987.

Amann, G.: Bäume und Sträucher des Waldes. Neumann, Melsungen 1976.

Bärtels, A.: Gartengehölze. Ulmer, Stuttgart 1981.

Bärtels, A.: Gehölzvermehrung. Ulmer, Stuttgart 1989.

BdB-Handbuch I: Laubgehölze. Pinneberg 1979.

BdB-Handbuch III: Stauden. Pinneberg 1983.

BdB-Handbuch V: Gehölzsortimente. Pinneberg 1984.

Boerner, F.: Blütengehölze für Garten und Park. Ulmer, Stuttgart 1985.

Bolliger, M., u. a.: Strauchgehölze. München 1985.

Buff, W., Dunk, K.: Giftpflanzen in Natur und Garten. Parey, Berlin 1988.

Bursche, E.-M.: Wasserpflanzen. Radebeul 1963.

Encke, F.: Kalt- und Warmhauspflanzen. Ulmer, Stuttgart 1987.

Encke, F.: Kübelpflanzen. Ulmer, Stuttgart 1987.

Encke, F.: Zimmerpflanzen. Ulmer, Stuttgart 1987.

Escher, F.: Schnittblumenkulturen. Ulmer, Stuttgart 1983.

Feldmaier, C., McRae, J.: Lilien. Ulmer, Stuttgart 1982.

Foerster, K.: Einzug der Gräser und Farne in die Gärten. Ulmer, Stuttgart 1988.

Frank, R.: Zwiebel- und Knollengewächse. Ulmer, Stuttgart 1986.

Ganslmeier, H.: Beet- und Balkonpflanzen. Ulmer, Stuttgart 1987.

Ganslmeier, H., Henseler, K.: Schnittstauden. Ulmer, Stuttgart 1985.

Gelderen, D. M., Hoey-Smith: Das große Buch der Koniferen. Berlin 1986.

Grunert, C.: Das Blumenzwiebelbuch. Ulmer, Stuttgart 1980.

Güse, A.: Neues Zimmerpflanzenbuch. Güse, Karben 1987.

Haberer, M., u. a.: Blütenpracht in Haus und Garten. Falken, Niedernhausen 1983.

Haberer, M.: Kletterpflanzen. Falken, Niedernhausen 1984.

Haberer, M.: Balkon und Terrasse. Falken, Niedernhausen 1982.

Haberer, M.: Steingärten. Falken, Niedernhausen 1979.

Hansen, R., Stahl, F.: Die Stauden und ihre Lebensbereiche. Ulmer, Stuttgart 1990.

Hay, R., Synge, P. Herklotz, A., Menzel, P.: Stauden und Sommerblumen für den Garten. Ulmer, Stuttgart 1988.

Herbel, D.: Bunte Welt der Sommerblumen. Ulmer, Stuttgart 1980.

Herwig, R.: Zimmerpflanzen. BLV, München 1987.

Heywood, V.: Blütenpflanzen der Welt. Basel 1982.

Köhlein, F.: Enziane und Glockenblumen. Ulmer, Stuttgart 1986.

Köhlein, F.: Freilandsukkulenten. Ulmer, Stuttgart 1984.

Köhlein, F.: Primeln. Ulmer, Stuttgart 1984.

Köhlein, F.: Saxifragen. Ulmer, Stuttgart 1980.

Kreuzer, J.: Gartenpflanzen-Lexikon I. Thalacker, Tittmoning 1980.

Kreuzer, J.: Gartenpflanzen-Lexikon II. Thalacker, Tittmoning 1981.

Kreuzer, J.: Gartenpflanzen-Lexikon IV. Thalacker, Tittmoning 1986.

Krüssmann, G.: Handbuch der Nadelgehölze. Parey, Berlin 1983.

Krüssmann, G.: Laubgehölze. Parey, Berlin 1965.

Maatsch, R.: Das Buch der Freilandfarne. Parey, Berlin 1980.

Menzel, I. u. P.: Das Kletterpflanzenbuch. Ulmer, Stuttgart 1988.

Olbrich, G.: Bäume und Großsträucher. Patzer, Berlin 1960.
Olbrich, G.: Zier- und Blütensträucher. Patzer, Berlin o. Jahr.
Rehm, S.: Kulturpflanzen der Tropen. Ulmer, Stuttgart 1984.
Rücker, K. H.: Die Pflanzen im Haus. Ulmer, Stuttgart 1982.
Schacht, W.: Der Steingarten. Ulmer, Stuttgart 1985.
Schubert, M., Herwig, R.: Wohnen mit Blumen. BLV, München 1985.
Spellenberg, R.: Field Guide to North American Wildflowers. 1986.
Wachter, K.: Der Wassergarten. Ulmer, Stuttgart 1986.
Zander, Handwörterbuch der Pflanzennamen. Bearbeitet von Encke, F., Buchheim, G., Seybold, S., Ulmer, Stuttgart 1984, 13. Aufl.

Register

Die korrekten lateinischen Pflanzennamen sind kursiv gesetzt (Synonyme stehen in Klammern). Mit einem + Zeichen versehene Pflanzenarten sind bei den Beschreibungen zusätzlich erwähnt.

Abies alba 262
- *koreana* 276
(- *nobilis)* 262
- *procera* 262
Abutilon-Hybriden 18
Acaena buchananii 154
- *microphylla* 'Kupferteppich' +154
Acer campestre 205
- *ginnala* 289
- *japonicum* 'Aconitifolium' 289
- *palmatum* 219
- *platanoides* 205
- *pseudoplatanus* 206
- *saccharinum* 219
- *tataricum* +289
Achillea clypeolata +130
- *filipendulina* 130
Achimenes-Hybriden 17
Acidanthera bicolor var. *murielae* 126
Actinidia arguta 303
- *chinensis* +303
Adiantum pedatum 167
- *raddianum* 57
Aechmea fasciata 14
Aeonium arboreum +47
- *tabuliforme* 47
Aeschynanthus radicans 41
- *speciosus* +41
Aesculus hippocastanum 223
Agapanthus praecox 89
Ageratum houstonianum 105
Aglaonema commutatum 32
Ajuga reptans 158
Akebia quinata 307
- *trifoliata* +307
Akebie, Fünfblättrige 307
Akelei, Gemeine 161
Alisma plantago-aquatica 183
Allamanda cathartica 36
Allium christophii +195
- *giganteum* 195
- *karataviense* 194
- *rosenbachianum* +195
Alnus glutinosa 206
- *incana* 207
Aloe arborescens +49
- *ferox* 49
- *variegata* +49
Alpenrose, Großblumige 257
Alpenveilchen 19
Alpenwaldrebe 309
(Alyssum maritimum) 108
- *saxatile* 146
Amaranthus caudatus 101
- *cruentus* +101
Amaryllis 68
Amberbaum 223, 293
(Amelanchier canadensis) 295
- *laevis* 295
- *lamarckii* +295
Ammobium alatum 117
Ampel-Fetthenne 40
Ananas comosus 'Variegatus' 34
Ananas, Bunte 34
Anemone blanda 202
- *coronaria* 76
(Anemone pulsatilla) 153
Antennaria dioica 143
Anthurium-Andreanum-Hybriden 68
- Scherzerianum-Hybriden 12
Antirrhinum majus 77
Apfelrose 288
Apfelsine 91
Aphelandra squarrosa 10
Aquilegia vulgaris 161
Arabis caucasica 147
Aristolochia macrophylla 304
Armeria maritima 152
Asarum caudatum +155
- *europaeum* 155
Aschenblume 15
Asparagus densiflorus +25
- *setaceus* 25
Asphodeline lutea 151
Asplenium nidus 58
Aster novae-angliae 130
- *novi-belgii* 131
Astilbe-Arendsii-Hybriden 163
- *chinensis* var. *pumila* 164
Athyrium filix-femina 170
Atlaszeder 263
Aubrieta-Hybriden 147
Aucuba japonica 86
Azalee, Indische 16

Balkonpantoffelblume 84
Bärenfellschwingel 176
Bartblume 252
Bartfaden 100
Bartnelke 114
Bartschwertlilie, Hohe 136
Bastard-Schneebeere 281
Bauernpfingstrose 140
Baumfreund, Kletternder 38
- Rotwerdender 22
Baumhasel, Türkische 221
Baumwürger 307
Bechereibe 280
Bechermalve 109
Becherprimel 20
Beetrosen 249
Begonia-Elatior-Hybriden 13
- Knollenbegonien-Hybriden 78
- Rex-Hybriden 33
- Semperflorens-Hybriden 102
Begonie, Immerblühende 102
Bellis perennis 114
Beloperone guttata 10
Berberis julianae 253
- *verruculosa* 254
Berberitze, Immergrüne 253
Bergahorn 206

Bergenia-Hybriden 164
Bergkiefer 278
Bergpalme 27
Bergrüster 218
Bergulme 218
Bergwaldrebe 309
Berufkraut 133
Besenginster 235
Besenheide 282
Betula nigra 220
- *papyrifera* 220
- *pendula* 207
- *pubescens* 208
- *pubescens* ssp. *tortuosa* +208
(- *verrucosa*) 207
Birkenfeige 25
Bitterklee 187
Blattkakteen 53
Blaukissen 147
Blauminze 149
Blauregen 308
Blauschote 299
Blauschwingel 176
Blausternchen 199
Blaustrahlhafer 177
Blauzungenlauch 194
Blechnum gibbum 58
- *spicant* 170
Bleiwurz 90
Blütenbegonie 13
Blütenkirsche 229
- Japanische 228
Blumenbinse 184
Blumenesche 211
Blumenhartriegel 241, 291
Blumenrohr 125
Blutjohannisbeere 251
Bogenhanf 46
Bougainvillea glabra +43
- *spectabilis* 43
Brachyscome iberidifolia +79
- *multifida* 79
Brassaia actinophylla +24
Brautmyrte 27
Brautspiere 250
Briza maxima 121
Brombeere 238
(*Brugmansia* × *candida*) 92
Brunnera macrophylla 157
Buchsbaum 255
Buckelkaktus 53
Buddleja davidii 239
Buntblatt 32
Buntnessel 82
Butomus umbellatus 184
Buxus sempervirens 255

Caladium-Bicolor-Hybriden 32
Calamagrostis × *acutiflora* 174
Calathea crocata +35
- *makoyana* 35
Calceolaria-Hybriden 21
- *integrifolia* 84
Calendula officinalis 96
Calla palustris 184
Callicarpa bodinieri var. *giraldii* 302
Callistephus chinensis 97
Calluna vulgaris 282
Caltha palustris 189
Campanula medium 113
Campsis radicans 304
Canna-Indica-Hybriden 125
Carex buchananii 173
- *morrowii* 'Variegata' 173
Carlina acaulis +118
- *vulgaris* 118
Carpinus betulus 208
Carthamus tinctorius 118
Caryopteris incana +252
- × *clandonensis* 252
Cassia corymbosa +88
- *didymobotrya* 88
Castanea sativa 209
Catalpa bignonioides 221
Cattleya-Hybriden 62
Cedrus atlantica 263
Celastrus orbiculatus 307
Celosia argentea 101
- *argentea* var. *cristata* +101
- *argentea* var. *plumosa* +101
Centaurea cyanus 119
- *jacea* +119
Centranthus ruber 154
Cephalocereus senilis 49
Ceratophyllum demersum 185
- *submersum* +185
Cercidiphyllum japonicum 222
Cereus peruvianus 'Monstrosus' 50
Cestrum elegans 92
(- *purpureum*) 92
Chamaecyparis lawsoniana 261
- *obtusa* 271
Chamaedorea elegans 27
(*Cheiranthus allionii*) 115
- *cheiri* 115
Chinaschilf 178
Chinawacholder, Grauer 271
Chionodoxa gigantea +195
- *luciliae* 195
- *sardensis* +195
Chlorophytum comosum 42
Choenomeles-Hybriden 246
- *japonica* 299
Choisya ternata 91
Christusdorn 48
Chrysanthemum carinatum 97
- *coccineum* 131
- *coronarium* +97
- *frutescens* 80
- Indicum-Hybriden 70
- Maximum-Hybriden 132
- *segetum* +97
Cimicifuga ramosa 162
- *simplex* +162
(*Cineraria maritima*) 106
Cissus antarctica 45
- *discolor* +45
- *rhombifolia* 45
× *Citrofortunella mitis* +91
Citrus sinensis 91
Clematis alpina 309
- Hybriden 311
- *macropetala* +309
- *montana* 309
- *montana* var. *rubens* +309
- *tangutica* 310
- *viticella* 310
Cleome spinosa 103
Clivia miniata 12
Cobaea scandens 44
Codiaeum variegatum 35
Coffea arabica 30
Colchicum autumnale 196
Coleus-Blumei-Hybriden 82
Columnea gloriosa 41
Convallaria majalis 158
Cordyline fruticosa 31
Coreopsis grandiflora 132
Cornus florida +241, 291
- *kousa* 241
- *mas* 234
- *nuttallii* +241

- *sanguinea* 234
Cortaderia selloana 174
Corydalis lutea 159
- *ochroleuca* +159
Corylopsis pauciflora 242
- *spicata* +242
Corylus avellana 231
- *colurna* 221
Cosmos bipinnatus 98
- *sulphureus* +98
Cotinus coggygria 290
Cotoneaster adpressus 285
- *dammeri* 258
- *dammeri* 'Eichholz' 286
- *dammeri* 'Streibs Findling' 286
- *dielsianus* 300
- *divaricatus* 296
- *horizontalis* 287
- *salicifolius* 'Parkteppich' 287
- *salicifolius* var. *floccosus* 259
- Watereri-Hybriden 259
Crassula ovata +48
- *perfoliata* var. *falcata* 48
Crataegus laevigata +212
- × *lavallei* 'Carrierei' 300
- *monogyna* 212
- × *prunifolia* 227
Crinum × *powellii* 125
Crocosmia × *crocosmiiflora* +127
- *masoniorum* 127
Crocus sativus +193
- *speciosus* 192
- *tommasinianus* 193
- *vernus* ssp. *vernus* 193
Crossandra infundibuliformis 11
Cryptanthus zonatus 34
Cycas revoluta 24
Cyclamen coum ssp. *coum* 201
- *persicum* 19
Cymbidium-Hybriden 62
Cyperus alternifolius 61
- *diffusus* +61
Cyrtomium falcatum 57
Cytisus × *kewensis* 284
- × *praecox* 284
- *scoparius* 235

Dachwurz 146
Dahlia-Hybriden 126
Daphne cneorum 238
- *mezereum* 252
Dattelpalme, Kanarische 29
Datura × *candida* 92
- *sanguinea* +92
- *suaveolens* +92
Decaisnea fargesii 299
Delphinium-Hybriden 142
Dendrobium densiflorum 63
- *thyrsiflorum* +63
Deschampsia cespitosa 175
Deutzia-Hybriden 250
Dianthus barbatus 114
- *caryophyllus* 69, 79
- *chinensis* 104
Dicentra spectabilis 160
Dickanthere 157
Dickfuß 47
Dickröhre, Gelbe 11
Dieffenbachia maculata 33
Dimorphotheca pluvialis 'Polarstern' +105
- *sinuata* 105
Dipladenia sanderi 37
Dizygotheca elegantissima 23
Douglasie 268
Dracaena fragrans 31
- *marginata* 'Tricolor' +31
Drehbirke 208
Drehfrucht 18
Dreimasterblume 40
Dryopteris affinis 167
(- borreri) 167
- *filix-mas* 168
Duftschneeball 240
Duftsteinrich 108
Duftwicke 73

Eberesche 214
- Mährische 214, 302
Eberwurz 118
Echinocactus grusonii 50
Echinocereus fitchii 51
Edelflieder 246
Edelnelke 69
Edelpäonie 140
Edelrosen 249
Edeltanne 262
Efeu 38, 303
Efeuaralie 23
Efeupelargonien 81
Efeutute 37
Eibe 269
Einblatt 13
Eisbegonie 102
Eisenholzbaum 294
Eisenkraut 85, 112
Elatior-Begonie 13
Elfenbeinginster 243
Elfenblume 156
Elfenkrokus 193
Elsbeere 214
Engelstrompete 92
Engelsüß 172
Epimedium grandiflorum +156
- *pinnatum* ssp. *colchicum* 156
- × *versicolor* 'Sulphureum' +156
- × *warleyense* +156
Epipremnum pinnatum 'Aureum' 37
Eranthis cilicica +202
- *hyemalis* 202
Erdbeerkaktus 51
Eremurus-Hybriden 196
(Erica carnea) 283
- *gracilis* 81
- *herbacea* 283
Erigeron-Hybriden 133
Erysimum × *allionii* 115
Erythrina crista-galli 88
Esche, Gemeine 211
Espe 215
Essigbaum 290
Eßkastanie 209
Euonymus alata 291
- *europaea* 233
- *fortunei* 256
- *fortunei* 'Gracilis' 281
Euphorbia fulgens 71
- *milii* 48
- *myrsinites* 148
- *pulcherrima* 16
- *tirucalli* +48

Fackellilie 139
Fächerahorn, Japanischer 219
Fächerfelsmispel 287
Fagus sylvatica 209
Fallopia aubertii 308
- *baldschuanica* +208
Fallschirm-Rudbeckie 135
Färberdistel 118
Fargesia nitida +175
- *spathacea* 175

× *Fatshedera lizei* 23
(Fatsia japonica) 23
Faulbaum 236
Federbuschcelosie 101
Federbuschstrauch 293
Feinstrahl 133
Feldahorn 205
Feldthymian 150
Feldulme 218
Felsenbirne, Glatte 295
Felsenkaktus 50
Felsenmispel 296
Felsmispel 300
- Hohe 259
- Weidenblättrige 259, 287
Fensterblatt 22
Festuca cinerea 176
(- glauca) 176
- *scoparia* 176
Fetthenne 144
- Hohe 145
Feuerahorn 289
Feuerbusch 104
Feuerdorn 260
Feuersalbei 109
Fichte, Serbische 265
Ficus benjamina 25
- *elastica* 26
- *lyrata* 26
- *pumila* 42
- *retusa* +25
Fieberklee 187
Fiederberberitze 254
Fingeraralie 23
Fingerstrauch 247
Fittonia verschaffeltii 30
Flamingoblume, Große 68
- Kleine 12
Flammenblume, Hohe 141
Flügelginster 285
Föhre 267
Forsythia europaea +245
- × *intermedia* 245
Fothergilla major 293
Frauenfarn 170
Frauenhaar 61
Frauenhaarfarn 57
Fraxinus excelsior 211
- *ornus* 211
Freesia-Hybriden 72
Fritillaria imperialis 197
- *meleagris* 197
Froschlöffel 183
Frühlingsknotenblume 191
Fuchsia-Hybriden 83
- Triphylla-Hybriden 83
Fuchsie, Traubenblütige 83

Galanthus elwesii +191
- *nivalis* 191
Gänseblümchen 114
- Blaues 79
Gänsekresse 147
Gartenanemone 76
Gartenazalee,
Großblumige 242
Gartenbambus 175
Gartencinerarien 15
Gartenfuchsie 83
Gartenfuchsschwanz 101
Gartenlöwenmaul 77
Gartennelke 79
Gartenringelblume 96
Gartenrittersporn 142
Gartenrosen 77
Gartensandrohr 174
Gartenstiefmütterchen 116
Garten-Tulpe 74
Gartentulpen 200
Gartenverbenen 85
Gärtnerchrysantheme 70
Gauklerblume 111
Gaultheria miqueliana +283
- *procumbens* 283
- *shallon* +283
Gazania-Hybriden 106
Gebirgshängenelke 79
Gedenkemein 156
Geigenfeige 26
Geißblatt 305
- Immergrünes 306
Geldbaum 48
Gelenkblume 138
Genista sagittalis 285
Georgine 126
Gerbera-Hybriden 70
Geweihfarn 59
Gewürzrinde 88
Ginkgo biloba 292
Gladiolus-Hybriden 72
Glanzkölbchen 10
Glattblattaster 131
Gleditsia triacanthos 224
Glockenheide 81
Glockenrebe 44
Glücksklee 128
Golddistel 118
Goldgeißblatt 306
Goldglöckchen 245
Goldkugelkaktus 50
Goldlack 115
Goldleistengras 180
Goldregen, Gemeiner 224
Goldrute 135
Goldschuppenfarn 167
Goldtrompete 36
Goldwaldrebe 310
Gomphrena globosa 117
Granatapfel 90
Grasnelke 152
Graublattfunkie 159
Grauerle 207
Graupappel 215
Greisenhaupt 49
Grünlilie 42
Günsel, Kriechender 158
Gummibaum 26
Gurkenstrauch 299
Gymnocalycium baldianum 51
- *mihanovichii* var. *friedrichii* +51
Gypsophila elegans 96

Hahnenfuß, Asiatischer 76
Hahnenkammcelosie 101
Hainbuche 208
Hakenlilie 125
Hamamelis
- × *intermedia* +243
- *japonica* +243
- *mollis* 243
- *virginiana* +243
Hammerstrauch 92
Hängebirke 207
Hängegeranien 81
Hängesteinbrech 44
Hartriegel, Roter 234
Haselnuß 231
Haselwurz 155
Hasenohr-Feigenkaktus 54
Hasenschwanzgras 122
Hauswurz 145
Heckenkirsche,
Koreanische 297
Heckenrose 237
Heddewigs-Nelke 104
Hedera helix 38, 303
- *helix* ssp. *canariensis* +38
Hedychium gardnerianum 93
Helenium autumnale +133
- Hybriden 133

Helianthus annuus 98
Helichrysum bracteatum 'Monstrosum' 119
Helictotrichon sempervirens 177
Heliopsis helianthoides var. *scabra* 134
Heliotropium arborescens 103
Helipterum manglesii +120
- *roseum* 120
Hemerocallis-Hybriden 139
Hemlocktanne 268
Hepatica nobilis 162
Herbstkrokus 192
Herbstzeitlose 196
Heuchera-Hybriden 165
Hibalebensbaum 275
Hibiscus rosa-sinensis 19
- *syriacus* 244
Hippeastrum-Hybriden 68
Hippophaë rhamnoides 235
Hippuris vulgaris 185
Hirschkolbensumach 290
Hirschzungenfarn 169
Holunder, Schwarzer 231
Hordeum jubatum 122
Hornblatt 185
Hortensie 21
Hosta fortunei 159
- *undulata* +159
Howeia forsteriana 28
Hoya bella +39
- *carnosa* 39
Hufeisenfarn 167
Hundsrose 237
Husarenknopf 80
Hyacinthus orientalis 198
Hybridpappel, Kanadische 229
Hydrangea anomala ssp. *petiolaris* 311
- *macrophylla* 21
Hypericum calycinum 284

Iberis saxatilis +148
- *sempervirens* 148
Igelfichte 276
Igelsäulenkaktus 51
Ilex aquifolium 253
- *aquifolium* 'Alaska' 297
Immergrün, Großes 155
Impatiens walleriana 102
Indianernessel 137
Iris germanica Barbata-Elatior-Gruppe 136
- *germanica* Barbata-Nana-Gruppe 149
- Hollandica-Hybriden 73
- Holländische 73
- *kaempferi* 186
- *pseudacorus* 187
- *reticulata* 194
- *sibirica* 137

Jakobslilie 128
Japanahorn, Eisenhutblättriger 289
Japanprimel 161
Japansegge, Weißbunte 173
Jasminum nudiflorum 245
Jelängerjelieber 305
Johanniskraut 284
Judasblattbaum 222
Judas-Silberling 121
Jungfer im Grünen 124
Jungfernrebe, Dreispitzige 312
- Fünfblättrige 312
Juniperus chinensis 'Blaauw' 271
- *communis* ssp. *alpina* 272
- *communis* 'Hibernica' 272
- *communis* 'Hornibrookii' 273
- *horizontalis* 'Glauca' 273
- *sabina* 'Tamariscifolia' 274
- *squamata* 'Blue Carpet' 282
- *squamata* 'Blue Star' 274
Junkerlilie 151

Kaffeestrauch 30
Kaiserkrone 197
Kaiser-Nelke 104
Kalanchoe blossfeldiana 15
Känguruhklimme 45
Kapkörbchen 105
Kapringelblume 105
Kassie 88
Kastanienwein 46
Käthchen, Flammendes 15
Katsurabaum 222
Katzenpfötchen 143
Kaukasusvergißmeinnicht 157
Kellerhals 252
Kentie 28
Kerria japonica 247
Keulenlilie 31
Kiebitzei 197
Kiel-Wucherblume 97
Kirschlorbeer 260
Kissenprimel 20
Klebsame 89
Kletterfeige 42
Kletterhortensie 311
Klimme, Rautenblättrige 45
Klivie 12
Kniphofia-Hybriden 139
Knollenbegonie 78
Kochia scoparia 104
Kokospälmchen 28
Kolbenfaden 32
Kolkwitzia amabilis 239
Königin der Nacht 56
Königsbegonie 33
Königsfarn 172
Königskerze 116
Korallenranke 71
Korallenstrauch 88
Korbmarante 35
Koreatanne 276
Kork-Feldulme +218
Korkflügelspindelstrauch 291
Kornblume 119
Kornelkirsche 234
Kosmee 98
Kranzblume 93
Kranzschlinge 39
Kranzspiere 288
Krebsschere 186
Kreuzkraut 106
Kriechkiefer, Blaue 279
Kriechwacholder, Blauer 273
Krokus 193
Kronenanemone 76
Kronenwucherblume 97
Kroton 35
Krummholzkiefer 278
Küchenschelle 153
Kugelamarant 117

Laburnum alpinum +224
- *anagyroides* 224
Laburnum × *watereri* 'Vossii' +244
Laelia pumila 63
Laelie, Zwergige 63
Lagurus ovatus 122
Lampenputzergras 180
Lantana-Camara-Hybriden 85
Lanzenfarn 168

Lanzenrosette 14
Lärche, Europäische 263
- Japanische 295
Larix decidua 263
- *kaempferi* 295
(- *leptolepis*) 295
Lathyrus odoratus 73
Latsche 278
Laurus azorica +87
- *nobilis* 87
Lavatera trimestris 109
Lavendelheide 256
Lebensbaum, Abendländischer 261
Leberbalsam 105
- Gelber 120
Leberblümchen 162
Lederhülsenbaum 224
Legföhre 278
Lerchensporn, Gelber 159
Leucojum vernum 191
Levkoje 71
Lichtmeß-Zaubernuß 243
Lieschen, Fleißiges 102
Liguster, Gemeiner 236
Ligustrum vulgare 236
Lilie, Langblütige 74
Lilienschweif 196
Lilium longiflorum 74
- *martagon* 198
- Tigrinum-Hybriden 75
Limonium sinuatum 124
Liquidambar styraciflua 223, 293
Liriodendron tulipifera 226
Lobelia erinus 78
Lobelie, Blaue 78
Lobivia famatimensis 52
Lobularia maritima var. *benthamii* 108
Lonas annua 120
Lonicera caprifolium 305
- × *heckrottii* 305
- *henryi* 306
- *maackii* 297
- *periclymenum* +305
- × *tellmanniana* 306
Lorbeer 87
- Kanarischer 87
Lorbeerkirsche 260
Lunaria annua 121
- *rediviva* +121
Lupinus-Polyphyllus-Hybriden 138
Luzula nivea 182
- *sylvatica* 182
Lysimachia nummularia 160

Madagaskarpalme 47
Mädchenauge, Großblütiges 132
Mädchenkiefer, Blaue 278
Magnolia stellata 244
- Soulangiana-Hybriden 226
Mähnenfichte 264
Mähnengerste 122
Mahonia aquifolium 254
Maiglöckchen 158
Mairose 248
Mais, Japanischer 123
Malope trifida +109
Malus floribunda 228
- *zumi* 'Professor Sprenger' 301
Mammillaria zeilmanniana 52
Mammutbaum 270
Mandelbäumchen 248
(*Mandevilla sanderi*) 37
Mannaesche 211
Männertreu 78
Maranta leuconeura 36
Margerite, Bunte 131
Marienglockenblume 113
Marone 209
Märzenbecher 191
Masdevallia coccinea 64
Maßholder 205
Matteuccia struthiopteris 171
Matthiola incana 71
Maulbeerbaum, Weißer 294
Meerlavendel 124
Mehlbeere 213
Melica altissima +177
- *ciliata* 177
- *nutans* +177
- *transsilvanica* +177
Menyanthes trifoliata 187
Metasequoia glyptostroboides 269
Microbiota decussata 275
Microcoelum weddelianum 28
Miltonia-Hybriden 64
Mimulus-Hybriden 111
Miscanthus floridulus 178
(- *japonicus*) 178
- *sinensis* 178
Missouri-Nachtkerze 151
Mittagsgold 106
Mohn, Türkischer 141
Molinia arundinacea +179
- *caerulea* 179
Moluccella laevis 123
Monarda-Hybriden 137
Monstera deliciosa 22
Montbretie 127
Moorbirke 208
Morus alba 294
Muscari armeniacum 199
- *botryoides* +199
Muschelblume 123
Muschelscheinzypresse 271
Myosotis-Hybriden 113
Myrtus communis 27

Nachtfalterorchidee 66
Narcissus pseudonarcissus 192
Nepeta × *faassenii* 149
Nephrolepis exaltata 59
Nerium oleander 86
Nestfarn 58
Nestfichte 277
Netziris 194
Nicotiana × *sanderae* 111
Nierenschuppenfarn 59
Nigella damascena 124
Nopalxochia-Hybriden 53
Nothofagus antarctica 292
Notocactus haselbergii +53
- *ottonis* 53
Nymphaea alba 188
- Hybriden 188
- *odorata* +188

Odontoglossum triumphans 65
Oenothera missouriensis 151
- *tetragona* +151
Oleander 86
Omphalodes cappadocica +156
- *verna* 156
Oncidium ornithorhynchum 65
Onoclea sensibilis 171
Opuntia microdasys 54
Orange 91
Orangenblume 91
Osmunda regalis 172

Osteospermum ecklonis +105
Osterglocke 192
Osterkaktus 55
Osterlilie 74
Oxalis deppei 128
- *pes-caprae* +128

Pachypodium lamerei 47
Pachysandra terminalis 157
Pachystachys lutea 11
Paeonia-Lactiflora-Hybriden 140
- *officinalis* ssp. *officinalis* 140
Palma Christi 108
Palmfarn 24
Pampasgras 174
Panicum virgatum 179
Pantoffelblume 21
Papaver orientale 141
Paphiopedilum-Hybriden 66
Papierbirke 220
Papierknöpfchen 117
Paradiesvogelblume 75
Parrotia persica 294
Parthenocissus quinquefolia var. *engelmannii* 312
- *tricuspidata* 'Veitchii' 312
Passiflora caerulea 43
Passionsblume 43
Pelargonien, Aufrechte 82
Pelargonium-Peltatum-Hybriden 81
- Zonale-Hybriden 82
Pellaea rotundifolia 60
Pennisetum alopecuroides 180
(- compressum) 180
Penstemon-Hybriden 100
Peperomia caperata 29
- *obtusifolia* +29
Perlfarn 171
Pernettya mucronata 298
Perückenstrauch 290
Petunia-Hybriden 84
Pfaffenhütchen 233
- Weißbuntes 281
Pfeifengras 179
Pfeifenstrauch, Niedriger 251
Pfeifenwinde 304
Pfeilginster 285
Pfeilkraut 183
Pfeilwurz 36
Pfennigkraut 160
Pfingstrose, Chinesische 140
Pflaumendorn 227
Phalaenopsis-Hybriden 66
Philadelphus-Lemoinei-Hybriden 251
Philodendron erubescens 22
- *scandens* 38
Phlebodium aureum 60
Phlox douglasii +152
- *drummondii* 110
Phlox-Paniculata-Hybriden 141
- *subulata* 152
Phoenix canariensis 29
- *dactylifera* +29
Phyllitis scolopendrium 169
(Phyllocactus-Hybriden) 53
Physostegia virginiana 138
Picea abies 264
- *abies* 'Echiniformis' 276
- *abies* 'Nidiformis' 277
- *breweriana* 264
- *glauca* 'Conica'277
- *omorika* 265
- *pungens* 265
Pieris floribunda +256
- *japonica* 256
(Pinus griffithii) 267
- *mugo* +278
- *mugo* ssp. *mugo* 278
- *mugo* ssp. *pumilio* +278
- *nigra* ssp. *nigra* 266
- *parviflora* 'Glauca' 278
- *pumila* 'Glauca' 279
- *strobus* 266
- *sylvestris* 267
- *sylvestris* 'Watereri' 279
- *wallichiana* 267
Pittosporum tobira 89
Platanus (× acerifolia) 227
- × *hispanica* 227
(- × hybrida) 227
Plattährengras 181
Platycerium bifurcatum 59
Plumbago auriculata 90
Poinsettie 16
Polygonum affine 153
(- aubertii) 308
Polypodium (aureum) 60
- *vulgare* 172
Polystichum lonchitis 168
- *setiferum* 169
Populus alba 215
- Canadensis-Hybriden 229
- × *canescens* +215
- *nigra* 'Italica' 230
- *tremula* 215
Portulaca grandiflora 110
Portulakröschen 110
Porzellanblümchen 166
Potentilla fruticosa 247
Prachtspiere 163
Primula burmanica +161
- *japonica* 161
- *obconica* 20
- *vulgaris* 20
Prunus avium 212
- *laurocerasus* 260
- *padus* 213
- *sargentii* 296
- *serrulata* 'Kanzan' 228
- *spinosa* 237
- *subhirtella* 229
- *triloba* 248
Pseudotsuga menziesii 268
Pteris cretica 56
Pulsatilla vulgaris 153
Pulverholz 236
Punica granatum 90
Purpurglöckchen 165
Pyracantha coccinea 260
Pyramidenpappel 230
Pyrethrum 131

Quendel 150
Quercus petraea 210
- *robur* 210
- *rubra* 222

Rainweide 236
Ranunculus asiaticus 76
- *lingua* 189
Ranunkel 76
Ranunkelstrauch 247
Rasenschmiele 175
Rauhblattaster 130
Rebhuhnbeere 283
Rebutia minuscula 54
Reiherfedergras 181
Rhamnus frangula 236
Rhipsalidopsis gaertneri 55
- × *graeseri* +55
- *rosea* +55
Rhododendron-Catawbiense-Hybriden 257
- *japonicum* 242
- × *praecox* 257
- Repens-Hybriden 258

Rhododendron-Simsii-
Hybriden 16
Rhus typhina 290
Ribes sanguineum 251
Ricinus communis 108
Riemenblatt 12
Riesenchinaschilf 178
Riesenlauch 195
Riesenzittergras 121
Rippenfarn 58, 170
Ritterstern 68
Robinia pseudoacacia 225
(Rochea falcata) 48
Rohrkolben,
Breitblättriger 190
- Kleiner 190
Rosa canina 237
- *gallica* +248
- Gartenrosen 77, 249
- *hugonis* 248
- *moyesii* 248
- *multiflora* 301
- *pimpinellifolia* 248
- *rugosa* +248
- *rugosa* 'Max Graf' 288
Rose, Vielblütige 301
Roseneibisch 244
- Chinesischer 19
Rosmarin 87
Rosmarinseidelbast 238
Rosmarinus officinalis 87
Roßkastanie, Gemeine 223
Rotbuche 209
Roteiche, Amerikanische 222
Rotfichte 264
Rotholz, Chinesisches 269
Rubus fruticosus 238
Rudbeckia fulgida var.
speciosa +134
- *fulgida* var. *sulliv.* 'Goldsturm' 134
- *hirta* 99
- *laciniata* +135
- *nitida* 135
Rutenhirse 179

Saatwucherblume 97
Sadebaum 274
Saflor 118
Safran-Krokus 193
Sagittaria sagittifolia 183
Saintpaulia-Ionantha-
Hybriden 17
Salal 283
Salix alba 216
- *caprea* 216
Salpiglossis sinuata 112
Salvia splendens 109
- × *superba* 150
Salweide 216
Sambucus nigra 231
- *racemosa* 232
Sammetblume, Hohe 99
- Niedrige 107
Sammetgras 122
Sandbirke 207
Sanddorn 235
Sandimmortelle 117
Sansevieria trifasciata 46
Sanvitalia procumbens 80
Saponaria ocymoides 143
Säulenwacholder, Irischer 272
Saumfarn, Kretischer 56
Saxifraga-Arendsii-
Hybriden 165
- *stolonifera* 44
- *umbrosa* 166
Scabiosa caucasica 136
Schachbrettblume 197
Schafgarbe, Hohe 130
Schamblume 41
Schaumblüte 166
Scheckenknöterich 153
Schefflera arboricola 24
Scheinakazie 225
Scheinbuche 292
Scheinhasel 242
Scheinquitte 246
Scheinzypresse, Lawsons 261
Schiefteller 17
Schildfarn, Weicher 169
Schlangenwurz 184
Schlehe 237
Schleierkraut 96
Schleifenblume 148
Schlinge 232
Schlingknöterich 308
Schlumbergera-Hybriden 55
- *truncata* +55
Schmetterlingsstrauch 239
Schmuckkörbchen 98
Schmucklilie 89
Schneeball, Gemeiner 233
- Runzelblättriger 255
- Wintergrüner 240
- Wolliger 232
Schneebeere 298
Schneeglanz 195
Schneeglöckchen 191
Schneeheide 283
Schneemarbel 182
Schnurbaum 225
Schönfrucht 302
Schönmalve 18
Schöterich 115
Schwanenblume 184
Schwarzbirke 220
Schwarzdorn 237
Schwarzerle 206
Schwarzkiefer, Österreichische 266
Schwarzkümmel 124
Schwertfarn 59
Schwert, Flammendes 14
Schwertlilie, Japanische 186
Scilla siberica 199
(Scindapsus aureus) 37
Scirpus cernuus 61
Sedum floriferum 144
- *morganianum* 40
- *spurium* 144
- *telephium* ssp.
telephium 145
Seerose 188
- Weiße 188
Segge, Fuchsrote 173
Seidelbast 252
Seifenkraut, Rotes 143
Selenicereus grandiflorus 56
Sempervivum-Hybriden 145
- *tectorum* 146
Senecio bicolor 106
- Cruentus-Hybriden 15
September-Silberkerze 162
Sequoiadendron
giganteum 270
Sicheldickblatt 48
Sichelfarn 57
Silberahorn 219
Silberaprikose 292
Silberblatt 121
Silberdistel 118
Silberkiefer 279
Silberlinde, Ungarische 230
Silberpappel 215
Silberweide 216
(Sinarundinaria
murielae) 175
Siskiyoufichte 264
Skabiose 136
Solidago canadensis +135
- Hybriden 135

Sommeraster 97
Sommereiche 210
Sommerflieder 239
Sommerlinde 217
Sommermargerite 132
Sommerphlox 110
Sommersalbei 150
Sommerzypresse 104
Sonnenauge 134
Sonnenblume, Gemeine 98
Sonnenbraut 133
Sonnenflügel 120
Sonnenhut 134, 135
- Einjähriger 99
Sonnenwende 103
Sophora japonica 225
Sorbus aria 213
- *aucuparia* 214
- *aucuparia* ssp. *moravica* + 214, 302
- *torminalis* 214
Sparmannia africana 93
Spartina pectinata 'Aureomarginata' 180
Spathiphyllum wallisii 13
Spindelstrauch 256
Spinnenkaktus 51
Spinnenpflanze 103
Spiraea × *arguta* 250
- × *vanhouttei* +250
Spitzahorn 205
Spornblume 154
Spornbüchschen 10
Sprekelia formosissima 128
Springkraut 102
Stachelnüßchen 154
Staudenlupine 138
Staudenphlox 141
Stechfichte 265
Stechpalme 253, 297
Steinbrech 165
Steinkraut 146
Stephanandra incisa 'Crispa' 288
Stephanotis floribunda 39
Steppenkerze 196
Sterngladiole, Abessinische 126
Sternkugellauch 195
Sternmagnolie 244
Stieleiche 210
Stipa barbata 181
- *gigantea* +181
- *pennata* +181
Strahlenanemone 202
Strahlenaralie 24
Strahlengriffel 303
Strandflieder 124
Stratiotes aloides 186
Strauchmargerite 80
Straußfarn 171
Strelitzia reginae var. *reginae* 75
Streptocarpus-Hybriden 18
Strobe 266
Strohblume 119
Sumpfdotterblume 189
Sumpfhahnenfuß 189
Sumpfkalla 184
Sumpfschwertlilie 187
Sumpfzypresse 270
Süßkirsche 212
Symphoricarpos albus 298
- × *chenaultii* 281
(- racemosus) 298
Syringa-Vulgaris-Hybriden 246

Tafeleibe 280
Tagetes-Erecta-Hybriden 99
- Patula-Hybriden 107
Taglilie 139
Tannenwedel 185
Taxodium distichum 270
Taxus baccata 269
- *baccata* 'Repandens' 280
- × *media* 'Hicksii' 280
Teehybridrosen 249
Teller-Aeonie 47
Teppichplox 152
Teppichsedum 144
Teppichwacholder 273, 282
Teppich-Waldsteinie 163
Tetrastigma voinierianum 46
Thuja occidentalis 261
Thujopsis dolabrata 275
Thymophylla tenuiloba +79
Thymus praecox +150
- *pseudolanuginosus* +150
- *serpyllum* 150
Tiarella cordifolia 166
- *wherryi* +166
Tigerblume 127
Tigerlilie 75
Tigridia pavonia 127
Tilia cordata 217
- *platyphyllos* 217
- *tomentosa* 230
Topfheide 81
Torfmyrte 298
Tradescantia albiflora 40
- *cerinthoides* +40
- *zebrina* 'Quadricolor' +40
Tränendes Herz 160
Tränenkiefer 267
Traubeneiche 210
Traubenholunder 232
Traubenhyazinthe, Armenische 199
Traubenkirsche 213
Trichterfarn 171
Trichtermalve 109
Trollblume 142
Trollius-Hybriden 142
Trompetenbaum 221
Trompetenblume 304
Trompetennarzisse 192
Trompetenzunge 112
Tsuga canadensis 268
- *heterophylla* +268
Tulipa-Garten-Tulpe 74
- Gesneriana-Hybriden 200
- Greigii-Hybriden 200
- *tarda* 201
- *urumiensis* +201
Tulpe, Gestreifte 200
Tulpenbaum 226
Tulpen-Magnolie 226
Tüpfelfarn 60
- Gemeiner 172
Türkenbundlilie 198
Typha latifolia 190
- *minima* 190

Uferbirke 220
Ulmus (campestris) 218
- *glabra* 218
- *minor* 218
- *minor* var. *suberosa* +218
Ungarwurz 163
Uniola latifolia 181
Urweltmammutbaum 269
Usambaraveilchen 17

Vanda, Blaue 67
- *coerulea* 67
Venusschuh 66
Verbascum bombyciferum 116
Verbena bonariensis +112
- Hybriden 85
- *rigida* 112

Verbena tenera
'Kleopatra' +85
(- venosa) 112
Vergißmeinnicht 113
Versteckblüte 34
Viburnum × *bodnantense* +240
- × *burkwoodii* 240
- *farreri* 240
(- fragrans) 240
- *lantana* 232
- *opulus* 233
- *rhytidophyllum* 255
Vinca major +155
- *minor* 155
Viola-Wittrockiana-Hybriden 116
Vogelbeere 214
Vogelkirsche 212
Vogelschnabel-Oncidie 65
Vorfrühlingsalpenrose 257
Vriesea splendens 14
Vuylstekeara-Hybriden 67

Wachsblume 39
Waldkiefer, Gemeine 267
Waldmarbel 182
Waldrebe, Großblumige 311
- Italienische 310
Waldsteinia geoides +163
- *ternata* 163
Walzen-Wolfsmilch 148
Wandelröschen 85
Warzenberberitze 254
Warzenkaktus 52
Wasseraloe 186
Weigela-Hybriden 241
Weihnachtskaktus 55
Weihnachtsstern 16
Weißbirke 207
Weißbuche 208
Weißdorn, Eingriffeliger 212
- Lavalles 300
- Zweigriffeliger 212
Weißerle 207
Weißpappel 215
Weißtanne 262
Weymouthskiefer 266
Wiesenflockenblume 119
Wieseniris, Sibirische 137
Wildalpenveilchen 201
Wildkirsche, Ostasiatische 296
Wimperperlgras 177
Winteraster 70
Wintereiche 210
Winterjasmin 245
Winterlinde 217
Winterling 202
Wisteria sinensis 308
Wunderbaum 108
Wunderstrauch 35
Wurmfarn 168

Ysander 157

Zantedeschia aethiopica 69
- *elliotiana* +69
- *rehmannii* +69
Zea mays convar. *japonica* 123
Zierapfel 228, 301
Ziermais 123
Zierquitte 246, 299
Zierspargel 25
Ziertabak 111
Zimmerahorn 18
Zimmerhopfen 10
Zimmerkalla 69
Zimmerlinde 93
Zinnia angustifolia 107
- *elegans* 100
Zinnie, Schmalblättrige 107
Zitterpappel 215
Zonalpelargonien 82
Zuckerhutfichte 277
Zungenhahnenfuß 189
Zwergalpenrose 258
Zwerg-Blauzeder-Wacholder 274
Zwerg-Elfenbeinginster 284
Zwergfarn, Rundblättriger 60
Zwergkiefer 278
Zwerglebensbaum, Sibirischer 275
Zwergmispel 258, 285, 286
Zwergorange 91
Zwergpfeffer 29
Zwergprachtspiere, Chinesische 164
Zwergsonnenblume 80
Zwergtulpe 201
Zwergwacholder 272
Zwerg-Schwertlilie 149
Zypergras 61

Taschenbuch des Gartenbaues. Informationen und Entscheidungshilfen für den Betriebsleiter. Von → **Harmen Storck.** 2., neubearbeitete Auflage. 702 Seiten mit zahlreichen Abbildungen und Tabellen. Kst. → **DM 78,-** ...

Frischhalten von Schnittblumen. Von → **Bernd Carow.** 2., neubearbeitete und erweiterte Auflage. 203 Seiten mit 54 Abbildungen und 51 Tabellen. Kst. → **DM 46,-** (Ulmer Fachbuch Zierpflanzenbau).

Schnittblumenkulturen. Von → **Friedrich Escher.** 4., neubearbeitete und erweiterte Auflage. 594 Seiten mit 49 Farb- und 218 Schwarzweißfotos sowie zahlreichen Tabellen. Kst. → **DM 108,-** (Handbuch des Erwerbsgärtners).

Gerbera. Züchterische Entwicklung, Kulturführung und Vermarktung. Von → **Franz Penningsfeld** und **Liselotte Forchhammer.** 342 Seiten mit 116 Abbildungen und 76 Tabellen. Kst. → **DM 78,-** (Ulmer Fachbuch Zierpflanzenbau).

Schnittstauden. Von → **Hans Ganslmeier** und **Kurt Henseler.** 420 Seiten mit 30 Farb- und 88 Schwarzweißfotos. Kst. → **DM 98,-** (Ulmer Fachbuch Zierpflanzenbau).

Gewächshäuser. Planung und Bau. Von → **Christian von Zabeltitz.** 2., neubearbeitete und ergänzte Auflage. 284 Seiten mit 216 Abbildungen und 65 Tabellen. Pp. → **DM 98,-** (Handbuch des Erwerbsgärtners).

Heizungsanlagen im Gartenbau. Von → **Hans J. Tantau.** 258 Seiten mit 166 Abbildungen und 63 Tabellen. Kst. → **DM 48,-** (Handbuch des Erwerbsgärtners).